Ediciones Era

ADOLFO GILLY

LA REVOLUCIÓN INTERRUMPIDA

ADOLFO GILLY

LA REVOLUCIÓN INTERRUMPIDA

Ediciones Era

Edición original: 1971, El Caballito
Primera edición (corregida y aumentada) en Ediciones Era: 1994
Séptima reimpresión: 2005
Segunda edición: 2007
Sexta reimpresión: 2016
ISBN: 978-968-411-697-9
DR © 1994, Ediciones Era, S. A. de C. V.
Centeno 649, 08400 Ciudad de México

Oficinas editoriales:
Mérida 4, Col. Roma, 06700 Ciudad de México

Impreso y hecho en México
Printed and made in Mexico

www.edicionesera.com.mx

Índice

Prefacio a la edición en Estados Unidos*

Trabajé este libro como un relato y una interpretación de la historia de la revolución mexicana. En sentido estricto, no es una obra de investigación sino de reflexión sobre lo investigado y de síntesis de lo disperso. Casi no hay en él material fáctico alguno que no estuviera ya contenido en las muchas obras de historiadores, de testigos o de protagonistas publicadas sobre la revolución de 1910-1920. Al escribirlo quise explicarme y explicar la lógica y el significado del movimiento revolucionario de aquellos años y de las tras-formaciones que produjo en la vida mexicana. Quise también generalizar, al menos en esbozo, algunas de sus experiencias para otros países y otros procesos revolucionarios en América Latina.

La versión original fue escrita entre 1966 y 1971, durante mis primeros cin-co años como preso político en la antigua cárcel de Lecumberri en la ciu-dad de México, cuyo edificio es hoy sede del Archivo General de la Nación. La edición inicial se publicó en junio de 1971. Recibí entonces un ejemplar en mi celda 16 de la crujía N. En una soleada mañana de un domingo de ene-ro de 1972 llegó a la crujía la revista *Plural.* Allí, para mi gran sorpresa, apa-recía un extenso, amistoso y crítico comentario de Octavio Paz sobre este libro, titulado "Carta a Adolfo Gilly". Esta carta está incluida en su libro *El ogro filantrópico* con el título "Burocracias celestes y terrestres". Por ella digo aquí mi gratitud duradera.

En marzo de 1972, absuelto por la Suprema Corte de Justicia y libre de culpa y cargo, después de seis años fui puesto en libertad. Vaya una vez más mi gratitud a cuantas y cuantos desde afuera y desde adentro de la vida en prisión sostuvieron entonces nuestros trabajos y lograron por fin nuestra libertad.

Quiero también agradecer a Friedrich Katz, maestro y amigo, por su gene-roso prólogo a esta edición; y a Patrick Camiller por su cuidadosa traducción.

***

Desde la primera edición de este libro, numerosos escritos e investigaciones sobre la revolución mexicana han sido publicados. Otros muchos, preexisten-tes, pude conocer después de haberlo escrito en las condiciones de restricción

* *The Mexican Revolution*, segunda edición, The New Press, Nueva York, 2006.

–pero también de calma para el estudio y la reflexión– que me imponía la cárcel. Considero que este conjunto de información nueva o que no conocía no viene a modificar las tesis e hipótesis fundamentales que, conforme al método analítico y expositivo adoptado, formulo en el texto. La presente edición incorpora, generalmente en notas al pie y algunas veces en el texto mismo, nuevos datos y análisis, pero ellos no alteran las conclusiones básicas de la obra original.

Una excepción es el capítulo I, "El desarrollo capitalista". Sin cambiar los supuestos de fondo –la visión del periodo de gobierno de Porfirio Díaz como una época de impetuosa expansión del capital en México, tesis hoy indiscutida pero todavía resistida en los años en que este libro apareció–, el capítulo entero ha sido reescrito, en buena parte alterado, pero sobre todo reforzado en sus fundamentos de información y análisis teórico.

***

Siendo la concepción, la aspiración y los objetivos del libro los que digo al principio de estas líneas, el aparato de referencias al pie de página está concebido como ampliación colateral del texto, pero no como sistema de referencias bibliográficas para apoyar la autenticidad de sus datos o sus afirmaciones o para permitir o estimular lecturas ulteriores sobre los temas tocados en el libro. Ésta es una limitación que más de una vez me ha sido señalada, particularmente en los medios académicos, donde con justa razón tal aparato es un punto de apoyo indispensable.

Debo decir, no obstante, que sin desestimar lo justificado de la observación dentro de ese contexto, la estructura escogida tiene (aparte de las carencias o los límites del autor en el oficio de historiador) varias explicaciones que me parecen válidas y complementarias entre sí.

Ante todo, este libro es un trabajo de combate cultural, escogido incluso como arma personal para resistir la opresión y la arbitrariedad de una cárcel absurda como todas las cárceles, pero además para contribuir, en esos años, a la continuidad de la empresa teórica del marxismo en México y en América Latina. El libro estuvo concebido desde un principio como una obra que, sin rebajar en nada su rigor analítico, fuera accesible al más vasto público y pudiera ser utilizada también por sus lectores como instrumento de conocimiento, de comprensión y de organización. Ese objetivo, que espero en gran parte logrado, impregna su estilo y determina su estructura.

Tal propósito no puede alcanzarse sin el más estricto apego a la verdad histórica. Cada uno de los datos de hecho de la obra se apoya en fuentes comprobables y puede resistir –lo ha hecho desde sus inicios hasta hoy– la prueba de la discusión y de la verificación. En esos datos se sustentan la narración y su secuencia lógica. Aunque es cierto que la selección inevitable de los datos relevantes contiene ya un germen de interpretación, me preocupé por seguir siempre una regla elemental: mantener perfectamente discernibles y separables el relato de hechos y la interpretación de su significado, de modo que el lector pudiera recibir la información histórica y, en cada caso dado, no aceptar o disentir en parte o en todo con tal o cual interpretación.

***

Tal vez la mayor innovación que este libro contiene resida no tanto en el análisis de la revolución mexicana como una guerra de clases, visión ya dada con mayor o menor fortuna por otros autores, cuanto en su *periodización del entero ciclo revolucionario mexicano de 1910-1920* y su estudio del proceso en interrelación con la situación mundial; en otras palabras, en el trazado específico de la *curva de la revolución* y la ubicación de su punto más alto en diciembre de 1914, cuando los ejércitos campesinos de Villa y Zapata ocuparon la ciudad de México, y no en febrero de 1917, cuando fue sancionada la nueva Constitución de la República, tal como ha seguido sosteniendo la historiografía institucional.

No es inútil insistir, finalmente, en algo bien sabido: un frondoso aparato de citas y referencias no es por sí mismo garantía de veracidad histórica ni de rigor analítico. La selección de los datos, las fuentes, los autores y aun los párrafos supone un criterio interpretativo y un arte de narrar que falta o flaquea penosamente en más de un trabajo que, desde el punto de vista formal, cumple con exceso los más exigentes requisitos académicos. La abundancia de referencias no puede remediar en tales casos la aridez del texto ni la falta de comprensión o de imaginación para escogerlas y relacionarlas y para reproducir en consecuencia con la mayor fidelidad posible el movimiento y la textura de la historia.

La imaginación histórica, esa compañera indispensable de la verdad que nada tiene que ver con la fantasía o el capricho, es preciso adquirirla en aquellas disciplinas que permiten el conocimiento de los seres humanos, sujetos de la historia como individuos, como clases y como sociedades. Esas disciplinas no son otras que el *rigor* del estudio, el *amor* de la vida y la *experiencia* de la práctica en las luchas sociales donde incesantemente se teje y se desgarra la trama de la historia.

Adolfo Gilly
Santo Tomás Ajusco, México, D. F.,
abril de 2006

Nota previa a la primera edición

Los materiales para este libro fueron reunidos y estudiados, y su texto preparado y escrito, en el curso de cinco años de prisión, desde 1966 a 1970. Encarcelado desde abril de 1966, junto con Oscar Fernández Bruno y Teresa Confreta de Fernández, como militantes de la IV Internacional, somos hoy los más antiguos entre los actuales presos políticos de México. Muchas de las ideas de este libro —aunque no su redacción ni su versión definitiva, que son sólo responsabilidad mía— fueron discutidas con otros compañeros en la prisión.

Las condiciones peculiares de la cárcel explican la imposibilidad de ir hasta el extremo en la consulta de las fuentes, pero fuera de esta circunstancia específica, no implican ninguna limitación especial en el rigor y la severidad del estudio ni en la reflexión, la elaboración y la formulación de las ideas.

Es seguro, en cambio, que sin estos años de cárcel la actividad revolucionaria no me habría dejado posibilidad, tiempo, ni medios para esta tarea. Hoy más que nunca es verdad la frase puesta por Lenin en la última página de *El Estado y la revolución,* cuando octubre de 1917 le impidió completar su texto: "Es más agradable y provechoso vivir la experiencia de la revolución, que escribir acerca de ella".

Adolfo Gilly
Cárcel de Lecumberri, México, D.F.
18 de julio de 1971

Nota a la presente edición

Esta nueva edición de *La revolución interrumpida* retoma, por primera vez en español, los cambios ya introducidos en 1983 en la edición en inglés, de los cuales el más importante es el nuevo capítulo I, "El desarrollo capitalista". Incluye además algunas otras modificaciones secundarias, la mayoría de estilo, y algunas notas adicionales.

El anterior capítulo X, "El cardenismo", que ya no aparece en la edición en inglés, ha sido sustituido aquí por uno nuevo, "La tierra, la sangre y el poder", escrito para esta edición. Las ideas expuestas en aquel capítulo aparecen ahora, más trabajadas y extendidas, en otro libro del autor: *El cardenismo, una utopía mexicana*.

Como está explicado en la nota previa a la primera edición, este libro fue escrito en condiciones peculiares. Quiero agregar aquí algunos reconocimientos que, por razones propias de los tiempos que corrían, no aparecieron entonces. El primero que me trajo libros a la cárcel fue Carlos Pereyra (padre). La policía se lo cobró. El segundo fue el profesor César Nicolás Molina Flores, a quien corresponde también el haber insistido en que yo tenía que escribir esta historia y el haberme traído, entre otros muchos, un libro germinal, *Peace by Revolution*, de Frank Tannenbaum. A raíz del movimiento estudiantil de 1968, también él terminó como preso político en Lecumberri. Mi tercera fuente de libros —y de amistad— fue Víctor Rico Galán, con quien compartí más de cinco años como vecinos de celda. Y la más grande fuente de sostén y de afecto fueron las familias, las madres, las esposas, las hermanas, las amigas, los hijos y los amigos y compañeros de cuantos allí estábamos, para quienes a veces era más difícil estar afuera y sabernos adentro que para nosotros mismos estar adentro. (Afuera y adentro son las dos grandes dimensiones del universo en esas circunstancias.) Si ante todo nombro a las mujeres, es porque sobre sus hombros, sus corazones, sus silencios y sus manos recae el mayor peso de la cárcel, como el de todas las penas de los hombres de este mundo.

Casi un cuarto de siglo después, mi tardía pero no olvidada gratitud a ellas y ellos y a cuantos aquí no nombro pero recuerdo. A todos este libro pertenece.

Adolfo Gilly
Marzo de 1994

13

I. El desarrollo capitalista

Mucho más que cualquier otro país de América Latina, México logró su independencia de España a través de una guerra de masas cuyas figuras máximas, los curas Miguel Hidalgo y José María Morelos, eran a la vez representantes del ala jacobina de la revolución. Pero como en los demás países latinoamericanos, la Independencia no la consumó y la inicial organización del país independiente no la hizo el ala jacobina, sino las tendencias conservadoras que eliminaron a ésta en el curso de la lucha y a favor del descenso de la intervención de las masas.[1]

México sufrió en tierra propia el embate de la expansión inicial del capitalismo norteamericano. En 1847, Estados Unidos invadió el país y se apoderó de la mitad de su territorio (en un movimiento comenzado años antes con la guerra de Texas), unos dos millones de kilómetros cuadrados que hoy constituyen los estados de Texas, Nevada, Utah, Colorado, Nuevo México, Arizona y California. Cuando aún el capitalismo inglés ascendía en su dominación sobre el mundo y sobre América Latina en particular, el joven capitalismo norteamericano conquistó su espacio vital interno arrebatando tierras mexicanas al estilo de las antiguas guerras de conquista. El despojo fue legalizado por el Tratado de Guadalupe Hidalgo en febrero de 1848.

Pasaron casi diez años antes de que, de ese desgarramiento que hasta hoy marca la memoria mexicana, surgieran las fuerzas y la conciencia nacional que iban a organizar las bases del México moderno. Su centro fue la figura de Benito Juárez y el grupo de políticos liberales que lo rodeaba, su sustento social sectores de una burguesía emergente que buscaba una nueva inserción en el comercio mundial y una reorganización del mercado y del espacio internos mexicanos.[2]

[1] "La guerra de Independencia fue una guerra de clases y no se comprenderá bien su carácter si se ignora que, a diferencia de lo ocurrido en Sudamérica, fue una revolución agraria en gestación. Por eso el Ejército (en el que servían los 'criollos' como Iturbide), la Iglesia y los grandes propietarios se aliaron a la Corona española. Esas fuerzas fueron las que derrotaron a Hidalgo, Morelos y Mina". Octavio Paz, *El laberinto de la soledad*.
[2] En uno de sus estudios sobre el desarrollo del capitalismo en México bajo el porfiriato,

En 1855 la revolución de Ayutla llevó al Partido Liberal al poder. Su programa se proponía abrir paso a la organización del desarrollo capitalista del país. Para ello, era necesario suprimir las trabas jurídicas a la generalización de las relaciones capitalistas y a la ampliación del mercado, comenzando por el mercado capitalista de las tierras.[3] Los liberales dictaron en 1856 la ley de desamortización, que prohibió que las corporaciones religiosas y civiles poseyeran bienes raíces (fuera de los indispensables

señala Fernando Rosenzweig: "Puede afirmarse que el soporte material del México que emprendió el camino de la modernización en 1867 era, con pocos retoques, el mismo del que dependiera el México al que se le había cerrado ese camino unos sesenta años antes, y que, sólo con diferencias circunstanciales, la salida que la primera vez quedó cerrada, fue la misma que la segunda sí pudo practicarse.

"Al igual que en las postrimerías de la Colonia, en los albores del México moderno las actividades económicas se mantenían aferradas a formas locales, particularizadas: la manufactura artesanal, o que en muy pocos casos rebasaba las dimensiones artesanales, y la agricultura de subsistencia, u orientada sólo a abastecer los mercados más inmediatos. Las distancias, en un medio físico dominado por las montañas, y en una época en que los transportes se hacían casi exclusivamente a lomo de mula, tendían a aislar a los focos de producción y consumo, los cuales sólo alcanzaban cierta amplitud allí donde las ciudades tiraban a crecer. Al comenzar el porfiriato, ya corrían los trenes entre México y Veracruz, pero éstos, en las terminales y a lo largo de su recorrido, intercambiaban cargamento y pasajeros con las recuas y diligencias, que por lo demás eran el medio de transporte casi único por los restantes rumbos y rutas del país. De no ser por la salida de algunos géneros agrícolas de producción especializada, como el azúcar o los colorantes vegetales, y por la entrada de ciertas herramientas, materias primas o mercancías de consumo, lo cual sólo ocurría en unas cuantas plazas del país, los mercados internos eran por lo general mercados cerrados, autosuficientes. Y a la economía del país poco le faltaba para ser a su vez una economía cerrada: el comercio exterior mantenía casi intacta su traza colonial, a base de exportar metales preciosos, que formaban con mucho el grueso de las remesas, y uno que otro producto agrícola (ya era importante el henequén, todavía aparecían la grana y las maderas tintóreas y seguía haciendo pinitos el azúcar), e importar sobre todo bienes de consumo para las minorías urbanas acomodadas, y uno que otro artefacto o material destinado a las minas o manufacturas. Ya se tratase del comercio interior o del exterior, el régimen de las alcabalas levantaba un obstáculo decisivo". Fernando Rosenzweig, "El desarrollo económico de México: 1877 a 1911", en *El Trimestre Económico*, XXXII, núm. 3, 127, julio-septiembre de 1965, pp. 405-54. Reproducido en Fernando Rosenzweig Hernández, *El desarrollo económico de México, 1800-1910*, El Colegio Mexiquense, Toluca, 1989, capítulo VI.

Lo que abrió las puertas al camino de la modernización que, obviamente, estaba cerrado para México al fin de la Colonia y en los primeros años de la Independencia, fue el proceso de formación del mercado mundial en la segunda mitad del siglo XIX y el ciclo de expansión del capital central que incorporó a América Latina, y en particular a algunos de sus países más desarrollados, al movimiento del capital mundial, que sufrió una aceleración sin precedentes a partir de los años setenta del siglo XIX.

[3] "Los hombres a menudo han convertido al hombre mismo, bajo la figura del esclavo, en la materia primitiva de su dinero. Nunca sucedió eso con la tierra. Semejante idea sólo podía nacer en una sociedad burguesa ya desarrollada. Ella data del último tercio del siglo XVII; y su realización sólo fue intentada en gran escala, por toda una nación, un siglo más tarde, en la revolución de 1789 en Francia." Karl Marx, *El Capital*, t. I, Siglo XXI Editores.

para sus funciones) y dispuso que esas propiedades fueran vendidas a sus arrendatarios, calculando su valor por la renta al 6% anual, o en caso de que éstos no las compraran, a quienquiera hiciera la denuncia de esos bienes. La ley pretendía crear una clase de pequeños propietarios agrarios, pues iba dirigida no sólo a poner en circulación en el mercado las tierras del clero sino también las de las comunidades indígenas, liquidando la antigua estructura de la propiedad comunal.

Los principios liberales de la Reforma fueron confirmados en la Constitución de 1857. Eran los inicios de los años en que en toda América Latina, con las peculiaridades propias dictadas por el desarrollo anterior de cada país y por su incipiente inserción en el nuevo mercado mundial, iban a echarse los fundamentos jurídicos de la organización nacional burguesa, generalmente mucho más avanzados en los principios que la madurez real de las fuerzas sociales y del desarrollo económico y cultural de la nación que pretendían organizar.[4] En ese sentido, también los principios jurídicos de la Constitución de 1857 eran, en cierto modo, los de un país todavía imaginado, un sueño al cual la realidad no correspondía pero debería algún día corresponder, una utopía liberal que encendía y guiaba la imaginación de sus autores pero no se encarnaba sino parcialmente en sus métodos y en sus relaciones con el país real.[5]

El clero y los grandes latifundistas agrupados en el Partido Conserva-

[4] "En las ciudades criollas y mestizas, el censo de habitantes daba al mismo tiempo brazos que utilizar y demandas que satisfacer, integradas estas últimas con las de una zona de influencia más o menos dilatada en torno al centro urbano. La manufactura se disponía en general en pequeños talleres, pero en algunos casos, como en la industria textil, ya había surgido la fábrica. La utilería de la Revolución Industrial inglesa, que en los años finales de la Colonia ya había empezado a atisbarse, entró en uso hacia la cuarta década del siglo, aunque raquíticamente, gracias a los esfuerzos precursores de Antuñano, y en los comienzos del porfiriato los motores de vapor y los telares mecánicos todavía alternaban con procedimientos manuales o máquinas de tracción animal o impulsadas por la fuerza muscular del operario". Fernando Rosenzweig, art. cit., p. 407.

[5] "Desde el ángulo de la división de poderes, resalta que a pesar de que la Constitución de 1857 consagraba una forma parlamentaria de régimen, en la realidad ésta no pudo operar, por lo que fue sustituida en la práctica por el predominio del Ejecutivo, quien gobernó con facultades extraordinarias, discrecionales y dictatoriales. El conflicto —tan encendido durante las administraciones de Juárez y Lerdo— entre el Ejecutivo y el Legislativo fue una manifestación más de la contradicción inherente al Estado liberal-oligárquico. En el Congreso estaban representados los intereses de las oligarquías regionales y locales, quienes se beneficiaban de la especulación, del contrabando y de los monopolios comerciales. El ejecutivo encarnaba los intereses y las funciones nacionales del Estado. De ahí que la contradicción entre ambos se resolviera mediante el fortalecimiento del Ejecutivo, si se quería —como se quiso— la consolidación del Estado nacional". Juan Felipe Leal y José Woldenberg, *Del Estado liberal a los inicios de la dictadura porfirista*, vol. 2 de la serie "La clase obrera en la historia de México", Siglo XXI Editores, México, 1980, pp. 257-58.

dor se sublevaron contra las leyes de Reforma. Tuvieron el apoyo ideológico del papa Pío IX, que declaró "nulas y sin valor" tanto las leyes como la Constitución mexicana. La guerra de Reforma, iniciada entonces y continuada en la guerra contra la intervención francesa, duró hasta 1867. El triunfo de los liberales abrió el camino al México capitalista. El país tenía entonces, en sus dos millones de kilómetros cuadrados, entre ocho y nueve millones de habitantes.

En 1862 y 1863 los conservadores habían recibido el apoyo de las tropas invasoras francesas, que llevaron al trono como emperador de México a Maximiliano de Habsburgo. Como es bien sabido, la aventura imperial de Napoleón III en México (contra la cual Estados Unidos, velando por sus propios intereses, dio apoyo a los liberales mexicanos) terminó con el retiro de los ejércitos franceses y el fusilamiento de Maximiliano junto con los dos generales mexicanos que dirigían sus tropas, Miramón y Mejía, en junio de 1867 en el Cerro de las Campanas, alturas de Querétaro.[6]

Como en todas las luchas del periodo de ascenso burgués, también la incipiente burguesía mexicana tuvo que movilizar el apoyo de la población y recurrir a los métodos jacobinos para barrer las instituciones y estructuras heredadas de la Colonia que impedían su desarrollo. Marx definía al jacobinismo como el modo plebeyo de arreglo de cuentas con

[6] "Con el triunfo de la Reforma en 1867 se abrió paso a un desarrollo bastante dinámico de la economía del país. En lo político, la derrota de la intervención francesa y la restauración de la República liberal consolidaron a un gobierno acreedor al respeto de las potencias extranjeras, precisamente hacia los años en que el imperialismo europeo, al que poco después seguiría el norteamericano, se disponía a absorber las zonas no desarrolladas de la tierra, convirtiéndolas en colonias o en protectorados suyos. Internamente, quedaba por fin consagrada la Constitución de 1857, con la sanción de los derechos del hombre y del ciudadano, la ausencia de fueros y privilegios, y los principios del gobierno federal, representativo y democrático, por todo lo cual habían luchado los liberales mexicanos desde que se consumó la Independencia. Venían a establecerse marcos apropiados para la formación de capitales, para la circulación de la riqueza y, en una palabra, para el funcionamiento de la economía capitalista en ascenso.

"Dentro de la nueva realidad política, las fuerzas que habrían de transformar el paisaje de la economía nacional, cargado todavía de rasgos feudales, avanzaban desde dos puntos de apoyo. Uno eran las ciudades, donde el capital interno en expansión quería desbordar el cerco localista, hacer más diversa su actividad y conquistar para ella las ventajas de la escala y la tecnificación. El otro lo formaban los grandes países industriales, cuyo desarrollo capitalista propendía a extender sus raíces hacia las regiones productoras de artículos primarios. Estas fuerzas tendían a articular la vida económica en un mercado nacional, que tuviera a su vez la más amplia comunicación con los grandes mercados internacionales de la época." Fernando Rosenzweig, art. cit., pp. 412-13.

18

los enemigos feudales de la burguesía. La tendencia juarista, en su lucha contra el clero, los terratenientes y la invasión francesa, se apoyó en una guerra de masas y en su curso dictó medidas aún más drásticas, como la nacionalización de los bienes de la Iglesia en 1859. Ésta disponía la separación completa de la Iglesia y del Estado, la secularización de todas las órdenes religiosas, la supresión de las congregaciones religiosas y la nacionalización de las propiedades rústicas y urbanas del clero. La radicalidad del liberalismo juarista ha marcado desde entonces profundamente la estructura formal de la juridicidad mexicana, en una peculiar simbiosis con la persistencia profunda de la religiosidad popular. Ha marcado también el pensamiento (a veces sin que ellas alcancen a reconocerlo) de todas las corrientes de izquierda mexicanas que han tenido arraigo en la realidad nacional.

Pero el principal resultado de las leyes de Reforma no fue el surgimiento de una nueva clase de pequeños agricultores propietarios, que no puede ser creada por ley, sino una nueva concentración latifundista de la propiedad agraria. Aquéllas no sólo se aplicaron a las propiedades de la Iglesia. Las tierras de las comunidades agrarias indígenas fueron fraccionadas en los años siguientes en aplicación de esas leyes y se dividieron en pequeñas parcelas adjudicadas a cada campesino indio. Éstas no tardaron en ser adquiridas a precios irrisorios o arrebatadas directamente por los grandes latifundios vecinos. Durante decenios los latifundios crecieron devorando las tierras comunales de los pueblos indios, particularmente en la región central, la más poblada de México, y convirtiendo a los campesinos de las comunidades en peones de los terratenientes.

Un camino diferente siguió la formación de los latifundios en el norte de México, región poco poblada y marginal en el desarrollo colonial, sin población indígena sedentaria y con vastas, áridas y montañosas extensiones de tierras donde las tribus nómadas de indios resistieron a los colonos blancos y mestizos, particularmente en Sonora y Chihuahua, hasta mitad de los años ochenta del siglo XIX. Allí las tierras fueron conquistadas y conservadas en lucha constante con los apaches y se constituyó, junto a grandes latifundios como los de Luis Terrazas en Chihuahua (que llegó a reunir unos dos millones de hectáreas), un conjunto de propiedades medianas y relativamente pequeñas —ranchos y pequeñas haciendas— sobre las cuales surgió, aquí sí, una clase media rural. (No hay que olvidar, sin embargo, que en 1870 los estados norteños de Sonora, Sinaloa y Baja California tenían sólo el 3% de la población total del país.)

De este modo se fueron extendiendo las relaciones capitalistas en el campo mexicano durante toda la época de Porfirio Díaz, cuyo mandato se inició en 1876 y duró, con sucesivas reelecciones, hasta el estallido de la revolución de 1910: siete lustros en total. Tuvo un solo cuatrienio de interrupción —1880-1884— en que cedió el gobierno a un hombre de su confianza, el general Manuel González, su compadre.

En ese periodo se dictaron las leyes de colonización, bajo las cuales se formaron las llamadas "compañías deslindadoras", que debían delimitar las tierras baldías y traer colonos extranjeros para que las trabajaran, quedando ellas con el tercio de esas tierras como pago de su trabajo. Estas compañías, pertenecientes a una pequeña oligarquía ligada al gobierno, deslindaron hasta 1906 cerca de 49 millones de hectáreas, es decir, la cuarta parte del territorio del país.

En realidad no había tal cantidad de tierras baldías: las compañías fueron una de las formas del despojo violento de tierras a los campesinos indios, a los pueblos y comunidades campesinos. Los inmensos latifundios de la región central incluían poblados enteros en su territorio, cuyos habitantes automáticamente eran considerados trabajadores o peones de la hacienda. En el norte, los poblados de agricultores y colonos, imbuidos de una fuerte tradición de autonomía municipal y regional con respecto al lejano gobierno central del país, comenzaron a entrar en conflicto con el proceso de extensión de las haciendas después del fin de las guerras apaches en 1885 y especialmente en los últimos años del siglo XIX y los primeros del XX.

El objetivo de esta gigantesca operación de despojo de tierras —que aparecía continuando, bajo formas y con fines diferentes, los despojos de la época colonial— no era solamente constituir grandes propiedades agrarias, sino también disponer de jornaleros libres, carentes de toda propiedad fuera de su fuerza de trabajo. El capitalismo, para abrirse paso en el centro de México, necesitaba liquidar las tierras comunales, así como en los ricos valles sonorenses del Yaqui y del Mayo necesitaba arrebatar sus fértiles tierras a las tribus indias e incorporar a sus hombres como fuerza de trabajo en las propiedades constituidas a sus expensas.[7]

Similar despojo violento de las tierras comunales, en condiciones dife-

---

[7] En *El Capital*, t. II, Marx anota las quejas de los terratenientes rusos con motivo de la emancipación de los siervos en 1861. La primera, dice, es que no tienen dinero suficiente para pagar como asalariados a sus obreros recientemente emancipados. "Pero aún es más elocuente la segunda queja: la de que, aun disponiendo de dinero, no es posible disponer en cantidad suficiente y en el momento apetecido de las fuerzas de trabajo necesarias, ya que el régimen de propiedad comunal de los pueblos sobre la tierra hace que el bracero ruso no se halle todavía plenamente divorciado de sus medios de producción y no sea, por tanto, un 'jornalero libre' en el pleno sentido de la palabra. Y la existencia de 'jornaleros libres' en escala social es condición indispensable para que la operación D-M, transformación del dinero en mercancía, pueda concebirse como transformación del capital-dinero en capital productivo."

rentes, había hecho el capitalismo en sus comienzos en Inglaterra, en España, en Alemania. Como había ocurrido entonces en estos países, tampoco en México los campesinos cedieron sus tierras en paz. Los pueblos indios, aferrándose a su tradición, a su organización comunal y, cuando los poseían, a los títulos virreinales que la reconocían, resistieron, organizaron revueltas, fueron masacrados, volvieron sobre sus tierras para volver a ser rechazados a las montañas. Nacieron bandidos "justicieros" y leyendas campesinas: todavía hoy la cruz que recuerda la muerte de Heraclio Bernal, el Rayo de Sinaloa, en las afueras de la capital del estado de Sinaloa, tiene todos los días flores frescas. La moderna propiedad agraria latifundista, forma de la penetración capitalista en el campo mexicano, tuvo que avanzar en constante guerra con los pueblos.

Así como para liquidar las estructuras feudales de la propiedad eclesiástica los liberales tuvieron que emplear las formas y los métodos plebeyos del jacobinismo, después, para liquidar la propiedad comunal, tuvieron que acudir, contra los campesinos, a métodos violentos de apropiación y despojo; es decir, a los métodos bárbaros de la acumulación originaria capitalista en todas partes. Este proceso combinó las relaciones de producción capitalistas con formas y relaciones precapitalistas de dependencia de los peones hacia la hacienda; con el dominio local y regional de hacendados y caciques como señores de horca y cuchillo; con la subsistencia de formas de producción precapitalistas como las comunidades agrarias indias que resistieron hasta el fin; y hasta con formas esclavistas de explotación de la mano de obra como las existentes en plantaciones de henequén en Yucatán o en las plantaciones de tabaco del Valle Nacional, en Oaxaca, donde los indios yaquis y de otras tribus, despojados de sus tierras en Sonora luego de dura resistencia armada, eran enviados por familias y pueblos enteros —mezclados con otros deportados, como pequeños delincuentes comunes, vagos y desocupados, descontentos políticos y hasta enganchados contratados con las promesas de altos salarios durante una borrachera— a trabajar como esclavos y a morir de agotamiento, inanición y fiebres.[8]

Pero a diferencia de la etapa inicial de formación del capitalismo en Europa, este proceso acelerado de acumulación en México a expensas de

---

[8] John Kenneth Turner, en *México bárbaro*, afirma que el promedio de vida de un trabajador como enganchado no pasaba de un año: al patrón le resultaba más barato matarlo de trabajo y hambre y luego adquirir otro que conservar su fuerza de trabajo con mejores condiciones de vida y de trabajo.

las formas económicas precapitalistas se combinó con el periodo de expansión mundial del capitalismo. En ese sentido, sus rasgos se asemejan, en algunos casos, a los del despojo de los indios norteamericanos; y en otros a las guerras coloniales de los países imperialistas; pero en una guerra colonial llevada por el gobierno de los terratenientes y la burguesía mexicanos en su propio país y contra su propio pueblo.

Eso fue la guerra del yaqui, en los decenios del setenta y del ochenta del siglo XIX, en la cual ejército y colonos blancos armados arrebataron a la tribu el valle del río Yaqui, una de las zonas de mejores tierras del estado de Sonora, mediante una guerra de exterminio. Los yaquis, encabezados por su cacique José María Leyva, Cajeme, y a la muerte de éste por Tetabiate, se defendieron en una lucha heroica y sin esperanzas, como todas las antiguas guerras de los pueblos agrarios contra la penetración violenta y sangrienta del capitalismo. Les arrebataron el valle para entregarlo a terratenientes y empresarios agrícolas mexicanos y norteamericanos —magníficas tierras para el cultivo del algodón, del azúcar y de otros productos de exportación—,[9] mientras los hombres, mujeres y niños que no pudieron huir a mantener una resistencia de decenios en las zonas áridas de las montañas (o no se pacificaron como peones y fuerza de trabajo de las nuevas haciendas) fueron deportados por familias enteras a perecer en las plantaciones del Valle Nacional o de Yucatán.[10]

---

[9] "La propiedad de tierras, los ranchos y la agricultura comercial también atrajeron importantes inversiones de capital de Estados Unidos. En la mitad del sur del estado de Sonora, en los valles de los ríos Yaqui y Sonora, las condiciones eran especialmente favorables. Aquí, por ejemplo, los hermanos Richardson distribuyeron más de 100 000 acres y 50 millas de canales de riego entre agricultores de California, aprovechando la extensión del Ferrocarril de Sonora y la expulsión de los yaquis de sus tierras ancestrales. Tanto en el sur como en el valle de Sonora alrededor de Hermosillo, se cultivaban tomates y verduras para enviar al mercado de California. Hacia 1902, las firmas norteamericanas poseían más de un millón de hectáreas en Sonora y todavía más en el vecino estado de Sinaloa." Barry Carr, "The peculiarities of the Mexican North, 1880-1928: an essay in interpretation". University of Chicago, Latin American Center, documento especial, s/f.

[10] "Es probable que la historia yaqui de 1876 hasta 1930 deba escribirse como si la Revolución Mexicana no hubiera existido. Porfiriana o revolucionaria, la represión contra el yaqui en Sonora obedece al mismo impulso histórico y a un contexto social parecido; su saldo, por tanto, es el mismo anecdotario terrible.

"Se trata de un proceso unitario en el que la Civilización arranca a la tribu las tierras más fértiles de Sonora y vence su resistencia mediante una guerra despiadada que se propone en sus momentos culminantes la *erradicación* y el *exterminio*. En 1908, el general porfiriano Lorenzo Torres sintetiza: 'Según indicaciones del general Luis Torres, del vicepresidente Ramón Corral y de la Secretaría de Guerra, deben sacarse de Sonora a todos los indios. Sin distinción de ninguna clase sacaré alzados y pacíficos'. En 1917, el general revolucionario Plutarco Elías Calles decide emprender una 'campaña enérgica, definitiva y si es preciso terrible' contra aquel 'grupo relativamente insignificante de individuos refrac-

El ejército federal llevó una guerra similar contra los mayas de Yucatán, para arrebatarles sus tierras y extender las grandes plantaciones de henequén, importante producto de exportación por ese entonces. Muchos mayas desalojados de sus tierras fueron embarcados y deportados como trabajadores esclavos a Cuba, para las plantaciones azucareras. Ése fue el "nacionalismo" inicial de la burguesía mexicana.[11]

Esta apropiación y despojo de territorios inmensos resultó en una gigantesca operación de transferencia de la propiedad o de la posesión de las tierras en todo el país. Ella se realizó a través de una multitud de pequeñas guerras locales de las haciendas contra los pueblos, apoyadas por los cuerpos represivos del Estado o por sus propias guardias privadas contra la resistencia tenaz de los campesinos, que defendían unas veces la *tierra* y otras las *aguas,* poderoso instrumento de dominación una vez puestas bajo el control del terrateniente.

Las fuerzas de represión que condujeron estas acciones fueron por un lado el ejército federal —la "federación", como aún llaman los campesinos al ejército— y por el otro la policía rural o Guardia Rural al servicio de los terratenientes y de los caciques o jefes políticos locales. La incorporación al ejército o al contingente destinado al ejército —la leva— era en sí misma un método más de represión, principalmente en las ciudades, pues los incorporados iban a desaparecer o morir en las campañas de "pacificación", y la pena para quien fuera calificado de "agitador" era ser incorporado a la leva.

tarios a toda influencia civilizadora'. El congreso local apoya su decisión y conviene en que el único remedio 'pronto y eficaz' para acabar con el problema yaqui es 'el total exterminio de la tribu, por más que éste sea doloroso, pues estamos ante el terrible dilema de ser o no ser, someterse o perecer'." Héctor Aguilar Camín, "Los jefes sonorenses de la Revolución Mexicana", en *Saldos de la revolución,* Editorial Nueva Imagen, México, 1982, p. 18.

[11] Tampoco eran un modelo de relaciones laborales modernas las plantaciones azucareras en México. Escribe Friedrich Katz:

"En 1914, John Lind, representante especial en México de Woodrow Wilson, y el almirante Fletcher de la flota norteamericana en Veracruz, fueron invitados a visitar una plantación de caña de azúcar, propiedad de un estadounidense de nombre Emery Sloane, la cual empleaba únicamente trabajadores contratados. Más tarde el primero informaba: 'Los trabajadores que el gobierno había enviado ahí eran prácticamente prisioneros. El almirante Fletcher y yo vimos el espectáculo inusitado en el siglo XX de grupos de ocho o diez hombres diseminados entre el maizal, acompañados por un arreador, un cacique, un indio de la costa, alto y fornido, con un par de pistolas a la cintura y un látigo negro de ocho a diez pies, siguiendo de cerca al grupo que excavaba, mientras al otro lado del campo un hombre con una escopeta con el cañón aserrado los vigilaba. Estos hombres salían a trabajar en la mañana vigilados por esos capataces y por las noches eran encerrados en un gran tejabán. Tanto el almirante Fletcher como yo estábamos asombrados de que pudiera existir esa situación, pero existía'." Friedrich Katz, *La servidumbre agraria en México en la época porfiriana,* Ediciones Era, México, 1980.

Los guardias rurales fueron integrados con gente de confianza de los terratenientes, a cuyas órdenes estaban de hecho, y en buena parte con antiguos bandoleros —muchas veces campesinos sin tierra forzados a convertirse en bandidos— a los cuales el régimen de Díaz ofreció plazas en la Guardia Rural, absorbiéndolos en el aparato represivo y suprimiendo del mismo golpe una buena parte del bandolerismo que hacía azaroso el tránsito por los caminos mexicanos. De este modo, como siempre, las fuerzas utilizadas contra los campesinos fueron los mismos campesinos incorporados por las buenas o por las malas a los cuerpos de represión.

Esta guerra interior, apoyada jurídicamente en las leyes liberales de la época juarista y materialmente en el instrumento que al mismo tiempo las cumplía y las negaba, las fuerzas armadas del porfiriato, fue respondida con constantes alzamientos campesinos, algunos de los cuales levantaron como bandera utopías socialistas.[12]

El más conocido de ellos fue la rebelión de Julio Chávez López en Chalco, estado de México. Allí el socialista utópico griego Plotino Rhodakanaty, llegado al país en 1861 con la convicción de que México era la tierra para promover las comunas agrícolas donde se materializarían sus ideas, había fundado en 1865 la Escuela del Rayo y del Socialismo, a la cual se sumó luego el anarquista Francisco Zalacosta. Esas ideas, como las de tantos otros ideólogos del campesinado mexicano, eran afines a las de los populistas revolucionarios en Rusia, donde ya en 1861 Alexandr Herzen había unido las dos grandes palabras de la revolución agraria, *Tierra y Libertad*. Chávez López, su discípulo en esos años, se sublevó a principios de 1868 y con un grupo de campesinos, que pronto sobrepasaron el millar, comenzó a invadir haciendas en Texcoco, San Martín Texmelucan, Tlalpan y el estado de Morelos.

El gobierno desató una represión que abarcó al campesinado de la zona y se llegó a resolver la deportación a Yucatán de pueblos enteros, como Chicoloapan, acusados de colaborar con los rebeldes. A principios de 1869, habiendo logrado eludir esta represión, Chávez López escribía desde Puebla a Zalacosta: "He llegado hasta acá. Hay mucho descontento entre los

[12] Ver Gastón García Cantú, *El socialismo en México. Siglo XIX*, Ediciones Era, México, 1969; Jean Meyer, *Problemas campesinos y revueltas agrarias, 1821-1910*, Sepsetentas, México, 1973; John M. Hart, *El anarquismo y la clase obrera mexicana 1860-1931*, Siglo XXI Editores, México, 1980; Leticia Reina, *Las rebeliones campesinas en México, 1819-1906*, Siglo XXI Editores, México, 1981. Sobre bandidos y bandidismo, ver Paul J. Vanderwood, *Desorden y progreso. Bandidos, policías y desarrollo mexicano*, México, Siglo XXI Editores, 1986. Sobre Heraclio Bernal, Nicole Giron, *Heraclio Bernal: ¿bandolero, cacique o precursor de la revolución?*, México, INAH, 1976.

hermanos porque todos los generales quieren apoderarse de sus tierras. ¿Qué le parecería a usted que hiciéramos la Revolución Socialista?" La prensa de la capital reclamaba entretanto la intensificación de la represión, informando que los insurrectos recorrían los campos "proclamando guerra a los ricos y reparto de tierras de las haciendas entre los indígenas".

El 20 de abril de 1869 Julio Chávez López, resuelto a dar una bandera programática a su movimiento —que había continuado creciendo— lanzó en Chalco su *Manifiesto a todos los oprimidos y los pobres de México y del universo*. El caudillo campesino estaba desde luego influido por la ideología fourierista de Rhodakanaty (cuyo pacifismo lo había alejado de estos conflictos), pero su método combinaba la acción directa de origen anarquista de Zalacosta con la más antigua tradición campesina frente a la opresión: el levantamiento armado.

El *Manifiesto* denunciaba la explotación de los campesinos por los hacendados, el gobierno y la Iglesia, el despojo de las tierras de los pueblos por las haciendas —lo que cuarenta años después, en la misma región, sería bandera de la revolución zapatista—, el robo en las tiendas de raya, la esclavitud de las deudas trasmitidas de padres a hijos, los jornales miserables, y lanzaba el mismo grito que casi un siglo antes habían lanzado Tupac Amaru en Perú y Tupaj Catari en Bolivia: los hacendados, "los que nos piden resignación", son también "los que con toda paciencia nos han explotado: han comido opíparamente del sudor de nuestra frente".

El *Manifiesto* resumía en estos párrafos los objetivos del movimiento:

Hermanos nuestros:
Queremos el socialismo, que es la forma más perfecta de convivencia social; que es la filosofía de la verdad y de la justicia, que se encierra en esa tríada inconmovible: Libertad, Igualdad y Fraternidad.

Queremos destruir radicalmente el vicioso estado actual de explotación, que condena a unos a ser pobres y a otros a disfrutar de las riquezas y del bienestar; que hace a unos miserables a pesar de que trabajan con todas sus energías y a otros les proporciona la felicidad en plena holganza.

Queremos la tierra para sembrar en ella pacíficamente y recoger tranquilamente, quitando desde luego el sistema de explotación; dando libertad a todos, para que siembren en el lugar que más les acomode, sin tener que pagar tributo alguno; dando libertad para reunirse en la forma que más crean conveniente, formando grandes o pequeñas sociedades agrícolas que se vigilen en defensa común, sin necesidad de un grupo de hombres que les ordene y castigue.

Queremos abolir todo lo que sea señal de tiranía entre los mismos hombres viviendo en sociedades de fraternidad y mutualismo y estableciendo la República Universal de la Armonía.

¡Pueblo mexicano! Este es nuestro plan sencillo, que haremos triunfar en alguna forma y en pos del verdadero triunfo de la libertad. Seremos perseguidos, tal vez acribillados: ¡no importa!, cuando en nuestro pecho laten esperanzas. Qué más tenemos en nuestra vida sino morir antes que seguir perpetuando el agobio de la miseria y de los padecimientos. Se nos desprecia como liberales, se nos mancilla como socialistas y se nos condena como hombres. Es indispensable salvar el momento y levantar nuestros esfuerzos en torno de esa sacrosanta bandera de la revolución socialista, que dice desde lo más alto de la República: *Abolición del gobierno y de la explotación*. Alcemos nuestra cara buscando con serenidad nuestra salvación, que radica en nosotros mismos.

Poco después de publicar su manifiesto, Chávez López fue apresado por las tropas del gobierno, pero logró escapar ayudado por los campesinos. Continuó su campaña atacando haciendas, ocupando pueblos, quemando los archivos municipales y recolectando armas y dinero. Finalmente, las tropas federales del general Ramón Cuéllar, que habían asolado los pueblos de la región donde encontraba apoyo la revuelta, lograron sorprender a Chávez López, apresarlo y dispersar a sus gentes. El caudillo campesino fue conducido a Chalco y fusilado el 1° de septiembre de 1869, por orden del gobierno de Juárez, en el patio de la Escuela del Rayo y del Socialismo.

Francisco Zarco comentó este asesinato legal con argumentos que un siglo después —¡1968!— otros periodistas menos famosos que él seguirían usando para justificar la represión contra los revolucionarios:

Julio Chávez López ha terminado su carrera en el patíbulo. *Invocaba principios comunistas y era simplemente reo de delitos comunes*. La destrucción de su gavilla afianza la seguridad de las propiedades en otros muchos distritos del estado de México. En este estado, como en otros muchos de la República, tiempo vendrá en que sea preciso ocuparse de la cuestión de la propiedad territorial; pero esto por medidas legislativas dictadas con estudio, con calma y serenidad, y no por medios violentos y revolucionarios.

Benito Juárez, como lo haría después Porfirio Díaz, reprimió implacablemente éste y todos los alzamientos campesinos. También en el interior de México el capitalismo penetró "chorreando de arriba abajo sangre y mierda por todos sus poros", por medio de la violencia, los asesinatos, el robo, la rapiña, el engaño y las masacres permanentes.[13]

Pero éste era su proceso normal de desarrollo en México en las condiciones de la vigorosa expansión mundial del capital entre 1870 y 1910. Puede así decirse que el primer impacto del capitalismo moderno sobre México fue la pérdida de la mitad del territorio nacional, objeto de la expansión de Estados Unidos. El siguiente fue la extensión interior de las

[13] En realidad las utopías socialistas llevadas al campo por los ideólogos populistas revolucionarios mexicanos no eran el origen de los levantamientos, sino que superponían una motivación ideológica formalmente afín a los movimientos de rebelión de los campesinos contra los efectos de la penetración del capitalismo. Ellos tenían una continuidad con los movimientos agrarios de la primera mitad del siglo XIX, en el periodo posterior a la Independencia. Jean Meyer, op. cit., registra 59 levantamientos indígenas y campesinos entre 1830 y 1876, además de las guerras de castas en el sureste y el sur (Yucatán, Campeche y Chiapas) y de las guerras apaches en el norte (Sonora y Chihuahua). Estos movimientos, como señala John Coatsworth, afectaron seriamente la estabilidad política y contribuyeron a dificultar, junto con otros factores, la formación de un poder central suficiente para controlar el territorio nacional.

"El periodo de inestabilidad política que siguió a la presidencia de Guadalupe Victoria coincidió con el resurgimiento de la violencia rural, que había empezado con Hidalgo. Una tras otra estallaron revueltas indígenas en el centro de México, en donde trescientos años de pasividad habían apenas finalizado. Bajo estas condiciones, el latifundio empezó a desmoronarse. Los terratenientes fueron incapaces de prevenir las invasiones de las tierras de las haciendas por parte de los indígenas de los poblados circundantes. Los arrendatarios dejaron de pagar sus rentas y no se logró que reasumieran sus obligaciones. Las haciendas fueron a la ruina una tras otra, y se vendieron en parcelas a los pequeños productores o simplemente fueron abandonadas. Así, la institución básica de la vida social mexicana se desintegraba. Pero la hacienda no desapareció, en parte porque no se desarrolló otra forma de tenencia de la tierra que la sustituyera. Las mismas condiciones que hicieron poco redituables las haciendas, hicieron igualmente riesgosas otras formas de propiedad rural, a excepción de los pueblos indígenas. La baja en la producción de metales preciosos y el comercio exterior no estimuló la producción industrial para el mercado interno, en parte debido a la falta de demanda, y en parte a la competencia de las importaciones que afluyeron a más bajos precios después de que México se libró de las restricciones mercantilistas españolas al comercio.

"La decadencia económica y la violencia social en el campo contribuyeron a la inestabilidad política, y esta última, a su vez, intensificó los problemas económicos y sociales. En un marco de inestabilidad política, no se llevaron a cabo cambios fundamentales en las estructuras jurídicas e instituciones españolas. Pero la continuidad del sistema jurídico, del odiado tributo, de los fueros militar y eclesiástico y de la burocracia civil, disfrazó una realidad fundamental. El sistema político español heredado por la nueva nación simplemente dejó de funcionar en forma coherente. En la política, como en la economía y en las instituciones sociales, dejó de operar el viejo sistema y no surgió algo comparable que tomara su lugar" (John Coatsworth, *Los orígenes del atraso*, Alianza Editorial Mexicana, 1990, cap. IX, "Los orígenes sociales del autoritarismo en México", pp. 214-75. Originalmente publicado en *Foro Internacional*, vol. XVI, n. 2, México, 1975).

La República Restaurada y en especial la época porfiriana vinieron a poner término a ese estado de cosas.

relaciones capitalistas durante el porfiriato, es decir, la separación de los productores de sus medios de producción y en consecuencia la pérdida del resto del territorio mexicano para sus antiguos poseedores, los campesinos indios. Esas tierras se concentraron en manos de un puñado de propietarios nacionales y extranjeros a través de métodos de rapiña que en nada difieren de los descritos en 1912 por Rosa Luxemburgo al analizar las guerras coloniales en *La acumulación del capital*.

Esta *guerra de las armas* era, sin embargo, sólo la ola visible en la superficie de una marea de fondo más poderosa y arrasadora que la acción de cualquier ejército: la *guerra de las mercancías*, la penetración de las relaciones mercantiles en la economía mexicana a partir de la aceleración de la extensión mundial del capitalismo central y su ingreso en la era del imperialismo. Este proceso reconoce ciclos de expansión, especie de pulsaciones del capital central a través de ondas a las cuales corresponden más o menos ajustadamente las transformaciones en los países latinoamericanos y en México.

De este modo, durante el porfiriato el proceso de separación de los productores con respecto a sus medios de producción, el paso a una regulación generalizada de la fuerza de trabajo y de la extracción del producto excedente (plusproducto) a través de relaciones mercantiles (salariales), va a operarse también mediante las formas múltiples de ruina y desaparición de los pequeños productores-propietarios, agrarios o urbanos (artesanos), y de la consiguiente concentración de la propiedad sin violencia armada aparente. Este aspecto aparece oscurecido en los historiadores de la escuela liberal herederos del pensamiento positivista, que resaltan por el contrario aquellos aspectos de despojo y expoliación con los cuales se ha escrito la "historia negra" del porfirismo.

En realidad, el tránsito del periodo juarista de la Reforma y la República Restaurada al periodo porfiriano, particularmente a partir de la afirmación en el poder de Porfirio Díaz y sus sucesivas reelecciones después del interregno de Manuel González (1880-1884), coincide con bastante precisión con el tránsito en el mercado mundial del capitalismo de libre competencia a la era del imperialismo.

La Nueva España, cuyas riquezas habían sido uno de los factores determinantes en la conformación del primer mercado mundial en el siglo XVI bajo el impulso del capital mercantil, vivió con las guerras de Independencia una ruptura generalizada del equilibrio económico alcanzado a fines de la Colonia y de su modo de inserción en el mercado mundial, ya sacudido a inicios del siglo XIX por la penetración irresistible de mercancías, especialmente británicas, a través del contrabando. Siguieron los primeros decenios de vida independiente hasta pasada la mitad del siglo, conocidos en México como en otros países de América Latina como el "periodo de la anarquía" y caracterizados por la quiebra del poder central (mantenido sólo formalmente) y su fragmentación en formas feudales,[14]

[14] Sin entrar aquí en la polémica sobre la existencia y las características de un modo de producción feudal en las colonias españolas de América, ciertos rasgos de este periodo corresponden a cualquiera de las descripciones existentes de las instituciones del feudalismo europeo ya consolidado. Por ejemplo, George Clark en *La Europa moderna*, Fondo de Cultura Económica, Breviario, México, 1963, escribe: "Nada distinguía claramente a las instituciones *políticas* de las *económicas*, especialmente *agrarias*. Toda propiedad comportaba otros derechos y deberes, además de los derechos y deberes puramente económicos: el terrateniente no sólo tenía derecho a las cosechas de su heredad y a las rentas o servicios del trabajo de sus inquilinos; era también su juez, o su jefe militar y representante; inclusive, a veces, era su representante elegido. El burgués no sólo poseía el derecho de abrir tienda en la ciudad, sino que participaba en la guardia y la defensa de ésta; se le elegía regidor o alcalde y así formaba parte de los tribunales de justicia. A la inversa, el gobierno estaba mezclado con la propiedad y no existía todavía una autoridad suprema encargada de los deberes de legislar, administrar e impartir justicia y sólo de ellos".

Pero en México estos rasgos aparecían —o más bien reaparecían después de la ruptura del proceso de centralización y modernización del poder colonial acentuado a partir de las reformas borbónicas— dentro de los marcos republicanos establecidos con la declaración de Independencia, y podrían considerarse entonces procesos de *refeudalización aparente* a partir del estancamiento y el repliegue sobre sí misma de la economía republicana. Pues ni las instituciones ni el conjunto de relaciones de este periodo, ni siquiera las del periodo colonial, corresponden en realidad a lo que podría ser una definición sintética y adecuada del feudalismo, tal como la propone por ejemplo Perry Anderson: "El feudalismo involucra, típicamente, la servidumbre jurídica y la protección militar de los campesinos por una clase social de nobles, que gozan de autoridad y propiedad individuales, y que ejercen un mono-polio exclusivo de la ley y de los derechos privados de justicia, dentro de un marco jurídico de soberanía fragmentada y fiscalidad subordinada y una ideología aristocrática que exalta la vida rural". Es que la revolución de Independencia, la primera del ciclo de revoluciones burguesas mexicanas (según la denominación de Enrique Semo), supone por definición la ruptura de las colonias con el Estado absolutista español y forma parte de la revolución burguesa frustrada en su seno. Y este mismo Estado está poderosamente determinado por el surgimiento temprano del capitalismo: "Inmensamente magnificado y organizado, el Estado feudal del absolutismo fue sin embargo constante y profundamente sobredetermina-do por el crecimiento del capitalismo dentro de las formaciones sociales compuestas del temprano periodo moderno. Estas formaciones fueron, por supuesto, una combinación de diferentes modos de producción bajo la dominación —evanescente— de uno de ellos: el feudalismo" (Perry Anderson, *El Estado absolutista*, Siglo XXI Editores, México, 1979). Enri-que Semo, *Historia mexicana*, Ediciones Era, México, 1978, capítulo II, propone una interpre-tación sobre la combinación de diferentes modos de producción en la Nueva España cuya tesis inicial sostiene: "En los dos primeros siglos de su existencia, la economía de la Nueva España constituye un sistema heterogéneo (pluriparticular) en el cual coexisten diferentes modos de producción: desde un principio puede observarse claramente la presencia del despotismo tributario, el feudalismo y un capitalismo embrionario y dependiente. Estos modos de producción no se encuentran separados sino que constituyen un todo orgánico, un conjunto de relaciones que da a cada elemento su sentido concreto".

el predominio de los caudillos militares regionales, el repliegue de la economía sobre los ámbitos locales y en parte sobre la autarquía y el autoconsumo, el estancamiento o el muy aleatorio desarrollo del comercio, la difícil formación y lento ascenso, a partir de los años cuarenta aproximadamente, de una burguesía comercial y de sus representantes políticos urbanos.[15]

Esos años, en que estos países parecen vivir un lento proceso de crecimiento autónomo y de limitada pero progresiva acumulación interior de capital, son aquellos en que el capitalismo de libre competencia está conquistando su espacio en los países centrales. Su símbolo es la extensión de la red de ferrocarriles en Europa y poco después en Estados Unidos. Su impacto político geográfico significa para México, ya lo hemos visto, la pérdida por invasión y despojo de la mitad de su territorio original.

En ese periodo, que se prolonga aproximadamente hasta los años sesenta del siglo XIX, la producción directa de plusvalor por la gran industria se limita casi exclusivamente a Europa occidental y Estados Unidos. No existe suficiente capital para exportar, aunque ya han comenzado algunas limitadas inversiones fuera del ámbito de los países centrales. El proceso de acumulación originaria sigue dominando la lógica de la acumulación de capital en los países periféricos y destruyendo sólo muy gradualmente la intrincada red de la producción artesanal urbana y campesina. Los medios de comunicación son todavía insuficientes a esca-

---

[15] John H. Coatsworth, art. cit., pp. 212-13, señala: "Si bien los indígenas y los liberales hicieron ingobernable a México, ninguno de estos grupos poseía la unidad y coherencia política o los recursos económicos para imponer un nuevo orden a la sociedad mexicana. La población indígena de México (como en el caso de los campesinos en toda la historia mundial moderna) no fue capaz de tomar el poder político sin aliarse con otras fuerzas de la sociedad. Los liberales mexicanos estaban tan atemorizados como los conservadores por las imágenes de destrucción del movimiento de Hidalgo y por el miedo a una 'guerra de castas', por ello fueron incapaces de encauzar el descontento indígena en su propio beneficio, con excepción de algunos momentos, en ciertas regiones y por cortos periodos. Así, la represión de las revueltas indígenas en el campo constituyó la política agraria tanto de los gobiernos liberales como de los conservadores. La fuerza de la oposición liberal a los conservadores residía en el alto nivel de apoyo político concentrado en las ciudades porteñas y entre los caudillos regionales en los extremos norte y sur del país. La fuerza de los conservadores descansaba en el apoyo político que recibían de la Iglesia —la única institución nacional capaz de lograr una movilización política popular— así como de importantes sectores de las fuerzas armadas del país. Los liberales neutralizaron esos recursos, ya que tornaron insostenible el control por parte de los conservadores de las aduanas y de los estados del norte y del sur. Los fondos del gobierno nacional podían ser cortados en cualquier momento, y les era fácil organizar revueltas encabezadas por líderes militares regionales (cuyas fuerzas muchas veces se mantenían virtualmente independientes de la ciudad de México)".

la mundial (y mucho más en los países menos desarrollados) debido al rezago de la revolución industrial en la industria del transporte con respecto a sus progresos en la industria manufacturera.

México vive en los años cincuenta y sesenta su proceso de organización nacional bajo la égida de la burguesía juarista. El Estado crea las condiciones jurídico-políticas (leyes de Reforma, Constitución de 1857, fortalecimiento del poder central pasando incluso por encima del federalismo constitucional) para el desarrollo capitalista y la consolidación nacional de su propio mercado interior. Las ideas liberales son el reflejo político de estas condiciones de desarrollo, mientras en los conservadores encarna en líneas generales la tenaz resistencia de las clases agrarias (y sus clientes) en las viejas formas de producción.[16]

Sobre este proceso comienza a hacerse sentir, a partir de los años setenta, la nueva expansión del capital central que ya ha conquistado y consolidado sus ámbitos europeos con la unificación nacional de Alemania y de Italia, y su espacio norteamericano con la guerra de Secesión. Esta expansión alcanza su pleno impacto en México a partir de la década del ochenta. Su heraldo más aparente es la vertiginosa extensión de la red ferroviaria entre 1881 y 1884, que luego de haber crecido de 666

[16] John H. Coatsworth, art. cit., pp. 221-22, dice: "La fuerza principal de la democracia en México, en sentido funcional, durante el periodo de Independencia (y anteriormente) fue siempre local: principalmente los poblados indígenas, pero hasta cierto punto también las municipalidades mixtas indígeno-mestizas. Aun los más destacados federalistas del liberalismo mexicano no tomaron en cuenta este hecho y en su lugar se concentraron en las relaciones entre los estados y el gobierno nacional. Este aspecto del federalismo del siglo XIX lo hizo profundamente oportunista y al mismo tiempo inefectivo: oportunista, porque echaba mano de los caudillos regionales (cuyos compromisos con los principios democráticos eran frecuentemente muy reducidos); e inefectivo, porque ignoró las únicas instituciones mexicanas donde la democracia tenía una honda significación ideológica, económica y social. Al final de la década de 1870, con la construcción de la primera línea de ferrocarril al sur de la ciudad de México y tan pronto como apareció la primera ola de apropiación aristocrática de la tierra, los indios de Yautepec se levantaron en una protesta violenta con el lema 'Ley agraria y gobierno municipal'. En Morelos, como en otras partes de la República Mexicana, los lazos entre las necesidades económicas y sociales y la democracia política nunca habían sido tan íntimos como lo fueron en el siglo XIX en los millares de poblados que perdieron sus tierras durante el porfiriato".

En ese sentido, Coatsworth señala la continuidad entre el régimen porfirista, "el primer régimen efectivamente centralizado en México después de la Independencia", y su predecesor, la República Restaurada surgida de la derrota de los conservadores: "En todos los lugares del país, los liberales pactaron la paz con sus antiguos enemigos y en muchas regiones —en Chihuahua, por ejemplo— el apoyo de antiguos conservadores fue importante en los encuentros que sostuvieron las diferentes facciones en pugna del grupo liberal". A este acuerdo, consolidado bajo Porfirio Díaz con la penetración del capital extranjero que ambos grupos usufructuaron, Coatsworth lo llama "el compromiso histórico entre conservadores y liberales".

kilómetros en 1876 hasta 1 080 kilómetros en 1880, salta a 5 891 kilómetros en 1884 (para luego mantener un ritmo de crecimiento no tan intenso pero fuertemente sostenido hasta los veinte mil kilómetros *circa* 1910). El mundo entraba en la era del imperialismo, que determinaría en adelante la forma de inserción del país en el nuevo mercado mundial y en el proceso de acumulación a escala igualmente mundial, así como las nuevas formas de explotación del trabajo: hacienda porfiriana moderna y economía de plantación, desarrollo industrial en ciertas ramas (ferrocarriles, textiles, alimentación, luego electricidad), nuevo auge y modernización de la industria minera, ruina del artesanado y del pequeño productor campesino, proletarización y pauperización con la presencia permanente de un fuerte ejército industrial de reserva (con la consiguiente y persistente determinación a la baja del salario en México).[17]

Así, la historia del México porfiriano es, en esencia, la historia del proceso de conformación y desarrollo impetuoso del capitalismo nacional en las condiciones de la expansión mundial del capital en la era de ascenso del imperialismo; y, en consecuencia, la historia de la acumulación de las contradicciones que condujeron a la formación social mexicana al estallido revolucionario de 1910. Dicho en términos más abstractos, es la historia del prolongado equilibrio dinámico que transcurre entre dos revoluciones: una, la Reforma, que le da origen y engendra las condiciones de su existencia, crecimiento y expansión; la otra, la Revolución Mexicana, engendrada por la crisis en que desembocan y buscan resolverse las contradicciones inherentes a ese proceso.

El verdadero tesoro que los conquistadores españoles encontraron en lo que luego sería el territorio mexicano fue, como es bien sabido, la fuerza de trabajo educada y disciplinada en las sociedades despótico-tributarias prehispánicas, la innumerable masa de los constructores de las pirámides y los canales de riego, los que en Mesoamérica habían edificado "la Tebas de las siete puertas" y habían reconstruido "Babilonia, varias veces destruida", según diría Bertolt Brecht.[18]

---

[17] Una descripción adecuada de este proceso mundial se puede hallar en Ernest Mandel, *El capitalismo tardío*, Ediciones Era, México, 1979, en su capítulo II: "La estructura del mercado mundial capitalista". Para un análisis histórico sucinto sobre la determinación a la baja del salario en México debido a la presión permanente del ejército industrial de reserva, puede verse Jeff Bortz, "La determinación del salario en México", en *Coyoacan*, n. 13, México, julio-septiembre de 1981.

[18] Citemos, una vez más entre tantas, las primeras de las *Preguntas planteadas por un obrero que lee*: "¿Quién construyó la Tebas de las siete puertas? / En los libros se da el nombre de los Reyes / ¿Los Reyes arrastraron ellos mismos los bloques de piedra? / Babilonia, varias veces

A partir de esa masa, la economía mexicana, de la Colonia a la República, puede concebirse como la sucesión de las formas de organización de esa fuerza de trabajo por las clases dominantes para la extracción del producto excedente, sucesión en la cual se van transformando tanto el sistema de dominación como la fuerza de trabajo misma. La encomienda constituye la fase inicial y transitoria que articula directamente, a través de los conquistadores, al imperio español (y a través de él al capitalismo incipiente de Europa occidental) con las comunidades agrarias indígenas, anterior base de sustento y de producción de excedente para las castas dominantes de los regímenes despótico-tributarios arrasados por la conquista. Esta articulación directa, como un engranaje que pretendiera combinar los dientes de una gran rueda de hierro con una frágil rueda de madera, provoca en el transcurso de algo más de un siglo una de las mayores catástrofes de la historia: la desaparición por exceso de trabajo, enfermedades, hambre y destrucción sistemática del equilibrio de sus antiguas condiciones de existencia, intercambio con la naturaleza y reproducción, de alrededor de un 90% de la población indígena encontrada por los españoles a su llegada.[19] Sus huesos, sus músculos, sus nervios, sus pensamientos, sus dioses y sus vidas se habían trasmutado, casi literalmente, en la masa de metales preciosos que, pasando por España, aceleraron fantásticamente el impulso inicial con que el capitalismo europeo estaba entrando al mundo.

Utilizada por los españoles como mano de obra gratuita, a través del tributo en trabajo, para construir ciudades, palacios y templos, la fuerza de trabajo indígena continuaba reproduciéndose en la comuni-

destruida / ¿quién la reconstruyó? ¿En qué casas / de Lima la dorada se alojaron los obreros de la construcción? / Cuando la Muralla China fue terminada / ¿adónde fueron esa noche los albañiles? Roma la grande / está llena de arcos de triunfo. ¿Quién los construyó?"

[19] La cifra varía según los autores y, como es obvio, no puede ser extremadamente precisa, pero todos coinciden en la magnitud apocalíptica de la catástrofe demográfica. Woodrow Borah, *El siglo de la depresión en Nueva España*, Ediciones Era, México, 1982, recuerda que "en general, todos los investigadores están de acuerdo en que en el momento de la conquista, el centro de México estaba densamente poblado". Basándose en las estimaciones de S. F. Cook y L. B. Simpson, da una cifra de once millones de habitantes en 1519, que a mediados del siglo XVII ha descendido hasta un punto crítico "de 1 500 000 almas para toda la región central de México. Para entonces, las mezclas de sangre, los negros y los blancos tenían importancia demográfica, llegando en total a unos 300 mil, de manera que la población indígena alrededor de 1650 sería, aproximadamente, de 1 200 000. La recuperación demográfica empezó a finales del siglo XVII, aumentando lentamente al principio y luego con relativa rapidez. Para 1793 la población total del centro de México era de unos 3 700 000, casi dos y media veces más que en 1650, pero únicamente cuatro quintos de la población indígena en 1565" (que era de unos 4 400 000 habitantes). Habría que llegar a fines del siglo XIX o inicios del XX para que se restableciera la densidad poblacional de cuatro siglos antes.

dad agraria y era ésta la que, fundamentalmente, proveía de productos alimenticios y de servicios domésticos a las clases dominantes, españoles y restos asimilados de la nobleza indígena. Pero era sobre todo en la explotación de las minas, fundamento y motor de toda la empresa colonial, donde esa mano de obra era exclusiva e indispensable. El sistema de encomienda, al mismo tiempo que aseguraba su utilización forzada en todas esas tareas, no ponía límites a su explotación y devoraba sus vidas con la misma rapidez e intensidad con que las galerías de las minas iban devorando maderas y bosques enteros en las regiones mineras. Sumadas las enfermedades a la superexplotación, pronto la caída vertical de la mano de obra obligó a suspender las grandes construcciones, a buscar un régimen de abastecimiento de alimentos que no proviniera del solo aporte de la comunidad indígena y a reorganizar el suministro de fuerza de trabajo y de materiales y provisiones a las minas.[20]

Es en este proceso donde se constituye el sistema de hacienda, que será durante dos siglos y medio, a través de sucesivas transformaciones, el centro de gravedad de la economía mexicana; o, en otras palabras, el principal instrumento de regulación para la utilización de la fuerza de trabajo y la extracción y acumulación del producto excedente, incluso del producido en las comunidades indígenas subsistentes, del mismo modo como la industria extractiva continuará siendo el principal canal para la transferencia al exterior de una parte sustancial de ese plusproducto.[21]

Este papel explica la indiscutible vitalidad de la hacienda como unidad

[20] "Los medios necesarios para la fundación de la economía de los conquistadores (la República de los españoles) surgen de la explotación de la comunidad indígena. Los españoles no traen capitales ni medios de producción. La única fuente existente es el trabajo y el producto excedente de las comunidades. El papel histórico de la encomienda es precisamente éste: la transferencia de excedente producido en las comunidades a la estancia, la hacienda, el obraje, la mina, el ingenio, etcétera. El lazo indisoluble entre comunidad-encomienda-hacienda-mina, etcétera, reside en esta función. Sin excedente de la comunidad indígena y un mecanismo que los transforme, la economía de la República de los españoles nunca hubiera surgido. Las dos estructuras se entretejen formando en la realidad una riquísima gama de combinaciones locales de variadas formas y niveles de desarrollo. Así, por ejemplo, en el norte predominan la minería y la ganadería extensiva, casi no existe la comunidad agraria; en el centro coexisten comunidades agrarias desarrolladas e importantes empresas españolas; en el sur, la comunidad tradicional domina y está frecuentemente aislada: la colonización es escasa y la minoría española reducida". Enrique Semo, op. cit., pp. 29-30.
[21] "La *única* rama productiva que alienta la metrópoli en sus colonias es la extracción de metales preciosos. La producción de plata permite succionar hacia la metrópoli el excedente de todos los sectores de la economía —incluso los más atrasados— mercantilizando los productos, pero afecta escasamente los modos de producción vigentes en los demás sectores." Ibid., pp. 31-32.

económica y, por un largo periodo, su funcionalidad para la reproducción y la estabilidad del sistema.

La hacienda vino a introducir el engranaje intermedio indispensable para evitar que la veloz y dura rueda dentada de hierro constituida por la minería, las exigencias del mercado mundial capitalista en formación y la constitución de una rica clase dominante en las ciudades coloniales, continuara destruyendo los dientes de la rudimentaria y lenta rueda de madera de la comunidad indígena, principal centro de reproducción de la fuerza de trabajo y de extracción del producto excedente, en trabajo o en productos. La hacienda, institución agraria española transformada en su adaptación a la Colonia, se difunde desde el siglo XVII y se consolida en el siglo XVIII, como el elemento central que regula el uso de la fuerza de trabajo y termina con su despilfarro y consiguiente agotamiento. Del periodo de abundancia de mano de obra se ha pasado a otro en que los diferentes sectores de la economía —ciudades, minas, haciendas— desarrollan diversos expedientes para atraer y fijar su propia mano de obra, entre ellos una progresiva extensión del salariado y de su forma híbrida y subsidiaria, el peonaje por endeudamiento.

En este sistema en movimiento, la hacienda tiene su mano de obra fija —peones, sirvientes, incluso artesanos como herreros, carpinteros, albañiles y hasta obrajes textiles— y al mismo tiempo absorbe y repele, según los ritmos estacionales de los trabajos del campo, a la mano de obra proveniente de las comunidades indígenas. Esta fuerza de trabajo continúa reproduciéndose sobre todo en el ámbito de la comunidad, su plusproducto se succiona a través de la hacienda, que a su vez produce insumos y alimentos para las minas, para las ciudades y para sí misma. La supuesta autarquía o economía cerrada que algunos atribuyen a la hacienda no puede dar cuenta de que en torno a ella, durante la Colonia y hasta la Independencia, gira ya un mundo de la economía que a través de la exportación de metales preciosos se vincula directamente con el mercado mundial.

Pero esta hacienda colonial, donde ya se presenta formas imperfectas o mixtas de trabajo asalariado combinadas con formas de dependencia servil, no es todavía la moderna hacienda porfiriana que desarrolla el sistema de plantación y produce tanto para el mercado interno como directamente para el mercado mundial. Entre la primera y la segunda se alzará el hiato de la desintegración de la economía colonial, el periodo de las guerras de Independencia y de la anarquía, la desintegración de la misma hacienda colonial y la reconstitución capitalista del sistema de hacienda después de la revolución liberal y durante el porfiriato.

La hacienda colonial se constituye sobre tierras en parte abandonadas por la extinción de sus habitantes, o se apodera de las buenas tierras comunales, pero al mismo tiempo necesita dejar vivir a la comunidad agraria con la cual establece un metabolismo en donde ambas coexisten. Tiene así una notable elasticidad ante los altibajos del mercado de productos y de mano de obra. Puede replegarse hacia el autoconsumo o expandirse hacia una mayor producción mercantil según los ciclos de la economía y actuar así como un elemento regulador y a la vez conservador dentro del sistema.

Esa hacienda es también una institución de poder y, para la población campesina mayoritaria, la encarnación y el centro mismo del poder de las clases dominantes. No se trata de la soberanía fragmentada del feudalismo, sino de la fragmentación delegada del poder central del virreinato. La combinación entre las guerras napoleónicas en Europa y las revoluciones de Independencia en América Latina destruyó al Estado colonial como prolongación del Estado absolutista español. Pero la revolución de Independencia en México no alcanzó a crear otro poder central suficientemente cohesionado y con control sobre el conjunto del territorio nacional. La fragmentación del poder en las haciendas se prolonga, entonces, bajo la República, con el agregado de que vastos sectores de la sociedad campesina escapan también al control de las debilitadas haciendas y se repliegan sobre el poblado indígena autosuficiente.

La figura del hacendado sigue personificando aquel poder, junto con sus mayordomos y administradores. La hacienda tiene cárcel, iglesia, sacerdote y controla y distribuye para sus dependientes los premios y las penas de esta tierra y del más allá: como en el feudalismo, en la mente de las clases agrarias no se establece una distinción entre las instituciones políticas y económicas, fundidas ambas en el poder agrario discrecional y omnímodo del hacendado.

Esta función pasa luego, transformada, de la hacienda colonial a la hacienda porfiriana, y la convierte así, a los ojos del campesinado, en la materialización de la opresión y en cosecuencia en el objeto mismo sobre el cual se abate para destruirlo la furia revolucionaria campesina a partir de 1910. El mismo impulso con que los plebeyos de París tomaron la Bastilla en 1789, llevó a los campesinos mexicanos a tomar por asalto las múltiples bastillas de las haciendas porfirianas, de modo tal que la revolución aparece después, en la memoria oral de muchos soldados campesinos de los ejércitos revolucionarios, como una serie de tomas de haciendas antes que como un abatimiento del poder central del Estado.

Pero la hacienda porfiriana, a diferencia de la colonial, se constituye y se articula mucho más directamente sobre las demandas de un mercado interno y un mercado mundial donde el dinamismo de la acumulación capitalista impone las normas. Esto cambia su relación y sus exigencias hacia la fuerza de trabajo, aunque la tradición y la persistencia de la memoria de los seres humanos transmita de la primera a la segunda muchas de las formas de dominación y de subordinación.

En medio de disputas, luchas y conflictos permanentes con los hacendados por tierras, aguas, bosques, pastos y mano de obra, las comunidades campesinas habían logrado cierta estabilidad conflictiva en su relación con la hacienda colonial. La nueva hacienda capitalista, constituida a partir de las leyes de desamortización, va a lanzar cada vez más agresivamente un asalto renovado sobre las comunidades, mostrando un hambre de tierras muy superior al de la hacienda colonial, acicateado por la necesidad de liberar mano de obra despojando a las comunidades de sus medios de producción y obligándolas a lanzar al mercado su fuerza de trabajo. La comunidad, sin embargo, continúa manteniendo en buena medida su función de organismo social de reproducción de esa fuerza de trabajo, aun bajo las formas sucedáneas de la familia campesina y de los pueblos despojados parcial o totalmente de sus tierras.[22]

Esta hambre devoradora de tierras, que es en verdad hambre de fuerza de trabajo y de su producto, el plusvalor, va a mover la guerra de las haciendas contra los pueblos y las tribus indígenas que hemos mencionado antes, y va a suscitar la resistencia múltiple de los campesinos, materializada en innumerables revueltas y otras formas menores de resistencia activa o pasiva cuyos métodos, ideologías y móviles son continuación y actualización de la antigua guerra defensiva del pueblo mexicano contra sus explotadores agrarios, urbanos y metropolitanos.

Por otro lado, también la hacienda porfiriana llega a alcanzar cierto equilibrio en la utilización de la fuerza de trabajo. Ese equilibrio está hecho de coerción estatal y privada sobre los trabajadores pero también de aceptación por parte de éstos del marco establecido de sus relaciones con la hacienda y de la división de los mismos trabajadores en múltiples categorías ligadas con el hacendado por lazos diferentes de dependencia

---

[22] "La historia del trabajo en los productos agropecuarios da pie a una hipótesis que conserva su vigencia: el crecimiento de las grandes empresas históricas, desde el modesto trapiche esclavista del siglo XVI hasta las casi infinitas haciendas del tiempo porfiriano, ha fincado su éxito en su capacidad de atraer, utilizar, arraigar y explotar la mano de obra de los campesinos sin absorber la totalidad de los costos de subsistencia y reproducción de ese grupo. La coexistencia entre el trabajo libre proletarizado, el trabajo forzado por vinculaciones como la deuda o la aparcería y el trabajo autónomo de los campesinos en sus parcelas diminutas, no es una anomalía o una aberración histórica sino una constante centenaria que persiste". Arturo Warman, prólogo a Roberto Melville, *Crecimiento y rebelión. El desarrollo económico de las haciendas azucareras en Morelos (1880-1910)*, Editorial Nueva Imagen, México, 1979.

y reciprocidad. Esta compleja red de relaciones sociales agrarias constituye el basamento rural de lo que sería conocido como la "paz porfiriana".

En líneas generales, las haciendas tenían cuatro clases de trabajadores:

a] Los peones de residencia permanente o peones acasillados, cultivadores agrícolas, vaqueros, pastores o artesanos que vivían permanentemente en la hacienda. Recibían un salario, completado por el derecho a cultivar una pequeña parcela en la hacienda, a apacentar animales en las tierras de éstas y a una ración anual de maíz. Cultivaban la tierra o cuidaban el ganado de la hacienda, y a veces debían realizar tareas domésticas y aun salir a pelear por la hacienda. Generalmente eran una minoría de la mano de obra.

b] Los trabajadores temporales, que podían ser habitantes de pueblos indígenas y comunidades agrarias o pequeños propietarios que debían completar los ingresos de su parcela. El modo de pago era variado, pero incluía también una parte salarial.

Entre los trabajadores temporales figuraba otra categoría, la de los llamados *indios vagos*, que era fuerza de trabajo migratoria que se trasladaba buscando trabajo temporal en diferentes haciendas, en minas o en la ciudad, a cambio de una remuneración en salario.

c] Los aparceros, que vivían en la hacienda y recibían de ésta en aparcería tierras de cuyo producto una parte iba en pago a la hacienda y la otra constituía el ingreso propio del aparcero. Generalmente el pago en especie se completaba con pago en trabajo.

d] Los arrendatarios, que pagaban en especie o en dinero por el arriendo de una extensión variable de tierras y a veces hasta de un rancho entero, y podían a su vez —como también los aparceros— contratar trabajadores.[23]

Cada una de estas formas se combinaba con las otras y presentaba variedades muy grandes. De este modo, surgían contradicciones entre uno y otro tipo de trabajadores que dificultaban su unificación frente al hacendado y podían llevar incluso a enfrentamientos —por ejemplo, entre peones acasillados, más ligados a la hacienda, y trabajadores temporales provenientes de pueblos y comunidades— todo lo cual tornaba sumamente complejo el modo de dominación.

Estas relaciones, existentes ya en la hacienda colonial, son retomadas y combinadas en formas diferentes en la hacienda porfiriana, bajo la penetración creciente de las relaciones mercantiles y salariales y la ligazón

---

[23] Para una descripción y análisis más detallado de estas relaciones, ver Friedrich Katz, *La servidumbre agraria en México en la época porfiriana*, Ediciones Era, México, 1980.

cada vez más directa de las haciendas más dinámicas al mercado de materias primas y de capitales. Éstas se combinan, en una variedad incontable de formas propias de cualquier periodo de transición, con la persistencia de las haciendas tradicionales.

Pero en una sociedad donde, sobre todo a partir de 1880, crecen las ciudades, las líneas férreas, las industrias manufacturera y extractiva, el sistema bancario, la circulación monetaria, son particularmente las haciendas productoras de azúcar, ganado, algodón, henequén, café y otros productos solicitados por el mercado mundial de materias primas en expansión las que definen más nítidamente los rasgos capitalistas de la hacienda porfiriana, siempre combinados con relaciones precapitalistas de dependencia que, junto al salario, mantienen ligada a ella a la fuerza de trabajo. Por su índole misma, esta combinación varía de caso en caso y resulta difícil de precisar y generalizar.[24]

Con estas salvedades, podemos registrar la siguiente descripción de una hacienda típica de la zona central de México, donde había mayor abundancia de fuerza de trabajo y donde las haciendas producían sobre todo para el mercado interno productos como maíz, trigo y pulque.

La hacienda se componía generalmente de un casco central, rodeado a veces por altos muros protectores, en donde estaba la gran casa del propietario (con las comodidades y lujos de la aristocracia terrateniente), las casas del administrador y los empleados (habitaciones de clase media), las oficinas, la tienda de raya, la iglesia, la cárcel, las trojes, los establos y la huerta para la alimentación de los señores y sus dependientes inmediatos; a veces, también una escuelita para los hijos de los empleados.

La tienda de raya vendía los productos de consumo a los peones: tela burda, maíz, frijol, jabón, aguardiente, etcétera, a precios casi siempre mayores a los del mercado. Estos productos se adelantaban al peón a cuenta de sus jornales, que así sólo en parte, a veces mínima, recibía el pago en moneda. Este pago con mercancías no sólo aumentaba las ganancias del patrón a costa del peón, sino que mantenía a éste atado a la hacienda a través de las deudas contraídas en la tienda de raya o por los

---

[24] Ejemplos aún más extremos presenta la historia hasta el día de hoy. En el IV Congreso de la Internacional Comunista, decía Trotsky: "Observamos más de una vez en la historia el desarrollo de fenómenos económicos, nuevos en principio, dentro de los viejos tejidos, y además esto sucede mediante las combinaciones más diversas. Cuando la industria echó raíces en Rusia, todavía bajo las leyes del feudalismo, en los días de Pedro *el Grande* y posteriores, las fábricas y plantas, aunque estaban planeadas según los modelos europeos de entonces, se asentaban sin embargo sobre bases feudales, es decir, se asignaban siervos a ellas en calidad de fuerza de trabajo. Estas fábricas se denominaban 'fábricas señoriales'." León Trotsky, *Informe sobre la* NEP, noviembre de 1922.

préstamos del hacendado al peón en ocasiones especiales: casamiento, nacimientos, gastos fúnebres, enfermedad. La deuda generalmente sobrepasaba las posibilidades de pago del peón y se trasmitía de padres a hijos. Si el peón endeudado abandonaba la hacienda, era traído de regreso por los rurales, acusado de robo y sujeto a castigo. Pero no sólo la deuda o el temor al castigo, sino también relaciones de dependencia arraigadas en costumbres, cultura y tradiciones fuera de las cuales no aparecía otro horizonte social, ligaron durante mucho tiempo al peón con el hacendado. Cuando una perspectiva alternativa, real o aparente, irrumpió con el movimiento revolucionario, la consiguiente agitación de los ánimos hizo saltar en pedazos la sumisión y el pasivo consenso.[25]

Se ha discutido e investigado, con resultado contradictorio, sobre la verdadera extensión de esa forma de fijación de la fuerza de trabajo a la hacienda que es el peonaje por endeudamiento. Su importancia parece haber variado según las épocas y las regiones, lo mismo que la de otras formas de trabajo más o menos forzado. Sin embargo, hacia el final del porfiriato la subsistencia general de ésta y otras manifestaciones más o menos encubiertas de relaciones de dependencia personal había acentuado el aspecto conservador y retardatario del sistema de hacienda ante los ojos de las fuerzas más dinámicas de la sociedad —incluidos hacendados que ya eran empresarios modernos y típicamente capitalistas, como la familia Madero— y lo hacía aparecer como la encarnación misma del atraso y el anquilosamiento de las relaciones sociales y políticas contra los cuales unificó su embestida el movimiento revolucionario de los años siguientes.

El gran portador, el símbolo mismo de la penetración del capitalismo en el territorio mexicano fue el ferrocarril. País de geografía abrupta, con su región más poblada, el altiplano central, rodeada de montañas, con escasos ríos navegables y esto sólo en algunos tramos, México no podía constituir su moderno mercado interior sin resolver el problema de las comu-

---

[25] "En las haciendas del centro de México únicamente un pequeño grupo medio de contratistas de trabajadores, capataces y arrendatarios acomodados tenía posibilidad de movilidad ascendente. La gran masa de los acasillados, trabajadores eventuales, arrendatarios y medieros, no sólo estaban en la imposibilidad de acumular ahorros, sino que sus medios de vida se reducían constantemente. Sin embargo, en el momento en que las aldeas comunales padecían el descenso precipitado de su forma de vida y una inseguridad siempre en aumento, los peones acasillados estaban, comparativamente, en mucho mejor situación. La fidelidad al amo solía verse premiada con el ascenso a puestos privilegiados de confianza". Friedrich Katz, op. cit., p. 54.

nicaciones. La solución, obviamente, era la sustitución de los caminos de arrieros, carretas y diligencias por una red ferroviaria. Pero ésta sólo pudo llegar a hacerse realidad tangible cuando las exigencias y las disponibilidades de capital de los países centrales así lo determinaron. La primera concesión para la construcción de un ferrocarril en México se otorgó a un rico comerciante veracruzano en 1837, el cual construiría la vía sobre la ruta México-Veracruz. Ésta fue efectivamente la primera línea, la del Ferrocarril Mexicano, México-Puebla-Veracruz, pero sólo fue inaugurada el 1° de enero de 1873, después de varios e infructuosos cambios de concesionarios. Hasta 1869 la línea incompleta tenía sólo 205 kilómetros de extensión, y en los cuatro años restantes hasta 1873 se completaron los 424 kilómetros del total de la vía. En 1876, cuando Porfirio Díaz ocupó la presidencia, en México había 666 kilómetros de vías férreas, de las cuales 114 utilizaban mulas como fuerza de tracción. Entre ese año y 1880, compañías locales, a través de concesiones de los gobiernos de los estados, construyeron 226 kilómetros más.

La gran transformación se produjo a partir de 1880, con la irrupción del capital extranjero, que las ofertas de los gobiernos mexicanos no habían logrado atraer mientras no lo pusieran en movimiento las necesidades de la expansión del capital central.[26] En los años siguientes, el desarrollo fue vertiginoso: 1 086 kilómetros en 1880, 1 661 en 1881, 3 583 en 1882, 5 308 en 1883, lo cual significa una tasa de crecimiento anual, para cada uno de esos años, de 21.6%, 52.9%, 115.7% y 48.1% respectivamente. Para 1887 la red ferroviaria llegaba a los 7 680 kilómetros, en 1890 tenía ya 9 558 kilómetros y en 1900, al voltear el siglo, alcanzaba casi los catorce mil kilómetros. En 1910, año final del porfiriato, México tenía 19 205 kilómetros de líneas férreas. La red no creció mucho desde entonces, para llegar a los aproximadamente veintitrés mil kilómetros de hoy.

Los ferrocarriles fueron constituidos y explotados por empresas norteamericanas e inglesas. Como en todas partes — salvo en Inglaterra —, recibieron enormes concesiones en tierras y en dinero de parte del Estado. Éste

---

[26] "Todos y cada uno de los gobiernos mexicanos a partir de los años de 1860 trataron afanosamente de fomentar el desarrollo de los ferrocarriles, ofreciendo generosos subsidios y privilegios a cualquier grupo, nacional o extranjero, que presentara posibilidades razonables de llevar a cabo la tarea. Estos esfuerzos sólo tuvieron éxito cuando se estableció el primer gobierno capaz de inspirar un mínimo de confianza en el pago de los subsidios y en la concesión de los privilegios. El desarrollo de la red ferroviaria durante los treinta y cuatro años de la *pax porfiriana* se llevó a cabo rápidamente bajo la hegemonía del capital extranjero, principalmente norteamericano". John H. Coatsworth, *El impacto económico de los ferrocarriles en el porfiriato*, Ediciones Era, México, 1984.

se comprometió con los inversionistas a pagarles subvenciones que variaban entre seis mil pesos por kilómetro de vía construido en terreno llano y veinte mil pesos por kilómetro en terreno montañoso; a cederles el aprovechamiento gratuito de las tierras "indispensables" para construir las vías; a autorizarles la utilización del trabajo obligatorio de las poblaciones por donde atravesara la vía, a cambio de salarios que no pasaban de los cincuenta centavos por día; a eximir de impuestos durante veinte años a sus capitales así como de derechos aduaneros a los materiales que importaran; en varios casos, a permitirles organizar en sus líneas su propia policía interior, con las mismas atribuciones que las policías del Estado.

La red ferroviaria se extendió desde el centro del país hacia los puertos, en especial los del Atlántico (golfo de México), y hacia la frontera norte, cubriendo los antiguos trayectos de las rutas comerciales históricas marcadas por la geografía, la economía y la exportación; pero ahora esta última destinada a alimentar los reclamos de materias primas del mercado mundial de la era imperialista, cualitativamente más dinámico y exigente que todo lo conocido en el pasado. Así, mientras la primera ferrovía mexicana sigue la ruta más tradicional del comercio exterior de la Nueva España, la de México-Veracruz, las nuevas grandes líneas a partir de los años ochenta del siglo XIX se conectan directamente con los ferrocarriles de Estados Unidos en la frontera entre ambos países.

Vistas en un mapa conjunto, las redes ferroviarias de los dos países no parecen ser sino una sola, y vistos los movimientos de progreso de sus construcciones respectivas no se presentan sino como un solo movimiento; o más bien, el crecimiento de los ferrocarriles mexicanos del norte aparece como la continuación de la extensión de los ferrocarriles estadounidenses hasta su frontera sur. De este modo, los ferrocarriles fueron también heraldos de un proceso de integración de ambas economías y de subordinación de la mexicana a la estadounidense que ha ido atravesando diferentes fases y prosigue hasta nuestos días con mayor profundidad e intensidad que entonces.[27]

[27] "Los comentaristas contemporáneos, incluso los funcionarios porfirianos, veían en los ferrocarriles el motor principal del crecimiento económico orientado hacia la exportación. El aumento del control estatal en la década de 1890, y la mexicanización del grueso de las líneas férreas del país entre 1902 y 1910, reflejan el empeño del régimen en asegurar que el nuevo sistema de transporte siguiera cumpliendo esa función. Los principales beneficiarios de la 'mexicanización' de los ferrocarriles fueron los que poseían los bonos de las compañías ferrocarrileras mexicanas, extranjeros en su mayoría, así como el sector exportador de la economía, que también estaba en gran medida en manos de extranjeros. Los extranjeros que poseían bonos se beneficiaron porque el gobierno mexicano garantizaba el pago de la deuda de las empresas que parecían estar al borde de la bancarrota. Los extranjeros dueños de minas se beneficiaron al evitarse los costos y las fallas en el servicio

La red ferroviaria, en general más densa en las regiones más pobladas y con mayor vida económica del centro del país, transformó obviamente las regiones por donde pasaba, alteró los mercados locales y los precios, modificó las pautas de la propiedad territorial valorizando las tierras cercanas a las vías, determinó una movilidad mucho mayor de las mercancías y de la misma fuerza de trabajo, implantó una industria moderna y sin resabios artesanales. El ferrocarril, en el centro mismo de la actividad económica del país, proletarizó campesinos y artesanos para su construcción y su operación y acentuó, según por donde pasara su trazado, la desigualdad por regiones característica del desarrollo del país.[28]

que en Estados Unidos, por ejemplo, acompañaron a la manipulación de las líneas férreas por parte de varios grupos de financieros norteamericanos. Fueron los capitalistas norteamericanos los que más aprovecharon los esfuerzos de Limantour para salvaguardar al sistema ferroviario mexicano de caer en manos de un monopolio norteamericano." John H. Coatsworth, op. cit.

[28] En 1879, Marx escribía a Danielson sobre el desarrollo de los ferrocarriles en los países capitalistas: "La aparición del sistema ferroviario en los Estados dirigentes del capitalismo permitió, y aun obligó, a los Estados donde el capitalismo estaba confinado a algunas pocas cumbres de la sociedad, a crear y extender repentinamente su *superestructura* capitalista en dimensiones completamente desproporcionadas con respecto al grueso del cuerpo social, que lleva el trabajo fundamental de la producción dentro de los moldes tradicionales. Por lo tanto, no hay la menor duda de que en esos Estados la creación de los ferrocarriles ha acelerado la desintegración social y política, así como en los Estados más avanzados apresuró el desarrollo final, y por lo tanto el cambio final, de la producción capitalista. En todos los Estados, excepto Inglaterra, los gobiernos enriquecieron y apadrinaron a las compañías ferroviarias a expensas del Tesoro público. En Estados Unidos, ellas recibieron como regalo, en su provecho, una gran parte de la tierra pública, no solamente la tierra necesaria para la construcción de las vías, sino muchas millas de tierra a ambos lados de las vías, cubiertas de bosques, etcétera. Se convirtieron así en los mayores terratenientes, ya que los pequeños agricultores inmigrantes preferían por supuesto tierras situadas de manera que sus productos tuvieran asegurados medios de transporte a la mano.

"[...] Generalmente los ferrocarriles, por supuesto, dieron un impulso inmenso al desarrollo del comercio exterior; pero el comercio en países que exportan principalmente *materias primas* aumentó la miseria de las masas. No sólo que el nuevo endeudamiento, contraído por los gobiernos por cuenta de los ferrocarriles, aumentó la *masa de impuestos* que pesaba sobre ellas, sino que desde el momento en que cada producción local se podía convertir en oro cosmopolita, muchos artículos *anteriormente baratos*, porque eran invendibles en grandes cantidades, como fruta, vino, pescado, carne de venado, etcétera, se volvieron *caros* y se alejaron del consumo de la gente, mientras que, por otro lado, *la producción misma*, quiero decir el *tipo de productos*, fue cambiada según su *mayor o menor aceptabilidad para la exportación*, mientras que antes se adaptaba principalmente a su consumo en el lugar. Así, en Schleswig-Holstein la tierra agrícola fue convertida en praderas, porque la exportación de ganado era más beneficiosa, pero al mismo tiempo la población agrícola fue expulsada. Todos los cambios fueron realmente muy útiles para el gran terrateniente, el usurero, el comerciante, los ferrocarriles, los banqueros, y así sucesivamente, pero sumanente funestos para el productor real."

También en México el desarrollo ferrocarrilero fue acompañado por un notable aumento en los precios de los artículos de consumo.

Ahí donde fue pasando, el ferrocarril cambió la vida local y aceleró la desintegración de las antiguas costumbres y normas de la vida campesina. Aceleró también el proceso de despojo de tierras de los pueblos indígenas característico del porfiriato y generó, en consecuencia, movimientos de resistencia y alzamientos campesinos.[29]

El trazado de los ferrocarriles sirvió también para un fin político: consolidar la dominación del gobierno central, permitiéndole enviar tropas rápidamente a puntos lejanos para sofocar cualquier sublevación. Así lo hizo, por ejemplo, contra la huelga textil de Río Blanco. La unificación nacional adquiría así no sólo su contenido económico sino también su contenido político capitalista: la posibilidad de centralizar y concentrar el uso de la represión.

En 1905, el ministro sin cartera porfiriano Pablo Macedo escribía que ahora el gobierno tenía medios para hacer frente rápidamente con sus tropas a cualquier resistencia o rebelión antes de que se extendiera. Al contrario de lo que sucedía algunos lustros antes, decía, ahora "el gobierno de la República puede, merced a los ferrocarriles, hacer sentir su autoridad y su fuerza hasta los más lejanos confines del territorio mexicano y reprimir cualquier asomo de perturbación o de revuelta en menos días que meses eran antes necesarios para alcanzar el mismo fin". En pocos años más, este maravilloso "invento" represivo se transformó en su contrario: los ferrocarriles se convirtieron en los caminos de la revolución.

En cuanto a la extensión relativa de la red ferroviaria mexicana: en 1910, para una densidad de población de 7.7 habitantes por kilómetro cuadrado, había un kilómetro de ferrocarril por cada 100 kilómetros cuadrados de territorio y 13 kilómetros de ferrocarril por cada 10 mil habitantes, con variaciones aproximadamente del doble a la mitad de ambas cifras según las regiones. En vísperas de la guerra de 1914 Rusia tenía 0.4 kilómetros de líneas férreas por cada 100 kilómetros cuadrados, mientras que en Alemania la proporción era de 11.7 kilómetros y de siete en Austria-Hungría.

[29] "A partir de 1877, un número creciente de informes sobre movimientos agrarios, protestas, manifiestos, peticiones y rebeliones aparece en los periódicos de la ciudad de México. El examen de esos periódicos, y una serie de fuentes secundarias, arrojó información sobre unos 55 conflictos serios entre los poblados indígenas y las haciendas vecinas entre 1877 y 1884. En la mayor parte de los incidentes, se alegaban usurpaciones ilegales de los hacendados. Casi todos involucraban cierta forma de resistencia activa por parte de los campesinos: litigio prolongado, peticiones a funcionarios, protestas violentas o rebelión armada. En una serie de mapas se ha marcado la ubicación de estos incidentes en contraposición con el sistema de ferrocarriles real y proyectado. El resultado es impresionante. De los 55 incidentes registrados, sólo cinco (9.1%) tuvieron lugar a más de cuarenta kilómetros de alguna línea de ferrocarril o de la ruta de un ferrocarril a la que el gobierno federal había dado una concesión aún vigente; aproximadamente el 60% de los casos (32 de los 55) habían ocurrido a menos de veinte kilómetros de una línea, real o proyectada, del ferrocarril." John H. Coatsworth, *El impacto económico de los ferrocarriles en el porfiriato*, Ediciones Era, México, 1984.

Sin que las empresas constructoras y el régimen de Díaz hubieran alcanzado siquiera a sospecharlo, el trazado ferroviario determinó las principales líneas de movimiento y de abastecimiento de los ejércitos revolucionarios, permitió sus avances fulminantes desde el norte sobre el centro del país y confirió así un papel extraordinario a los trenes en la revolución mexicana, hasta llegar a identificar inseparablemente su imagen con la de los desplazamientos, las ofensivas, las batallas, los triunfos y las derrotas de la revolución. El ferrocarril acentuó las características de extrema movilidad de la lucha armada (determinadas también por la existencia de vastos espacios despoblados) y generalizó sus alcances, contribuyendo a los grandes desplazamientos militares y humanos que, entre otros factores, rompieron el aislamiento y la quietud campesinos y forjaron el carácter del país y de su pueblo.

Visto en su conjunto, el proceso de constitución del mercado interno, de integración de la economía en el nuevo mercado mundial y de desarrollo de la producción capitalista durante el porfiriato aparece como un único movimiento cuyo notable dinamismo se expresa en múltiples indicadores.[30]

Junto con los ferrocarriles se expande todo el sistema de comunicaciones: los *telégrafos* que van junto con las líneas férreas, los *caminos* donde disminuye y a veces hasta se extingue el bandidismo, los *puestos*, los *correos*, y se inauguran en las principales ciudades las redes de *alumbrado eléctrico* y de *agua potable*.

El país se *urbaniza*. Entre 1895 y 1910, las ciudades con más de veinte mil habitantes pasaron de 22 a 29 y su población conjunta aumentó en un 44%. En el mismo periodo la población urbana pasó del 9.2% al 11% del total. Este proceso, como todos los demás, fue desigual, pues mientras viejas ciudades mineras disminuyeron su población (Zacatecas, San Luis Potosí, Guanajuato), centros como Torreón (a partir de su conversión en un empalme ferroviario a fines del siglo), Chihuahua y Monterrey crecieron fuertemente en el norte, como lo hicieron Veracruz y Mérida en la región del golfo y también en forma más moderada, pero sostenida, México, Aguascalientes y Toluca en el centro y Guadalajara en occidente. Se van afirmando cada vez más en las ciudades los centros de decisión política del país.

La *circulación monetaria* experimentó un crecimiento tal que por sí solo

---

[30] Las cifras utilizadas en esta sección provienen en su casi totalidad de Fernando Rosenzweig, art. cit.

bastaría para definir el dinamismo de la penetración de las relaciones mercantiles en el país en ese periodo. El monto de la circulación monetaria, que apenas superaba los 25 millones de pesos en 1880-81, llegó a 86 millones en 1893-94 y a 310 millones en 1910-11: en treinta años se había expandido *más de once veces,* mientras en ese mismo periodo el nivel de los precios al mayoreo había aumentado sólo *dos veces.* En pesos por habitante, la circulación creció de 2.46 pesos en 1880-81 a 20.37 pesos en 1910-11, aunque este proceso también fue muy desigual según las regiones. Mientras a principios del porfiriato la moneda metálica era el medio circulante exclusivo, a partir de los años ochenta se difundió el uso de billetes en las zonas de mayor actividad económica y a partir de los noventa el uso de los depósitos bancarios a la vista. En 1910, la moneda metálica componía el 38% del circulante, los billetes otro 38% y los depósitos el 24%. El *sistema bancario* se expandió (la mayoría de sus capitales eran de propiedad extranjera, aunque una parte provenía de fondos acumulados en el país por inversionistas del exterior). Se abolieron definitivamente las *alcabalas* o aduanas locales (en 1896) y el *régimen fiscal* fue modernizado y centralizado.

El *comercio exterior* sufrió una profunda transformación. En treinta y tres años, entre 1877 y 1910, la exportación por habitante se multiplicó por cuatro y la importación por un poco menos de tres. En cifras globales el monto de las exportaciones aumentó en *seis veces,* a una tasa promedio de 6.1% anual, y el de las importaciones en cerca de *tres veces y media,* a una tasa promedio de 4.7% anual.[31] También cambió la composición del comercio exterior. En las exportaciones crecieron proporcionalmente las demás mercancías con respecto a los metales preciosos (plata sobre todo), predominantes al inicio del porfiriato (65% del total en ese entonces). Empezaron a figurar los metales industriales y se sumaron, en el rubro de productos agrícolas, café, ganado y garbanzos a productos más tradicionales como henequén, pieles y maderas. En las importaciones tuvo lugar un proceso de sustitución de bienes de consumo manufacturados al desarrollarse la industria local, mientras las materias primas y los bienes de capital subieron del 47% en 1889 al 57% en 1910. La importación de maquinaria creció en un 170% entre 1888 y 1910.

La planta industrial y el aparato productivo se expandieron y se modernizaron sostenidamente: "Los medios de pago con que pudo contar el país gracias al crecimiento de las exportaciones y a la entrada de

---

[31] En ese periodo las exportaciones mundiales de materias primas crecieron sólo dos veces y media, a una tasa anual del 3.6%; mientras las importaciones mundiales de materias primas crecieron anualmente en un 3.3%, y las de productos manufacturados en un 3%.

46

capitales extranjeros, permitieron adquirir en el exterior las máquinas, materiales para construcción, equipos y otros bienes que se requerían. Estos elementos llegaron acompañados de sistemas más eficientes para trabajar, que dependieron, primero, del empleo de motores de vapor a base de carbón de piedra como combustible, y en una fase posterior, de la fuerza motriz de la electricidad. Las grandes innovaciones técnicas aparecieron sobre todo en la *minería* y la *metalurgia* y en las industrias de transformación que se desarrollaron en los principales centros urbanos. A esas actividades se asoció, precisamente, el surgimiento de la industria eléctrica, en la primera década del siglo XX, y cuyos primeros pasos datan de los años ochenta. Los 165 mil kilómetros de capacidad instalada con que ya contaba México en 1910 eran sólo un comienzo en el desarrollo de esta fuente de energía".[32]

También la distribución geográfica de la capacidad instalada de la industria eléctrica en 1910 contribuye a dar una idea de la desigualdad de este crecimiento industrial en el país: el 80% se concentraba en la zona centro, el 10.4% estaba en la zona del golfo de México, el 6.5% en la zona norte y tan sólo el 3.5% en las zonas del Pacífico norte y sur.

En este desarrollo fue decisivo el flujo de los capitales del exterior, sobre todo a partir de los años ochenta cuando comenzó a haber plétora de capitales de los países centrales del mundo capitalista en busca de campos de inversión. Hacia 1884, las inversiones extranjeras en México ascendían a unos 110 millones de pesos. En 1911, alcanzaban 3 400 millones de pesos (el peso, que a comienzos del porfiriato estaba a la par con el dólar, se encontraba al dos por uno en 1905, año en que se abandonó el patrón plata —base tradicional del sistema monetario mexicano— por el patrón oro).

Esas inversiones se distribuían en 1911 en los siguientes campos: ferro-

---

[32] Fernando Rosenzweig, art. cit., p. 430, quien también agrega con respecto a las innovaciones tecnológicas: "Las nuevas actividades capitalistas contaban con un amplio excedente de mano de obra barata en el cual apoyarse, que se nutría sobre todo del flujo de campesinos hacia las ciudades y de artesanos desocupados hacia las fábricas. En la fase inicial del porfiriato, la industria pudo hacer crecer sus utilidades y acumular recursos para la ampliación de sus inversiones aplicando una mayor cantidad de trabajo a la misma capacidad instalada con que contaba. En una etapa posterior, la mayor productividad de las fábricas mejor equipadas y más eficientes, que respondían a una demanda interna en crecimiento, y se hallaban en condiciones de mantener casi inmóviles los salarios reales, permitió que se ensancharan los márgenes de ganancia que nutrían la formación de capitales". Y en otra parte del mismo texto: "La demanda externa fue un factor determinante de la modernización y crecimiento de la minería y la metalurgia y del desarrollo de un sector de la agricultura. Los requerimientos de fuerza de trabajo y de materiales de fabricación nacional en estas actividades fortalecieron el mercado interno para las industrias ligeras e hicieron posible el desarrollo de nuevas ramas de la producción" (p. 422).

carriles, 33.2%; industrias extractivas, 27.1% (minería y metalurgia, 24%; petróleo, 3.1%); deuda pública, 14.6%; comercio y bancos, 8.5% (bancos, 4.9%; comercio, 3.6%); electricidad y servicios públicos, 7%; explotaciones agropecuarias y forestales, 5.7%; industria de transformación, 3.9%. Del total de inversiones extranjeras, el 62% correspondía a capitales europeos (en un 90% ingleses y franceses) y el 38% a capitales norteamericanos. Pero México absorbía entonces sólo el 5.5% del total de inversiones europeas en el exterior, y en cambio estaba recibiendo el 45.5% de las inversiones externas de Estados Unidos. Al mismo tiempo, mientras el capital europeo diversificaba sus campos mexicanos de inversión, el norteamericano se concentraba en aquellas ramas estrictamente complementarias con su propia economía: ferrocarriles e industrias extractivas.[33]

Estas proporciones, naturalmente, habían ido variando desde inicios del porfiriato y combinándose en proporciones diversas con el capital nacional. En la industria textil, principal industria de transformación de la época, el capital francés provenía en parte de la metrópoli y en parte de empresas comerciales francesas que luego revertían a la industria los

[33] Fernando Rosenzweig, art. cit., p. 434, da el siguiente cuadro sobre la distribución porcentual del monto total del capital extranjero por campos de inversión:

Concepto	Porcentaje del total	
	Inversiones europeas	Inversiones norteamericanas
Total	100.0	100.0
Ferrocarriles	28.2	41.4
Industrias extractivas	18.1	41.8
Deuda pública	20.8	4.6
Comercio y bancos	11.6	3.3
Electricidad y servicios públicos	10.7	1.0
Explotaciones agropecuarias y forestales	5.4	6.3
Industria de transformación	5.2	1.6

José Luis Ceceña, en "La penetración extranjera y los grupos de poder en México (1870-1910)", en la revista *Problemas del desarrollo* n. 1, Instituto de Investigaciones Económicas, UNAM, octubre-diciembre de 1969, da la siguiente distribución del capital extranjero, dentro del total de capitales, por ramas de la economía: en *ferrocarriles*, el 61.8% de la inversión total (18.4% británico, 9% norteamericano en empresas bajo control directo, y un 34.4% adicional norteamericano en Ferrocarriles Nacionales de México); en la *minería*, el 97.5% (81% norteamericano, 14.5% británico, 2% francés); en *bancos*, el 76.7% (45.7% francés, 11.4% británico, 18.3% norteamericano, 1.3% alemán); en *petróleo*, el 100% (60.8% británico, 39.2% norteamericano); en la *industria*, el 85% (53.2% francés, 12.8% británico, 15.3% norteamericano, 3.7% alemán); en *electricidad*, el 87.2% (78.2% británico, 8% norteamericano, 1% francés).

capitales acumulados en el país. Esa misma combinación entre capitales del exterior, reinversión de empresas extranjeras en el país y capitalistas mexicanos dio origen a otra de las importantes industrias mexicanas de entonces: la siderurgia.

El capital mexicano se concentraba en las industrias de alimentos y bebidas y también en el pequeño comercio, en el cual también aparecían españoles, turcos, armenios y chinos. Las artesanías eran, indudablemente, mexicanas. En cuanto al capital y al poder económico de las clases poseedoras mexicanas, se concentraban en su mayor parte en el sector terrateniente, en sus haciendas ganaderas, azucareras, algodoneras, cafetaleras y en grandes y medianos ranchos de agricultura de exportación, aunque también hubo inversiones extranjeras en latifundios del norte y en plantaciones de algodón, caucho, caña de azúcar y café.

La concentración de la tierra había alcanzado cifras enormes. Según el censo de 1910, México contaba con 15 160 400 habitantes, sobre un territorio de 1 972 546 kilómetros cuadrados. El 80% era población rural, en poblados de menos de cinco mil habitantes. La población económicamente activa ascendía a 5 272 100 personas, de las cuales 3 592 100 (el 68.1%) trabajaban en el sector agropecuario. El censo registraba 834 hacendados. Éstos eran los dueños del territorio nacional: 167 968 814 hectáreas estaban en sus manos.

En los años del porfiriato se constituyó definitivamente la clase más joven y más moderna de México: el proletariado. Sus antecedentes pueden buscarse en los trabajadores de las manufacturas textiles posteriores a la Independencia; en los mineros que desde la Colonia trabajaban en parte por salario y en parte bajo el sistema de "partido" por el cual al trabajador correspondía una parte del mineral extraído;[34] o en los trabajadores cigarreros, reunidos en grandes manufacturas (en el año 1800, la de la ciudad de México contaba con siete mil trabajadores) desde que el gobierno virreinal estableció en 1764 el estanco del tabaco.

Pero estas ramas, en rigor, forman parte del largo proceso de preparación y engendramiento, a partir de orígenes campesinos y artesanales, de la nueva clase proletaria que recibió su impulso decisivo con la formación del sistema de la gran industria (en torno a la cual debió girar la miríada de pequeños talleres subsistentes) y la generalización del trabajo

---

[34] Sobre cuestiones relacionadas con el partido estalló en 1766 uno de los primeros conflictos del trabajo, entre los mineros de Real del Monte y el dueño de las minas, Pedro Romero de Terreros.

asalariado como único medio de subsistencia de una clase de trabajadores desprovistos de toda propiedad salvo la de su fuerza de trabajo. Bajo la República Restaurada y en los primeros años del porfiriato este proceso tomó forma definitiva y a partir de los años ochenta y noventa del siglo XIX se volvió dominante y determinante (lo cual no significa aún numéricamente mayoritario) en el conjunto de las relaciones laborales.

Desde sus orígenes en la conquista y la Colonia, la fuerza de trabajo mexicana ha crecido bajo una poderosa sobredeterminación: una gran abundancia de mano de obra proveniente del inagotable fondo campesino, lo cual ha incidido hasta hoy, por un lado, en un *despilfarro permanente de esa fuerza de trabajo* (en un desprecio de la vida humana convertido desde la gran fusión y confusión de la conquista en un rasgo cultural y en una específica ideología indoespañola de la muerte, que el capitalismo ha reciclado en su provecho para perpetuar como norma cotidiana una increíble desprotección de la vida y la salud de sus trabajadores); y, por otro lado, en una *permanente determinación a la baja del salario,* presionado siempre por la afluencia de un desmesurado ejército industrial de reserva desde el campo hacia las industrias. Ésta es una de las razones que explican las grandes dificultades que, durante generaciones, han encontrado los asalariados mexicanos para su organización sindical y sus conquistas y la relativa facilidad con que sus dirigentes pueden escapar a su control y convertirse en burócratas con hábitos despóticos.

Pero al mismo tiempo esa fuerza de trabajo asalariada, nutrida sobre todo a partir de los años 1870 de los procesos concomitantes de desintegración de las comunidades agrarias y de descomposición del artesanado en unos pocos patrones capitalistas por arriba y en muchos obreros asalariados por debajo, ha desarrollado desde sus orígenes, y aun desde su prehistoria, ininterrumpidos esfuerzos de organización marcados también por la doble herencia de las ideologías solidarias de la comunidad campesina o de los compañeros del taller artesanal.

La avanzada de estas tendencias estuvo desde un comienzo en aquella rama de la economía mexicana ligada a partir de sus orígenes al mercado mundial y determinada por éste: la minería. En ella se concentraron más que en ninguna otra los procesos de innovación tecnológica y de inversión y acumulación de capital. En ella se fue formando un proletariado temprano, con estrechos lazos con el campesinado y con la comunidad agraria tanto por sus orígenes familiares como por la índole específica de las industrias extractivas. Desde la Independencia hasta la revolución de 1910, los proletarios y protoproletarios mineros alimentaron las filas de las revoluciones mexicanas y pusieron al servicio de éstas el conocimiento y el arrojo propios de su oficio, ambos particularmente adecuados para las coyunturas de combate.

Algo posterior es el desarrollo del proletariado textil, cuyas primeras fábricas surgieron con la incipiente política industrializadora esbozada por el Banco de Avío desde 1830. Pero esos establecimientos, sobre todo hilanderías, se articulaban entonces con una cantidad de talleres artesanales en los cuales persistía la antigua organización de la producción de tejidos. También aquí es sobre todo a partir del porfiriato cuando adquieren su impulso decisivo la gran industria textil y el surgimiento del moderno proletariado en esta que será, por mucho tiempo, una de las bases fundamentales de la organización obrera en México.[35]

Pero el proletariado moderno hace realmente su entrada en el escenario de la lucha de clases mexicana con los trabajadores del ferrocarril, primera gran industria capitalista desde su origen mismo, sin herencias artesanales, que implica una revolución en la organización del trabajo y en la organización del espacio económico y productivo del país. El ferrocarril, cuya construcción convierte a campesinos en proletarios y cuya operación y reparación se nutre en parte de la mano de obra formada en los oficios artesanos pero sobre todo educa nueva mano de obra completamente industrial, introduce disciplina, mentalidad industrial y los gérmenes de métodos de organización obrera cualitativamente diferentes de la herencia de las luchas artesanas. Decimos los gérmenes porque inicialmente los trabajadores, colocados ante una organización del trabajo eminentemente moderna, nuevas formas de la división del trabajo, recomposición de los viejos oficios y habilidades adquiridos en los talleres artesanales o protocapitalistas, desplazamientos y migraciones forzadas (por razones de trabajo) o voluntarias (por la ampliación incluso territo-

[35] "Entre 1895 y 1900 el número total de hilanderos y tejedores disminuyó de 60 mil a 52 mil; la pérdida de empleos la resintió el grupo artesanal, que se redujo de 41 mil a 26 mil, mientras el ocupado en las fábricas aumentaba de 19 mil a 26 mil. En el decenio 1900-1910 las fábricas aumentaron su personal a 32 mil, mientras las artesanías quedaban reducidas a sólo ocho mil operarios. O sea que el número de trabajadores textiles ocupados disminuyó en ocho mil entre 1895 y 1900 y en doce mil más en los diez años siguientes, todos ellos pertenecientes a las artesanías. Procesos semejantes ocurrieron en otras ramas industriales, como la del tabaco, la química y el cuero: la creación de empresas fabriles modernas desplazó a los pequeños talleres, con la consiguiente baja en el número del total de ocupados. Esta tendencia pareció volverse más pronunciada a partir del comienzo del nuevo siglo, cuando la pérdida de impulso del desarrollo manufacturero del país acentuó los problemas que afectaban a las actividades artesanales". Fernando Rosenzweig, art. cit., p. 444. Este ritmo dramático del proceso de descomposición del artesanado se expresó también en la locación de muchas industrias textiles, que fueron a las regiones donde podían aprovechar los conocimientos de la antigua tradición artesana de los tejedores campesinos y, conjuntamente, la *energía hidráulica* para sus máquinas.

rial del mercado de trabajo), nuevas enfermedades profesionales y accidentes de trabajo y diferentes escalas salariales, encuentran una gran dificultad para asimilar la conciencia de esta situación y para organizar en consecuencia su lucha salarial y sindical.

Pero el ferrocarril va a engendrar inexorablemente, en un plazo no demasiado largo, las primeras luchas industriales en gran escala del proletariado mexicano sin resabios de métodos e ideologías artesanales, en otros sectores persistentes y hasta indispensables.

La industria ferrocarrilera, junto con la minera a partir de la modernización que ésta sufre en los años 1890 con el renovado influjo de inversiones extranjeras,[36] fue también un punto excepcional de transmisión de las experiencias de un proletariado con más antigua tradición de lucha y mayor experiencia de vida industrial y de organización sindical: los trabajadores de Estados Unidos.

Los estadounidenses venían como técnicos y como obreros especializados. En la medida en que eran mejor pagados y gozaban de ciertos privilegios en razón de su calificación y de su mayor poder de negociación por su organización y sus conquistas en Estados Unidos, se producían fricciones con los trabajadores mexicanos, mal pagados y discriminados por las empresas ferrocarrileras y mineras. Pero la otra cara de la medalla, que frecuentemente se olvida, es que también trajeron su ideología sindicalista revolucionaria y la comunicaron a los mexicanos, con quienes mantuvieron lazos de solidaridad de clase más estrechos de lo que informan las historias oficiales. Ellos estuvieron entre los primeros en hacer huelgas contra las empresas estadounidenses, ejemplo fértil para la experiencia y la iniciativa de los mexicanos. A esto debe agregarse que, del mismo modo, muchos mexicanos iban a trabajar a Estados Unidos y regresaban a este lado de la frontera con las ideas y los métodos de lucha y organización allá utilizados, en un intercambio incesante que se nutrió de uno de los periodos más radicales de ascenso de los trabajadores de Estados Unidos y particularmente de sus destacamentos extremadamente combativos en la costa oeste. Desde el norte y desde los puertos, las ideas, el imaginario y los métodos del sindicalismo revolucionario tuvieron en la formación de la conciencia de los trabajadores mexicanos una influencia que todavía hoy perdura difusa y persistente.

Nuevas industrias de punta crecieron en el último decenio del porfi-

[36] En esos años el capital extranjero, sobre todo estadounidense, adquiere minas abandonadas o mal explotadas que se tornan rentables con nuevas inversiones de capital y la consiguiente introducción de nuevas tecnologías, o compra concesiones mineras anexas al ferrocarril. De este modo, el capital de Estados Unidos en minas mexicanas, especialmente en Sonora, aumenta de tres millones de dólares en 1888 a 55 millones de dólares en 1892.

riato, como la siderurgia y especialmente la industria eléctrica, que vinieron a fortalecer al proletariado de la gran industria, aun cuando numéricamente éste continuara siendo una minoría no sólo entre la fuerza de trabajo en general sino también entre los asalariados de fábricas y talleres en particular.[37]

Durante los años del porfiriato los salarios siguieron curvas diferentes según las ramas de la producción, aunque en general la tendencia indica un descenso entre 1877 y 1892, luego un ascenso hasta 1898 y finalmente un nuevo y pronunciado descenso hasta 1911, año en que resultan inferiores a los de 1877. La excepción la constituye la minería, que necesitaba atraer mano de obra a regiones donde ésta era escasa, como las del norte de México, y requería a la vez obreros calificados para las nuevas técnicas de extracción y beneficio del mineral introducidas sobre todo a partir de los años 1890.[38]

[37] En 1910, para una población de 15 160 400 habitantes, se calcula una fuerza de trabajo de 5 272 100. El 68.1% (3 592 100 personas) trabajan en el sector *agropecuario;* el 16.1% (850 500 personas) en las *industrias:* extractiva, de transformación, construcción, transportes y combustibles y energía; el 15.8% en *servicios* (incluido el sector estatal): comercio, técnicos y profesionistas, empleados públicos y privados, fuerzas armadas, sirvientes. Entre los trabajadores industriales, el sector más numeroso es el de la industria de transformación, con 606 mil ocupados (11.5%). Lo siguen la industria extractiva, con 104 100 (2%), la construcción, con 74 700 (1.4%), los transportes, con 55 100 (1%) y la electricidad y combustibles, con 10 600 trabajadores (0.2%). Estos datos figuran en Fernando Rosenzweig, art. cit., p. 438, en cuyo cuadro los transportes, que ubicamos entre las industrias, están colocados en el sector servicios.

[38] La apreciación se basa en los datos elaborados por el Seminario de Historia Moderna de México que aparecen en Fernando Rosenzweig, art. cit., p. 447, según el cuadro siguiente:

SALARIO MÍNIMO DIARIO EN MÉXICO, EN DIVERSAS OCUPACIONES
1877-1911 (Centavos diarios)

Años	Total		Agricultura		Manufacturas		Minería	
	En precios corrientes	En precios de 1900	En precios corrientes	En precios de 1900	En precios corrientes	En precios de 1900	En precios corrientes	En precios de 1900
1877	22	32	22	32	22	32	22	32
1885	23	29	22	27	28	34	27	31
1892	30	28	29	26	36	26	33	30
1898	34	39	31	37	39	50	40	47
1902	37	33	35	32	41	36	46	43
1911	49	30	44	27	59	36	118	72

Friedrich Katz, *La servidumbre agraria en México en la época porfiriana,* cit., nota 20, señala la disparidad de los cálculos según los autores (González Roa y Tannenbaum calculan que los salarios reales disminuyeron un 30% durante los años del porfiriato) y dice, por su parte: "Dos de las muchas y profundas transformaciones que tuvieron lugar en el campo de México entre 1876 y 1910 han sido puestas de relieve: la expropiación de las tierras comu-

Estas desigualdades salariales tienen que ver también con el desarrollo desigual del mercado de trabajo y con el dinamismo de la economía por ramas y por regiones. Entre 1895 y 1910, el crecimiento de la fuerza de trabajo fue superior al de la población en los estados del golfo, del norte y del Pacífico norte, mientras se registró una tendencia inversa en el centro y sobre todo en el Pacífico sur, verdadera zona deprimida. Los mayores salarios y el crecimiento minero, agrícola y fabril del norte atrajeron la fuerza de trabajo a la agricultura algodonera moderna de La Laguna, a las minas de Chihuahua y Sonora, a la ciudad industrial de Monterrey, a aquellas regiones cuya burguesía y pequeña burguesía capitalistas serían la fuerza dirigente de la tendencia triunfadora en la revolución de 1910.

La organización obrera en México tuvo sus orígenes en las estructuras y las modalidades de organización de los artesanos y se fue diferenciando de ellas en un proceso relativamente prolongado y desigual según las ramas de industria y las regiones durante todo el periodo de ascenso del capitalismo bajo el porfiriato. Aun así, la influencia de las ideologías y los métodos del artesanado urbano tuvieron fuerte incidencia sobre el proletariado industrial hasta los años mismos de la revolución mexicana, y en ocasiones aún más allá.[39]

Las primeras formas de organización, especialmente después de 1867, pero también antes, fueron el mutualismo y las cooperativas, a través de las cuales los artesanos no sólo defendían el producto de su trabajo sino que también desarrollaban una actividad cultural y elaboraban, en reuniones, periódicos y publicaciones, una ideología que iba del liberalismo juarista al humanismo cristiano y al socialismo utópico y, posteriormente, en los lindes con la organización específicamente proletaria, al anarquismo.[40]

nales de las aldeas y la disminución del salario real de los trabajadores en las haciendas. Según los datos disponibles, al finalizar el porfiriato más del 95% de las aldeas comunales habían perdido sus tierras. El valor adquisitivo del jornal que recibían los trabajadores agrícolas en las haciendas disminuyó enormemente entre 1876 y 1910".

[39] Este desarrollo específico del artesanado se remonta a la época colonial y se prolonga hasta la República Restaurada: "La Nueva España fue, con mucho, la más rica de las colonias de todo el imperio español y, probablemente, de cuantas dependencias lograron consolidar las potencias europeas de la época mercantilista. Ello dio lugar, entre otras cosas, a un complejo proceso interno en la Colonia, que incluyó la acción económica y social de una importante pequeña burguesía, urbana y rural, que impondría su sello a toda la historia mexicana de los siglos XIX y XX". Juan Felipe Leal y José Woldenberg, op. cit., p. 128.

[40] "La contribución que los pequeños productores libres —del campo y de la ciudad— hicieron a la revolución liberal fue determinante. Y ello tanto durante la guerra cuanto en la edificación del Estado y de la sociedad que la sucedieron [...]

Estas organizaciones y sus ideas recibieron la influencia temprana de la Comuna de París. Aunque mal conocida en sus comienzos y difamada por la prensa burguesa, la influencia social de la revolución de los proletarios de París en 1871 se extendió a México como a la mayoría de los países de Europa y América. La propaganda de la Primera Internacional y los comuneros dispersados por el mundo a raíz de la represión trajeron hasta las agrupaciones artesanas y las embrionarias organizaciones obreras de México, de América Latina y de Estados Unidos las ideas y los programas de la Comuna. Éstas ya no eran sólo las utopías igualitarias y los sueños de una República de la Armonía basada en la cooperación y la justicia propios de la ideología generada por los pequeños productores libres, sino el proyecto político inicial del proletariado industrial en sus intentos por conquistar el poder y reorganizar la sociedad. Esa influencia se prolongaría y se conjugaría con el desarrollo del proletariado a partir de los años 1880, contribuyendo al largo y desigual proceso de separación de sus ideas y formas organizativas con respecto a las provenientes del campesinado y el artesanado (cuya influencia sobre la incipiente conciencia obrera continuó prolongándose, no debe olvidarse, debido a la incesante incorporación a la industria de fuerza de trabajo de origen campesino y artesanal).[41]

"Piénsese, por ejemplo, en el sueño liberal, truncado, de una sociedad de pequeños productores agrícolas libres, en los intentos por abolir el peonaje por deudas, también fallidos, y en la mitificación del taller y del municipio libre. A la corta o a la larga, el liberalismo jacobino sería desplazado, no obstante, dentro y fuera del Estado, y se mostraría incapaz de dar respuesta a las demandas del artesanado urbano. Al opacarse el liberalismo, los artesanos se abrirían al influjo de nuevas corrientes de pensamiento: el socialismo utópico y el anarquismo. Ello, bajo una misma óptica, la del pequeño productor de mercancías." Ibid., p. 157. Estos autores consideran que es allí donde debe buscarse el origen de las doctrinas que desde inicios del siglo XX, y en una combinación específica y en evolución hasta los años de la revolución, expondría Ricardo Flores Magón.

[41] La lumbre que la Comuna encendió en México siguió ardiendo por debajo, cubierta por su propia derrota y por la paz porfiriana, pero no extinguida, porque las cabezas de los revolucionarios son tenaces, como las brasas que tienden un puente escondido entre la hoguera que fue y la hoguera que será, "fuego siemprevivo que se enciende según medida y según medida se apaga". Octavio Jahn, veterano de la Comuna de París, participó en la revolución mexicana. Y al iniciarse la revolución se sumaron a ella cuantos habían mantenido vivo el recuerdo de la Comuna. En la cárcel de Lecumberri, Fernando Cortés Granados, nacido en 1910, militante del Partido Comunista desde 1930, preso desde 1968, me contó una noche en su celda esta historia:

"Era yo todavía muy pequeño y mi madre ya me hablaba de la revolución. Recordaba ella que en 1875, cuando apenas tenía cuatro años de edad, veía a su padre reunirse en su casa con otros artesanos de Colima y los oía discutir sobre las experiencias de la Comuna de París. Mi abuelo y mi madre ingresaron después al Partido Liberal de Flores Magón. En 1914, mientras preparaban un levantamiento en Tapachula para unirse a la revolución, mi abuelo y sus compañeros fueron descubiertos, apresados y fusilados. Mi madre se separó

En 1872, a fines del periodo juarista —Juárez murió en ese año—, apareció el periódico *El Socialista*, "destinado a defender los derechos e intereses de la clase trabajadora", según decía su encabezado. El 10 de septiembre de 1871, *El Socialista* publicó los estatutos generales de la Asociación Internacional de Trabajadores. En su número 6, agosto de 1871, había aparecido la proclama dirigida por los obreros franceses de la Comuna a los alemanes. En el número 39, en junio de 1884, publicó el *Manifiesto Comunista*, en una tirada de diez mil ejemplares. En sus páginas dio a conocer regularmente noticias de la Internacional y del movimiento obrero europeo y norteamericano. Aparte de ser uno de los iniciadores de la prensa obrera mexicana, la sola publicación del *Manifiesto Comunista* bastaría para asegurar a *El Socialista* su título de precursor. El periódico desapareció en 1888, cuando la represión del porfiriato (y los límites propios de la ideología de las bases artesanas de la cual surgía) hicieron imposible su subsistencia.

En 1874 apareció el periódico *La Comuna*, que posteriormente se transformó en *La Comuna Mexicana*, con un total de 48 números bajo ambos títulos. *La Comuna* defendía el reparto agrario y hacía suya la demanda aplicada por los comuneros de París en 1871: la supresión del ejército y su sustitución por una guardia nacional. En otros artículos (entre ellos, la serie "Cartas comuneras"), el periódico defendió las acciones y las reivindicaciones de la Comuna de París.

En septiembre de 1872 formalizó su primera directiva el Gran Círculo de Obreros, primera central obrera del país, que se extendió sobre todo entre los trabajadores textiles y en sectores artesanales. En junio de 1872, cuando ya estaba en actividad el gran Círculo, había estallado la huelga de barreteros de la mina de Real del Monte, contra una reducción salarial. Tres años y medio después, al realizar su primer congreso, el Gran Círculo tenía 35 sucursales, las principales de ellas en los centros textiles de Puebla, Contreras y Tlalpan. Desde la fundación del Gran Círculo, *El Socialista* apareció como su órgano oficial. De este modo la organización, aunque negaba estar interesada en la política, combinó desde un princi-

poco después de mi padre porque éste, al saber descubierto a mi abuelo, arrojó al río las armas que tenía escondidas. Desde entonces, ella sola nos educó a nosotros, sus hijos. Siempre nos repetía con orgullo: 'Yo soy del año de la Comuna', porque había nacido en 1871. En 1930, cuando yo era ya organizador sindical en la Federación Regional de Obreros y Campesinos del Soconusco, me dio unos periódicos comunistas clandestinos que tenía guardados y me propuso que entrara al Partido Comunista: 'Éste es el partido de los obreros y campesinos — me dijo—. Si en tiempos de la dictadura de Porfirio Díaz hubiéramos tenido algo así, otro gallo le cantaría hoy a México. Entra, y no te salgas de él sino muerto'. Mi madre, Mercedes Granados, murió como comunista allá en Chiapas, a los noventa y cuatro años de edad".

pio el carácter sindical con las preocupaciones, las acciones y la prédica política.

En marzo de 1876 el Gran Círculo de Obreros realizó el Primer Congreso Obrero de México, al cual asistieron delegados de las 35 filiales entonces existentes. *El Socialista* publicó la convocatoria y la información semanal del desarrollo de las sesiones. La principal conclusión programática del Congreso fue un manifiesto donde se mezclaban las reivindicaciones artesanas y obreras, conforme a la composición del Gran Círculo y a la evolución de la ideología de sus integrantes.

En el manifiesto aparecían los puntos siguientes: 1] Instrucción para los trabajadores; 2] Establecimiento de talleres cooperativos; 3] Garantías políticas y sociales; 4] libertad para elegir a los funcionarios públicos; 5] Nombramiento por el gobierno de "procuradores obreros" para defender los intereses de los trabajadores; 6] Salarios fijados por estados, con intervención de los trabajadores; 7] Celebración de exposiciones industriales de artesanos. Y el punto siguiente pedía textualmente esta forma elemental de la escala móvil de salarios: "Art. 8°: La variación del tipo de jornal, cuando las necesidades del obrero lo exijan, pues así como los capitalistas alteran el valor de sus mercancías, en los casos en que lo juzgan conveniente, también el obrero tiene el derecho de hacer subir el precio de su trabajo, hasta conseguir llenar con él sus necesidades particulares y sociales".[42]

El Congreso había sido precedido por huelgas de obreros y de trabajadores de los talleres artesanales durante el año 1875. En enero de ese año, hubo una serie de huelgas en fábricas textiles del valle de México, que reclamaban sobre todo la "abolición de las veladas", es decir, la reducción del horario de trabajo, que era de seis de la mañana a nueve de la noche, a doce horas —de seis a seis—, suprimiendo así las tres últimas horas de trabajo nocturno, aunque también aparecían pedidos de aumento de salarios o contra los despidos. Los obreros solicitaron la intervención del presidente de la república, para que mediara a su favor, mientras la prensa de la época, invocando los principios liberales, se oponía a cualquier intervención del gobierno en los conflictos entre ca-

---

[42] En este punto puede verse tal vez el eco de la polémica en torno a la relación entre el capital y el trabajo, el salario y las huelgas, fenómeno este que empezaba a presentarse en distintas fábricas. Así, con motivo de la huelga de sombrereros de 1875, Guillermo Prieto escribía en *El Socialista:* "Convínose unánimemente en que el trabajo es una mercancía que brinda el trabajador y solicita el capitalista, que ambos tienen derecho a justipreciar el cambio de trabajo por dinero con toda libertad, y que el recurso único del obrero, pero legítimo, era retirar su mercancía del mercado en el que no se le valorizaba convenientemente".

pital y trabajo. Los trabajadores textiles no lograron finalmente imponer sus demandas. En este conflicto la dirección del Gran Círculo intervino, no como portavoz de las demandas de los obreros, sino como mediadora entre éstos y los empresarios.

En mayo de 1875 entraron en huelga los trabajadores artesanos de los talleres de sombrerería. Fue decretada por la sociedad mutualista que agrupaba a los sombreros, contra una reducción de salarios resuelta por los patrones. La huelga se prolongó y recibió el apoyo de otros sectores. El Gran Círculo se solidarizó con los huelguistas y, según acuerdo publicado en *El Socialista*, organizó la colecta de contribuciones entre sus afiliados para sostener a los huelguistas. A fines de julio los sombreros obtuvieron satisfacción a sus demandas y levantaron la huelga.

En 1878 el anarquista Francisco Zalacosta, que diez años antes había participado en la Escuela del Rayo y del Socialismo de Chalco y había tenido como discípulo a Julio Chávez López, fundó el periódico *La Internacional,* que proclamaba una perspectiva radical de revolución social y publicó, en varios de sus números, documentos sobre la Comuna de París y noticias del movimiento obrero europeo.[43]

En 1879 el Gran Círculo se dividió. Algunos de sus fundadores acusaron a los nuevos dirigentes de ser agentes del gobierno y *El Socialista* cesó de ser el órgano del Círculo. El periódico convocó a un Congreso Obrero a fines de ese año. El 13 de diciembre se realizó una manifestación de obreros y artesanos por las calles de México para inaugurar el Congreso. La manifestación iba encabezada por una bandera roja, y otras muchas banderas rojas se mezclaban con las mexicanas a lo largo del desfile, junto con carteles con leyendas como "Centro Socialista de la Confederación Mexicana" y "Alianza indígena. Ley agraria". El Congreso Obrero, a pesar de las banderas, aprobó un programa inocuo y apoyó a un candidato de oposición, Trinidad García de la Cadena, contra el candidato sostenido por Porfirio Díaz en la inminente elección presidencial de 1880. El Gran Círculo, por su parte, sostuvo esta última candidatura.

---

[43] *La Internacional* publicaba este "Programa Internacionalista" en la primera página de cada una de sus ediciones: "1] República Social Universal. Una e indivisible. 2] Solución del Gobierno en Contrato Social. 3] Administración Municipal autónoma. 4] Ley agraria para el apeo y deslinde de terrenos amortizados. 5] Liquidación de intereses urbanos. 6] Reemplazamiento del ejército por falanges industriales. 7] Emancipación rehabilitaria y educación integral de la mujer. 8] Neutralización de la potencia explotadora del capital sobre el trabajo. 9] Nivelación gradual y equilibrada de la propiedad. 10] Abolición del salario y entre tanto, procurar por medio de la huelga el alza de los jornales industriales y agrícolas. 11] Organización del Falansterio Societario y formación de bancos territoriales para la reglamentación del trabajo y aseguramiento de la venta de los productos. 12] La zona libre, abriendo el mercado a todos los países del globo".

Ambas organizaciones, después, languidecieron y terminaron por desaparecer cuando se afianzó la dictadura de Díaz, tanto por la represión oficial contra los intentos de organización obrera como a causa de su propia política confusa ante el gobierno. Esta descomposición del Gran Círculo marcaba también el fin de una época y coincidía con los inicios del impetuoso desarrollo capitalista de los años ochenta y noventa del siglo XIX. Bajo este impulso crecería el joven proletariado industrial que debería encontrar en el proceso sus propias formas de organización sindical, sobre todo a través de los obreros ferrocarrileros, textiles y mineros.

En 1887 se organiza la Sociedad de Ferrocarrileros Mexicanos, en Nuevo Laredo. En 1888 un obrero ferroviario que había trabajado varios años en Estados Unidos, Nicasio Idar, funda la Orden Suprema de los Empleados Mexicanos de Ferrocarril, en cuyas formas de organización se trasluce la influencia de los sindicatos estadounidenses de entonces. Después de tres años la Orden es destruida por la represión del gobierno de Díaz. En 1897 los ferrocarrileros vuelven a organizarse en la Confederación de Sociedades Ferrocarrileras de la República Mexicana. A ella se van sumando otras organizaciones como la Unión de Mecánicos Mexicanos de Puebla, la Unión de Caldereros Mexicanos de Aguascalientes, la Unión de Forjadores Mexicanos y la Unión de Carpinteros y Pintores del Ferrocarril. Todas ellas confluyen en 1904 en la Gran Liga Mexicana de Empleados del Ferrocarril, ya casi en vísperas de las grandes huelgas precursoras de la revolución de 1910.

Una vez afirmada la dictadura de Porfirio Díaz, sobre todo a partir de su reelección en 1884, la norma fue la represión contra toda forma de organización obrera. Sin embargo, en los cinco lustros que van entre 1876 y 1911 han quedado registradas unas 250 huelgas, como testimonio de la continuidad ininterrumpida de las pequeñas y grandes luchas de resistencia obrera contra el capitalismo en ascenso. Esa resistencia cotidiana tendió el puente entre las iniciales organizaciones artesanales y obrero-artesanales con sus ideologías cristianas, liberales y socialistas utópicas, y los sindicatos obreros que se van afirmando en la primera década del siglo XX, donde aun persisten resabios de aquellas ideas pero se difunden mucho más nítidamente las anarquistas, anarcosindicalistas, sindicalistas revolucionarias y socialistas.

Entre esos movimientos, estuvo la huelga de 1881 de más de mil obreros de Toluca que trabajaban en la construcción del ferrocarril. Estuvo también el motín obrero que estalló en Pinos Altos, Chihuahua, en enero de 1883. El capital de esta mina era estadounidense; su gerente también. Los obreros cobraban cincuenta centavos diarios y reclamaron que se les pagaran semanalmente y en efectivo. La empresa resolvió pagarles por quincena, mitad en efectivo y mitad en vales para la tienda de raya. Con un pretexto cualquiera, se produjo un enfrentamiento entre un obrero y un guardia de la empresa, en que ambos murieron. La empresa y las autoridades locales organizaron guardias blancas para reprimir. Al otro día el administrador quiso calmar una manifestación de protesta y lo mataron de un balazo. En los días siguientes, un oficial del ejército enviado para la represión organizó un consejo de guerra que en un solo día juzgó y condenó a muerte a cinco obreros por "asesinato, lesiones, sedición, daño en propiedad ajena y conato de incendio". Los cinco fueron fusilados inmediatamente y otros sesenta fueron condenados a trabajos forzados.[44]

La mayoría de las huelgas que han quedado registradas en ese periodo fueron en fábricas textiles: hubo unas 75 huelgas en ese gremio. Le siguen los ferrocarriles, con 60 huelgas, y los cigarreros con 35. En las minas hubo aproximadamente una docena de huelgas; y una cifra igual tanto en tranvías como en panaderías. Bajo la superficie de la "paz porfiriana" y del orden y el progreso positivistas del capitalismo ascendente, estos movimientos muestran la persistencia de las luchas obreras y campesinas, la tenacidad de sus empeños organizativos, la maduración de su pensamiento y sus ideas.

En las peculiaridades nacionales de este desarrollo del capitalismo mexicano y de su integración en el moderno mercado mundial, maduraron las fuerzas y la combinación de fuerzas que después irrumpieron en la revolución y le dieron su carácter. La característica más general que explica sus formas es su desarrollo desigual y combinado. León Trotsky expone esta característica en el primer capítulo de su *Historia de la revolución rusa*, titulado "Particularidades en el desarrollo de Rusia":

Los países atrasados asimilan las conquistas materiales e ideológicas de las naciones avanzadas. Pero eso no significa que sigan a estas últimas servilmente, reproduciendo todas las etapas de su pasado. La teoría de la reiteración de los ciclos históricos —procedente de Vico y de sus discípulos— se apoya en la observación de los ciclos de las viejas culturas precapitalistas y, en parte también, en las primeras experien-

---

[44] Gastón García Cantú, de cuya obra *El socialismo en México. Siglo XIX*, Ediciones Era, México, 1969, están tomados muchos de los datos de esta sección sobre el movimiento obrero en el porfiriato, dice que "los obreros fusilados en Pinos Altos son las primeras víctimas del movimiento obrero en América. Su fusilamiento ocurrió tres años antes que las ejecuciones de los huelguistas de Chicago".

cias del capitalismo. El carácter provincial y episódico de todo el proceso hacía que, efectivamente, se repitiesen hasta cierto punto las distintas fases de cultura en los nuevos núcleos humanos. Sin embargo, el capitalismo implica la superación de estas consideraciones. El capitalismo prepara, y hasta cierto punto realiza, la universalidad y permanencia en la evolución de la humanidad. Con esto se excluye ya la posibilidad de que se repitan las formas evolutivas en las diferentes naciones. Obligado a seguir a los países avanzados, el país atrasado no se ajusta en su desarrollo a la concatenación de las etapas sucesivas. El privilegio de los países históricamente rezagados —privilegio que existe realmente— está en poder asimilar las cosas o, mejor dicho, en verse obligados a asimilarlas antes del plazo previsto, saltando por alto una serie de etapas intermedias. Los salvajes pasan bruscamente de la flecha al fusil, sin recorrer la senda que separa en el pasado esas dos armas. Los colonizadores europeos de América no tuvieron necesidad de volver a empezar la historia por el principio. Si Alemania o Estados Unidos pudieron dejar atrás económicamente a Inglaterra fue, precisamente, porque ambos países venían rezagados en la marcha del capitalismo. Y la anarquía conservadora que hoy reina en la industria carbonera británica y en la mentalidad de MacDonald y de sus amigos es la venganza por ese pasado en que Inglaterra se demoró más tiempo del debido empuñando el cetro de la hegemonía capitalista. El desarrollo de una nación históricamente atrasada hace, forzosamente, que se confundan en ella, de una manera característica, las distintas fases del proceso histórico. Aquí el ciclo presenta, enfocado en su totalidad, un carácter irregular, complejo, combinado.

Claro está que la posibilidad de pasar por alto las fases intermedias no es nunca absoluta; hállase frecuentemente condicionada en última instancia por la capacidad de asimilación económica y cultural del país. Además, los países atrasados rebajan siempre el valor de las conquistas tomadas del extranjero al asimilarlas a su cultura más primitiva. De este modo, el proceso de asimilación cobra un carácter contradictorio. Así, por ejemplo, la introducción de los elementos de la técnica occidental, sobre todo la militar y manufacturera, bajo Pedro I, se tradujo en la agravación del régimen servil como forma fundamental de la organización del trabajo. El armamento y los empréstitos a la europea —productos indudablemente de una cultura más elevada— determinaron el robustecimiento del zarismo que, a su vez, se interpuso como un obstáculo en el desarrollo del país.

Las leyes de la historia no tienen nada en común con el esquematismo pedantesco. El desarrollo desigual, que es la ley más general del proceso histórico, no se nos revela en parte alguna con la evidencia y la complejidad con que lo patentiza el destino de los países atrasados. Azotados por el látigo de las necesidades materiales, los países atrasados se ven obligados a avanzar a saltos. De esta ley universal del desarrollo desigual se deriva otra que, a falta de nombre más adecuado, calificaremos de ley del *desarrollo combinado*, aludiendo a la aproximación de las distintas etapas del camino y a la combinación de distintas fases, a la amalgama de formas arcaicas y modernas. Sin acudir a esta ley, enfocada naturalmente en la integridad de su contenido material, sería imposible comprender la historia de Rusia ni la de ningún otro país de avance cultural rezagado, cualquiera sea su grado.[45]

Al llegar 1905, año de auge del porfiriato, la "paz social" reinaba oficialmente en el país. Las huelgas y los sindicatos obreros estaban prohibidos por ley. La "agitación" se castigaba con el contingente, la deportación a las plantaciones, la cárcel o la ley fuga. Los alzamientos campesinos habían sido reprimidos con masacres y la "pacificación" de las etnias rebeldes parecía concluida. No había oposición organizada, salvo pequeños núcleos como los magonistas perseguidos, encarcelados o exiliados, y el poder del Estado central cubría todo el país. La resistencia de la población campesina y urbana, es cierto, continuaba sordamente por todas partes. Pero no parecía alterar la superficie oficial.

México se había modernizado en la economía, en la administración estatal, en la cultura, y una clase dominante de terratenientes e industriales se había consolidado en el poder y había generado su propia representación política, los llamados "científicos" que rodeaban a Porfirio Díaz, en cuyas mentalidades y cuyo programa la filosofía positivista había sustituido al liberalismo de los años sesenta y setenta del siglo XIX. Los "liberales viejos" habían sido desplazados por los liberales conservadores y los científicos de José Yves Limantour. Este progreso capitalista estaba

---

[45] En una carta a Engels del 8 de octubre de 1858, Marx escribía estas líneas que confirman los lejanos orígenes marxistas de esta concepción: "No podemos negar que la sociedad burguesa ha experimentado su siglo XVI por segunda vez, un siglo XVI que, espero, marcará la hora final del capitalismo así como el primero lo lanzó a la existencia. La tarea específica de la sociedad burguesa es el establecimiento de un mercado mundial, al menos en bosquejo, y de la producción basada en este mercado mundial. Como el mundo es redondo, dicha tarea parece haberse com letado con la colonización de California y Australia y la apertura de China y Japón. La cuestión difícil para nosotros es la siguiente: en el continente europeo la revolución es inminente y asumirá de inmediato un carácter socialista. ¿No está condenada a ser aplastada en este pequeño rincón, considerando que en un territorio muchísimo mayor el movimiento de la sociedad burguesa todavía está en su fase ascendente?"

apoyado en el sostenido crecimiento de la productividad del trabajo y en consecuencia del producto excedente y de la acumulación de capital, sobre todo a partir del decenio de 1880. El positivismo, ideología que expresaba la convicción de que ese progreso sería continuo e indefinido, presidía también la organización de las nuevas instituciones educativas, entre ellas la Universidad Nacional de México y la Escuela Nacional Preparatoria, de los centros artísticos y culturales y de los establecimientos represivos, como el moderno edificio panóptico de la cárcel de Lecumberri, sólida construcción acorde a los principios de Jeremias Bentham inaugurada a inicios del siglo en pleno esplendor porfiriano.

No sólo México, sino también el mundo capitalista, vivían la *Belle Époque,* y su brillo se reflejaba, dentro del movimiento socialista, en las teorías de Bernstein y en el parlamentarismo socialdemócrata europeo.

Era natural entonces que en diciembre de ese año de 1905 el Congreso de la Unión, en sesión solemne, concediera a Porfirio Díaz el Cordón al Mérito Militar, en cuya medalla en oro y piedras preciosas estaba inscrita esta leyenda: "Pacificó y unificó al país".

Era natural pero, sin embargo, era tarde. El auge tocaba a su fin, aunque ellos no lo supieran, y en el otro extremo del mundo los obreros y campesinos rusos habían comenzado a apagar las luces de la fiesta. Era 1905, el año de la primera revolución rusa. En San Petersburgo la huelga general y los consejos recién creados por los trabajadores anunciaban el comienzo de las grandes revoluciones del siglo. La etapa de paz burguesa abierta con la derrota de la Comuna de París en 1871 estaba terminando. La crisis económica mundial de 1907 confirmó esos anuncios. El porfiriato, cuyo ascenso, consolidación y auge habían transcurrido precisamente entre la Comuna de París y la revolución rusa de 1905, no tardaría en sentir el contragolpe.

II. 1910

Durante todo el régimen de Porfirio Díaz, las haciendas habían crecido devorando las tierras de los pueblos y englobando en su seno a esos mismos pueblos. En 1910 las haciendas abarcaban el 81% de todas las comunidades habitadas de México, proporción desigualmente repartida según las regiones del país. En los estados del centro de la república, una cantidad relativamente importante de pueblos indios, aún habiendo sido despojados en todo o en parte de sus tierras, aguas o bosques, había logrado subsistir fuera de las haciendas: en Hidalgo, el 20.7% vivía en hacienda; en Morelos, el 23.7%; en el estado de México, el 16.8%; en Oaxaca, el 14.5%; en Puebla, el 20.1%; en Tlaxcala, el 32.2%; en Veracruz, el 24%. En total, había en el país menos de 13 mil pueblos libres contra cerca de 57 mil en las haciendas.[1]

Tendencialmente, el desarrollo capitalista porfiriano debía llevar a la destrucción definitiva de los pueblos libres y de las tierras comunales. Ésta iba a ser la culminación natural del largo proceso iniciado en la Colonia, desarrollado en el conflicto multisecular entre los pueblos y los hacendados y acelerado a partir del surgimiento de la hacienda capitalista, de la consolidación de las relaciones mercantiles en el territorio mexicano, de la extensión de las relaciones salariales y de la subordinación a esas relaciones de las formas de producción y explotación precapitalistas

[1] Frank Tannenbaum, *Peace by Revolution*, Columbia University Press, Nueva York, 1933, pp.192-95: "Hay que señalar otro punto en la descripción del México rural antes de la revolución. Las comunidades incluidas en las haciendas generalmente eran más pequeñas que los pueblos libres que aún quedaban. Las 56 825 poblaciones en las haciendas tenían una población promedio de 97 personas, mientras que los 12 724 pueblos libres tenían un tamaño medio de 541 habitantes. En otras palabras, la hacienda al destruir al pueblo libre tendía a reducirlo en tamaño, a dispersar su población y a convertirlo, tanto económica como políticamente, en un grupo menos independiente y capaz.

"Podemos resumir diciendo que hacia el final del régimen de Díaz había menos de trece mil pueblos libres en México contra cerca de 57 mil en las haciendas; que la aldea de la hacienda tenía menos de un quinto del tamaño de la aldea libre; que los pueblos de haciendas se encontraban con mayor frecuencia en los estados menos montañosos; que este sistema de reducir las aldeas a las haciendas se había estado aplicando durante cuatrocientos años; que bajo el régimen de Díaz se lo impulsaba con mayor energía que en cualquier etapa anterior; y que era contra los pueblos de los estados que rodean el valle de México, donde la comunidad había sobrevivido mejor, contra quienes era más visible el ataque ahora".

con las cuales se combinaban, pese al vigor regional y a la difusión nacional que éstas conservaban.

Estas contradicciones eran más visibles en el estado de Morelos, centro de la entonces moderna industria azucarera, en la cual la inversión de capitales, la renovación de instalaciones, la ampliación de los antiguos sistemas de riego (cuyo trazo provenía muchas veces de la era prehispánica) y la penetración de las comunicaciones y el comercio habían conocido un nuevo impulso a partir de la última década del siglo XIX.

Por otra parte, la liquidación generalizada de los pueblos libres no era sólo un objetivo económico. Era también un objetivo social. Mientras la dominación de la Corona española había convivido con ellos como tributarios y hasta había defendido algunas de sus prerrogativas frente a los avances de la dominación de los hacendados, la moderna organización capitalista del país, a partir de la República Restaurada, con su doctrina individualista y su oposición a todo elemento de organización autónoma de las masas, a toda relación que no esté mediada por el dinero y no adquiera forma mercantil directa o indirecta, necesitaba eliminar esa forma de organización campesina y de relación autónoma precapitalista que eran los pueblos libres nucleados en torno a sus tierras comunales.

Los pueblos, como siempre, resistieron. Habían resistido durante siglos, aferrados a sus costumbres y a las viejas tradiciones comunitarias y enarbolando, en los interminables pleitos con las haciendas devoradoras de tierras, de bosques y de hombres, los antiguos títulos virreinales que les reconocían la propiedad de sus tierras, esos documentos casi mágicos que cada pueblo conservaba celosamente y traspasaba de generación en generación como testimonio material de su existencia social.

Pero esta resistencia defensiva y por naturaleza dispersa frente a los poderes centralizados del Estado y del dinero habría terminado por ser aniquilada por estas dos potencias si no hubiera sido porque la misma fuerza que la acorralaba, el desarrollo del capitalismo, había creado a su vez otras fuerzas y otras contradicciones sociales que vinieron a sumarse al antagonismo entre pueblos y haciendas y a quedar, objetivamente, del lado de los pueblos frente al poder estatal que defendían y representaba a las haciendas.

Sin esperarlo ni buscarlo ni imaginarlo, la resistencia de los pueblos fue convergiendo con otras formas de la resistencia campesina y obrera contra la dictadura porfirista, y con la oposición de la pequeña burguesía urbana, multiplicada numéricamente por el mismo desarrollo capitalista, antes silenciosa o atraída por "la paz y el progreso" porfirianos, pero ya al inicio del siglo descontenta y hasta rebelde por el cierre de las posibilidades de ascenso social causado por el anquilosamiento político del régimen. Esta presión social combinada contribuía a provocar síntomas de crisis y división en la misma burguesía capitalista y terrateniente, en cuyo nombre y representación ejercían el poder Porfirio Díaz y los "científicos".

Estas contradicciones se agudizaron, como veremos, por los efectos de la crisis económica mundial de 1907 y su combinación con conmociones sociales, luchas de masas y revoluciones que marcaron la primera década del siglo (Rusia 1905, Irán 1906-1911, Portugal 1909, China 1909, grandes huelgas en Estados Unidos que culminan con la huelga textil de Paterson en 1912, huelga salitrera y matanza de Santa María de Iquique en Chile, ola de huelgas y huelga general de 1910 en Argentina). Detrás de la crisis política que desembocó en el año 1910, estaba también un cambio de época en el mundo, aunque no tuvieran conciencia de ello las fuerzas que se movieron.

Menos que nadie tenían esa conciencia los campesinos. Pero contaban con una forma de organización propia, tradicional, heredada de siglos, con sus propias relaciones interiores que el capitalismo no había logrado eliminar. Tenían un instrumento social para agruparse y orientarse colectivamente, un instrumento primitivo, imperfecto, pero de ellos, mientras el resto de los trabajadores mexicanos carecía de formas organizativas más modernas, como partidos o sindicatos independientes.

En la vida social, en la relación cotidiana y antagónica entre los pueblos libres y la sociedad burguesa representada por las haciendas, los hacendados y sus mayordomos, los campesinos intuyeron, sintieron y a veces hasta vieron la división de la burguesía: como la lluvia se anuncia por síntomas que sólo los campesinos ven cuando el cielo esta aún despejado, así el hábito instintivo creado por la relación social de siglos les permitía ver que algo había cambiado en la mirada de las gentes de la hacienda o en la forma en que respondían al saludo. La vieja resistencia, entonces, comenzó a tantear la nueva relación de fuerzas y a hacerse poco a poco más audaz.

La organización comunal era el instrumento que permitía medir, discutir y organizar: así terminó por convertirse en el principal centro político de la guerra campesina mexicana de 1910 a 1920.

Esa organización, que en el fondo quería defender un pasado idealizado y desaparecido, cumplió en México una función revolucionaria no en los largos siglos de la resistencia defensiva, sino en el decenio de la ofensiva de masas contra el Estado de los terratenientes y los burgueses, durante los inicios mismos de la época de las revoluciones de este siglo anunciada por la revolución rusa de 1905. La dinámica que adquirió entonces su lucha, sin proponérselo y sin que la mayoría de sus combatientes lo supiera, no fue de retorno al pasado sino de ataque a los fundamentos de la organización capitalista del Estado y de la sociedad.

Allí reside el secreto y el núcleo central de la potencia irresistible de la guerra campesina en que se basó la revolución mexicana iniciada en 1910, que explica el enlace entre las formas de organización económica y social comunales precapitalistas y las tendencias, los programas o las utopías socializantes o anarquistas que atravesaron permanentemente, en sus componentes más radicales, a las ideologías de la revolución.

Como en muchas regiones de Asia y de África, como en Ecuador, en Bolivia pero sobre todo en Perú en América del Sur, en el territorio mexicano la civilización y la organización social anteriores a la conquista se basaron en la antigua comunidad agraria, en sus relaciones interiores, en sus formas de economía colectiva, en sus costumbres tradicionales. Sobre esas comunidades o *calpulli* se alzaban, a la llegada de los españoles, el imperio azteca y su capital, México-Tenochtitlan, como en Sudámerica el imperio de los incas y su capital, el Cuzco, se alzaban sobre los *ayllu,* nombre quechua de las mismas comunidades.

Las primitivas comunidades agrarias sobre las cuales se levantaron las dinastías asiáticas y las formas en que su extraordinaria capacidad de persistencia se combinó con la penetración de la moderna dominación colonial — por ejemplo, la del imperio inglés en la India— atrajeron repetidamente la atención de Marx. Éste, lejos de idealizarlas, mostró sus rasgos de atraso y de inmovilidad, su intrínseca resistencia al cambio. Al mismo tiempo, buscó explicar cómo esas comunidades agrarias inmutables, donde no existe aún diferenciada la propiedad territorial, han podido subsistir por siglos mientras los déspotas y las dinastías que vivían de los tributos de las comunidades, como gobiernos centrales cuya principal función social era la ejecución de las grandes obras públicas ligadas al ciclo agrario (en especial las obras hidráulicas), se alzaban y caían sucesivamente sin alterar la continuidad de la vida comunal campesina.

Así fue como el imperialismo británico se apoderó de la India y puso al servicio de su aparato gran parte de la infraestructura social anterior, casi sin transformar el interior del país, sus relaciones internas, su atraso. Sustituyó a las cumbres dominantes anteriores y tomó su lugar. Con esto ligó al país al mercado mundial, lo sometió a sus fines, lo incorporó al dinamismo de la historia moderna, desarrolló un proletariado industrial y agrícola y sembró la semilla del anticolonialismo y de la revolución. Pero lo profundo campesino del país no cambió. El modo de producción asiático, como lo llama Marx, subsistió por debajo de la dominación colonial, que más bien se asentó en él y lo puso a su servicio en tanto no podía destruirlo ni sustituirlo por la generalización de las relaciones capitalistas.[2]

Ahora bien, este modo de producción no es exclusivamente asiático. Aparece también en América Latina y en África, y antiguamente en regiones de Europa. En el Mediterráneo el desarrollo del comercio y el esclavismo abrieron el camino a la antigüedad clásica y al feudalismo, en cuyo humus profundo hundió sus raíces el capitalismo de Europa occidental. Y éste, apenas en sus estadios iniciales, se extendió por la vía colonial hacia el resto del mundo, arrasando, dominando o acorralando sociedades tribales, despotismos agrarios y otras formas de organización social basadas en los lazos de sangre y de dependencia personal. En América las grandes civilizaciones prehispánicas, la mesoamericana y la andina, a la llegada de los españoles tenían una organización social co-

---

[2] En *El Capital*, t. I, cap. XIII, secc. V, Marx describe una de esas comunidades indias. En el t. III, cap. XX, dice: "Un ejemplo terminante de los obstáculos que la solidez interior y la estructura de los modos de producción nacionales precapitalistas oponen a la acción disgregadora del comercio, nos lo dan las relaciones de Inglaterra con India y con China. En estos países, la unidad de la pequeña agricultura y de la industria doméstica constituye la gran base del modo de producción; a esto hay que agregar, en el caso de la India, la forma de las comunas rurales basadas en la propiedad común de la tierra, que por lo demás era también la forma primitiva en China. En la India los ingleses, como gobernantes y terratenientes, emplearon simultáneamente su poder político y su poder económico para hacer saltar esas pequeñas comunidades económicas. Si su comercio actúa aquí en forma revolucionaria sobre el modo de producción, lo hace a costa de destruir con sus mercancías a bajo precio los talleres de hilado y de tejido, antiquísima parte integrante de esta unidad de la producción industrial y agrícola, lo cual destroza las comunidades. Aun aquí su obra de destrucción sólo avanza en forma muy gradual. Menos éxito aún tiene en China, donde el poder político directo no la ayuda. *La gran economía y el gran ahorro de tiempo que se obtiene con la conexión directa de la agricultura y de la manufactura* [subrayado mío, A.G.] oponen aquí la resistencia más tenaz a los productos de la gran industria; los precios de estos productos incluyen los gastos superfluos (*faux frais*) del proceso de circulación que en todas partes los deja en desventaja. Al contrario del comercio inglés, el comercio ruso deja intacta la base económica de la producción asiática".

Marx agrega en nota al pie: "Si hay un caso en que la historia de un pueblo nos ofrece experiencias económicas fallidas y realmente ridículas (aunque en realidad infames), es precisamente la historia de la administración inglesa en la India. En Bengala, crearon una caricatura de la gran propiedad terrateniente inglesa; en la India sudoriental, una caricatura de la propiedad parcelaria; en el noroeste, transformaron en todo lo que pudieron a la comunidad económica india basada en la propiedad comunal de la tierra, en una caricatura de sí misma".

Y Engels, con posterioridad a la redacción de Marx, agrega otra nota: "Desde que Rusia se esfuerza desesperadamente por desarrollar una producción capitalista propia, exclusivamente destinada al mercado interno y al de las regiones vecinas de Asia, también aquí hay un principio de cambio".

rrespondiente a lo que Marx llamó modo de producción asiático y que otros autores denominan modo de producción despótico-tributario.

La conquista española, es decir, la forma de integración de estos territorios al naciente mercado mundial capitalista del siglo XVI, no suprimió las relaciones sociales de ese modo de producción (y, por ende, sus formas de extracción del plusproducto mediante el tributo), sino solamente sus cumbres, los señoríos que se alzaban sobre ellas. En México y en Perú, los dos grandes centros iniciales de expansión de la conquista, los españoles liquidaron, incluso físicamente, a la casta dominante sacerdotal y guerrera, ocuparon su lugar, recogieron los tributos en especie y en trabajo y utilizaron a la misma mano de obra indígena que levantó las pirámides y excavó los canales, alzaron sus templos y santuarios en los mismos sitios y sobre las ruinas y los cimientos de los antiguos templos y santuarios indígenas, según la invariable tradición de todos los conquistadores.

La sociedad agraria, sustento de los antiguos reinos indígenas, quedó igual y sólo paulatinamente fue cambiando, determinada por el lento desarrollo del capitalismo en la metrópoli. En parte fue exterminada físicamente, pero otra parte subsistió manteniendo y reproduciendo los viejos moldes agrarios comunales. La Corona española, cumbre de un Estado feudal-absolutista, trató desde un principio de mantener y transferir en su provecho, por encima de los intereses particulares de encomenderos y señores españoles locales, la antigua relación de tributación de las comunidades con el poder central. Ésa fue una fuente de constantes conflictos de intereses y de jurisdicción.

Las autoridades virreinales reconocieron los derechos de propiedad de los pueblos sobre sus tierras y expidieron títulos que los pueblos guardaron celosamente durante siglos como prueba material de esos derechos. Por otra parte, las obligaciones que se materializaban en el tributo en trabajo, como la *mita* de la época incaica, mediante las cuales los imperios prehispánicos construyeron caminos, elevaron pirámides, templos y palacios, excavaron minas y canales y realizaron las grandes obras públicas de la religión, de la guerra y de la producción, fueron utilizadas tal cual por los españoles para estos mismos fines. Pero al imponerles la lógica de un modo de producción y una técnica diversos rompieron brutalmente el antiguo equilibrio interior de la sociedad indígena y el de ésta con la naturaleza y, en uno de los más grandes cataclismos sociales de la época de la acumulación originaria y bajo su dinámica despiadada, exterminaron a la mayor parte de la población preexistente.

En el nuevo equilibrio, a partir de fines del siglo XVII y el siglo XVIII, la comunidad agraria persistió y se combinó, como hemos visto, con las haciendas. Con ella se mantuvieron en el campesinado indio las relaciones, los modos y las costumbres de la comunidad, mucho más que los de la sociedad de los españoles o de los criollos de las ciudades y las haciendas.

El capitalismo porfiriano, aun acelerando ese proceso de disgregación de las comunidades, tampoco introdujo entre los campesinos una relación social superior a la que éstas encarnaban, como de todos modos lo hizo en la ciudad al sustituir la antigua relación artesanal por las relaciones de solidaridad que nacen de la cooperación del proletariado en la gran industria. No sólo subsistieron —combatiendo, porque de otro modo nadie subsiste— parte de las comunidades agrarias, sino que en el campesinado persistieron costumbres colectivas, relaciones igualitarias, formas de producción y de trabajo basadas en la cooperación[3] y en la ayuda mutua. Esos lazos internos, en la guerra perpetua con las haciendas que terminó por desembocar en la revolución mexicana, cumplieron entonces una función adicional y superior: la de la solidaridad. Deformadas, subordinadas, desvaídas al alejarse de su base material o al debilitarse ésta, clandestinas con relación a la sociedad oficial y dominante, aquellas relaciones persistieron.

Esto constituye una tradición colectiva diferente en parte de la heredada por el campesino europeo a través del feudalismo. La tendencia común hacia la propiedad familiar de la parcela se manifiesta bajo formas y determinaciones sociales y culturales diferentes. La vieja cooperación está aún viva en las costumbres y el lenguaje del campesinado de estos países. Su trayectoria social y cultural es propia y específica. Lo opone al mundo capitalista otra línea de defensa diversa de la del campesino propietario europeo. Y sus tradiciones comunales, en una época de revoluciones sociales, pueden cumplir una triple función: servir como parte de la estructura y del sostén de los organismos de la lucha revolucionaria; enlazar la comprensión individual con la perspectiva colectiva; y servir de apoyo para la transición a una organización productiva y social superior.[4]

---

[3] En *El Capital*, t. I, cap. XIII, cit., Marx se refiere a esta forma de cooperación no basada en el intercambio sino en la relación comunal: "La cooperación, tal como la encontramos en los orígenes de la civilización humana, entre los pueblos cazadores, en la agricultura de las comunidades indias, etcétera, se basa en la propiedad en común de las condiciones de producción y sobre el hecho de que cada individuo se adhiere todavía a su tribu o a la comunidad tan fuertemente como una abeja a su colmena. Estos dos caracteres la distinguen de la cooperación capitalista".

[4] Esta misma argumentación expone para Perú, en 1928, José Carlos Mariátegui en sus *Siete ensayos de interpretación de la realidad peruana*. En Asia la larga guerra revolucionaria vietnamita (1945-1975) dio demostraciones concluyentes de esas potencialidades de la comunidad agraria frente a enemigos incomparablemente más poderosos.

Marx y Engels se opusieron a idealizar a la antigua comunidad agraria y a suponer que se podía pasar directamente de ella a formas colectivas socialistas, como sostenían los populistas rusos, sin pasar previamente por el desarrollo de las fuerzas productivas que conlleva el capitalismo. En cambio, plantearon la posibilidad de que, derribado el capitalismo en uno o más países, la comuna agraria, ahí donde todavía hubiera logrado subsistir, encontrara en esos países un ejemplo para saltar a la perspectiva socialista sin pasar por el capitalismo. En una carta a Vera Zasúlich del 8 de marzo de 1881, Marx escribía:

Como última etapa de la formación primitiva de la sociedad, la comunidad agrícola es al mismo tiempo una etapa de transición hacia la formación secundaria, o sea una transición de la sociedad basada en la propiedad colectiva a la basada en la propiedad privada. La formación secundaria abarca, como comprenderá, la serie de sociedades basadas en la esclavitud y la servidumbre.

¿Pero significa esto que la carrera histórica de la comuna agrícola deba conducir inevitablemente a este resultado? Por cierto que no. El dualismo que existe dentro de ella plantea esta alternativa: o bien el elemento de la propiedad privada superará al elemento colectivo, o éste vencerá al primero. Todo depende del ambiente histórico en que surja... Estas dos soluciones son posibles, a priori, pero para una o para otra se requieren, evidentemente, medios históricos completamente distintos.

En una segunda versión de esta carta agregaba:

[...] su medio histórico, la *contemporaneidad* de la producción capitalista, le presta completamente hechas las condiciones materiales del trabajo cooperativo organizado sobre vasta escala. Puede, pues, *incorporarse las adquisiciones positivas* elaboradas por el sistema capitalista sin pasar por sus horcas caudinas. Puede *gradualmente* suplantar a la agricultura parcelaria por la agricultura combinada con ayuda de máquinas. Después de haber sido *puesta previamente* en estado normal en su forma presente, puede convertirse en *el punto de partida directo* del sistema económico *al cual tiende la sociedad moderna y cambiar de piel* sin empezar por su suicidio [...].

Esta tendencia estuvo implícita en la revolución mexicana en todas las regiones en donde aún subsistían, en los pueblos, las tradiciones o las formas de las comunidades agrarias.

En el prólogo a la edición rusa del *Manifiesto Comunista*, del 21 de enero de 1882, Marx y Engels escribían:

El *Manifiesto Comunista* se propuso como tarea proclamar la desaparición próxima e inevitable de la moderna propiedad burguesa. Pero en Rusia, al lado del florecimiento febril del fraude capitalista y de la propiedad territorial burguesa en vías de formación, más de la mitad de la tierra es poseída en común por los campesinos. Cabe, entonces, la pregunta: ¿podría la comuna rural rusa —forma por cierto ya muy desnaturalizada de la primitiva propiedad común de la tierra— pasar directamente a la forma superior de la propiedad colectiva, a la forma comunista, o por el contrario deberá pasar primero por el mismo proceso de disolución que constituye el desarrollo histórico de Occidente?

La única respuesta que se puede dar hoy a esta cuestión es la siguiente: si la revolución rusa da la señal para una revolución proletaria en Occidente, de modo que ambas se completen, la actual propiedad común de la tierra en Rusia podrá servir de punto de partida para una evolución comunista.[5]

[5] Once años después Engels da una respuesta más definida y menos cercana a la sensibilidad del populismo ruso que las del último Marx. Dice Engels en una carta a Danielson, el 17 de octubre de 1893:
"Usted mismo admite que 'las condiciones sociales en Rusia después de la guerra de Crimea no eran favorables para el desarrollo de la forma de producción que heredamos de nuestra historia pasada'. Yo iría más lejos y diría que no solamente en Rusia sino en ninguna otra parte habría sido posible desarrollar una forma social superior a partir del comunismo agrario primitivo, a menos que esa forma superior *existiera ya* en otro país, de manera de servir como modelo. Al ser esa forma superior, allí donde es históricamente posible, la consecuencia necesaria de la forma de producción capitalista y del antagonismo dualístico social creado por ella, no se podría desarrollar directamente a partir de la comuna agraria, salvo que fuera como imitación del ejemplo ya existente en alguna otra parte. Si Europa occidental hubiera estado madura, en 1860-70, para tal transformación, si esa transformación entonces hubiera sido emprendida en Inglaterra, Francia, etcétera, entonces los rusos habrían sido llamados a mostrar qué se podía hacer con su comuna, que en esa época estaba más o menos intacta. Pero Occidente permaneció estancado, no se emprendió esa transformación y el capitalismo se desarrolló más y más rápidamente. Y como Rusia no tenía otra opción que ésta: o desarrollar la comuna en una forma de producción de la cual estaba separada por una serie de etapas históricas, y para la cual ni siquiera en Occidente estaban maduras entonces las condiciones —evidentemente, una tarea imposible— o bien desarrollarse en capitalismo, ¿qué le quedaba sino la última alternativa?
"En cuanto a la comuna, sólo es posible mientras las diferencias de riqueza entre sus miembros no pasan de ser bagatelas. En cuanto estas diferencias se agrandan, en cuanto algunos de sus miembros se convierten en deudores-esclavos de los miembros más ricos, ya no puede existir. Los kulaks y 'mirviedi' (explotadores de aldea) de Atenas antes de Solón, destruyeron la gens ateniense con la misma implacabilidad con que los de su país destruyen

Elementos, costumbres o relaciones de la comunidad agraria estaban presentes todavía, en mayor o menor grado, en buena parte del campesinado de México al comienzo de la revolución. Esa pervivencia contribuyó —combinada con el desarrollo capitalista y la crisis mundial, entre otros factores— a que la revolución fuera adquiriendo en su desarrollo sus características peculiares y sus formas completamente originales con relación a las revoluciones precedentes.

Los primeros grandes movimientos que preludiaron la revolución y fueron portadores del descontento nacional no partieron, sin embargo, del campesinado, sino del proletariado. El capitalismo, al desarrollar concentraciones urbanas e industriales, ferrocarriles, un ejército nacional basado en la leva (de donde los campesinos reclutados por la fuerza regresaban a sus pueblos con rudimentos de conocimientos militares modernos), fue dando los elementos para que la nueva rebelión agraria no se descargara en simples y dispersas revueltas campesinas, sino en una revolución a escala nacional. En la primera década del siglo fueron grandes huelgas obreras, y no levantamientos campesinos locales al estilo del de Julio Chávez López en los tiempos de Juárez, las que concentraron el descontento nacional y expresaron en centros de poder económico la inquietud social difusa de las masas del país.

Al menos tres importantes huelgas ferrocarrileras, en 1903, 1906 y 1908, tuvieron uno de sus focos principales en San Luis Potosí, con ramificaciones en Nuevo León la primera y además en Aguascalientes y Chihuahua la de 1906. Los ferrocarrileros contaban ya por entonces con las sólidas organizaciones sindicales propias del proletariado de una rama industrial en sostenido crecimiento desde dos decenios antes cuando menos. Pero fueron los mineros y los textiles quienes, en respuesta a la represión, anunciaron con las formas insurreccionales de sus huelgas las tormentas que se aproximaban: como suele suceder, los modos de la dominación estaban moldeando los modos de la rebelión.

El 1º de junio de 1906 los mineros de Cananea, mina de cobre del norte de Sonora explotada por una empresa estadounidense, se declararon en huelga exigiendo la destitución de un mayordomo, un salario mínimo de cinco pesos por ocho horas de trabajo, trato respetuoso y que

la comuna. Creo que esa institución está condenada. Pero por otra parte el capitalismo abre nuevas perspectivas y nuevas esperanzas. Mire lo que ha hecho y lo que está haciendo en Occidente. Una gran nación como la suya sobrevive a cualquier crisis. No hay ningún mal histórico sin un progreso histórico que lo compense. Sólo cambia el *modus operandi. Que les destinées s'accomplissent!"*

en todas las tareas se ocupara, a igualdad de aptitudes, un 75% de personal mexicano y un 25% extranjero. Exponían sus demandas en un manifiesto en el cual atacaban al gobierno dictatorial como aliado de los patrones extranjeros.

Ese día a la tarde tres mil huelguistas salieron en manifestación por la población de Cananea, con banderas mexicanas, algunas banderas rojas y carteles que demandaban: "Cinco pesos por ocho horas". Los manifestantes llamaron a la huelga a los que aún seguían trabajando y lograron su incorporación. Cesó todo el trabajo y cinco mil trescientos mineros del cobre entraron en el movimiento. Los agentes de la empresa atacaron la manifestación y mataron a un minero. Los obreros respondieron y mataron a agentes de la empresa. La lucha se generalizó por dos días, entre los obreros mal armados con rifles y pistolas tomados en un asalto a los montepíos y casi sin parque, y las tropas del estado bien armadas, apoyadas por un batallón de 275 *rangers* que cruzó la frontera llamado por el gobernador de Sonora para reprimir a los huelguistas. Éstos fueron derrotados y sus dirigentes condenados a largos años de cárcel, de donde los sacaría la revolución. Entre ellos estaban dos futuros oficiales de los ejércitos revolucionarios, Esteban Baca Calderón y Manuel M. Diéguez.

Siete meses después estalló la segunda gran huelga que anunciaba el ocaso de la dictadura. A mediados de 1906 los obreros textiles de Río Blanco, estado de Veracruz, organizaron el Gran Círculo de Obreros Libres. No tardaron en formarse círculos similares en Puebla, Querétaro, Jalisco, Oaxaca y el Distrito Federal. Las asociaciones patronales, encabezadas por el Centro Industrial de Puebla (tradicionalmente uno de los grupos patronales más reaccionarios), prohibieron toda organización obrera bajo pena de despido. Los trabajadores respondieron con paros y huelgas en defensa de ese derecho. El 4 de diciembre de 1906 estalló la huelga textil en los estados de Puebla y Tlaxcala. El 14 de diciembre la dirección obrera pidió la intervención del presidente Porfirio Díaz como árbitro del conflicto. El 24 de diciembre, los empresarios textiles iniciaron un *lock-out* patronal, cerraron sus fábricas y dejaron sin trabajo a unos treinta mil obreros de la industria en el centro y el sur de México.

Finalmente, el 5 de enero de 1907 se dio a conocer un laudo presidencial que negaba el derecho de organización a los trabajadores y ordenaba la reanudación de labores, a partir del 7 de enero, en las 96 empresas textiles paradas. Este día los cinco mil obreros textiles de Río Blanco no entraron a trabajar. Se agruparon frente a las puertas de la fábrica para impedir que alguien lo hiciera. Fueron atacados por los agentes de la empresa y un obrero murió de un balazo. La multitud se lanzó sobre la tienda de raya, la saqueó, la incendió y luego los obreros, con sus mujeres y sus niños, resolvieron marchar en manifestación sobre Orizaba para exigir su derecho a organizarse. El ejército los esperó emboscado tras una curva del camino y al llegar la columna abrió fuego a discreción. En la masacre hubo cientos de muertos y heridos. Luego el ejército organizó una cacería de obreros calle por calle y casa por casa. El 8 de enero Rafael Moreno y Manuel Juárez, presidente y secretario del Gran Círculo de Obreros Libres, fueron fusilados frente a los escombros de la tienda de raya de Río Blanco.

Las organizaciones que contribuyeron a preparar y dirigieron ambas huelgas estaban vinculadas al Partido Liberal Mexicano encabezado por Ricardo Flores Magón. Desde agosto de 1890, Flores Magón había iniciado la publicación de *Regeneración*, semanario opositor al gobierno bajo la bandera del antirreeleccionismo y con la divisa "Contra la mala administración de la justicia". A partir de su número 20, el 31 de diciembre de 1900, ese lema fue sustituido por el subtítulo: "Periódico independiente de combate". Desde entonces, la prédica de *Regeneración*, que fue radicalizándose y convirtiéndose en instrumento organizador de diversas luchas, constituyó uno de los más influyentes precursores ideológicos de la revolución mexicana.

En 1901 el grupo de *Regeneración* fundó el Partido Liberal Mexicano, con Ricardo Flores Magón, Camilo Arriaga, Antonio Díaz Soto y Gama y Juan Sarabia. El nombre y la ideología inicial del partido se entroncaban con la tradición del ala radical del juarismo y del liberalismo mexicano de los años de la Reforma. Inmediatamente, tanto el periódico como el partido se convirtieron en blanco de la represión de la dictadura porfiriana. En mayo de 1901 Ricardo Flores Magón y su hermano Jesús fueron detenidos, mientras los clubes liberales en Monterrey y San Luis Potosí eran desorganizados por la represión. En octubre *Regeneración* suspendió su publicación ante la amenaza de que, si seguía apareciendo, ambos hermanos serían asesinados en la cárcel. En junio de 1903 los tribunales dictaron un fallo que prohibía la circulación de cualquier periódico donde escribiera Ricardo Flores Magón.

En enero de 1904, el núcleo fundamental del Partido Liberal se exilió a Estados Unidos para continuar desde allí la publicación de *Regeneración* y enviarlo por correo, por miles de ejemplares, al territorio mexicano. En Estados Unidos, Flores Magón y sus allegados entraron en relación más estrecha con los militantes de la Western Federation of Miners, los organizadores de los Industrial Workers of the World (IWW) y dirigentes anarquistas como Emma Goldman. Por ese entonces —1905— se produjo la ruptura entre la tendencia moderada de Camilo Arriaga, que se retiró de la organización, y la tendencia radical de Ricardo Flores Magón.

El 2 de octubre de 1905 la policía de Estados Unidos detuvo a los hermanos Flores Magón y a Juan Sarabia en las oficinas de *Regeneración* en Saint Louis, Missouri, y los puso en libertad en diciembre. Represiones como ésta fueron una constante de la residencia de los magonistas en Estados Unidos, así como la solidaridad y la defensa que en cada caso recibieron de parte de la Western Federation of Miners, los IWW y los radicales norteamericanos. En su campaña presidencial de 1908, el socialista Eugene V. Debs tuvo como uno de sus temas la defensa de los dirigentes del PLM entonces encarcelados.

En julio de 1906 se dio a conocer en Saint Louis, Missouri, el nuevo programa del Partido Liberal Mexicano. Representaba un viraje en su orientación que venía preparándose al menos desde 1904. Ese programa llamaba a derribar a la dictadura y a realizar una serie de reformas políticas y sociales: sufragio libre, no reelección presidencial, supresión de caciques y jefes políticos locales, enseñanza laica, instrucción obligatoria hasta los catorce años y mejores sueldos para los maestros, nacionalización de los bienes del clero puestos a nombre de testaferros, jornada máxima de ocho horas de trabajo, descanso dominical obligatorio, salario mínimo de un peso y mayor en las regiones de más alto costo de la vida, reglamentación del trabajo a domicilio y del servicio doméstico, prohibición del trabajo de menores de catorce años, higiene y seguridad en los lugares de trabajo a cargo de los patrones, indemnización por accidentes de trabajo, anulación de todas las deudas de los peones con los terratenientes y abolición de las tiendas de raya, fundación de un banco agrícola, restitución de los ejidos de los pueblos y distribución de las tierras ociosas entre los campesinos, protección a la raza india.

Este programa, elaborado por lo que era entonces el ala de extrema izquierda del liberalismo mexicano —un programa nacionalista y democrático radical, muchos de cuyos puntos reaparecieron posteriormente en la Constitución de 1917— fue un hito en la evolución de Ricardo Flores Magón hacia el anarquismo y la necesidad de una revolución social armada que expropiara a capitalistas y terratenientes.

Los magonistas no se limitaron a la propaganda, sino que participaron en la organización de las luchas. Y éstas, a su vez, aceleraron su evolución ideológica. Por otra parte, ya sea directamente a través de los puertos del Pacífico; ya a través de la emigración en uno y otro sentido de obreros mexicanos que trabajaban en Estados Unidos y traían la experiencia de sus luchas; ya por la vía ideológica del magonismo o por la vía práctica de algunos organizadores obreros estadounidenses, también ejercieron su influencia en sectores obreros de la revolución y en el movimiento obrero mexicano las ideas sindicalistas revolucionarias de la Western Federation of Miners y de los Industrial Workers of the World de Estados Unidos, entonces en su mejor época militante.[6] En la costa atlántica, por los puertos de Veracruz y de Tampico llegaba la influencia perdurable del anarquismo y el sindicalismo revolucionario de España y Europa. Cananea y Río Blanco no fueron ajenas a aquellas influencias. Hasta hoy, la bandera de huelga y de lucha de los sindicatos mexicanos es la bandera rojinegra del sindicalismo revolucionario.

En junio de 1908, Ricardo Flores Magón y sus compañeros organizaron un levantamiento en armas precursor de la revolución y de sus métodos. Los liberales habían elaborado un plan para sublevar a todo el país a partir del 25 de junio de 1908. Su proyecto fue descubierto, la víspera fueron detenidos muchos de sus militantes y sólo alcanzaron a sublevarse grupos reducidos en Viesca y Las Vacas, Coahuila, y en Palomas, Chihuahua, que fueron rápidamente derrotados.[7]

[6] El 27 de junio de 1905 en Chicago el dirigente minero Bill Haywood, de la Western Federation of Miners, abría las sesiones del congreso de fundación de los Industrial Workers of the World (*the Continental Congress of the Working Class*) con palabras como éstas: "Estamos aquí para confederar a los trabajadores de este país en un movimiento obrero que tendrá como objetivo la emancipación de la clase obrera de la esclavitud capitalista [...] Los fines y objetivos de esta organización serán poner a la clase obrera en posesión del poder económico, los medios de vida, en control de la maquinaria de producción y distribución, sin tener en cuenta a los patrones capitalistas. La American Federation of Labor, que presume ser el movimiento obrero de este país, no es un movimiento de la clase obrera. No representa a la clase obrera [...] esta organización se formará, se basará y se fundará en la lucha de clases, sin compromisos y sin rendición, y con un solo objetivo y un solo propósito: llevar a los trabajadores de este país a la posesión del valor total del producto de su trabajo". Citado en Melvyn Dubofsky, *We Shall Be All*, Quadrangle, Nueva York, 1973, p. 81.

[7] En la preparación de este movimiento, Ricardo Flores Magón escribía a su hermano Enrique una carta, fechada el 7 de junio de 1908, que resumía sus concepciones insurreccionales, cercanas a las corrientes radicales del populismo ruso y muy similares a lo que más de medio siglo después se difundiría por América Latina como concepción del foco revolucionario o foquismo. Decían algunos párrafos de la carta:

"Yo creo que Orizaba puede caer en poder de la revolución si se pone en práctica el siguiente plan que he comunicado a Olivares para que lo medite sobre el terreno. En Orizaba debe haber no menos de 1 500 hombres contra los cuales no se puede obrar sino por medio de la dinamita, derribando los cuarteles. Al mismo tiempo, un pequeño grupo se encargará de destruir la maquinaria de Necaxa, que es la que produce la fuerza para la fábrica de Río Blanco, Nogales, Cocolapan, El Yute y otras más que hay en esa importante región. Entonces, como una avalancha se echará a la masa de obreros sobre Orizaba cuyos cuarteles en ese mismo momento estarán siendo volados y la plaza quedará en poder de la revolución. Orizaba es una ciudad muy rica de donde pueden sacarse varios millones de pesos, una gran cantidad de armas y municiones de boca y de guerra. [...]

"Voy a hablar algo acerca del movimiento. Los grupos números [...] estarán completa-

Los constantes levantamientos campesinos, dispersos en el tiempo y en el espacio y ahogados en sangre por los rurales o el ejército federal, no habían tenido hasta entonces perspectiva nacional ni más programa que las utopías agrarias o la vuelta al pasado. Las luchas obreras de la primera década del siglo XX apuntaban en sus reivindicaciones económicas y políticas y en su base social, el proletariado industrial, hacia el futuro, y tendían a buscar por eso mismo alcances nacionales: Cananea exigía las ocho horas y atacaba al gobierno central; Río Blanco fue la culminación de una huelga textil generalizada y exigía el derecho de organización sindical.

La clase obrera aún no tenía demasiado peso social en el país y sus centros estaban dispersos y en buena parte alejados del centro político, la capital. Sin embargo, las movilizaciones obreras iban a terminar por encontrar ecos y lazos de unión con la inquietud que agitaba sordamente al campesinado. A su vez, la inmensa masa campesina terminaría por encontrar una guía, una respuesta a sus demandas y una salida hacia el porvenir en la alianza con las fuerzas urbanas. La evolución de Ricardo Flores Magón y sus partidarios desde el liberalismo radical al anarquismo insurreccional era, más que un caso individual, el anuncio parcial de una maduración que se producía en las profundidades sociales del pueblo mexicano.

Cananea y Río Blanco influyeron en la radicalización del magonismo. También mostraron en los hechos que hasta para arrancar los derechos más elementales había que enfrentar a la dictadura con las armas. Sus

mente listos, esto es, armados como ellos y nosotros deseamos. Si esperásemos a que queden todos los grupos completamente listos, no podría estallar nunca la revolución, y de aplazamiento en aplazamiento se iría pasando el tiempo y los grupos contadísimos que ya estuvieran listos caerían en desaliento; se trataría entonces de volver a visitarlos, comenzar a alentarlos de nuevo, y mientras se conseguía esto, los grupos que por no estar listos habrían ocasionado la demora del movimiento y la demora de los ya listos, se desalentarían a su vez [...] y así se seguiría aplazando hasta no sé cuándo. Debemos pues renunciar a la esperanza de tener una perfecta organización de grupos absolutamente listos. Lo que hay que hacer, según nosotros, es obtener de los grupos el ofrecimiento solemne' de levantarse el día que se fije como quiera que se encuentren. Si la mitad y aun la tercera parte de los grupos que hay cumplen levantándose, la revolución estará asegurada aunque se haya empezado con grupos miserablemente armados, que siendo varios los grupos rebeldes y extensa la República, no podrán ser aplastados en un día por los esclavos de la dictadura, y cada día de vida para un grupo significa un aumento de personal, aumento de armas y adquisición de recursos de todo género, con la circunstancia, además, de que alentados los valientes en todas partes, surgirán nuevos levantamientos secundando a los bravos que prendieron la mecha.

"Hay que tener confianza en que así sucederá." Citado en Armando Bartra, prólogo a *Regeneración, 1900-1918*, Ediciones Era, México, 1977, pp. 26-27.

ecos llegaron a muchos sectores campesinos del país. Y fueron una alerta para las distintas fracciones de la burguesía, que pudieron sentir la profundidad de la crisis social que sacudía toda la estructura política del régimen capitalista mexicano.[8]

La crisis social estaba estimulada por la crisis económica mundial de 1907-1908 y su reflejo en México, y ambas alimentaban la crisis política del modo de dominación de la burguesía y de su Estado. La economía mexicana resultó muy castigada por la crisis de 1907-1908, una de cuyas consecuencias fue el derrumbe del mercado internacional del cobre y de los precios de otros metales. Cayeron los precios de las exportaciones mexicanas: henequén, café, metales industriales y metales preciosos. Se produjo el despido de miles de trabajadores en las minas de los estados de Hidalgo, Sonora, Chihuahua, Durango, así como despidos en otras industrias. La crisis de 1907 deterioró aún más la capacidad para importar, en descenso desde principios de siglo. Repercutió también en una crisis bancaria que llevó a la quiebra o al borde de ella a varios bancos, entre ellos el Banco de Londres y México, salvado por la intervención del gobierno. También debió intervenir el Estado, por iniciativa del ministro de Hacienda José Yves Limantour, cabeza del grupo de los "científicos", comprando los ferrocarriles para evitar su quiebra.

Tampoco ayudaron las cosechas: se debió adquirir maíz en el exterior por más de dos millones de pesos en 1907-1908, por 4 756 000 pesos en 1908-1909 y por 15 497 000 pesos en 1909-1910. Hubo un encarecimiento general de los artículos de consumo que, combinado con la desocupación, determinó un abrupto descenso de los salarios reales y de los ingresos globales de los trabajadores entre 1908 y 1911.

Esta situación agudizó las luchas dentro de la clase dominante y se reflejó en la pugna por la sucesión presidencial de Porfirio Díaz en las

---

[8] El embajador de Estados Unidos en México envió al Departamento de Estado un informe sobre los acontecimientos de Cananea en el cual decía: "En una entrevista que sostuve el día de hoy con el presidente Díaz, éste me hizo saber que lo de Cananea fue un movimiento revolucionario cuya finalidad era la de derrocar a su gobierno. Dicho movimiento fue encabezado por alrededor de veinte revolucionarios —cree él que todos de nacionalidad mexicana— dirigidos desde St. Louis, Missouri". Citado en Ciro F. S. Cardoso, Francisco G. Hermosillo y Salvador Hernández, *De la dictadura a los tiempos libertarios*, volumen 3 de la colección "La clase obrera en la historia de México", Siglo XXI Editores, México, 1980, p. 138.

Detrás de la exageración y la falsificación evidentes en el informe del presidente al embajador, puede descubrirse sin embargo la inquietud de la clase dominante ante acontecimientos cuya magnitud social presentía diferente de cuanto había conocido en el pasado.

elecciones de 1910. La oposición burguesa, tímidamente activa desde principios de siglo, intensificó su actividad hacia fines de esa década. El general Bernardo Reyes, político porfirista hostil a los "científicos" que rodeaban al presidente, gobernador del estado de Nuevo León y responsable de más de un acto de feroz represión militar en Monterrey, apareció como la cabeza visible de una tendencia, el reyismo, que buscaba una transformación dentro de los marcos del sistema, cambiando en parte su personal político pero manteniendo sus bases institucionales. Reyes tenía apoyo en sectores del ejército nacional y en la burguesía de Monterrey, pero unos y otros temían las consecuencias sociales de un enfrentamiento con Porfirio Díaz.

Quien fue más lejos, forzando esos marcos y superando las indecisiones y finalmente el sometimiento de Bernardo Reyes ante la confirmada voluntad de Porfirio Díaz de ir a una nueva reelección, fue Francisco I. Madero, miembro de una familia acaudalada de San Luis Potosí, propietaria de tierras y de industrias. La decisión de Madero de enfrentar electoralmente al dictador le ganó el apoyo de buena parte de las fuerzas que se habían movilizado tras de Reyes, quien se había retirado en noviembre de 1909 aceptando el exilio dorado que le impuso Porfirio Díaz.

Madero planteó primero una transacción con el gobierno que permitiera un retiro paulatino de Porfirio Díaz, que a fines de mayo de 1908 había anunciado su voluntad de hacerse reelegir una vez más. Posteriormente, ante la renovada intransigencia de éste, Madero alzó la consigna de no reelección y sufragio efectivo. Su campaña política no sólo atrajo a parte del reyismo, sino que a diferencia de éste acudió más directamente a capas pequeñoburguesas y populares de la sociedad, donde despertó apoyo y esperanzas. La preocupación de Madero, como la de otros políticos de la oposición, no era encabezar una revolución como la que estalló finalmente entre sus manos, sino canalizar el descontento popular, hacer a un lado al anciano dictador y asegurar su sucesión pacífica a través de reformas políticas democráticas.

En su torno se agrupó un movimiento vasto y heterogéneo, que reunía a un sector importante de la burguesía, cuyo eje de acumulación se iba trasladando de la propiedad agraria a la industria (y del cual la misma familia Madero era una paradigma); a sectores de la pequeña burguesía de las ciudades, asfixiados por la dictadura y que reclamaban derechos democráticos y reformas políticas; a sectores obreros, que esperaban conquistar derechos de organización sindical y mejores condiciones de vida; a sectores campesinos, que buscaban un alivio de la presión de las haciendas sobre las pocas tierras que conservaban los pueblos, una mejora de la situación de opresión de los peones de las haciendas, un freno al despotismo de los jefes políticos locales impuestos por el gobierno y sobre todo alguna forma de reparto agrario a los campesinos sin tierra o despojados de ellas por los terratenientes.

La preocupación de Díaz y de los hombres políticos más cercanos a él era que toda concesión política como las que demandaban Madero y su Partido Nacional Antirreeleccionista iba a significar un estímulo a la población y podía acelerar el estallido revolucionario que se incubaba en forma de protestas y descontento.

Como sucede en estos casos, ambos tenían razón. En la querella interburguesa estaba destinado a ganar transitoriamente el sector que usufructuaba a favor de sus posiciones el descontento popular, tratando de contenerlo y canalizarlo con diversas concesiones políticas. Las masas no tenían organismos propios. Su presión social se abrió paso a través de la división y la lucha interna en las filas burguesas. Esta disputa en las cumbres dirigentes se agudizó por los efectos de la crisis económica y porque las facciones contrapuestas, al no tener ante sí a masas organizadas en forma independiente, podían no sentirse directamente amenazadas por un movimiento autónomo de las clases subalternas y desplegaban entonces con mayor encono sus propias querellas interiores.

Pero precisamente la división de las clases dominantes, contra la voluntad de todas sus facciones, terminó por abrir las puertas a la intervención revolucionaria de las masas.[9]

En junio de 1910, Porfirio Díaz se hizo reelegir en su cargo. El candidato de oposición, Madero, estaba en la cárcel. Puesto en libertad condicional, escapó a Estados Unidos en octubre. Fechado el 5 de ese mes en la ciudad de San Luis Potosí, lanzó al país el Plan de San Luis. Este programa declaraba nulas las elecciones que se habían efectuado, proclamaba a Madero presidente provisional desconociendo al gobierno de Porfirio Díaz y afirmaba el principio de no reelección. En su artículo tercero, el plan declaraba que se restituirían a sus primitivos propietarios, en su mayoría indios, las tierras de que los habían despojado los tribunales y

[9] En noviembre de 1910 Ricardo Flores Magón escribía en *Regeneración:* "La situación del pueblo mexicano es especialísima. Contra el poder público obran en estos momentos los pobres, representados por el Partido Liberal, y los burgueses, representados por los partidos Nacionalista Democrático y Nacional Antirreeleccionista. Esta situación tiene forzosamente que resolverse en un conflicto armado. La burguesía quiere negocios que la minoría 'científica' no ha de darle. El proletariado, por su parte, quiere bienestar económico y dignificación social por medio de la toma de posesión de la tierra y la organización sindical, a la que se oponen, por igual, el gobierno y los partidos burgueses".

autoridades aplicando abusivamente la ley de terrenos baldíos; quedarían sujetos a revisión esos fallos y disposiciones y los nuevos poseedores de las tierras deberían devolverlas a los pequeños propietarios que habían sufrido despojo arbitrario. Éste era el único punto del plan que planteaba, así fuera en términos generales, una reivindicación social. Pero atrajo la atención de los campesinos, como los atrajo también la propuesta de acabar con los odiados jefes políticos locales. El llamado a las armas que hacía el Plan de San Luis encontró así ánimos dispuestos. El domingo 20 de noviembre de 1910, "de la seis de la tarde en adelante", decía el llamado, los ciudadanos en todas las poblaciones de la república deberían levantarse en armas bajo el plan maderista.

Sin embargo, en la fecha fijada nada en apariencia pasó y la familia Madero, que había contribuido con dinero y obtenido otros financiamientos para el movimiento a través de contactos en Estados Unidos, se dejó ganar por el desaliento y consideró perdida la causa. El 18 de noviembre, descubierto prematuramente, el dirigente del movimiento en Puebla, Aquiles Serdán, se había atrincherado en su casa y resistido armas en mano junto con su familia, y allí habían sido asesinados por el ejército federal. Pero no era el fin del movimiento: otras fuerzas se habían puesto en marcha en diversos puntos del país.

En el norte, en Chihuahua, bajo la protección del gobernador Abraham González, partidario de Madero, se produjeron los primeros alzamientos. Francisco Villa, Pascual Orozco y otros, desconocidos hasta entonces salvo en sus regiones de origen, encabezaron pequeñas partidas campesinas que en las primeras acciones de guerrillas infligieron derrotas sucesivas a los destacamentos federales enviados a reducirlas. En esos choques el ejército federal ya insinuaba las características que luego se mostrarían plenamente en las batallas mayores: falta de iniciativa, pasividad, timidez, mando conservador; precisamente los rasgos opuestos a los que comenzaban a delinearse en las partidas guerrilleras revolucionarias. Casi contemporáneamente hubo también levantamientos menores en los estados de Durango y Coahuila: el norte del país iba tomando las armas.

Las primeras victorias guerrilleras trajeron a los destacamentos revolucionarios más y más campesinos norteños, magníficos tiradores y jinetes de las grandes haciendas ganaderas. En enero y febrero los alzamientos armados contra el gobierno central se repitieron en distintos puntos del país. Los campesinos habían encontrado un aglutinador nacional para unificar sus luchas locales antes dispersas y aisladas: el levantamiento armado contra el poder central. Un nuevo sentido de la vida los ganaba y el alud hacia las armas, largo tiempo contenido o reprimido, se iba volviendo incontenible. No tanto la figura o la política de Madero, sino la conquista de la tierra por las armas era lo que atraía más y más hombres a las distintas partidas campesinas.

En febrero de 1911 Madero entró al país desde Estados Unidos. Reunió sus fuerzas, atacó la población de Casas Grandes y fue derrotado el 6 de marzo. Pero ya no era el triunfo o la derrota militar de Madero lo que decidía. En marzo prosiguieron los alzamientos en distintos puntos del país. En el estado de Morelos se levantó Emiliano Zapata con otros dirigentes locales, se apoderaron con sus hombres de las armas de algunas haciendas e iniciaron la lucha de lo que pronto sería el Ejército Libertador del Sur. Ese mismo mes otros dirigentes se sublevaron en Guerrero. La revolución ganaba a todo el país, se extendía estado tras estado, pero mostraba ya en germen dos centros visibles que perdurarían a lo largo de toda la lucha: Chihuahua en el norte, Morelos en el sur.

En mayo, Madero —cuyos representantes no habían interrumpido nunca las negociaciones con los de Porfirio Díaz en busca de una transacción que permitiera poner término a la insurrección campesina— reunió lo principal de las fuerzas que lo apoyaban en Chihuahua, unos tres mil hombres, frente a Ciudad Juárez. Mientras Madero dudaba y postergaba el ataque, sus jefes militares, Villa y Orozco, sin esperar sus órdenes dieron el asalto y tomaron la plaza el 10 de mayo. Era la primera ciudad que tenía en su poder la revolución.

Entretanto, en el sur, el 20 de mayo las fuerzas de Emiliano Zapata tomaban la ciudad de Cuautla y establecían allí su cuartel general, y al día siguiente ocupaban sin lucha la capital del estado de Morelos, Cuernavaca.

Tanto Díaz como Madero comprendieron la doble advertencia del norte y del sur: había que llegar a un acuerdo, antes de que la guerra campesina pasara por encima de todos ellos. Ésa fue la base de los acuerdos de Ciudad Juárez, allí firmados el 21 de mayo entre los representantes del gobierno y Madero, por los cuales Porfirio Díaz se comprometía a renunciar y a entregar el poder como presidente interino a Francisco León de la Barra, entonces secretario de Relaciones Exteriores, quien convocaría a elecciones generales. Al mismo tiempo, el convenio estipulaba que cesaba toda lucha armada entre las fuerzas del gobierno y las de la revolución y que éstas serían licenciadas y entegarían sus armas, estado por estado, al ejército federal.

Los acuerdos, cuyo objeto era dar por concluida la revolución, desarmar a los revolucionarios y restablecer el orden jurídico preexistente sostenido por el ejército federal, no decían una palabra sobre el problema de la tierra ni sobre ningún otro de los mencionados en el Plan de San Luis.

Con su habitual lucidez Luis Cabrera, agudo crítico del porfirismo y de los científicos en los años precedentes, publicó en esos días una *Carta abierta a Madero con motivo de los Tratados de Ciudad Juárez*, en la cual lo invitaba a "discernir cuáles son las necesidades del país en lo económico y en lo político" y le decía:

La responsabilidad de usted en este punto es tan seria, que si no acierta a percibir con claridad las reformas políticas y económicas que exige el país, correrá usted el riesgo de dejar vivos los gérmenes de futuras perturbaciones de la paz, o de no lograr restablecer por completo la tranquilidad del país. [...] Si no sabe usted dar satisfacción a las legítimas necesidades de la nación, dejará sembrada la semilla de futuras revoluciones, después de haber enseñado al pueblo una forma peligrosa de levantarse en armas, que pondrá a cada paso en peligro nuestra soberanía.[10]

Madero no escuchó la advertencia y ésta, en debido tiempo, se convirtió en profecía.

El 25 de mayo de 1911 renunciaba Porfirio Díaz y el 26 se exiliaba a Francia en el vapor *Ypiranga*. Viejo conocedor del país y de sus gentes, en su renuncia dirigida al Congreso el general resume el sentido de su largo gobierno e intuye como nadie el carácter profundo de la revolución que ha comenzado:

El Pueblo mexicano, ese pueblo que tan generosamente me ha colmado de honores, que me proclamó su caudillo durante la guerra de intervención, que me secundó patrióticamente en todas las obras emprendidas para impulsar la industria y el comercio de la República, ese pueblo, señores diputados, se ha insurreccionado en bandas milenarias armadas, manifestando que mi presencia en el ejercicio del Supremo Poder Ejecutivo, es causa de su insurrección.

Bandas milenarias armadas: por detrás del programa y de la jefatura de Madero, don Porfirio entreveía la incontenible guerra campesina y la utopía agraria zapatista.

El 7 de junio, Francisco I. Madero entraba triunfalmente a la ciudad de México. Para las fuerzas burguesas, la revolución había terminado.[11]

---

[10] Luis Cabrera, *Obras completas*, Ediciones Oasis, México, 1972, pp. 243 y 248.
[11] Contra esta idea liquidadora de la revolución se alzaban desde inicios de 1911 los escritos de Ricardo Flores Magón y sus partidarios en *Regeneración* y sus acciones en el norte del país. El 28 de enero de ese año, Flores Magón escribía contra la propuesta de dejar las demandas sociales para después del triunfo: "¿Qué necesidad hay de aplazar la expropiación

Mientras tanto, los campesinos comenzaban la revolución. En distintos puntos del país, sin concierto previo, pequeños grupos armados de indios y peones tomaron tierras de las haciendas y las araron y sembraron bajo la protección de sus fusiles. Muchos pueblos invadieron y recuperaron las tierras que en años anteriores les habían arrebatado las haciendas. Este movimiento se extendió por los puntos más diversos del país, mientras en la capital las cumbres políticas burguesas continuaban sus transacciones y componendas. En Chihuahua, Durango, Jalisco, Hidalgo, Guerrero, Tlaxcala, los campesinos tomaban las tierras y las cultivaban. Sobre todo en Morelos y Puebla el movimiento se volvía incontenible y general.

Era el fracaso de los acuerdos de Ciudad Juárez. Sin jefes nacionales, sin plan, impulsadas por su propia fuerza social puesta en movimiento, las iniciativas de los campesinos estaban resolviendo desde abajo, con sus métodos directos y claros, sin esperar leyes ni decretos, el problema de la tierra.

Así empezó la revolución mexicana.[12]

de la tierra para cuando se establezca un nuevo gobierno? En la presente insurrección, cuando el movimiento esté en toda su fuerza y el Partido Liberal haya logrado la preponderancia necesaria, esto es, cuando la fuerza del Partido pueda garantizar el éxito de la expropiación, es cuando debe hacerse efectiva la toma de posesión de la tierra por el pueblo, y entonces ya no podrán ser burladas las aspiraciones de los desheredados.

"Compañeros: Benito Juárez fue instado, durante la revolución de Reforma, a que no quitase al clero sus bienes cuando se hiciera la paz. Pero Benito Juárez vio bastante lejos, y comprendió que si se expropiaban al clero sus bienes cuando se hiciera la paz, el clero volvería a trastornarla y el país se vería envuelto en una nueva revuelta. Quiso ahorrar sangre y dijo: 'Es mejor hacer en una revolución lo que tendría que hacerse en dos'. Y así se hizo.

"Hagámoslo así los liberales. En una sola insurrección dejemos como un hecho consumado la toma de posesión de las tierras."

[12] "La Revolución Agraria de México parece ser el término brusco de una larga evolución en profundidad que tuvo lugar en el seno del campesinado y de las comunidades rurales, mejor que la obra de doctrinarios, de economistas o de políticos que ejercieron sobre ella una tardía influencia o incluso pretendieron frenarla y reducir su trascendencia", escribió en un ensayo precursor François Chevalier, "Un factor decisivo de la Revolución Agraria de México: el levantamiento de Zapata", *Cuadernos Americanos* n. 6, año XIX, Editorial Cultura, México, 1960, pp. 160-87.

III. El zapatismo

El zapatismo fue la expresión más concentrada de la irrupción nacional de las masas campesinas. Desde la caída de Díaz, los repartos armados de haciendas se produjeron en diversas regiones del país. En muchos lugares las partidas de campesinos se negaron a devolver las armas. En otros, al entregarlas y ser licenciados según los tratados de Ciudad Juárez, luego no eran recibidos en las haciendas como peones y se los perseguía. Se alzaban entonces nuevamente, o se preparaban a alzarse.

En el estado de Morelos se condensó la resistencia a la transacción de Ciudad Juárez. Allí se combinaba la existencia de una buena cantidad de pueblos libres que no habían sido absorbidos por las haciendas y que defendían sus tierras o buscaban recuperarlas, con la presencia de un numeroso proletariado agrícola concentrado en los ingenios azucareros. En esa base entremezclada de campesinos y obreros agrícolas —muchas veces cada uno era una y otra cosa a la vez—, en una población densa, cercana a la capital, y en viejas tradiciones de lucha y organización que venían desde la época de las guerras de la Independencia y de la Reforma, surgió el zapatismo. Esas masas crearon a Emiliano Zapata, le transmitieron su intransigencia revolucionaria y encontraron en su dirección el punto de apoyo para resistir tenazmente durante diez años los embates militares y las celadas jurídicas de las direcciones burguesas y pequeño-burguesas, y para influir decisivamente desde allí en todo el curso de la revolución.[1]

Pero Morelos, cuna y base del Ejército Libertador del Sur dirigido por Zapata, no fue un caso aislado. Sin la sublevación campesina nacional, dispersa pero irresistible, no habrían habido revolución del sur ni Emiliano Zapata. El sur fue el nudo de una situación nacional y como tal cumplió una función insustituible. Los pueblos de Morelos crearon el zapatismo y se lanzaron a la guerra revolucionaria, se hicieron guerrilleros zapatistas, inventaron mil formas de combate para derrotar a los ejércitos federales —porfiristas, maderistas, huertistas y después carrancis-

---

[1] "La sublevación de los campesinos de Morelos asumía las proporciones de una revolución social, en tanto que los demás movimientos revolucionarios eran ante todo políticos", dice François Chevalier, art. cit.

tas —, tuvieron en jaque constante a la capital burguesa, México, la ocuparon por dos veces y mantuvieron en todas las alternativas de la revolución un centro político que nunca interrumpió la lucha ni se rindió.

En el estado de Morelos, las haciendas azucareras eran la realidad económica dominante desde el siglo XVI, y la región era tradicionalmente la primera productora de azúcar en la república. A fines del siglo XIX, las haciendas habían devorado gran parte de las tierras de los pueblos, y éstos se alzaban muchas veces como islas prisioneras en un mar de sembrados de caña de las haciendas que crecían en las tierras que en un tiempo habían sido propiedad comunal. Al acercarse 1910 este proceso de despojo continuaba, a pesar de la defensa tenaz de los pueblos, muchos de cuyos dirigentes locales pagaban esa tenacidad con la prisión, la deportación al territorio de Quintana Roo o a Yucatán, y aun la muerte. Ésa fue la suerte corrida en 1904 por los dirigentes de Yautepec, cuando intentaron oponerse legalmente al robo de 1 200 hectáreas de tierras de pastos comunales realizado el año anterior por la hacienda de Atlihuayan mediante el habitual expediente de tender una cerca en torno y sembrarlas con caña.

En la primera década del siglo, los dueños de los ingenios de Morelos realizaron importantes inversiones en maquinarias y mejoras, y la industria de la región — veinticuatro ingenios que producían más de la tercera parte de la producción nacional y que hacían de Morelos la tercera región azucarera del mundo, después de Hawai y Puerto Rico— era la más moderna de México. También en las casas de las haciendas se reflejaba esta prosperidad de los terratenientes: magníficos muebles importados, lujosa decoración de mansión europea, jardines de varias hectáreas, establos con caballos de polo y de carrera, perros de raza.

A principios de 1909 hubo elecciones de gobernador en el estado. Como eco de la división que ya existía nacionalmente en las clases dominantes, se presentó un candidato de oposición, Patricio Leyva, que tuvo el apoyo de dirigentes campesinos locales que después se harían zapatistas, y posiblemente del mismo Zapata. Hubo mítines disueltos por la policía, presos, prófugos, y triunfó con el fraude habitual el candidato de Porfirio Díaz, un rico hacendado de la zona, Pablo Escandón.

Unos meses después, en un pequeño pueblo del estado, Anenecuilco, que por entonces apenas llegaba a los cuatrocientos habitantes, se celebró otra elección, ésta sin fraude, con la participación de los vecinos en asamblea, sin informar a las autoridades del estado para que no la interfirieran, con la clandestinidad de masas de los campesinos cuando se preparan a organizar sus luchas. En esta elección, inadvertida entonces, pero infinitamente más importante en la historia que aquella en que el terrateniente Escandón resultó designado gobernador del estado, fue elegido presidente del consejo comunal de Anenecuilco un hombre de treinta años de edad, Emiliano Zapata. Era el 12 de septiembre de 1909, y todos los campesinos del lugar estuvieron de acuerdo en que se había hecho una buena elección para los tiempos de pelea que se sentían flotar en el aire.[2]

Zapata era descendiente de una antigua familia campesina de la zona de Anenecuilco y Villa de Ayala —la población vecina, con unos 1 700 habitantes por ese entonces— cuyos antepasados habían combatido en las guerras de la Independencia y de la Reforma. Tenía algo de tierra y de ganado, heredados de sus padres, y no era un campesino pobre según los criterios locales, pero tampoco se lo juzgaba rico. Se había ocupado también de la venta de ganado y era considerado un conocedor de caballos y un excelente domador por los hacendados locales, que se disputaban su trabajo. Su hermano mayor, Eufemio, había emigrado a Veracruz, donde desempeñó varios oficios, entre ellos el de comerciante.

Emiliano Zapata había nacido el 8 de agosto de 1879 en Anenecuilco, y al llegar a sus treinta años, tanto por los antecedentes familiares como por su propia actividad, tenía un firme prestigio local y la confianza de los campesinos. Junto con los otros cuatro miembros del consejo comunal elegidos en la misma asamblea, se convirtió en depositario de los títulos de propiedad de las tierras comunales que venían desde la época colonial —el pueblo tenía siete siglos y algunos de sus papeles estaban en idioma náhuatl, que por entonces menos de un 10% de la población del estado hablaba—, y eran el testimonio escrito de la existencia de Anenecuilco como comunidad.

Estos viejos títulos comunales desempeñaron un papel de importancia en los comienzos de la revolución. Toda revolución busca establecer desde un principio en su programa, en su teoría, en su ideología o en la defensa de derechos arrebatados, su propia legitimidad y su propia legalidad. La revolución campesina de México se inició sin programa ni teoría previos. El primer objetivo campesino era la recuperación de las tierras de los ejidos: la lucha se presentaba como una continuación natural de la

---

[2] Jesús Sotelo Inclán, en su libro *Raíz y razón de Zapata* (Comisión para la Conmemoración del Centenario del Natalicio del general Emiliano Zapata, México, 1979), refiere estos hechos, pero particularmente los desarrolla John Womack en el prólogo a su libro *Zapata y la revolución mexicana*, Siglo XXI Editores, México, 1969, titulado "Un pueblo elige un dirigente".

que venían llevando desde mucho tiempo atrás amparados en la legalidad de sus títulos.

El impulso interior que se expresó en la revolución era mucho más poderoso. Era una verdadera insurrección contra todas las formas de opresión, represión, despojo y explotación exacerbadas por el desarrollo capitalista. Pero necesitaba en sus comienzos una demanda legítima, elemental, aceptada desde tiempo atrás, unificadora; una reivindicación accesible a todos, que se presentara no como una subversión del orden establecido sino como un restablecimiento de los derechos y de la legalidad violados y subvertidos por los terratenientes con el apoyo del gobierno. La prueba de esa reivindicación, lo que legitimaba la insurrección y el recurso a las armas, eran los viejos títulos comunales. Fueron entonces lazo en la conciencia de los campesinos entre su lucha secular a la defensiva de sus tierras y el estallido ofensivo y generalizado que fue la revolución.

Apoyado en esos títulos, pero aprovechando sobre todo la situación favorable que se veía madurar en el país, el consejo presidido por Zapata continuó la pelea legal por las tierras. El nuevo gobierno del terrateniente Escandón, sin conciencia de la tormenta que se iba acumulando, multiplicaba los ataques a los pueblos y a sus tierras, tanto en las leyes favorables a los hacendados que dictaba como en los atropellos de hecho que amparaba.

En abril de 1910, los dirigentes de Anenecuilco —Zapata estaba ausente en esos meses— enviaron al gobernador una carta en cuyo tono de súplica éste no podía sospechar el menor indicio de que ésos serían los mismos hombres que antes de un año, armas en mano, lo harían huir del estado e iniciarían una de las mayores revoluciones de la historia. Decía el escrito:

[...] estando próximo el temporal de aguas pluviales, nosotros los labradores pobres debemos comenzar a preparar los terrenos para nuestras siembras de maíz; en esta virtud [...] ocurrimos al Superior Gobierno del Estado, implorando su protección a fin de que, si a bien lo tiene, se sirva concedernos su apoyo para sembrar los expresados terrenos sin temor de ser despojados por los propietarios de la Hacienda del Hospital. Nosotros estamos dispuestos a reconocer al que resulte dueño de dichos terrenos, sea el pueblo de San Miguel Anenecuilco o sea otra persona, pero deseamos sembrar los dichos terrenos para no perjudicarnos, porque la siembra es la que nos da la vida, de ella sacamos nuestro sustento y el de nuestras familias.

El gobernador respondió dando largas al asunto con trámites burocráticos y dejándolo morir. La hacienda del Hospital, entretanto, siguiendo un procedimiento tradicional para enfrentar campesinos con campesinos, arrendó las tierras en disputa a gentes de la Villa de Ayala, que comenzaron a cultivarlas. Zapata regresó al lugar después de las fiestas del centenario de la Independencia en la capital, donde había trabajado algunos meses como cuidador de los caballos de la mansión de uno de los ricos hacendados de Morelos.

Los métodos de Anenecuilco cambiaron con su presencia. Reunió unos ochenta hombres armados, se fue a las tierras en cuestión, pidió a los de Ayala que se retiraran porque la cosa no era con ellos sino con la hacienda, y así los de Anenecuilco quedaron en posesión de las tierras. Reclamó luego ante el gobierno central y éste dio un fallo favorable a Anenecuilco. Después de esta victoria, gente de la Villa de Ayala y de otros poblados apoyó a Zapata, y éste intervino en varios conflictos de tierras entre pueblos y haciendas, a fines de 1910, aplicando el mismo método: derribar las cercas, repartir las tierras bajo la protección de sus hombres armados y dejar a los campesinos en posesión de sus lotes. Ya había comenzado para entonces la revolución en el norte y en Morelos se extendía el ambiente de sublevación.

En noviembre de 1910, Zapata tenía reuniones conspirativas en Villa de Ayala como miembro de un grupo de partidarios de Madero.

El dirigente oficial de aquel grupo era Pablo Torres Burgos, pero la fuerza y la autoridad efectiva correspondían a Zapata. En diciembre, Torres Burgos viajó a Estados Unidos a entrevistarse con Madero para acordar los términos de la sublevación en el sur conforme al Plan de San Luis Potosí. El centro urbano de la conspiración maderista en el sur, que era Aquiles Serdán en Puebla, había sido descubierto y liquidado dos días antes de la fecha formal de la insurrección y el maderismo estaba descabezado en la región.

Mientras los conspiradores esperaban el regreso de Torres Burgos, los campesinos se impacientaban. Los hacendados y el gobierno, alarmados, comenzaron a armarse rápidamente desde comienzos de 1911. En febrero de 1911, varios dirigentes locales se levantaron en armas con gentes de sus pueblos, formando bandas que se multiplicaron por el estado pero que carecían de coordinación y de objetivo político definido. A mediados de ese mes regresó por fin el enviado, confirmó el reconocimiento de Madero al grupo y mostró los documentos por los cuales él, Torres Burgos, era designado jefe del maderismo en el estado.

Este reconocimiento ligaba al grupo de Zapata con la revolución en escala nacional. Con esta arma política en la mano, Zapata, que había estado conteniendo la impaciencia de sus partidarios y se veía desbordado y arrastrado por la iniciativa de otros dirigentes (entre ellos el que sería el más destacado de sus jefes militares, Genovevo de la O, quien se había alzado a fines de 1910 con veinticinco hombres y un solo rifle), resolvió junto con Torres Burgos lanzar la insurrección.

El 10 de marzo se encontraron ambos dirigentes en Cuautla, ultimaron los preparativos, y al día siguiente se sublevaron en Villa de Ayala, desarmaron a la policía y reunieron al pueblo en asamblea, ante la cual Torres Burgos leyó el Plan de San Luis Potosí y llamó a todos a sumarse a la revolución. Fue recibido con vivas y aplausos y una incorporación en masa de los hombres aptos para la guerra. En ese mismo mitin, Otilio Montaño lanzó una consigna que ya adelantaba la diferencia entre las intenciones de Madero y las de los campesinos del sur: en vez de los vivas a Madero y los mueras a Díaz lanzó el grito de "¡Abajo haciendas y vivan pueblos!"

Desde un principio, el objetivo de los rebeldes fue apoderarse de Cuautla. Pero antes tenían que ganar fuerzas, armas, hombres y experiencia en combates previos. A los pocos días de iniciada la revolución en nombre del Plan de San Luis Potosí, y luego de las primeras acciones y de algunos conflictos iniciales en la dirección, el dirigente reconocido por Madero, Torres Burgos, fue sorprendido por tropas federales y fusilado en el acto.

El movimiento quedó sin jefe.

Uno de los grupos armados más fuertes decidió elegir a Zapata Jefe Supremo del Movimiento Revolucionario del Sur. Pero no fue sólo esta decisión la que dejó la jefatura en manos de Zapata, sino un proceso de selección posterior en el cual su autoridad como dirigente de la revolución del sur se fue imponiendo por la confianza y la persuasión de su prestigio anterior y de sus actos presentes.

Torres Burgos era el ala moderada del grupo conspirador inicial, y Zapata el ala radical más ligada a los campesinos. El desplazamiento de la jefatura no sólo significó ese cambio. De hecho, rompió también el lazo de dependencia con Madero, de cuya designación provenían los títulos de Torres Burgos a la dirección, mientras que los de Zapata provenían directamente del reconocimiento de abajo; y esto, sin romper por el momento los lazos políticos de legitimidad maderista del grupo encabezado por Zapata, lo cual lo constituía en un puente de unión con la revolución nacional para todos los grupos campesinos que se habían alzado en esos meses.

La revolución de los pueblos del sur siguió un rumbo cada vez más independiente. Pero su afiliación inicial al maderismo no era un accidente ni una maniobra, sino un paso necesario de su desarrollo. La actitud de Zapata, al esperar el reconocimiento oficial del centro maderista antes de alzarse y al resistir la presión de los otros grupos que ya habían tomado las armas, no era oportunismo sino intuición. En su intención no estaba una rebelión campesina local, sino una revolución que asegurara las tierras. Por eso su preocupación por la afiliación nacional del movimiento del sur era profundamente política: el grupo de Ayala quería estar unido a un programa nacional, y ése era entonces el Plan de San Luis Potosí.

La facción que comprendió la importancia nacional del movimiento, el grupo de Villa de Ayala encabezado por Zapata, fue la que reunió en torno suyo a los demás grupos rebeldes de la región. Pero la dirección del movimiento del sur fue desde el comienzo una dirección campesina con rasgos cada vez más independientes a partir de la jefatura de Zapata.

Zapata y sus partidarios entraron a la revolución como maderistas. Los pueblos del sur comenzaron dando su apoyo político a un ala de la burguesía y sublevándose a su llamado. Pero pronto ese *apoyo* se transformó de hecho en una *alianza*, en la medida en que la revolución del sur desarrolló su propia dirección independiente y la conciencia de sus intereses de clase divergentes y aun antagónicos con los del maderismo. Y finalmente, esa alianza se transformó en una *ruptura* y un enfrentamiento, con un programa propio del sur, el Plan de Ayala, acta de nacimiento del zapatismo y manifiesto político nacional de la revolución campesina.

Los pueblos de Morelos, para llegar a esa conclusión, necesitaban pasar primero por la experiencia del apoyo y de la alianza con la dirección nacional de Madero.

Pero lo que les permitió después convertir el apoyo en alianza y la alianza en ruptura y en movimiento con programa propio, fue que desde un comienzo la revolución del sur se organizó con su propia dirección, elegida por los pueblos y los combatientes, y con su organismo independiente de la dirección nacional burguesa: el Ejército Libertador del Sur, basado en el campesinado y el proletariado agrícola de la región y en el apoyo y la confianza de los pueblos.

El 29 de marzo de 1911 una de las locomotoras de la hacienda de Chinameca fue lanzada por los revolucionarios contra los portones, en una acción que se repetiría con variantes muchas otras veces en la lucha armada. Emiliano Zapata y su gente irrumpieron en el recinto, se apoderaron de cuarenta rifles Savage, de todo el parque y de los caballos de la hacienda y abandonaron la finca. Con ese método se fue pertrechando la revolución zapatista: armas y cartuchos quitados al enemigo, sea a las haciendas, sea a los destacamentos federales. Esto lo registraría con orgullo años después Zapata en una de sus cartas.

En pocas semanas la columna de Zapata contaba con más de mil hombres en armas.

La campaña se extendió. Ante la proximidad de un acuerdo entre Madero y el gobierno, Zapata decidió acelerar la toma de Cuautla, para hacerse fuerte en una ciudad importante de la zona.

El 20 de mayo, con cuatro mil hombres tomó la plaza. Ese mismo día las tropas federales abandonaron sin lucha la capital del estado, Cuernavaca. En esos días se firmaron los acuerdos de Ciudad Juárez y el 25 abandonó el poder Porfirio Díaz.

Establecido el gobierno interino de León de la Barra, éste pretendió llevar adelante la parte principal de los acuerdos: el desarme de las fuerzas campesinas. En el sur no pudo lograrlo. Zapata se negó a entregar las armas mientras no recibieran las tierras. Las negociaciones fueron y vinieron, y los zapatistas finalmente aceptaron desarmar una parte de sus fuerzas, a las cuales el gobierno pagaría por sus fusiles y por el licenciamiento. Pero en buena parte resultó ser una maniobra campesina para ganar tiempo: entregaron las carabinas más viejas o inservibles, el resto lo escondieron o lo mantuvieron organizadamente.

En el resto del país, allí donde no hubo desarme los campesinos escondieron los fusiles. El único foco de resistencia organizada que quedó, de los que se sublevaron bajo el Plan de San Luis, fue Morelos, donde había una dirección en gran parte independiente. El gobierno interino aprovechó para concentrar toda la presión militar sobre el sur. Los periódicos de la capital iniciaron una campaña exigiendo que se desarmara por la fuerza a los zapatistas y se recuperaran las tierras ya tomadas por los campesinos. Mientras tanto, en Morelos, en Oaxaca, en Guerrero y en otras regiones del sur, los campesinos seguían ocupando haciendas y cultivando por su cuenta, protegidos por sus fusiles, las tierras recién conquistadas.

Mientras hubiera un centro armado, nadie podía impedir que la revolución agraria siguiera su marcha por la iniciativa de los mismos campesinos. A su vez, los campesinos revolucionarios sostenían la intransigencia de Zapata en no entregar las armas. Comprendían que el desarme era el abatimiento de la represión federal sobre ellos y la pérdida de las tierras ocupadas.

El presidente interino León de la Barra, reagrupador de los políticos porfiristas, quería lanzar de una vez el ejército contra las fuerzas zapatistas. Madero quería ganar tiempo y hacer concesiones. Veía que la represión militar, en vez de acabar con la sublevación, la iba a extender a todo el país. Confiaba además en su autoridad y su capacidad de convicción sobre Zapata y su propio programa democrático lo distanciaba de los métodos porfirianos del presidente interino. Madero no era todavía presidente, sino apenas candidato.

Varias veces negoció Madero con Zapata. La última fue personalmente, del 18 al 25 de agosto, al cuartel general zapatista en Cuautla. Prometió que a través de leyes se entregarían las tierras durante su gobierno. Los campesinos, por antigua experiencia, no estaban dispuestos a cambiar las armas por promesas. Se dice que Zapata contestó, mostrando su carabina: "Se me hace que no va a haber más leyes que las muelles".

Tenía razón: en esos días el ejército federal inició un avance sobre Cuautla, dispuesto a batir a los zapatistas. Las negociaciones se interrumpieron. Eufemio, hermano de Emiliano, le propuso apresar allí mismo a Madero y fusilarlo: "Este chaparrito ya traicionó a la causa y está muy tierno para jefe de la revolución. Mejor nos lo quebramos, no va a cumplir con nada". Emiliano se negó. La gente aún cree en él, dijo, y hay que esperar a que le pierda la confianza: "Cuando suba y no cumpla, no faltará un palo donde colgarlo".

Madero pudo regresar a la capital y la guerra contra el zapatismo retomó fuerza. Zapata no presentó batalla en Cuautla. En cambio, recorrió el estado levantando nuevas tropas, rearmando a su gente, y amagando varias veces en incursiones sobre las mismas puertas de la ciudad de México.

En septiembre de 1911, todo el estado estaba en armas.

El 1° de octubre se realizaron elecciones donde triunfó Madero y el 6 de noviembre de 1911 se hizo cargo de la presidencia. Quería establecer un régimen político democrático en el país y al mismo tiempo acabar de raíz con la revolución campesina, fines que le parecían congruentes e inseparables y eran en cambio contradictorios y hasta antagónicos: no podía haber democracia estable sin reparto agrario, como incluso lo advertía en la ciudad el ala radical del propio maderismo.

Emiliano Zapata sacó la conclusión necesaria del ascenso de Madero a la presidencia. Con Madero en el gobierno, el cual aparecía como el jefe de la revolución y usaba ese papel para llamar a rendir las armas y someterse, con el poder del Estado al servicio de esa política contrarrevolucionaria, había que alzar otro polo de poder organizado en el país. A la continuidad del Estado liberal-oligárquico de Díaz a Madero, al poder estatal de los poseedores, había que oponer otro poder, el de los campesinos en armas. Evidentemente, no formuló la conclusión así ni la pensó con estas palabras ni en estos términos. Pero ésa fue la que aplicó, cuando redactó y proclamó el Plan de la Villa de Ayala a las tres semanas de subir Madero a la presidencia. Y eso dice en sustancia el plan. En este programa, donde encarnó la intransigencia en sus principios de Emiliano Zapata frente al Estado de las clases dominantes y a sus gobiernos sucesivos: Madero, Huerta y Carranza, encontró su expresión política más condensada la revolución agraria en México. A través de Zapata aparecen en el plan las ideas, los métodos y también los límites del campesinado en revolución.[3]

El plan fue redactado por Emiliano Zapata y Otilio E. Montaño, maestro de escuela de la Villa de Ayala que se había sumado desde un inicio a la revolución zapatista y formaba parte de su estado mayor.

Montaño, al participar en su redacción y al integrarse en la dirección zapatista, cumplió un papel que han desempeñado muchas veces los maestros rurales: dar expresión a las demandas, necesidades y sentimientos del campesinado. Las ideas que de éste provienen encuentran un eco y un vehículo en las ideas y el origen de los maestros rurales, provenientes de capas pobres de la población. Por otro lado, esos maestros han sido más de una vez un puente elemental para que las ideas socialistas se difundieran entre los campesinos. De este papel de los maestros mexicanos en las luchas agrarias, Montaño fue un precursor.

Pero la insistencia en atribuir a Montaño (o a otros) las ideas del Plan de Ayala y otras iniciativas de Zapata, fue siempre un argumento de aquellos a quienes, por formación académica, intelectual o de clase, les resulta imposible aceptar que un campesino haya sido uno de los mayores dirigentes políticos de la revolución mexicana. Sin embargo así fue, síntesis y símbolo de los incontables ejemplos de inventiva y pensamiento de los campesinos en la revolución. Ellos crearon, formaron y elevaron a Zapata como jefe, con sus rasgos de dureza implacable frente a los explotadores y a sus serviles, y de cariño, ternura a veces, hacia los oprimidos. Así lo han descrito quienes lo conocieron en persona, lo reflejan sus actos

[3] Uno de esos campesinos, Francisco Mercado, firmante del plan y ayudante de Zapata, contó muchos años después sus recuerdos de esos días, cuando Emiliano discutía sus ideas con Montaño: "Siempre los ratos que platicaba el profesor Montaño con el jefe Zapata, éste quería que hubiera un Plan porque nos tenían por puros bandidos y comevacas y asesinos y que no peleábamos por una bandera, y ya don Emiliano quiso que se hiciera este Plan de Ayala para que fuera nuestra bandera" (Rosalind Rosoff y Anita Aguilar, *Así firmamos el Plan de Ayala,* Sepsetentas, México, 1976).

y decisiones y aparece en la expresión de determinación e inteligencia de su mirada en las fotografías.[4]

El plan zapatista desciende, por otra parte, de una larga estirpe mexicana de planes revolucionarios y utopías agraristas que se remontan al menos hasta los *Sentimientos de la Nación* de José María Morelos —es decir, hasta la fundación misma de la patria—, reiteran bajo formas diversas la idea persistente de abolir la renta agraria y atraviesan todo el siglo XIX y sus rebeliones campesinas.[5]

El Plan de Ayala fue firmado el 28 de noviembre de 1911 por siete generales, diecisiete coroneles, treinta y cuatro capitanes y un teniente

[4] Esto lo vio con claridad hace ya años François Chevalier, art. cit.: "Es del todo evidente que el Plan de Ayala es, a través de Zapata, fruto de la inspiración exclusivamente popular y rural. Representa la reacción elemental de defensa por parte de los pueblos que veían amenazada su existencia. Sólo más tarde, y de modo esporádico, las doctrinas colectivistas parecen haber vestido a veces al movimiento agrario surgido del Plan, en la medida en que coincidieron con las profundas aspiraciones de las comunidades campesinas". Sobre el carácter de Zapata, agrega Chevalier: "Profundamente desinteresado, consideraba la palabra empeñada como algo sagrado. El único crimen que jamás perdonaba era la traición. Hacía fusilar o ahorcaba sin piedad a los que faltaban a su palabra. Naturalmente, sólo había recibido la instrucción primaria y hacía que se le explicaran cosas que no entendía. Reconcentrado en sí mismo, su inteligencia era de carácter intuitivo e iba unida con una gran sensatez. Sobre todo estaba dotado de una voluntad de hierro y no se apartó jamás, por poco que fuera, de la meta que se había fijado: devolver sus tierras a los campesinos". Acerca del jefe de la revolución del sur, Chevalier tuvo posibilidad de conversar con Antonio Díaz Soto y Gama y con otros veteranos zapatistas.

[5] Algunos de estos planes aparecen en Jesús Reyes Heroles, *El liberalismo mexicano*, Fondo de Cultura Económica, México; François Chevalier, art. cit., apunta:

"El levantamiento zapatista no es el fenómeno aislado, extraordinario y único que nos presentan algunos historiadores de la revolución mexicana, porque aparece más bien como la explosión, en la zona más crítica, de este profundo malestar social cuyas manifestaciones más evidentes habían sido el bandidaje (endémico en el estado de Morelos en el siglo XIX), y sobre todo la sucesión casi ininterrumpida de insurrecciones de indígenas y de campesinos, por motivos esencialmente agrarios.

"El movimiento de Zapata es el último eslabón de una larga cadena que abarca tanto el noroeste con los levantamientos indios yaquis en 1825, 1885 y 1890 como el sureste con la terrible insurrección de Yucatán que comenzó en 1847, pasando por muchas otras a través de todo el territorio de México: como el levantamiento de Lozada, antiguo peón de Nayarit que promovía reivindicaciones agrarias; el de 1859, precisamente de los peones de Morelos; el de 1878 en el estado de Puebla, que pretendía repartir las haciendas; el que tuvo lugar el siguiente año entre los peones indígenas y mestizos de Querétaro y Guanajuato, quienes reclamaban libertad; los del estado de Veracruz (Acayuca y Papantla) en 1883 y 1891, etcétera... Citemos para terminar la rebelión de la Huasteca, en el oriente, que tuvo por divisa en 1879 «gobierno municipal y ley agraria» (Tamazunchale), o aquella otra dirigida por el párroco de Valle del Maíz, que predicaba una política agraria en favor de los campesinos sin tierra".

del ejército zapatista —casi todos campesinos, salvo Montaño y algún otro, la mayoría de los cuales apenas sabía firmar su nombre— constituidos en Junta Revolucionaria del estado de Morelos.[6]

Su encabezamiento dice: "Plan libertador de los hijos del estado de Morelos, afiliados al Ejército Insurgente que defienden el cumplimiento del Plan de San Luis Potosí, con las reformas que han creído conveniente aumentar en beneficio de la Patria Mexicana".

El documento denuncia que Madero abandonó la revolución, que desde el poder persigue a los revolucionarios, que se ha aliado con elementos del porfirismo y que en nombre de los convenios de Ciudad Juárez ha anulado las promesas hechas en el Plan de San Luis Potosí y acusado de bandidos y rebeldes a quienes las defienden. En consecuencia, declara traidor a la revolución a Francisco I. Madero, desconociéndolo como jefe de la revolución y como presidente de la república y llamando a su derrocamiento. Luego de afirmar que la junta revolucionaria "no admitirá transacciones ni componendas políticas hasta no conseguir el derrocamiento de los elementos dictatoriales de Porfirio Díaz y don Francisco I. Madero", el documento agrega los siguientes puntos fundamentales:

6° Como parte adicional del plan que invocamos, hacemos constar: que los terrenos, montes y aguas que hayan usurpado los hacendados, científicos o caciques a la sombra de la tiranía y justicia venal, entrarán en posesión de estos bienes inmuebles desde luego, los pueblos o

---

[6] Gildardo Magaña describe la escena en su libro *Emiliano Zapata y el agrarismo en México*, Comisión para la Conmemoración del Centenario del Natalicio del General Emiliano Zapata, México, 1979. Después de referir que durante tres días Zapata y Montaño habían estado reunidos discutiendo y redactando el plan en la sierra de Ayoxustla, Magaña cuenta:

"Todos los jefes zapatistas que operaban en aquella región recibieron órdenes de reunirse a la mayor brevedad en la serranía de Ayoxustla. El 28 de noviembre, Ayoxustla, aquel solitario punto de la sierra, se transformó en un animado campamento revolucionario, en el que multitud de hombres, cruzado el pecho por las cananas a medio llenar de cartuchos, y en la mano callosa y morena la carabina aún oliente a pólvora, se apretaban en un abigarrado conjunto, comentando los recientes sucesos e interrogándose sobre el objeto de aquella cita que todos presentían importante.

"En el interior de un jacal que les había servido de albergue, el general Zapata y el profesor Montaño discutían sobre cosas que los de afuera no podían oír, a pesar de sus deseos y curiosidad. Al fin, el primero, siempre grave en medio de su amabilidad, de pie en el calor de la puerta del jacal, indicó:

"—¡Esos que no tengan miedo, que pasen a firmar!...

"Y acto continuo Montaño, de pie junto a una mesa de madera, pequeña y de rústica manufactura, que como histórica reliquia conservan los vecinos de Ayoxustla, con su voz áspera y gruesa y su acento de educador pueblerino, dio lectura al Plan de Ayala.

"Todos los presentes acogieron el documento con entusiasmo desbordante y los jefes y oficiales lo firmaron emocionados."

ciudadanos que tengan sus títulos correspondientes a esas propiedades, de las cuales han sido despojados, por la mala fe de nuestros opresores, manteniendo a todo trance, con las armas en la mano, la mencionada posesión, y los usurpadores que se consideren con derecho a ellas, lo deducirán ante tribunales especiales que se establezcan al triunfo de la Revolución.

7° En virtud de que la inmensa mayoría de los pueblos y ciudadanos mexicanos, no son más dueños que del terreno que pisan, sufriendo los horrores de la miseria sin poder mejorar en nada su condición social ni poder dedicarse a la industria o a la agricultura por estar monopolizadas en unas cuantas manos las tierras, montes y aguas, por esta causa se expropiarán, previa indemnización de la tercera parte de esos monopolios, a los poderosos propietarios de ellas, a fin de que los pueblos y ciudadanos de México obtengan ejidos, colonias, fundos legales para pueblos o campos de sembradura o de labor y se mejore en todo y para todo la falta de prosperidad y bienestar de los mexicanos.

8° Los hacendados, científicos o caciques que se opongan directa o indirectamente al presente plan, se nacionalizarán sus bienes, y las dos terceras partes que a ellos les correspondan, se destinarán para indemnizaciones de guerra, pensiones para las viudas y huérfanos de las víctimas que sucumban en la lucha por este plan.

9° Para ajustar los procedimientos respecto a los bienes antes mencionados, se aplicarán leyes de desamortización y nacionalización según convenga, pues de norma y ejemplo pueden servir las puestas en vigor por el inmortal Juárez, a los bienes eclesiásticos, que escarmentaron a los déspotas y conservadores que en todo tiempo han pretendido imponernos el yugo ignominioso de la opresión y del retroceso.

Éstos son los puntos principales del plan. Son también el acta de independencia política del movimiento campesino con respecto a la dirección de Madero y a las sucesivas direcciones burguesas de la revolución.

Zapata comprendió desde el primer momento la importancia de su plan y las perspectivas de su lucha. Lo dice la carta con que acompañó su envío a Gildardo Magaña el 6 de diciembre de 1911:

Estimado amigo: Tengo el gusto de enviarle, adjunto a la presente, el Plan de la Villa de Ayala que nos servirá de bandera en la lucha contra el nuevo dictador Madero. Por lo tanto, suspenda usted ya toda gestión con el maderismo y procure que se imprima dicho importante documento y darlo a conocer a todo el mundo. Por su lectura verá usted que mis hombres y yo, estamos dispuestos a continuar la obra que Madero castró en Ciudad Juárez y que no transaremos con nada ni con nadie, sino hasta ver consolidada la obra de la revolución, que es nuestro más ferviente anhelo. Nada nos importa que la prensa mercenaria nos llame bandidos y nos colme de oprobios; igual pasó con Madero, cuando se le creyó revolucionario; pero apenas se puso al lado de los poderosos y al servicio de sus intereses, han dejado de llamarle bandido para elogiarlo. [...] Si no hay honradez, ni sinceridad, ni el firme propósito de cumplir con las promesas de la revolución, si teniendo aún algunos hombres armados que a nadie perjudicaban se pretendió asesinarme, tratando de acabar por este medio con el grupo que ha tenido la osadía de pedir que se devuelvan las tierras que les han sido usurpadas, si las cárceles de la República están atestadas de revolucionarios dignos y viriles porque han tenido el gesto de hombres de protestar por la claudicación de Madero, ¿cómo voy a tener fe en sus promesas? ¿Cómo voy a ser tan cándido para entregarme a que se me sacrifique para satisfacción de los enemigos de la Revolución? ¿No hablan elocuentemente Abraham Martínez, preso por orden de De la Barra y con aprobación de Madero, por el delito de haber capturado a unos porfiristas que pretendían atentar contra la vida del entonces Jefe de la Revolución? ¿Y Cándido Navarro y tantos otros que injustamente están recluidos como unos criminales en las mazmorras metropolitanas? ¿A esto se llama revolución triunfante?

Yo, como no soy político, no entiendo de esos triunfos a medias: de esos triunfos en que los derrotados son los que ganan; de esos triunfos en que, como en mi caso, se me ofrece, se me exige, dizque después de triunfante la revolución, salga no sólo de mi Estado, sino también de mi Patria. Yo estoy resuelto a luchar contra todo y contra todos sin más baluarte que la confianza, el cariño y el apoyo de mi pueblo.[7]

Hubo muchos otros planes en el curso de la guerra civil, los más avanzados de ellos con demandas obreras que siguen en general la línea del programa de 1906 del Partido Liberal. Pero el carácter revolucionario específico del Plan de Ayala está determinado ante todo por dos aspectos.

Uno es el punto que plantea la nacionalización de todos los bienes de los enemigos de la revolución, es decir, de todos los terratenientes y capitalistas de México.

[7] Emiliano Zapata, *Cartas*, Ediciones Antorcha, México, 1987.

El otro va más allá del ala pequeñoburguesa jacobina, de hecho trasciende los marcos jurídicos burgueses y tiene un contenido objetivo anticapitalista. Es el que dispone que los campesinos despojados de sus tierras entrarán en posesión de ellas *desde luego*, es decir, las tomarán inmediatamente ejercitando su propio poder. Esa posesión será mantenida "a todo trance, con las armas en la mano". Y serán los terratenientes usurpadores quienes, al triunfo de la revolución, tendrán que acudir ante tribunales especiales para probar su derecho a las tierras ya ocupadas y recuperadas en el curso de la lucha por los campesinos.

Todos los demás planes prometen que al triunfo de la revolución se dictarán tales y cuales leyes para distribuir las tierras de tal o cual manera; o dicen que los campesinos con títulos deberán probar su validez ante los tribunales para que los terratenientes se las entreguen. Por el contrario, el plan zapatista llama a tomar las tierras *desde luego*, inmediatamente, armas en mano, y establece que serán los terratenientes quienes tendrán que acudir a tribunales revolucionarios, pues se presume la posesión legítima por los campesinos. Esto significa arrojar la carga de la prueba sobre los terratenientes, no sobre los campesinos; es decir, poner patas arriba al régimen jurídico burgués y establecer un sistema revolucionario de leyes y tribunales.

Además, esa posesión será defendida con las armas, lo cual supone que el régimen revolucionario se establecerá sobre el principio del pueblo en armas. En efecto, en esta formulación del plan estaba contenido el principio de la organización militar en forma de milicias territoriales ligadas a la producción y sin necesidad de cuarteles, ejército profesional o destacamentos armados permanentes, que son sustituidos por los trabajadores en armas organizados sobre la base de sus lugares de trabajo. Este principio fue mantenido en todo momento por el zapatismo, desde el instante mismo en que se negaron a entregar las armas a Madero.

Así funcionó siempre el ejército zapatista, como lo describen sus mismos enemigos según se verá más adelante, y ésa fue una de las raíces de su fuerza indestructible mientras las masas ascendían y de su debilidad y fragmentación cuando éstas se retiraron.

Emiliano Zapata no se proponía destruir el régimen capitalista. Sus ideas surgían de la experiencia campesina, no del programa socialista. Sin embargo, la aplicación del Plan de Ayala significaría de hecho la destrucción de las bases de existencia del capitalismo. Por un lado, por la nacionalización de todos los bienes de las clases explotadoras. Por el otro, mucho más importante en los hechos porque fue lo que efectivamente hicieron los campesinos, por el establecimiento del principio de que son las masas mismas quienes deciden, armas en mano; que no deben esperar el triunfo de la revolución y las leyes que se dicten, sino que ellas mismas, por su propia iniciativa, deben tomar sin tardanza las tierras, cultivarlas y defenderlas.

Al revés de los planes y programas burgueses, donde el poder de decisión queda en manos del Estado y sanciona así la continuidad jurídica del Estado y de la propiedad capitalistas, el plan zapatista coloca la iniciativa en manos de las masas. Es decir, legaliza el principio de que las masas deciden, principio básico de toda revolución que merezca este nombre.

Pero el plan, como los campesinos en los hechos, sólo alcanzaba a oponer al poder capitalista la iniciativa de las masas. Establecía de hecho la dualidad de poder, como la establecieron los campesinos en armas durante toda la revolución. Pero no oponía la perspectiva de otro poder estatal. La dualidad establecida durante la revolución desembocaba nuevamente en el restablecimiento del poder estatal burgués, aun con la garantía democrática revolucionaria del mantenimiento de las armas en manos de los campesinos.

El plan no resolvía el problema decisivo del poder. Al no resolverlo, le daba una solución burguesa. Entonces, encerraba en su articulado la misma contradicción que existe entre la ideología pequeñoburguesa campesina y la acción revolucionaria del campesinado en armas. Los métodos y la iniciativa eran revolucionarios y ponían en cuestión el poder capitalista. Pero la perspectiva campesina era incapaz de ir más allá, generalizar al nivel nacional y social y dar una salida a la nación insurrecta. Y la clase obrera urbana carecía de dirección política propia y de organismos independientes.

Entonces, ausente una de las premisas de la alianza obrera y campesina, la solución final a la dualidad planteada por los campesinos zapatistas quedaba en manos de la burguesía, porque la solución es estatal y nacional, no local o particular. Lo que decidía y decidió en definitiva no era la toma revolucionaria de las tierras, sino quién disponía del poder centralizado del Estado. "Si el campesino no sigue a los obreros, marcha a remolque de la burguesía. No hay, ni puede haber, término medio", decía con razón Lenin. El campesinado zapatista confirmó una vez más esta tesis. La suerte de la revolución no se resolvía finalmente en los campos, sino en la ciudad. Hasta allí llegó el empuje revolucionario del campesinado, como veremos. Pero más allá no pudo ir y tuvo que dejar el poder en manos de una pequeña burguesía débil, atemorizada y sin fuerzas, pero que representaba una perspectiva viable: la de la burguesía.

Sin embargo, mientras ascendía la revolución, el Plan de Ayala fue la base política de la dualidad de poderes territorial establecida por el zapatismo y del poder campesino en Morelos, que dictó leyes y tomó medidas de gobierno sobre educación, sanidad, comunicaciones, abastecimientos, así como acuñó moneda de metal, los pesos zapatistas. Ese poder se basaba en la intervención y la iniciativa cotidiana de los pueblos y aldeas y en el "partido" campesino que fue el ejército zapatista.

Pero esta relativa independencia del campesinado sólo era posible durante el periodo de ascenso revolucionario y reflejaba la dualidad interior del campesino, que tiende hacia el proletariado como explotado y hacia la burguesía como propietario o aspirante a propietario; además de la dualidad interior peculiar del campesinado de Morelos, compuesto al mismo tiempo de peones o jornaleros agrícolas y de campesinos que cultivaban sus tierras como parte de los pueblos o que aspiraban a poseerlas. Pasada esa etapa, y enfrentados a decisiones políticas de fondo, los dirigentes campesinos tenían que buscar la perspectiva socialista o someterse a la legalidad burguesa.

Ésa fue la suerte final del zapatismo como "partido" campesino que se escindió en dos direcciones. Mientras su ala moderada —representada sobre todo por los intelectuales al estilo nebuloso de Antonio Díaz Soto y Gama— se integró al obregonismo en el poder, su ala radical, representada por el propio Zapata, entre otros, buscó confusamente una perspectiva socialista, como lo muestran las esperanzas de Zapata sobre la revolución rusa en 1918.

Pero era ya la etapa de descenso de la actividad revolucionaria y esta ala estaba condenada. Desapareció con el asesinato de Emiliano Zapata, que cerró el ciclo de ascenso, auge y declinación de la guerra revolucionaria del campesinado.

Este ciclo, con todas sus contradicciones, estaba ya prefigurado en la contradicción interior del programa zapatista, el Plan de Ayala.

Durante todo diciembre se extendió la revolución del sur. En los comienzos de 1912, la rebelión abarcaba los estados de Morelos, Puebla, Guerrero, Tlaxcala y México, con combates diarios entre los destacamentos zapatistas, generalmente de trescientos a quinientos hombres, y las tropas federales, en los puntos más alejados entre sí de toda esa región. En esos días los hacendados de las zonas donde operaban fuerzas zapatistas comenzaron a recibir comunicaciones de los jefes zapatistas exigiéndoles que pagaran un salario mínimo de un peso al día a sus peones —así lo informa el propietario español de una hacienda de Chietla, Puebla—, pues en caso contrario deberían atenerse a las consecuencias.

En las regiones ya firmemente controladas, en cambio, se realizaba directamente el reparto de las haciendas según lo dispuesto en el Plan de Ayala.

A fines de enero los revolucionarios atacaron Huajuapan de León, en el estado de Oaxaca. El corresponsal de un diario de la ciudad de México comentó así este ataque: "Me he convencido de que el zapatismo se ha propagado extraordinariamente. Todas las pequeñas poblaciones son partidarias de Emiliano Zapata. Otras importantes, como Tepalcingo, le son adictas, encontrando allí ellos, cuando se presentan, víveres en abundancia, mientras las fuerzas del gobierno no los obtienen pues se les niega todo, recibiéndoseles con actitud hostil".

En febrero habían aparecido grupos campesinos en armas que reconocían la jefatura zapatista también en los estados de Michoacán e Hidalgo. El 3 de febrero el embajador de Estados Unidos, Henry Lane Wilson, escribía a su gobierno que las tropas de Zapata dominaban de hecho el territorio comprendido entre Cuernavaca, Morelos y Chilpancingo, Guerrero. En marzo de 1912, dominaban ya ambos estados, sublevados bajo la bandera del Plan de Ayala, y no cesarían de extender su poder durante ese año.

A medida que se extendía la lucha, los pueblos iban tomando las tierras de las haciendas, algunas veces levantando un acta, la mayoría por el simple acuerdo colectivo, cultivándolas con su trabajo y cuidándolas con sus fusiles. Algunos repartos quedaron documentados por resoluciones del mando zapatista, como ésta:

Los que suscriben, en nombre de la Junta Revolucionaria del estado de Morelos, teniendo en consideración que ha presentado sus títulos correspondientes a tierras el pueblo de Ixcamilpa, y habiendo solicitado entrar en posesión de las mencionadas tierras que les han sido usurpadas por la fuerza bruta de los caciques, hemos tenido a bien ordenar conforme al Plan de Ayala, que entren en posesión de tierras, montes y aguas que les pertenecen y les han pertenecido desde tiempo virreinal y que consta en títulos legítimos del tiempo virreinal de la Nueva España, hoy México. Se servirán desde luego los vecinos del pueblo ya referido poner los linderos hasta donde linde el mapa respectivo, pudiendo explotar, labrar o cualquiera otra cosa para obtener el fruto de sus mencionadas tierras. —Libertad, Justicia y Ley. —Campamento Revolucionario, abril 30 de 1912. —El general Eufemio Zapata. —El general O. E. Montaño. —El general Emiliano Zapata. —El general Francisco Mendoza. —El general de división Jesús Morales. —El general Próculo Capistrán. —El general delgado de Zapata, Jesús Navarro. —El coronel Jesús Alcaide.

Desde sus comienzos hasta sus etapas de mayor desarrollo, a fines de 1914, el ejército zapatista no pasó nunca de la forma de guerrillas basadas en milicias territoriales más o menos numerosas. Eran partidas armadas que operaban bajo una bandera común y reconocían a Zapata como general en jefe, pero cada una con independencia de acción y bajo su propio mando. En ocasión de acciones importantes, se reunían varias de ellas, sumando sus fuerzas pero manteniendo sus jefes. Las tropas zapatistas no tenían cuarteles, ni paga, ni aun abastecimiento regular, salvo el que recibían de los pueblos. Cada soldado era a la vez un campesino que trabajaba su tierra. Se reunían para realizar una acción y, concluida ésta, generalmente volvían al trabajo a sus lugares, mientras en otras partes otros campesinos se reunían para otra acción, y luego hacían lo mismo. La guerrilla a veces recorría largas distancias y podía después disolverse entre la población y desvanecerse como simples trabajadores, al llegar fuerzas militares superiores del ejército federal.

La escasez de armas, pero sobre todo de parque, siempre limitó al ejército zapatista. Lo mismo la escasez de dinero. El parque y las armas se obtenían arrebatándolos al enemigo en acciones de guerra (salvo en los breves periodos de 1914 y 1915 en que las tropas de Zapata ocuparon la ciudad de México). No había fondos para adquirir cartuchos, ni tampoco quién se los vendiera. A veces eran contrabandeados por los trabajadores de la Fábrica Nacional de Cartuchos en el Distrito Federal: todavía en 1918, los diarios registraron que varios obreros de la fábrica fueron apresados y fusilados por robar cartuchos y enviarlos a los zapatistas.

Por otra parte, la concepción y la estructura campesina de la guerra del sur no permitía una forma superior de organización.

La forma que tuvo mostró su fuerza, alimentada por la incorporación masiva de toda la población, mientras las masas la empujaron hacia arriba en su ascenso; mostró su debilidad cuando éstas comenzaron a replegarse y los destacamentos guerrilleros quedaron expuestos al choque con la organización militar superior de los constitucionalistas, apoyada en el aparato del Estado y en su política no local, sino nacional; no dispersa, sino centralizada.

La base de los éxitos zapatistas no fue la forma militar de guerrilla. Esa forma tuvo la lucha, era la única posible y no podía tener otra, dada su base de clase. Pero el fundamento de los éxitos fue sobre todo que se trataba de una insurrección en masa de la población explotada de los campos de Morelos y todo el sur, sostenida en una situación de insurrección nacional, abierta o en puertas, del campesinado del país.

Por eso, sin grandes batallas, la revolución del sur avanzó irresistiblemente desde 1912 hasta 1914. Pero en sus mejores momentos sólo pudo establecer una sombra de poder central en sus territorios, porque era imposible para el campesinado darse una perspectiva superior a la posesión de la tierra. Y aun esta posesión, si en los hechos se basaba en las armas y en la revolución, en los textos y en los justificativos de los dirigentes buscaba apoyo en los viejos títulos virreinales de propiedad de las tierras por los pueblos. Es decir, no pasaba los límites jurídicos del antiguo derecho de propiedad, aunque rompía con las armas el derecho de propiedad establecido por los terratenientes y su Estado. Esta contradicción era una de las trampas en que, pasado el periodo de ascenso de la lucha, iba a quedar atrapada la ideología campesina del zapatismo.

Las fuerzas zapatistas, en general, no mantenían entonces la ocupación de ciudades. Atacaban, tomaban poblados y ciudades, se retiraban a los pocos días o a las pocas horas, hostigaban constantemente al ejército federal, luego se replegaban sin presentar formal batalla, tendían emboscadas, incendiaban campos, controlaban la circulación ferroviaria o la impedían totalmente. Llevaban una típica táctica guerrillera, alimentada por el apoyo sin reservas de la población.[8]

A su vez, éstas respondían al fuego con el fuego y se iban empantanando en una guerra contra los pueblos de Morelos que, como todas las represiones de este tipo en épocas revolucionarias, no tenía término ni se le veía salida. Durante más de la mitad de 1912, implantó el terror en el estado el general Juvencio Robles, aplicando la política de tierra arrasada: fusilamientos en masa, quemas de pueblos enteros, saqueos, tortu-

---

[8] A veces pueblos enteros se sumaban a un combate de un destacamento zapatista contra los federales. En febrero de 1912, las fuerzas del gobierno ubicaron a una columna dirigida por Zapata y se dispusieron a atacarla al día siguiente. Esa noche el campamento federal despertó rodeado por un cerco de fuego, que dispersó a las tropas y a los caballos y desbarató la acción que preparaban. Los campesinos de la región se habían reunido a pegar fuego a los pastizales, y luego en su repliegue el ejército no encontró a nadie: unos estaban alzados y la mayoría había dejado desiertos los pueblos al acercarse las tropas del gobierno.

Pocos años después, el gobierno soviético hizo suyos estos antiguos métodos de la guerra campesina, como acciones de apoyo a la guerra regular del Ejército Rojo. En agosto de 1919, una de las numerosas proclamas militares firmada por León Trotsky lanzaba este llamado a la lucha contra los blancos: "Es necesario que las masas campesinas y obreras, bajo la dirección de sus soviets y de sus organizaciones comunistas, se alcen como un solo hombre contra los bandidos blancos. Hay que hacer sentir a los mercenarios de los terratenientes que han caído en el país de los obreros y los campesinos, es decir en un país que les es hostil. El peligro debe acechar a los bandidos blancos en todos los rincones, detrás de cada colina, detrás de cada arroyo. [...] Hay que establecer un buen servicio de informaciones. Reunir los informes sobre cada patrulla enemiga, seguirla, caerle encima de improviso para aniquilarla o hacerla prisionera. Ahí donde los blancos piensan pasar la noche, el incendio debe despertarlos. Su caballería debe estrellarse contra los alambres de púa allí donde hasta el día anterior la ruta estaba aún libre".

105

ras indiscriminadas contra cualquier campesino sospechoso de ayudar a los rebeldes y contra sus familiares.

Ya en ese entonces el general Robles inventó las "aldeas estratégicas" —aunque no les dio este nombre— y ordenó la concentración de los habitantes de muchos pueblos en algunos centros importantes, mientras pegaba fuego y arrasaba las aldeas para así terminar con los "nidos de zapatistas". No tuvo más éxito que las tropas yanquis en Vietnam medio siglo después. El campesinado respondía al terror blanco y a la represión masiva con la insurrección generalizada y desde los niños hasta los ancianos todos cumplían una tarea en la guerra de Zapata.

Para las necesidades de esta guerra, el Ejército Libertador del Sur fue dictando una serie de disposiciones que en conjunto constituyeron una especie de "legislación" del poder revolucionario de Morelos sobre abastecimientos, conducta de las tropas, comunicaciones, higiene, educación.

En realidad era una legislación sólo apta para ser aplicada por los campesinos, no por una burocracia estatal, porque sus imprecisiones dejaban un amplio campo a la intervención del sentimiento de clase de las masas y a su comprensión de lo que es o no es justo como la mejor garantía de equidad. Por ejemplo, una disposición sobre abastecimientos dictada en la etapa de la lucha contra el gobierno de Huerta, dice esto:

El general Emiliano Zapata, jefe de la Revolución del Sur y Centro de la República, hace saber a las fuerzas de su mando y a los habitantes que radican en los pueblos y cuadrillas que corresponden a diversas zonas militares revolucionarias:

Primero. Queda estrictamente prohibido sacrificar ganado de la gente pobre o de los adictos a la causa que se defiende, y los contraventores de esta disposición incurrirán en grave delito haciéndose acreedores a una pena, salvo en los casos que se fijan a continuación.

Segundo. Para la alimentación de las tropas libertadoras se hará uso del ganado que corresponde a la Revolución y que perteneció a los hacendados del Estado de Morelos, y en general, a los enemigos de la causa que se defiende; pero sólo las fuerzas organizadas al mando de sus jefes respectivos, podrán sacrificar reses y de ninguna manera pueden hacerlo partidas de dos, tres, cinco u ocho revolucionarios dispersos que sin causa justificada se hallen fuera de sus jefes a quienes correspondan.

Tercero. Cuando una fuerza revolucionaria se halle en un punto donde no se encuentre ganado de la Revolución, y que carezca de otros víveres, podrá disponer de reses pertenecientes a los adictos a la causa; pero siempre teniendo en cuenta que sean de personas que no se perjudiquen mucho, incurriendo en grave falta aquellos que no acaten esta disposición superior y quienes serán castigados irremisiblemente con severidad.

Cuarto: *Los que no correspondan al Ejército Revolucionario y que por razón de la pobreza en que se encuentran con motivo de las depredaciones que en sus intereses cometió el mal gobierno ilegal de Huerta*, por medio de sus defensores traidores, y necesiten hacer uso del ganado, sacrificando reses para su subsistencia, podrán hacerlo, *ya sea que pertenezcan a la Revolución o a personas adictas a la causa; pero siempre que el ganado de los adictos a la Revolución*, cuando tenga que hacerse uso de éste, *corresponda a personas que tengan más cantidad de reses y que no se perjudiquen mucho*, para lo cual se dirigirán a la autoridad del lugar de que se trate o al jefe revolucionario más inmediato, a fin de que él nombre de entre los vecinos del lugar una *comisión que se encargue de llevar a sacrificar las reses necesarias y de repartir la carne entre la gente más necesitada del lugar*; incurriendo en una grave falta aquellos que no obedezcan esta orden superior y quienes serán castigados con toda severidad.

Quinto. En todos los casos se cuidará de no sacrificar vacas paridas o bueyes, salvo cuando por no haber suficiente ganado, tenga que disponerse del que se encuentre; y serán castigados severamente los infractores de esta disposición.

Sexto. Queda estrictamente prohibido ferrar ganado, ya sea que pertenezca a la Revolución, o bien que corresponda a otras personas y que resulte ser ganado ajeno; siendo castigados severamente aquellos que no respeten esta orden.

Por tanto, mando se imprima, publique, circule y dé el debido cumplimiento.

Dado en el Cuartel General del Estado de Morelos, a los 28 días del mes de octubre de 1913.

El General en Jefe del Ejército Libertador del Sur y Centro, Emiliano Zapata.

En marzo de 1912 se había sublevado en el norte Pascual Orozco, alzando un plan de reformas políticas y sociales. Dominó rápidamente el estado de Chihuahua, pero en mayo fue derrotado por tropas federales comandadas por Victoriano Huerta, en cuyas filas formaba Francisco Villa como militar de Madero. El destino de los tres se cruzaría totalmente antes de un año, pues en 1913, mientras Huerta derribaba a Madero y ocupaba su puesto, Pascual Orozco con su gente daba su apoyo a Huerta y Villa se convertía en el principal jefe militar de la revolución que iba a terminar con el gobierno de Huerta en una serie de sucesivas batallas victoriosas.

Las razones de la sublevación de Orozco contra Madero y de la prisión de Villa tienen estrecha relación entre sí, aunque fueran hechos en apariencia independientes. De los jefes campesinos locales de Chihuahua en quienes se había apoyado Madero —a través del gobernador maderista de aquel estado, Abraham González—, quienes contaban con fuerza, prestigio y autoridad propios entre los campesinos de la región eran Pascual Orozco y Pancho Villa. La única batalla victoriosa de la revolución maderista, la toma de Ciudad Juárez, la iniciaron Villa y Orozco de común acuerdo, violando las órdenes expresas de Madero que se negaba a presentar combate y confiaba en las tratativas secretas que sostenía con el gobierno. Para hacerlo tuvieron que idear varias estratagemas y engañar a Madero, presentando el asalto a la plaza como la respuesta obligada a un supuesto ataque federal (que ellos mismos habían provocado enviando destacamentos avanzados para que fueran tiroteados por los federales). Era una de las primeras manifestaciones graves de las divergencias entre Madero y la base campesina en que se apoyaba.

Cuando se firmaron los acuerdos de Ciudad Juárez, los oficiales de Villa y Orozco, en representación de sus tropas, fueron a ver a ambos jefes para plantearles su disconformidad con esa transacción y pedir explicaciones sobre cómo se resolvería el problema de la tierra. La presión de la base campesina se volcó sobre los dos, exigiendo a través de ellos a la dirección burguesa una respuesta. Villa entrevistó al gobernador y trajo su contestación: "que ya se verá qué se puede hacer para venderles más adelante algunas tierras nacionales a quienes quieran cultivarlas, y que entretanto hay que tener paciencia y esperar a que se instale el nuevo gobierno". Los oficiales campesinos quedaron disgustados y descontentos: "¿Cómo vendernos tierras?", dijeron. "¿Dónde están esas tierras nacionales? ¿Acaso los ricos, los grandes terratenientes de Chihuahua, hicieron sus latifundios comprando tierras nacionales, o robando y apoderándose de las mejores tierras nuestras, de los campesinos? ¿Para eso hemos tomado las armas y combatido?"

Sobre ese descontento se asentó después, en parte, la sublevación orozquista. Orozco recibió el cargo de jefe de la guardia rural de Chihuahua y Villa fue incorporado al ejército con el título de "general honorario". Pero Orozco, desde su puesto, cuya función era tradicionalmente defender la propiedad de los latifundistas y "mantener el orden" en los campos, no se movió para impedir las invasiones de tierras y los repartos espontáneos de haciendas iniciados por los campesinos de la región. A fines de noviembre de 1911, al lanzar el Plan de Ayala, Zapata designó en dicho plan a Pascual Orozco como jefe nacional de la revolución contra Madero.

Orozco se alzó en armas contra el gobierno de Madero pocos meses después y contó con el apoyo de la legislatura de Chihuahua y de los jefes y oficiales que habían participado con él en la primera etapa de la revolución maderista. Se afirma que, secretamente, también recibió apoyo financiero de compañías mineras norteamericanas y de la familia de Terrazas, descontentos con los nuevos impuestos fijados por el gobernador maderista Abraham González. Orozco enunció los objetivos de su movimiento en el llamado Pacto de la Empacadora, fechado el 25 de marzo de 1912.

Dicho programa comienza reconociendo los principios del Plan de San Luis, el Plan de Ayala y el Plan de Tacubaya.[9] Denuncia luego la traición de Madero a la revolución y afirma que éste recibió catorce millones de dólares para financiar su movimiento y que "hizo la revolución con dinero de los millonarios americanos y con el apoyo indirecto o encubierto del gobierno de los Estados Unidos", a cambio de lo cual "ha puesto en

[9] El Plan de Tacubaya fue el primer programa antimaderista y surgió del ala radical urbana del movimiento de Madero, relegada por éste al aceptar como candidato a vicepresidente a José María Pino Suárez, en lugar del dirigente de esa ala, Emilio Vázquez Gómez. El plan, fechado el 31 de octubre de 1911, casi un mes antes que el Plan de Ayala, es una protesta contra las consecuencias de los acuerdos de Ciudad Juárez, es decir, contra la alianza entre el maderismo y la vieja oligarquía porfiriana. Denuncia que Madero "allanó para sí el camino de la presidencia y combatió o arrojó a las cárceles a todos los que combatieron: se burló de las promesas hechas, impuso gobernadores a pesar de las repetidas protestas de los gobernados, restauró caciques, excluyó a los jefes revolucionarios [...] declaró bandidos a los revolucionarios porque exigían legalidad y justicia", que ante las demandas de cumplimiento del Plan de San Luis, declaró que "si el pueblo quiere tierras, debe comprarlas, y si desea libertad debe trabajar para adquirirla: lo que equivale a un reto a la clase proletaria que lo subió al poder"; y que "mientras los insurgentes son excluidos, degradados, encarcelados o muertos, los empleados y servidores de don Porfirio, los hombres del antiguo régimen [...] se agrupan en torno del líder y de sus hermanos y devoran los frutos de la revolución, porque a Madero no le preocupa la libertad ni le importa el pueblo, acostumbrado como está a explotarlo en sus haciendas". Después de estas denuncias, el plan se limita a prometer que "las soluciones del problema agrario" (sin especificar cuáles) comenzarán a aplicarse "en el momento mismo en que el triunfo se verifique", declara nula la elección de Madero y llama a derribarlo y a llevar a la presidencia a Emilio Vázquez Gómez.

Este plan tuvo escasa trascendencia en la ciudad de México, de donde partió, y sólo fue apoyado por un pequeño núcleo rápidamente disuelto por la represión (uno de los firmantes, el periodista Paulino Martínez, se incorporó después al zapatismo). Pero estimuló la aparición del Plan de Ayala en el sur y del movimiento orozquista con el Plan de la Empacadora en el norte, y mostró que la resistencia a la transacción de Madero con la vieja oligarquía partió no sólo de la base campesina, sino también de un sector de la pequeña burguesía urbana que en un principio apoyó al maderismo y después buscó la alianza con el campesinado para continuar la revolución.

manos del gobierno americano los destinos de la patria". Después de enunciar los planes para la reorganización política del país y la realización de nuevas elecciones, plantea la nacionalización completa de los ferrocarriles; un programa de conquistas obreras que incluye supresión de las tiendas de raya, pago del salario en efectivo, jornada máxima de diez horas de trabajo, prohibición del trabajo en fábricas de los niños menores de diez años (y jornada de seis horas desde los diez a los dieciséis años), aumento de salarios y vivienda obrera; y un programa agrario de reparto de tierras, devolución a sus legítimos dueños de las tierras despojadas y expropiación de los latifundios para su reparto entre los campesinos. Los latifundios expropiados se pagarían en bonos del gobierno, al 4% anual de interés, amortizables cada diez años hasta su pago total.

El movimiento de Orozco fue derrotado por el ejército federal al mando del general Victoriano Huerta. Villa participó en la campaña como oficial de las tropas del gobierno. Pero era necesaria también su eliminación para deshacerse del otro caudillo campesino con arraigo popular en Chihuahua. Ésa parece haber sido la verdadera razón por la cual, con un pretexto cualquiera, Huerta dio orden de fusilarlo "por insubordinación". Fue salvado por otros oficiales que comprendieron que el fusilamiento de Villa iba a motivar una reacción violenta de la tropa y de la población. Madero dio orden de que se lo trasladara en calidad de prisionero a la ciudad de México. Allí quedó preso, bajo proceso, primero en la cárcel de Lecumberri y luego en la prisión militar, para sacarlo del paso. Villa no llegó a tener conciencia de cuáles eran los objetivos de Madero al mantenerlo preso y conservó su confianza en el presidente. Pero aun así, viendo cercana la caída de éste, se fugó de la prisión militar de Santiago Tlatelolco el 26 de diciembre de 1912 y se internó en Estados Unidos.

Al ser derribado y asesinado Madero en febrero de 1913, Pascual Orozco, siguiendo en su línea antimaderista pero alejándose ya completamente de las preocupaciones sociales enunciadas en el Pacto de la Empacadora, dio su apoyo al jefe militar que antes lo había derrotado, el general Victoriano Huerta, y con su gente —los "Colorados" de Orozco— fue uno de los más feroces defensores del régimen huertista contra las fuerzas del antiguo oficial "insubordinado" de las tropas con que Huerta lo había combatido, el general Francisco Villa. Éste quedó como el caudillo popular del campesinado del norte. Orozco, secundando los propósitos de Huerta en el poder, envió a su propio padre como emisario ante Zapata, para convencerlo de que la lucha contra Madero ya había triunfado y que había que deponer las armas y apoyar al nuevo gobierno. Zapata respondió suprimiendo del Plan de Ayala el nombre de Pascual Orozco hijo y fusilando a Pascual Orozco padre para no dejar dudas de que no negociaba con traidores.[10]

Durante todo ese año, el foco principal de la revolución siguió siendo el sur. La prensa de la ciudad de México clamaba contra Zapata, "el Atila del sur", y contra la incapacidad del ejército y del gobierno de Madero para acabar con él, y denunciaba que con el "socialismo bárbaro" de Zapata, "casi no había un desvalido en Morelos que no viera en el terrible cabecilla a su providencia". El parlamento exigía el exterminio de los zapatistas y el gobierno tuvo que pedir en Estados Unidos y Europa un crédito adicional de diez millones de dólares para continuar la guerra.

En su informe al Congreso, el 1º de abril de 1912, Madero trató de restar importancia a la extensión que iba tomando el zapatismo: "Por fortuna este amorfo socialismo agrario, que para las rudas inteligencias de los campesinos de Morelos sólo puede tomar la forma de vandalismo siniestro, no ha encontrado eco en las demás regiones del país". A pesar de la truculencia de este lenguaje, la burguesía no creía en las seguridades que le daba Madero. (El presidente, que hablaba de las "rudas inteligencias" de los campesinos, era espiritista.)

El diario *El Imparcial*, de México, órgano de la vieja oligarquía porfiriana, era de los más violentos en exigir una represión implacable contra el zapatismo. "Posiblemente Emiliano Zapata concibe un vago presentimiento comunista, y en su rudeza, puede llegar a creer que su bandolerismo está nebulosamente complicado de apostolado. Esta convicción es quizá su poder de atracción para las masas. Predica tal vez sin saberlo, pero sintiéndolo, una fatídica doctrina de disgregación y exterminio, que tiene por falsa bandera una idea de igualitarismo", escribía ese diario el 5 de febrero de 1912.

"La amenaza mortal es el zapatismo", se titulaba otro editorial de *El Imparcial*. Su argumento era claro: "o el gobierno acaba en plazo brevísimo con el zapatismo, o el zapatismo acabará, a la larga, con el gobierno". Exigía una política de "energía y purificación" en Morelos, donde "el zapatismo está en el aire que se respira, radica en cada palmo de terreno en que se pone el pie".

[10] El 27 de febrero de 1913, Zapata escribe a Genovevo de la O: "Tengo noticias de que el actual gobierno ilegal pretende entrar en tratos con los jefes revolucionarios por medio de las famosas conferencias, que no son otra cosa que unas emboscadas para atraparlos y fusilarlos. En virtud, tome sus precauciones en lo sucesivo y lo mismo que ataque al enemigo cuantas veces se presente y no pierda oportunidad de batirlo, porque es la única manera de acabar con ellos". Emiliano Zapata, *Cartas*, Ediciones Antorcha, México, 1987.

No hacen falta —agregaba el editorial— prodigios de agudeza psicológica para descubrir quiénes son y dónde están los zapatistas. Es muy fácil descubrirlo: los zapatistas son todos los que habitan en Morelos y están dentro de los límites del Estado. Lo son por simpatía, lo son por miedo, lo son por conveniencia, lo son por medro, lo son por ignorancia, lo son por malicia, lo son por convencidos, lo son por vencidos, lo son por inutilidad de esfuerzos, lo son por atávicos impulsos de rebeldía. Éstos son los zapatistas, y ahí están los zapatistas.

La recargada prosa del diario de la oligarquía traslucía el miedo de las clases poseedoras en general, y además un miedo muy concreto y particular: el del puñado de terratenientes dueños del estado de Morelos, que habían huido sin excepción a la ciudad de México mientras el ejército se enfrentaba con "Emiliano Zapata y sus huestes trogloditas", como escribía también *El Imparcial*. Pero como, según el dicho campesino, el miedo no anda en burro, el editorial describía bastante bien el tipo de guerra de masas en que se empantanaban las armas y los conocimientos de los militares federales. Al parecer, los "trogloditas" actuaban de este modo:

A oídos de una fuerza del Ejército llega la noticia de que en tal localidad, próxima a la que se halla, se ha presentado una gavilla de zapatistas y ejercido, según costumbre, todo género de atentados. Pónese inmediatamente en movimiento y al llegar al punto señalado, ¿qué encuentra? Encuentra un poblado de gentes pacíficas, los mozos con la azada en la mano, las mujeres arrodilladas ante el metate, las autoridades ocupadas en averiguar hacia dónde han huido los asaltantes de las haciendas vecinas, los rostros compungidos, las miradas asombradas. ¿Dónde están los zapatistas? ¿Quiénes son los zapatistas?... ¡y los zapatistas no se han movido del lugar, están ahí, son ellos! Como en las viejas comedias de magia, la decoración y los accesorios han cambiado, pero los personajes son los mismos: los rifles se han convertido en azadas, las cananas en mazorcas, el antro en jardín, el bandido en marmitón. Sólo una cosa queda perenne, reveladora, indiscutible: el asalto y el robo.

Únicamente a virtud de esta saturación ambiente, se explica un hecho último —hecho revelador, hecho típico— al parecer inexplicable: ese *formatio* por generación espontánea de dos compactos millares de zapatistas, en torno de San Martín Texmelucan, que desaparecen de la noche a la mañana, sin dejar de sus huellas el más leve rastro. ¿Cómo salieron de la nada y a la nada volvieron los que por sus hazañas mostraron ser algo más real y tangible que los espectros de una pesadilla? Cuerpos tuvieron y en alguna parte fueron a dar con ellos, y si su desaparición ha sido tan completa, fue porque pudieron mezclarse y confundirse con esa multitud que los crea y los disimula, vapor que se disuelve en el agua en el mismo manantial en que tuvo su origen.

Esa misma prensa acusaba al maderismo de haber creado aquella situación con las promesas de tierras contenidas en el Plan de San Luis. El presidente Madero respondió a esos ataques en una carta al periódico *El Imparcial,* del 27 de junio de 1912, en la cual resumía la política agraria del maderismo en el poder:

Siempre he abogado por crear la pequeña propiedad; pero eso no quiere decir que se vaya a despojar de sus propiedades a ningún terrateniente [...] Una cosa es crear la pequeña propiedad por medio de un esfuerzo constante, y otra es repartir las grandes propiedades, lo cual nunca he pensado ni ofrecido en ninguno de mis discursos y proclamas. Sería completamente absurdo pretender que el gobierno fuese a adquirir todas las grandes propiedades para repartirlas gratis entre pequeños propietarios, que es como se concibe generalmente el reparto de tierras, pues simple y sencillamente el gobierno no tendría dinero suficiente para hacer tal operación, ni contratando un empréstito tan colosal que los únicos réditos causarían la bancarrota del país.

A continuación decía que la única promesa no cumplida totalmente era la restitución de tierras a los despojados arbitrariamente de ellas, pero esto obedecía a que

al modificarse el Plan de San Luis en virtud de los Tratados de Ciudad Juárez, tan ventajosos para la nación, debía el nuevo gobierno ajustar todos sus actos a la ley y reconocer como válidos los fallos de los tribunales y la legitimidad de todos los actos de la administración pasada. Por este motivo es difícil restituir sus terrenos a los que han sido despojados de ellos injustamente, declarando sujetos a revisión los fallos respectivos, en los casos en que los despojos han sido sancionados por todas las prescripciones legales.

Basta confrontar la mezquindad de esta argumentación hipócrita de notario de pueblo con el sentimiento de solidaridad igualitaria que surge de cada párrafo de aquel decreto de Zapata sobre abastecimientos, para tener una imagen instantánea de las fuerzas de clase que se enfrentaban armas en mano y de la ingenua grandeza del zapatismo. "Se me hace que no va a haber más leyes que las muelles", dicen que respondió Zapata a las promesas de leyes agrarias de Madero, y desde entonces empuñó el rifle para no soltarlo hasta su muerte.

Bajo el régimen republicano liberal del maderismo pudieron salir a la luz diversas organizaciones sindicales. A mediados de 1912 se habían constituido el Gremio de Alijadores en el puerto de Tampico, la Unión Minera Mexicana en el norte, la Confederación del Trabajo en Torreón, la Confederación de Sindicatos Obreros de la República Mexicana en el puerto de Veracruz, la Unión de Canteros y la Confederación Tipográfica de México en la ciudad de México y varias organizaciones de ferrocarrileros en distintos puntos del país. El movimiento obrero entró en una fase ascendente de su organización y numerosas huelgas (ferrocarrileros, portuarios, textiles, mineros, entre otros) arrancaron conquistas sindicales. En enero de 1912 el gobierno creó el Departamento del Trabajo.

En julio de 1912 se fundó en la ciudad de México la Casa del Obrero Mundial, organizada por obreros, artesanos y algunos intelectuales sindicalistas y anarquistas, entre ellos varios españoles, uno de los cuales no tardó en ser expulsado del país por el gobierno de Madero por su actividad dirigente en la agrupación.

Las ideas anarquistas eran difundidas también por los hermanos Ricardo y Enrique Flores Magón a través del periódico *Regeneración,* del Partido Liberal Mexicano, que era enviado a México desde Estados Unidos. La Junta Organizadora del PLM, encabezada por Ricardo Flores Magón, tenía su base de operaciones en Los Ángeles, California. El PLM había concentrado sus fuerzas en Baja California y el 29 de enero de 1911 un grupo de magonistas tomó la ciudad fronteriza de Mexicali para llevar adelante la "revolución social" que era el objetivo del PLM: "La revuelta de Madero no puede llamarse Revolución", escribía Ricardo Flores Magón en marzo de 1911. "Las revoluciones deben responder a una necesidad social para que puedan ser consideradas como tales. De lo contrario, son solamente revueltas."

Los magonistas tuvieron el apoyo de militantes de los Industrial Workers of the World (IWW), los *wobblies,* organización sindicalista revolucionaria de Estados Unidos, y de intelectuales y organizadores anarquistas, socialistas y sindicalistas como Emma Goldman, Jack London y Joe Hill. Tuvieron en cambio el antagonismo y la represión de Porfirio Díaz, de las fuerzas de Madero y del gobierno de Washington: demasiados enemigos al mismo tiempo. Joe Hill, compositor y cantante de canciones obreras (en noviembre de 1915 sería fusilado por el gobierno de Estados Unidos dentro de una ola de represión contra los *wobblies*), a fines de mayo reclutaba en Los Ángeles sindicalistas de los IWW para incorporarse a la rebelión magonista, que en esos días tenía en su poder la ciudad fronteriza de Tijuana. Hill describía así lo que había visto a su paso por Tijuana: "Mientras ondeaba la bandera roja en Baja California, por más que busqué no encontré a ninguna 'gente importante' en las filas rebeldes. Sólo hallé, en gran número, trabajadores comunes y corrientes".

Por otra parte, se incorporaron al movimiento grupos de aventureros y soldados de fortuna estadounidenses, personajes típicos de la frontera que buscaban el propio provecho y creaban un clima propicio tanto a la desorganización del movimiento mismo como a las provocaciones y a las ideas de anexión del territorio bajacaliforniano a Estados Unidos.

Porfirio Díaz, el 1º de abril de 1911, declaraba que el movimiento de Baja California estaba integrado "por bandas de comunistas en las que figuran muchos filibusteros americanos, con el fantástico proyecto de formar una república socialista; tan nefasto propósito no podrá menos que provocar la más grande indignación en el país". Desde Los Ángeles, la Junta Organizadora del PLM respondía en un manifiesto a los mexicanos:

Alegan los porfiristas que son extranjeros los que luchan en Baja California, como si para luchar por la libertad y el bienestar del pueblo mexicano fuera menester haber nacido en aquel suelo. [...] Los porfiristas os hablan de patriotismo, ellos, los traidores que han dejado en manos de extranjeros los destinos de nuestra raza, ellos, los perros que por dar a los extranjeros nuestras tierras nos han hecho salir de la tierra en que nacimos para venir a buscar el pan a este país.

El 20 de mayo de 1911, en vísperas de la caída de Porfirio Díaz, Ricardo Flores Magón insistía en *Regeneración:*

Entiéndanlo bien, lacayos de Díaz y Madero, los liberales no intentamos separar la Baja California del resto de México. [...] Baja California constituye la base principal de nuestras operaciones para extender la Revolución Social a todo México.

Pero no era la revolución social magonista, sino la revolución democrática maderista la que estaba destinada a triunfar en esos días. Los Acuerdos de Ciudad Juárez y la renuncia de Porfirio Díaz concentraron alrededor de la dirección maderista a las diversas tendencias y grupos en lucha contra Díaz, incluidos algunos antes atraídos por el PLM, y el movimiento tomó definitivamente ese cauce. La rebelión magonista quedó aislada y sus contradicciones y debilidades se agudizaron. En junio de 1911 la rebelión ya estaba derrotada en Baja California. El 14 de junio la policía de Los Ángeles detuvo a los dirigentes del PLM acusándolos de organizar expediciones armadas desde territorios estadounidense contra gobiernos amigos.

En septiembre de 1911, el PLM lanzó un manifiesto en el cual llamaba a "abolir el principio de la propiedad privada" y a que la clase trabajadora, armas en mano, expropiara a la clase capitalista y estableciera un sistema en que "la tierra, las casas, la maquinaria de producción y los medios de transportación sean de uso común". El manifiesto levantaba la consigna de la Primera Internacional: "La emancipación de los trabajadores debe ser obra de los trabajadores mismos", y después de apoyar las tomas de tierras por los campesinos, decía:

no hay que limitarse a tomar tan sólo posesión de la tierra y de los implementos de agricultura: hay que tomar resueltamente posesión de todas las industrias por los trabajadores de las mismas, consiguiéndose de esta manera que las tierras, las minas, las fábricas, los talleres, las fundiciones, los carros, los ferrocarriles, los barcos, los almacenes de todo género y las casas queden en poder de todos y cada uno de los habitantes de México, sin distinción de sexo.

El anarquismo de Flores Magón, sin embargo, carecía de instrumento material y de fuerzas organizadas en México para llevar a la práctica sus demandas. No podía entonces ir más allá del campo de las ideas generales y de su propaganda, ni tenía los medios para establecer contactos y alianzas con los campesinos que por entonces tomaban las armas y las tierras, para quienes el Plan de Ayala terminaría siendo mucho más real y accesible y por lo tanto más efectivo en la práctica cotidiana de su propia revolución.

El magonismo, la corriente más radical de la revolución mexicana por sus ideas, no pudo alcanzar a serlo en la práctica. Quedó desde entonces relegada a un lugar marginal, aunque esas ideas, difundidas por *Regeneración*, permearan en forma difusa a muy diversas corrientes y hombres de la revolución y llegaran de un modo u otro hasta Aguascalientes en 1914 y hasta Querétaro en 1917.[11]

[11] En esos años un exiliado ruso que después iba a dirigir una revolución, Vladimir Ilich Lenin, anotaba en sus cuadernos de Suiza: "La práctica es superior al conocimiento (teóri-

El primer intento de golpe militar contra Madero se produjo en los meses iniciales de su gobierno, cuando el general Bernardo Reyes atravesó la frontera norte el 13 de diciembre de 1911 y llamó al pueblo a levantarse. Completamente aislado, se rindió el 25 de diciembre. Conservó, sin embargo, su prestigio y sus contactos entre la oficialidad del Ejército Federal, mantenida por Madero sin ningún cambio. El siguiente intento, posterior a la rebelión orozquista, lo encabezó el sobrino de Porfirio Díaz, el general Félix Díaz, quien se sublevó el 16 de octubre de 1912 con la guarnición de Veracruz y trató de capitalizar la creciente oposición a Madero dentro del ejército. Pero Félix Díaz carecía de autoridad propia entre los oficiales federales y nadie lo siguió. Una semana después estaba derrotado. Fue enviado a la prisión militar de Santiago Tlatelolco, donde pudo reunirse con el general Reyes y establecer desde allí —gracias a los privilegios y facilidades que el ejército concedía a sus oficiales presos— un activo centro de conspiración contra el gobierno.

Al terminar 1912, el gobierno maderista estaba paralizado y en crisis. Desde su derecha, las tendencias conservadoras que representaban los intereses de los hacendados exigían una represión aún más enérgica para terminar con la revolución campesina.

Y desde su izquierda, las tendencias democráticas dentro del mismo maderismo, entre ellas el grupo de diputados denominados "renovadores", pedían reformas que significaran ciertas concesiones a la demanda de tierras de los campesinos, para terminar —decían— con las causas de la insurrección.

Quien expresó más claramente este punto de vista fue el diputado renovador Luis Cabrera, quien ingresó a la Cámara en septiembre de 1912 haciendo su "profesión de fe de jacobinismo" ("el jacobino es un tipo social que aparece en el momento en que es necesario para salvar a las naciones de las grandes catástrofes", decía) y poco más de dos años después sería el ideólogo y el redactor de las leyes agrarias de Venustiano Carranza. En una intervención en la Cámara de Diputados en diciembre de 1912, Cabrera proponía que por ley se dotara de tierras comunales —ejidos— a los pueblos. Recordaba en su discurso que desde los tiempos

co), porque posee no sólo la dignidad de la universalidad, sino también la de la realidad inmediata". Muchos años antes, en 1895, había copiado en sus apuntes estas líneas: "Las ideas —escribe Marx citando a Bauer— que la revolución francesa había engendrado no llevaron más allá del *orden* que ella quería suprimir por la violencia.

"Las *ideas* jamás pueden llevar más allá de un antiguo orden mundial; no pueden hacer otra cosa que llevar más allá de las ideas de ese antiguo orden. Hablando en términos generales, las ideas *no pueden ejecutar nada*. Para la ejecución de las ideas hacen falta hombres que dispongan de cierta fuerza práctica."

de la Colonia los pueblos campesinos habían contado con el fundo legal, donde estaban las casas del pueblo; los propios, que eran las tierras del ayuntamiento y de donde éste sacaba los recursos; y el ejido, que eran las tierras comunales cultivadas y explotadas por los campesinos para su subsistencia. Recordaba también cómo las leyes de desamortización habían abierto las compuertas para que las haciendas se apoderaran de los propios y los ejidos por la fuerza y mediante fallos de jueces venales, de modo que los campesinos habían quedado prisioneros en los puros pueblos y obligados a trabajar por el jornal del hacendado o a morirse de hambre.

Cabrera adoptaba el punto de vista de la defensa de la propiedad y decía: en la situación actual, las haciendas ya no pueden contar con el apoyo que les ofrecía antes la fuerza armada del Estado para mantener sometidos a los campesinos. Entonces hay que dar a éstos algunas tierras, pues "esa población, o toma el rifle y va a engrosar las filas zapatistas, o encuentra otros medios lícitos de utilizar sus energías sirviéndose de los pastos, de los montes y de las tierras de los ejidos" en los seis a ocho meses del año en que no hay tarea en la hacienda.

En consecuencia, proponía la reconstitución y dotación de ejidos a los pueblos, mediante la expropiación pagada de una parte de las tierras de las haciendas, conforme a las leyes y a la Constitución. Se oponía a la reivindicación de ejidos —planteada en el Plan de Ayala— pues decía que la mayoría de las tierras de las haciendas, que efectivamente habían sido arrebatadas por uno u otro medio a los campesinos, tenían ya un título legal dado por la justicia del régimen anterior e, injusto o no, había que respetar esos títulos y no reabrir procedimientos judiciales de reivindicación. Es decir, defendía el principio de la continuidad jurídica del Estado, precisamente aquel que el plan zapatista comenzaba por desconocer.[12]

---

[12] Es importante el texto íntegro del discurso (Luis Cabrera, *Obras Completas*, Editorial Oasis, México, 1972), pues expone claramente la posición de la tendencia que buscaba el desarrollo del capitalismo, aun haciendo grandes concesiones con tal de parar el curso de la revolución y de mantener la continuidad jurídica. No se proponía la eliminación de los latifundios, sino, por el contrario, planteaba la reconstitución de ejidos para que fueran un complemento de las haciendas donde éstas encontraran mano de obra barata durante los meses del año en que la necesitaban.

Cabrera no sólo fue después el ideólogo de Carranza y el defensor de su régimen caído éste, sino que en la etapa de Cárdenas atacó y acusó de "comunistas" a las medidas agrarias cardenistas (en *Un ensayo comunista en México*, y otros escritos), pese a que formalmente se asemejaban a muchas de sus propias propuestas de 1912 para la reconstitución de los ejidos. Pero con ello lo que hizo fue mantener, veinte años después, la continuidad y la esencia de su posición, que no había cambiado, y mostrar por lo mismo la diferencia entre el agrarismo

Madero, como se ha visto, rechazaba esta solución reformista por utópica. Tampoco se mostraba capaz de terminar con el zapatismo por la fuerza. El golpe de estado que acabaría con su gobierno y con su vida se iba volviendo una necesidad para la burguesía.

El gobierno de Washington había visto en un comienzo con simpatía a Madero, ante la inclinación probritánica de Porfirio Díaz en su última etapa, en la lucha que ambos imperialismos sostenían entonces por la influencia sobre México. Pero veía ahora con alarma la extensión de la revolución en su frontera sur. Por eso desplegó cantidad de tropas sobre la línea divisoria y hasta amenazó en comunicaciones diplomáticas con intervenir si "el gobierno de México era incapaz de proteger la vida y los intereses de los norteamericanos" en el país.

Sin embargo, en las elecciones de noviembre de 1912 en Estados Unidos el candidato del Partido Demócrata, Woodrow Wilson, obtuvo la presidencia y la mayoría en las dos cámaras del Congreso contra el candidato republicano, el entonces presidente William Howard Taft. La actitud hacia el gobierno de Madero podía cambiar cuando entrara la nueva administración en Washington, el 4 de marzo de 1913.

En febrero de 1913, en vísperas del golpe huertista, cuando ya todo el mundo hablaba en México de la inminente caída de Madero, el embajador de Estados Unidos escribía a su gobierno:

"Considero que la situación general se ha vuelto aquí tenebrosa, si no desesperada." En Chihuahua, Durango, Coahuila, Nuevo León y Zacatecas, resurge la "horrorosa efervescencia revolucionaria".

Más de la tercera parte de los Estados de la República se hallan envueltos, desde hace dos años, por el movimiento revolucionario en cons-

cardenista y las concepciones de Cabrera en 1912, a pesar de las semejanzas formales y de las coincidencias parciales.

Cabrera invocaba en su discurso de 1912 las tradiciones comunitarias de los campesinos, mantenidas durante siglos y todavía vivas en muchas regiones, para apoyar su propuesta. Entre otros, daba este ejemplo: "Pero se dirá: 'Va a ser una maraña la administración de los ejidos'. No, señores; las cosas más difíciles en apariencia para las inteligencias cultivadas, al tratarse de una situación económica nueva, son realmente las más fáciles. Hay un profundo espíritu de conservación de nuestras costumbres en nuestros pueblos. Nosotros, señores diputados, hacía treinta y cinco años que no elegíamos; los indios de la sierra de Puebla, en cambio, hace treinta y cinco años que no han cesado de elegir; los indios de la sierra de Puebla, por ejemplo, no han tenido ninguna dificultad absolutamente en sus trabajos electorales cuando se ha tratado de las elecciones para diputados. ¿Por qué? Porque contra la ley, fuera de la ley y a espaldas de la ley, ellos continuaban, como una religión, designando ciertos representantes que tenían determinadas obligaciones. Pues del mismo modo puedo asegurar que nuestras clases rurales no han perdido la costumbre de administrar sus propiedades comunes".

tante ascenso [...] Y esta circunstancia, entre otras muchas que no tenemos por qué citar aquí, ha venido desmoralizando e inquietando sobremanera a los círculos financieros y bancarios del país, ocasionando no sólo serios daños en las esferas del comercio y reduciendo el crédito, sino *sobre todo* constituyendo una amenaza para la existencia misma de dichas instituciones.

Cuando en ese mes, Huerta, General en Jefe del Ejército de Operaciones, derribó al gobierno, hizo asesinar al presidente Francisco I. Madero y a su vicepresidente José María Pino Suárez, y ocupó la presidencia, era natural que contara con el apoyo y la aprobación del embajador norteamericano Henry Lane Wilson, pese a que su opinión no era compartida por otros agentes diplomáticos de Estados Unidos establecidos en otras ciudades de la república.

El golpe contra Madero comenzó el 9 de febrero, con la sublevación del general Mondragón al mando de dos mil hombres, con los cuales puso en libertad a los generales Bernardo Reyes y Felix Díaz. El general Reyes, como jefe del cuartelazo, se dirigió a tomar Palacio Nacional al frente de las tropas y fue abatido a las primeras descargas. Félix Díaz ocupó su lugar y se encerró con sus hombres en el edificio de la Ciudadela, cuartel y almacén en la zona central de la ciudad. En el ataque a Palacio Nacional también resultó herido el general Lauro Villar, jefe de las fuerzas maderistas. Madero lo sustituyó por el general Victoriano Huerta en el cargo de comandante de la plaza. La Ciudadela quedó sitiada. Pero Huerta no mostró interés en los días siguientes en tomar por asalto el cuartel, y ni siquiera en impedir que recibiera víveres y abastecimientos.

El singular sitio concluyó a los diez días —la llamada "decena trágica", que dejó elevado número de muertos y heridos, militares y civiles— con un acuerdo entre el jefe de los sitiados, Félix Díaz, y el jefe de los sitiadores, Victoriano Huerta, por el cual se destituía a Madero, se designaba a Huerta presidente provisional, se formaba gabinete y quedaba Díaz en libertad de acción para presentar su candidatura a presidente en la próxima elección. El pacto se firmó el 18 de febrero de 1913, según testigos en la sede de la embajada de Estados Unidos y con la intervención directa de Henry Lane Wilson, que había logrado su objetivo justo antes de que su presidente Taft terminara su periodo. Se lo conoce como Pacto de la Ciudadela o Pacto de la Embajada.

Ese mismo día fueron apresados en Palacio Nacional Madero y Pino Suárez, al día siguiente renunciaron a sus cargos y el 22 de febrero fueron asesinados por sus guardianes en las cercanías de la cárcel de Lecumberri, a la cual supuestamente los conducían para su seguridad.

En última instancia, Madero había caído por su impotencia para acabar con el zapatismo, como se lo habían pronosticado desde su mismo campo.

Pero el golpe huertista, en lugar de contener la revolución, fue como la señal para que el flamazo de la guerra campesina se extendiera a todo el país.

La insurrección agraria, con sus formas peculiares, no tardaría en brotar por todas partes, sin obedecer a concierto ni dirección. La fuerza de la revolución campesina superaba lejanamente la capacidad de la dirección burguesa para contenerla o reprimirla y del incipiente proletariado para encabezarla. Por su misma reivindicación elemental —la tierra— formulada en términos elementales —reparto inmediato de las haciendas, restitución de las tierras de los pueblos y cultivo bajo protección del fusil— atentaba contra las bases mismas del capital. Así se había desarrollado el capitalismo durante el porfiriato: su centro de gravedad nacional era el pequeño núcleo de grandes terratenientes dueños de casi todo el país y de su Estado, su base de acumulación era la propiedad agraria.

Y allí golpeaba la revolución, el "socialismo bárbaro" de Zapata.

Pero el campesinado no podía resolver la cuestión esencial: la del poder del Estado. La respuesta quedó en manos de la burguesía y la pequeña burguesía. Sin embargo, sólo pudieron darla después de años, después de grandes batallas y largas campañas en que los ejércitos campesinos y el pueblo en armas transformaron el país y sacudieron duraderamente los cimientos de la estabilidad burguesa. La revolución se extendió en el tiempo y abarcó a todo el país en el espacio, porque el campesinado se metió a la "bola" y hubo que esperar y lograr el reflujo de las masas armadas antes de dar la única respuesta estatal viable. Aun así, ésta fue impuesta indirectamente, no por la voluntad de quienes la dieron, sino por la necesidad de tener en cuenta la fuerza en repliegue pero siempre presente de las masas.

Por eso, a diferencia de las guerras campesinas de otros siglos, la revolución zapatista, aún sin proponérselo, ponía en cuestión al capitalismo. Fue, en ese sentido, precursora de las revoluciones agrarias de su siglo, que avanzaron desde la guerra campesina hasta la alianza con las clases subalternas urbanas y la revolución socialista.

Emiliano Zapata sólo alcanzó a entrever este futuro, pero la brecha que abrió ya nunca volvió a cerrarse.

IV. La División del Norte

La División del Norte es una de las mayores hazañas históricas mexicanas. Su organización fue un punto de viraje en la guerra campesina y en la revolución. Las masas del norte del país y las que se sumaban en su avance, se incorporaron en ella, la organizaron de la nada y contra todos, le dieron su tremendo empuje, alzaron a uno de sus propias filas, Francisco Villa, como el mayor jefe militar de la revolución, barrieron en el camino con cuanto se les puso por delante.

A diferencia del zapatismo, la División del Norte, es decir, el ejército villista, en la etapa de sus grandes triunfos militares contra el ejército federal no tuvo independencia en cuanto a dirección política y a programa. Avanzó sobre el centro del país hacia el derribamiento del gobierno como uno de los tres cuerpos de ejército en que se apoyaba la dirección burguesa de la revolución. Pero dentro de esta estructura, tuvo en los hechos una creciente independencia militar que era la manifestación de la necesidad de independencia política que subía confusamente desde las filas de la División del Norte.

Esa necesidad nunca habría encontrado forma de expresarse, si no hubiera sido por la existencia del ejército zapatista en el sur. La conjunción entre el ejército campesino y plebeyo que bajaba violentamente desde el norte, encabezado por Villa, y el ejército campesino que desde el sur amenazaba a la ciudad de México, dirigido por Zapata, era un hecho tan previsible como temido por los dirigentes burgueses y pequeñoburgueses de la revolución, porque significaba unir la mayor capacidad militar con la mayor capacidad política alcanzadas por las fuerzas campesinas. Equivalía a unir nacionalmente la insurrección campesina, y aquellos dirigentes sentían que no sólo caería el gobierno de Huerta contra el cual combatían, sino que también su propia perspectiva de clase iba a quedar bajo una amenaza cuyos alcances no podían prever, pues la capacidad revolucionaria del campesinado era para ellos magnitud desconocida y hostil. Pero nada de cuanto hicieron pudo evitar ese encuentro, porque mientras duró el ascenso de la revolución ellos no tuvieron la suficiente fuerza militar, social ni política para oponer al zapatismo y al villismo.

La historia de la División del Norte es la historia militar y social de cómo masas campesinas y plebeyas organizadas en ejércitos se abrieron paso y abatieron todos los obstáculos hasta dominar la mayor parte del territorio del país. En ese sentido, la historia de la guerra civil hasta la caída de Huerta es, no única pero sí fundamentalmente, la historia de la División del Norte.

Los acuerdos de Ciudad Juárez habían sellado la continuidad política entre el gobierno de Porfirio Díaz y el de Madero. La base de esos acuerdos era muy clara: terminar con la insurrección campesina. Madero fue liquidado por su propia ala derecha, encabezada finalmente por Victoriano Huerta al frente del Ejército Federal heredado del Antiguo Régimen, porque fue impotente para cumplir esa condición fundamental. Pero al asesinar a Madero, se liquidaba también la última débil esperanza de contener la revolución en el país a través de los restos de prestigio del maderismo, para aislarla y batirla militarmente en su foco organizado, el sur. El ala de Huerta no creía en esta perspectiva, sino en que la prolongación del régimen maderista significaba que el foco del sur iba a atraer a todo el país. Así lo manifestaban las cartas del embajador norteamericano: "la situación se ha vuelto tenebrosa, si no desesperada".

La verdad es que esto no dependía de lo que Madero hiciera o dejara de hacer: la revolución estaba ya en todo el país. El golpe huertista fue el pretexto para que la insurrección se generalizara.

Los primeros intentos de Huerta fueron por neutralizar y atraerse a las fuerzas de Orozco en el norte, y sobre todo a Zapata en el sur, invocando su oposición a Madero. Orozco se sumó a la contrarrevolución huertista. A Zapata el nuevo gobierno le ofreció cargos en su estado natal, garantías, dinero y propiedades (como también había hecho Madero anteriormente). Zapata respondió con una proclama llamando a luchar contra Huerta como antes contra Madero, en nombre de los principios del Plan de Ayala, y a no deponer las armas ante nadie hasta el triunfo de esos principios. En contraste, todos los gobernadores de los estados, con excepción de los de Coahuila y Sonora, reconocieron el gobierno de Huerta.

Como antes frente a Madero, esta actitud política de Zapata fue decisiva para la continuidad de la revolución. Caído el maderismo, era cuestión de semanas que todo el país se sublevara. Quien ofrecía un punto de referencia a esa rebelión, con el respaldo de una fuerza militar, era Zapata con su Plan de Ayala. Posiblemente, esto aceleró el pronunciamiento de Venustiano Carranza, terrateniente de cincuenta y tres años de edad, ex senador porfirista, partidario después de Madero y gobernador del estado de Coahuila, contra el gobierno establecido por Huerta. Sin embargo, tampoco fue el único factor. El maderismo había atraído el apoyo de un sector muy grande de la pequeña burguesía, que buscaba una salida democrática a la dictadura porfirista. Allí se apoyaba socialmente el régimen de Madero, además de contar con el sostén de un sector de la burguesía norteña y de políticos y hacendados de Coahuila y Sonora como Carranza y Maytorena. Venustiano Carranza salió frente al huertismo a asumir la continuidad de esa tendencia. Su actitud traslucía la convicción de que la única manera de canalizar la revolución era hacer concesiones y ponerse a su frente como dirección burguesa nacional apoyada políticamente en la pequeña burguesía democrática y a través de ésta, socialmente, en el campesinado. En cambio, la única alternativa que a éste dejaba Huerta era unirse nacionalmente en la revolución con la bandera del Plan de Ayala. Al contrario del resto de los gobernadores de los estados (con excepción del de Sonora, José María Maytorena) Carranza desconoció a Huerta como presidente, invocó a su propio favor la continuidad constitucional de haber sido electo en su estado y llamó a derribar al "gobierno usurpador".

Este llamado fue formalizado en el Plan de Guadalupe el 26 de marzo de 1913, más de un mes después del golpe de Huerta. El plan fue firmado en la hacienda de Guadalupe, Coahuila, y titulado "Manifiesto a la Nación". En él se condenaba el golpe antimaderista y se desconocía al gobierno de Huerta, a los poderes legislativo y judicial, a los gobernadores de los estados que reconocieran al gobierno federal; se resolvía sostener con las armas, organizados en Ejército Constitucionalista, estas declaraciones y designar Primer Jefe del Ejército a Venustiano Carranza. Se resolvía también que al ocupar la ciudad de México, el Primer Jefe se encargaría del Poder Ejecutivo y convocaría a elecciones generales para designar presidente de la república. Es cuanto contiene el documento con el cual Carranza y los jefes y oficiales que lo firmaban asumían la continuidad política del gobierno de Madero y convocaban al país a sublevarse armas en mano contra el nuevo régimen.

En la discusión del proyecto del plan presentado por Carranza a los oficiales jóvenes que lo apoyaban, un grupo de éstos, entre los cuales figuraba el capitán Francisco J. Múgica, planteó que había que incluir demandas obreras, puntos sobre repartos de tierras y abolición de las tiendas de raya, y otras reivindicaciones sociales. Carranza se opuso, argumentando que era necesario agrupar el mayor número de fuerzas y neutralizar a muchos enemigos que un plan con tales demandas volcaría en contra de la revolución; y que primero era el triunfo militar y después las reformas sociales. Con este antiguo argumento de dirección burguesa que usufructúa un movimiento revolucionario para contenerlo dentro de sus fines, impuso la aprobación de su proyecto, y así quedó el Plan de Guadalupe, previendo sólo un cambio de gobierno.

En esa discusión inicial quedó ya delineada una de las contradicciones internas del carrancismo, que se mantuvo durante toda la lucha armada y se expresó nuevamente al redactar la Constitución: la contradicción entre la dirección de Carranza y el ala militar, pequeñoburguesa y jacobina entre cuyos representantes se contaban Múgica, Lucio Blanco y otros. Esta ala, contenida permanentemente por Carranza, fue al mismo tiempo su puente hacia las masas y para eso tuvo que hacerle concesiones en momentos decisivos. La estrella de Obregón se elevaría después como árbitro en este conflicto, así como en el conflicto más general entre el carrancismo y las masas revolucionarias. Pero para poder cumplir esa función tuvo que esperar el descenso de la revolución y, en el camino, liquidar a Carranza; del mismo modo como el ala jacobina, para imponer sus puntos de vista en la Constitución, tuvo que esperar (mientras maduraba ella misma en la lucha) una extensión y profundización de la revolución que todavía no existía cuando se firmó el Plan de Guadalupe.

Pero aun con la pobreza de ideas del Plan de Guadalupe, el Ejército Constitucionalista se presentó como un polo de legitimidad política y de atracción militar en el norte del país para el levantamiento contra Victoriano Huerta.

En marzo de 1913 entró Francisco Villa a Chihuahua desde Estados Unidos, donde se había refugiado después de escapar de la cárcel de México. Como antiguo maderista, se incorporó al Ejército Constitucionalista en formación y comenzó a organizar, sobre la base de su prestigio entre los campesinos de Chihuahua, lo que pronto sería una brigada y meses después la División del Norte.

Villa había sido un campesino prófugo de la justicia por sus conflictos con los terratenientes. Había desempeñado varios oficios del campo y había vivido en el monte del robo de ganado, siempre perseguido. En esa lucha dispareja contra los rurales del porfiriato, como proscrito y bandolero — calificativo que nunca dejaron de darle sus enemigos —, había desarrollado su innata y enorme capacidad de pelea y de rebeldía. Esa capacidad se mostró ya durante la corta lucha armada del maderismo y le valió su autoridad como jefe militar en Chihuahua.

Pero además de sus dotes para el combate, Villa reveló muy pronto gran capacidad de organizador militar, no sólo en relación con la masa de soldados que componían su ejército, sino también en relación con los oficiales, unos de origen campesino, otros pequeñoburgueses pobres de provincia, otros militares de escuela, que integraron su estado mayor. Esa condición de organizador supo encontrar también un punto de apoyo en los sectores obreros del norte, mineros y ferrocarrileros sobre todo, que se incorporaron a su ejército. En particular los ferrocarrileros ganados por el villismo desempeñaron un papel decisivo en la organización del movimiento de trenes, vital para el desplazamiento de las tropas, y un hombre del gremio, el general Rodolfo Fierro, ocupó uno de los puestos más destacados en el estado mayor de Pancho Villa. Así éste fue formando y desarrollando la irresistible máquina militar en que se convirtió la División del Norte.[1]

Aparte de la División villista, el Ejército Constitucionalista estuvo integrado por otros dos cuerpos de ejército: el Ejército del Noreste, al mando del general Pablo González, que operaba en los estados de Tamaulipas, Nuevo León y el noreste de México; y el Ejército del Noroeste, dirigido por Álvaro Obregón, que actuó desde Sonora descendiendo hacia el sur por los estados de la costa oeste.

Mientras el Ejército del Noreste llevaba una lucha incierta y marginal en su región, las batallas principales de la guerra civil se dieron sobre la línea de avance de Obregón, por el oeste, y de Villa, por el centro. Ambos ejércitos siguieron las líneas férreas en su desplazamiento: uno el ferrocarril del Pacífico, el otro el ferrocarril del centro. Los rieles tendidos por Estados Unidos para llevar las materias primas del país hasta su frontera, trajeron la revolución del norte hasta el centro.

Jerárquicamente, la división villista debía estar subordinada al Ejército del Noroeste y al mando de Obregón. Ésa era la decisión de Carranza

---

[1] "Había sólo un dirigente mayor del movimiento revolucionario en Chihuahua de quien puede decirse que surgió de las filas de este campesinado: Francisco 'Pancho' Villa. Es cierto que este lazo, o esta descendencia, con respecto a ese grupo social, no está claro en modo alguno. Sus antecedentes eran sumamente variados — peón de hacienda, minero, bandido, comerciante— y muchos de ellos aparecen envueltos en la leyenda. La versión de que se volvió bandido porque mató a un hacendado que había violado a su hermana todavía está en discusión, pero no lo está su trayectoria como abigeo. El abigeato no era considerado una actividad deshonrosa entre un amplio sector de la población prerrevolucionaria de Chihuahua pues, hasta 1885, todo mundo tenía acceso a grandes rebaños de ganado sin dueño que pastaban en las inmensas tierras públicas del estado. Después de ese año, cuando las guerras apaches terminaron y los ferrocarriles unieron al estado norteño con Estados Unidos y con el resto de México, los hacendados comenzaron a exportar ganado y a apropiarse de las tierras públicas. El derecho tradicional del pueblo a disponer de ese ganado "salvaje" quedó abolido. Pero ante los ojos de muchos campesinos chihuahuenses Villa estaba simplemente restableciendo un privilegio que en un tiempo había sido de todos ellos" (Friedrich Katz, *The Secret War in Mexico*, University of Chicago Press, Chicago, 1981. Traducción al español, *La guerra secreta en México*, Ediciones Era, México, 1984).

quien, teniendo que apoyarse en Villa, desde el primer momento le manifestó una profunda desconfianza y hostilidad. En los hechos Villa aceptó cada vez menos esa subordinación y la División del Norte actuó como un cuerpo de ejército tanto o más importante que el del Noroeste, como en realidad lo era. Carranza tampoco quiso nunca dar el título de ejército al de Villa. De ahí que, siendo mucho más que una simple división, quedó y entró en la historia con el nombre de División del Norte, más temida por los enemigos en su etapa de auge que cualquiera de los otros cuerpos militares, aunque llevaran éstos el nombre de ejército.

Los soldados del Ejército Constitucionalista, en sus tres cuerpos, eran sobre todo campesinos del norte. La revolución —es decir, para ellos, la perspectiva de la tierra— los llevó a las filas. Las partidas campesinas sublevadas en distintas regiones se fueron incorporando a los ejércitos. Los oficiales, en su mayoría, surgieron de la pequeña burguesía de provincia —empleados, maestros, agricultores— y algunos del antiguo ejército federal, como el general Felipe Ángeles, artillero y estratega del ejército villista. Álvaro Obregón era un pequeño agricultor acomodado de Sonora, que pronto se destacó por sus dotes militares y sus cualidades y ambiciones de político. Plutarco Elías Calles, el otro futuro presidente y organizador del aparato estatal posrevolucionario, era comisario de policía en la pequeña ciudad fronteriza de Agua Prieta, Sonora. Manuel M. Diéguez, que llegó a general de división en el ejército de Obregón, había sido dirigente de la huelga de Cananea y cuando Huerta dio su golpe era presidente municipal de Cananea. Orígenes parecidos tuvieron otros oficiales constitucionalistas, algunos de los cuales murieron en la guerra mientras muchos otros ascendieron vertiginosamente, se enriquecieron y se constituyeron en pilares millonarios de la nueva burguesía y de su aparato político y económico en los años posteriores a 1920.

Un sector de los oficiales, que después fue uno de los puntos de apoyo para el ascenso del obregonismo, se desarrolló como tendencia nacionalista, jacobina y aun socializante, en el ejército carrancista. Su más alto exponente fue Francisco J. Múgica, que después sería el dirigente del ala jacobina del Congreso Constituyente. Este sector unía una ideología nacionalista y revolucionaria a la influencia que sobre él ejercían las masas en revolución, y esperaba imponer esas ideas a través del desarrollo de la lucha, cuyo triunfo no lo veían como un mero cambio de gobierno sino como una transformación de las bases del Estado mexicano, transformación que debía entregar la tierra a los campesinos, aumentar las conquistas obreras y abrir el camino a una aspiración no muy precisa ni definida de evolución socialista.

El conflicto de Carranza con ese sector fue constante, aunque no siempre abierto, porque estaba subordinado al conflicto aún más profundo con el villismo dentro de sus propias filas; y fuera de ellas, a los conflictos abiertos con el gobierno y con el zapatismo. Una de sus primeras manifestaciones públicas se produjo después de la toma de la ciudad fronteriza de Matamoros, Tamaulipas, por las tropas del general Lucio Blanco, cuyo jefe de estado mayor era el entonces mayor Múgica. Blanco tomó Matamoros el 4 de junio de 1913 y luego de afirmar su dominio sobre la zona, resolvió junto con Múgica que era necesario comenzar a aplicar los principios de la revolución y hacer el primer reparto de tierras. En consecuencia Múgica, como iniciador y promotor de la medida, realizó la expropiación de una hacienda de un general contrarrevolucionario y en agosto de 1913, en acto público, se efectuó el reparto entre los campesinos.

La reacción de Carranza fue violenta. Ordenó a Lucio Blanco suspender toda nueva medida de reparto de tierras, lo relevó de su mando trasladándolo a otra región y nombró en su lugar al general Pablo González, futuro masacrador de campesinos y organizador del asesinato de Zapata, que por su incapacidad militar fue conocido como "el general que nunca ganó una batalla". Múgica discutió con los enviados de Carranza y no sólo defendió la expropiación sino que sostuvo que durante el curso mismo de la lucha había que continuar con las reformas sociales y que en Sonora, el estado donde más fuerza tuvo inicialmente la revolución constitucionalista, había que proceder de inmediato a la nacionalización de los bienes de los enemigos de la revolución.

Pero Múgica era michoacano y la composición social de las fuerzas que encabezaban el movimiento revolucionario en Sonora, como en Coahuila, no era la más propicia para sus ideas. En ambos estados, pero particularmente en Sonora, hacendados modernos y pequeños propietarios acomodados (José María Maytorena y Álvaro Obregón son los ejemplos más destacados de ambos casos entre los sonorenses) estaban al frente del movimiento y por supuesto no tenían ninguna inclinación a este tipo de medidas.

El ejército que partió de Sonora —como en general todas las fuerzas constitucionalistas— se organizó ante todo sobre la base de la paga regular a los soldados que así, a diferencia de los zapatistas, encontraban en el servicio de las armas una fuente de subsistencia para ellos y sus familias en épocas en que no abundaban los trabajos mejor remunerados. (Cuando los recursos escaseaban, Obregón ordenaba pagar primero a la tropa y después a los oficiales, ya que a éstos los movía la esperanza de ascenso social y ventajas económicas mucho más sustanciosas al triunfo de la revolución, como en efecto ocurrió). Para esto fue decisivo el control ininterrumpido del estado de Sonora por los constitucionalistas desde el inicio de la revolución, condición que no pudo mantener Carranza en Coahuila. Ese control les dio la continuidad de un aparato de Estado preexistente y organizado, de su administración, sus finanzas, sus recursos económicos y sus fuerzas armadas locales (diferentes de las de la Federación). Esto contribuye a explicar el extraordinario peso de los sonorenses en el constitucionalismo, especie de "prusianos" del norte capitalista de México que se lanzaron a conquistar y unificar el país bajo su égida durante la revolución y después de 1920 en los sucesivos gobiernos de De la Huerta, Obregón y Calles.[2]

El 20 de septiembre de 1913 en Hermosillo, Sonora, el Primer Jefe Venustiano Carranza designó oficialmente general en jefe del Ejército del Noroeste, con jurisdicción sobre los estados de Sonora, Chihuahua, Sinaloa y el territorio de Baja California, al general Álvaro Obregón, que en el mes de mayo había ganado dos batallas a las tropas federales, en Santa Rosa y Santa María, y cuyas fuerzas controlaban Sonora. Al Ejército del Noroeste se sumaron entonces o más tarde jefes con sus destacamentos militares que se habían sublevado por propia iniciativa contra Huerta a partir del golpe, como Diéguez, Calles, Iturbe y otros.

Según esta designación, Villa, que con su brigada había obtenido algunas victorias, entre ellas la toma de San Andrés, quedaba bajo la jurisdicción de Obregón. El 29 de septiembre de 1913, junto con otras brigadas además de la suya, Villa organiza la División del Norte y los oficiales lo eligen general en jefe. El 1° de octubre la flamante División se lanza sobre la ciudad de Torreón, importante nudo ferroviario, y la toma, obteniendo allí tanto pertrechos militares como material de transporte en cantidad. Éste fue el nacimiento de la División villista, que iba a crecer en poderío vertiginosamente y superar en poco tiempo en importancia militar al ejército con que Obregón operaba sobre el oeste del país.

Hasta Torreón, Victoriano Huerta había ido afirmando su posición en el poder, obteniendo créditos nacionales y extranjeros, realizando alianzas con políticos católicos, porfiristas o reyistas, atrayendo al orozquismo, negociando con el movimiento obrero y aumentando los recursos y las prebendas del ejército. Sus primeros pasos fueron deshacerse de sus aliados del golpe de febrero, Díaz y Mondragón, enviándolos a misiones

<hr>

[2] El estudio más completo sobre el aporte decisivo de Sonora a la revolución está en Héctor Aguilar Camín, *La frontera nómada: Sonora y la revolución mexicana*, Siglo XXI, México, 1977.

en el exterior. Luego mantuvo en líneas generales la política del gobierno maderista tanto hacia el capital como hacia el movimiento obrero y en la cuestión agraria. Estrechó los lazos con el imperialismo inglés (los norteamericanos se habían inclinado, en cambio, por el aliado y rival de Huerta, el general Félix Díaz) y afirmó su propia autoridad en el ejército, donde se lo consideraba un oficial capaz y un buen organizador: es muy posible que ese prestigio entre los militares haya sido una de las razones que determinaron su nombramiento por Madero en remplazo de Lauro Villar para sofocar a los sublevados de la Ciudadela, ya que en esa crítica situación el presidente no podía arriesgarse a enfrentar la opinión del ejército. Huerta aumentó el número de plazas en el ejército a 85 mil (un año después serían ya más de 200 mil los soldados federales bajo las armas, aunque tal vez de las cifras totales deban deducirse las plazas asignadas y no llenadas efectivamente, de modo que fueran al bolsillo de sus jefes la paga y los gastos de esos soldados "fantasmas"), aumentando consiguientemente el número de plazas de generales y altos oficiales. Por otro lado, trató al igual que Madero de mantener buenas relaciones con los dirigentes sindicales y de lograr su colaboración con el gobierno o al menos su neutralidad en la guerra civil.

Victoriano Huerta no era el militar inepto y el borracho consuetudinario que presentan las historias oficiales, que han convertido a su figura en el villano de un cuento donde todos los demás jefes burgueses aparecen como héroes sin miedo y sin mancha. Si bien su afición a la bebida es un dato seguro, no era ése el rasgo que definía su carácter, al menos mientras tuvo posibilidades de éxito y pudo mantener cierto control de la situación. Era un militar que había mostrado condiciones en el campo de batalla y un político enérgico, capaz y despiadado, que debía ser tomado seriamente, como en efecto lo hicieron sus enemigos de entonces. Esto lo demostró tanto al organizar la represión contrarrevolucionaria como al enfrentar las presiones del gobierno de Wilson, que se fueron haciendo más fuertes y amenazantes en la medida en que Huerta buscaba apoyo en las potencias europeas, y en especial en Gran Bretaña.

Esa carrera, sin embargo, no fue larga: la cortó bruscamente la victoria villista de Torreón, que mostró la capacidad de combate y las posibilidades de victoria ya acumuladas por los constitucionalistas en esa fase temprana de la guerra. Huerta respondió a este revés, a las presiones de Estados Unidos y a la oposición creciente en el Congreso, dando un golpe de estado interno al régimen: disolvió el Congreso el 10 de octubre de 1913 y convocó a elecciones presidenciales y parlamentarias para el 27 de octubre, en las cuales se presentó como candidato a presidente y, por supuesto, ganó. Días antes, el 17 de octubre, Carranza había contraatacado anunciando desde Sonora la formación de su gobierno provisional como única autoridad legítima en todo el territorio nacional, y el 21 de octubre había hecho una declaración trascendente: a la victoria del constitucionalismo, el Ejército Federal sería disuelto. Carranza extraía así una de las enseñanzas capitales del destino de Madero.

Después de la acción de Torreón, Villa vuelve hacia el norte y casi a mitad de noviembre se dispone a tomar la ciudad de Chihuahua. No lo consigue y entonces, dejando creer que mantiene aún su intención de atacar esa plaza, realiza una de las maniobras que más afirmarían su fama guerrera. Dejando atrás Chihuahua, prosigue a marchas forzadas hacia el norte sobre Ciudad Juárez. En el camino se apodera de un tren que descendía hacia Chihuahua. En la primera estación, apresa al telegrafista y le hace trasmitir en nombre del jefe del tren a Ciudad Juárez un mensaje donde avisa que la vía está cortada más adelante por los revolucionarios y pide órdenes. Desde Ciudad Juárez el mando federal, sin sospechar la estratagema, da orden al tren de regresar, dando parte de su marcha en todas las estaciones. Villa con dos mil hombres se sube al tren, mientras su caballería lo sigue forzando la marcha, y en cada estación del camino repite la operación: apresa al telegrafista mientras corta la línea hacia el sur, y pide órdenes. Así entra finalmente el tren lleno de villistas en Ciudad Juárez, prácticamente anunciando su llegada y sin despertar la menor sospecha. Dentro de la plaza, Villa y sus soldados saltan del tren y aprovechan la sorpresa de la guarnición para rendirla en corta lucha. Este golpe de audacia entrega a Villa una plaza de primera importancia, porque le abre el acceso sobre la frontera desde donde puede recibir pertrechos y abastecimientos. El relato de la hazaña aumentó en la imaginación popular el prestigio militar de Francisco Villa e hizo de agente reclutador de su División.

El ejército federal envía tropas desde Chihuahua, y Villa sale a combatirlas a campo abierto. Las derrota el 23 de noviembre en la batalla de Tierra Blanca. El 8 de diciembre toma Chihuahua sin lucha, abandonada por los federales, pero el 9 los federales, con tropas frescas, recuperan Torreón. El 11 de enero de 1914 vuelve a derrotar al ejército huertista en la batalla de Ojinaga. A principios de marzo de 1914, la División del Norte controla firmemente todo el estado de Chihuahua y ha terminado los preparativos para lanzar su ofensiva hacia el sur, avanzando por el centro del país para quebrar la espina dorsal del poderío militar de los federales.

Mientras tanto, el ejército de Obregón, que el 20 de noviembre de 1913 había tomado la ciudad de Culiacán, capital del estado de Sinaloa, había entrado en una etapa de inactividad militar y se limitaba a controlar principalmente los estados de Sonora y Sinaloa, es decir, la costa oeste en la región norte de México

Para todo el mundo era evidente que las batallas decisivas se preparaban en el camino de avance de la División villista por el centro del país. Era la División del Norte, no los otros dos cuerpos de ejército laterales, la que había acumulado y desarrollado la fuerza y el empuje para enfrentar y batir al ejército federal cuando todavía el poderío militar central de éste estaba íntegro. Ese poderío iba a ser quebrado no por acciones menores y aisladas en el este o el oeste, sino por las tomas sucesivas de las plazas de Torreón y Zacatecas en abril y junio de 1914 por el ejército de Francisco Villa. Allí se decidió la suerte militar de esa etapa de la revolución. En marzo de 1914, cuando parte de Chihuahua hacia Torreón, con el general Ángeles ya incorporado a su estado mayor, la División del Norte se encuentra en disposición de su plena capacidad militar y es una fuerza segura y poderosa.

La División del Norte tuvo su etapa de auge durante todo el año 1914. Era un polo de atracción al cual se sumaban los campesinos insurrectos, sus mujeres, sus familias. Los oficiales, salvo excepciones, tenían la misma extracción plebeya y campesina: la audacia, la valentía y la capacidad de combate eran las condiciones a través de las cuales se operaba la selección.

Con pasión y afecto, John Reed describe en *México insurgente* el avance de los villistas en la primera mitad de su año de triunfo. Es una masa armada que se desplaza hacia el sur dando batallas grandes y combates pequeños, conquistando México en su marcha. Sobre los trenes o a caballo, acompañados por sus mujeres que cuando es preciso también empuñan los fusiles, y las mujeres llevando consigo a sus hijos pequeños, los soldados de la División del Norte encarnan la fuerza incontenible de la revolución.

En apariencia es un tremendo desorden. Pero en la acción, por debajo de ese aparente desorden hay un orden superior a cualquier reglamento militar. Es el orden impuesto por la voluntad común y el objetivo común que guía a los campesinos organizados en ejército: la victoria significa las tierras, después de la revolución no va a haber más ricos ni más pobres, cuando triunfemos todos seremos iguales y viviremos en paz, tendremos la tierra y no habrá explotadores. En ese resorte profundo se apoya el comando de Pancho Villa para unificar en su voluntad militar de victoria, la de todos. Puede hacerlo como ningún otro porque él mismo es un campesino, es la síntesis de todas las cualidades y rasgos del carácter, los deseos y las perspectivas de sus hombres. Por eso pudo la capacidad organizadora de Villa convertir a esa masa armada en el mejor ejército de la revolución mexicana.

Con el villismo, la inmensa multitud de los peones y jornaleros del norte, de los campesinos sin tierra, de los pobres de siempre, encuentra un objetivo, siente que se incorpora a la vida, que por primera vez puede expresarse, combatir para vencer y decidir, no para ser reprimidos y aplastados. Lo siente mucho más porque su jefe es también un campesino, el mejor militar, el mejor jinete y el mejor hombre de campo de todos. El villismo no tiene un programa, como Zapata, pero tiene la figura de Villa: a falta de programa, su persona representaba a los campesinos y pobres insurrectos.

Ellos se veían en Villa, les inspiraba confianza absoluta. Llevaba al nivel heroico los rasgos propios de todos: el coraje, el odio a los explotadores, la desconfianza, la implacabilidad en la lucha, la crueldad, la astucia y la ingenuidad, la fraternidad, la ternura y la solidaridad hacia los pobres y los oprimidos, y también la inestabilidad de carácter, reflejo indirecto de la situación intermedia del campesinado en la sociedad burguesa. Los rasgos teatrales en muchas acciones de Villa encuentran allí su explicación. Así tenía que ser, eran un medio de comunicación instintivo con su propia base, un instrumento elemental de unificación, de dirección y de imposición de su voluntad de mando.

Era necesaria la personalidad de Pancho Villa para unir y dar una dirección a esas masas en movimiento, a las cuales se sumaban y con las cuales se confundían arribistas, pequeñoburgueses pobres y ambiciosos, desertores, militares, partidas armadas formadas espontáneamente en las aldeas del norte que se reunían y dispersaban al azar de las batallas. Podía darla no porque sus rasgos estuvieran predestinados para ello, sino precisamente por lo contrario: porque esa personalidad era el producto, la quintaesencia, la "creación" de esas masas que elevaron a Villa como su jefe. La mayoría de los rasgos enérgicos, marcados, que la burguesía ha tratado y trata de denigrar en Villa —mientras oculta o disimula el carácter cruel, siniestro y asesino de sus jefes, Carranza el primero, masacradores a sangre fría de miles y miles de campesinos— eran rasgos necesarios para poder ejercer su jefatura sin los medios culturales y de clase que la burguesía y sus instituciones proporcionan a sus propios cuadros. Villa, más que ninguna otra figura de la revolución, llegó a infundir terror a la burguesía, y la denigración no es más que el reflejo invertido del miedo que aún le inspira.

El origen de ese terror no era Villa en sí, sino la revolución campesina que él representaba. Pero Villa sabía también cómo usarlo militarmente. Sabía mantener, cuidar y acrecentar el prestigio y la fama de invencibilidad de la División del Norte. Y lo utilizaba como uno de los elementos de la acción militar, pues inspirar de antemano terror al enemigo era tenerlo ya a medias vencido antes de entrar en choque directo con él. Por eso muchas de las anécdotas de crueldad de Pancho Villa no eran en esencia más que medidas elementales, instintivas a veces, pero imprescindibles en aquella lucha, de terror revolucionario contra el enemigo de clase. En cambio, Madero primero, Huerta después, Carranza más tarde asesinaron en masa al campesinado de Morelos; quemaron, fusilaron, masacraron, deportaron hasta exterminar a la mitad de la población de la zona zapatista.

"El ejército napoleónico", decía Marx, "era el point d'honneur de los campesinos parcelarios, eran ellos mismos convertidos en héroes, defendiendo su nueva propiedad contra el enemigo de fuera, glorificando su nacionalidad recién conquistada, saqueando y revolucionando el mundo. El uniforme era su ropa de gala; la guerra, su poesía; la parcela, prolongada y redondeada en la fantasía, la patria; y el patriotismo la forma ideal del sentido de propiedad." Aún más que eso, mucho más, era el ejército villista para los campesinos de México, porque era también su fuerza, su "partido militar" y su personalidad de hombres, negada por los opresores durante siglos, entrando violentamente al mundo a sangre y fuego, abriéndose paso gozosamente contra los patrones, los ricos y los catrines.

En parte por instinto de clase, en parte por inteligencia y conciencia, en todo eso supo apoyarse Pancho Villa. De ahí salía el empuje militar de la División del Norte. "Cuando ganemos la revolución, ésta será un gobierno de hombres, no para los ricos. Vamos caminando sobre las tierras de los hombres. Antes pertenecían a los ricos, pero ahora me pertenecen a mí y a los compañeros", decía un capitán villista a John Reed. Y le decía un campesino viejo: "¡La revolución es buena! Cuando concluya, no tendremos hambre nunca, nunca, si Dios es servido". Con esa carga concentrada y explosiva de esperanzas se precipitó sobre la capital la División del Norte, haciendo trizas en el camino el ejército de los terratenientes.

Pero no sólo con esperanzas se hacen los triunfos, sino ante todo con organización de las fuerzas propias. Y en eso Villa fue un maestro. Supo utilizar los trenes hasta el máximo, organizar los abastecimientos, obtener los pertrechos y los fondos de donde los hubiera, tener hasta treinta y cuarenta vagones hospitales con los últimos adelantos de la época, esmaltados de blanco por dentro, con todo el instrumental quirúrgico, organizar la evacuación veloz de los heridos hacia la retaguardia. Se esforzó por ir imponiendo las normas del reglamento militar. Supo utilizar a los oficiales de carrera que se fueron incorporando a su ejército. Y tuvo a su lado al más destacado de ellos, el general Ángeles, y supo apoyarse en sus conocimientos de artillería y en su capacidad de estratega militar como uno de los factores de los principales triunfos de la División.

Fueron rasgos del mando de Villa la audacia y la impetuosidad de los movimientos de combate, para los cuales se prestaba su elemento natural de lucha y su arma favorita, la caballería. Pero a esos rasgos los acompañaba un sentido natural de ahorro de fuerzas y de preocupación por la suerte de sus soldados, por sus condiciones de combate y por sus vidas; todo lo contrario de la actitud de los oficiales federales, que consideraban al soldado simple carne de cañón desechable y despilfarrable en las batallas. Por eso el soldado villista, además de que luchaba con un objetivo revolucionario, veía también lógico cuando una orden le exigía arriesgarse, jugarse la vida o aun ir a la muerte, porque su experiencia le había enseñado a confiar en que el mando cuidaba las vidas de sus hombres.

Pero sobre todo, la División del Norte era el éjercito de los campesinos y los pobres. Lo encabezaba un caudillo campesino. La mayor parte de sus mandos superiores y subalternos eran campesinos. Sus trenes venían cargados de campesinos y campesinas armados, haciéndose dueños de México. En los pueblos y ciudades donde entraban sus destacamentos, abrían las puertas de la cárcel y ocupaban el monte pío, devolviendo al "pobrerío" los pequeños bienes empeñados para sobrevivir. Por donde avanzaba, alzaba las esperanzas campesinas, concentraba el apoyo, estimulaba con su solo paso a sublevarse, a tomar las tierras, a cultivar cada uno su parcela en las haciendas de donde habían huido los terratenientes. La rodeaba y la empujaba el cariño de las masas. Tenía, como los zapatistas y como todos los ejércitos populares, un servicio de informaciones perfecto: siempre sabía qué pasaba en territorio enemigo, qué se planeaba en sus campamentos y cómo preparaban la defensa de sus ciudades, porque el campesinado veía todo con sus incontables ojos e informaba todo por sus innumerables bocas. Por eso, mientras durara el ascenso de la movilización, la División del Norte era invencible. Y a través de ella, o al amparo de ella, las masas del campo aprovechaban para ajustar muchas pequeñas y grandes cuentas, acumuladas durante siglos de opresión y de rapiña, con los ricos, sus agentes y sus aliados, con los señores, sus administradores, sus mayordomos y sus rurales. Era la revolución.

No sólo la fulminante capacidad de combate, sino la capacidad de organización de Pancho Villa es un recuerdo de pesadilla para la burguesía mexicana. Villa enseñó que el ejército burgués no es invencible en la guerra civil y dejó en México la tradición de que un ejército campesino, dirigido por un general campesino, puede vencerlo batalla tras batalla hasta aniquilarlo. Eso la burguesía lo tolera y hasta lo olvida a uno de los suyos, pero no lo perdona jamás a un antiguo peón de sus antiguas haciendas. Un campesino antes bandolero, que no pudo recibir siquiera instrucción escolar elemental pero que sabía a perfección todas las artes del caballo, del campo y de las armas; que terminó de aprender a escribir en el tiempo que estuvo en la cárcel de México pero que mostraba una rapidísima inteligencia organizadora; que para la burguesía era la negación de su cultura y de sus hábitos de clase, pero cuyas reacciones y movimientos no podía prever y le echaban encima fuerzas enemigas, poderosas y desconocidas para ella; ese hombre se le aparecía como una encarnación del mal absoluto, es decir, de la revolución. Y sobre todo, ese hombre mostraba que nada de lo que ella, la burguesía, consideraba imprescindible para vivir, en realidad era necesario. Es decir, en el fondo, que ella misma como clase no era necesaria, porque un dirigente campesino era capaz de organizar lo que sus mejores administradores jamás hubieran podido. Eso es una pesadilla para la burguesía, pero es también, y sobre todo, una fuente más de confianza en sí mismas para las masas de México. Por eso en la memoria de ellas se mantiene viva la figura de Villa, y aunque la historia oficial lo denigra mientras ensalza la figura de Carranza, Villa sigue viviendo en los corridos, en el arte popular, en las anécdotas y en la esperanza de los pobres y los oprimidos.

La División del Norte era la forma militar del poder de los campesinos, así como el zapatismo era ante todo su forma social. Ésa fue la potencia irresistible que partiendo de Chihuahua en el mes de marzo de 1914, se abatió sobre Torreón y el 2 de abril quebró la resistencia federal e hizo suya la plaza.

La toma de Torreón por los doce mil hombres de Villa luego de varios días de batalla había sido precedida por la toma de las poblaciones cercanas: Sacramento, Lerdo, Gómez Palacios. Fue seguida días después por una nueva derrota de los federales a manos de los villistas en San Pedro de las Colonias, donde la División del Norte destrozó a una columna que venía —tarde— en auxilio de Torreón, a la cual se habían unido los restos de la guarnición que después de la derrota habían logrado evacuar aquella plaza. Este conjunto de batallas victoriosas de Villa fue el golpe más demoledor recibido hasta entonces por el ejército de Huerta y dejó en poder de la División del Norte una plaza de primera importancia, centro de una región rica en recursos económicos, nudo ferroviario y base de operaciones para lanzarse sobre México, entre cuya ciudad y Torreón sólo cerraba el camino la plaza de Zacatecas.

Los triunfos de Torreón y San Pedro de las Colonias dieron un prestigio militar inmenso al ejército villista y dejaron maltrecho el ánimo de combate de las fuerzas del gobierno. Villa y Ángeles resolvieron que tras un breve descanso para abastecer a las tropas con los recursos de Torreón, era el mejor momento para lanzarse en fuerza sobre Zacatecas y decidir de una vez la guerra.

También en abril fueron tomadas por los zapatistas Iguala y Chilpancingo, en el estado de Guerrero, y a fines del mes el Ejército del Noreste tomaba la ciudad de Monterrey, capital y centro industrial de Nuevo León. En ese mismo mes de 1914 se produjo la intervención norteamericana en el puerto de Veracruz, que cortó a Huerta el abastecimiento de armas europeas por dicha vía. El gobierno de Wilson, mientras dejaba pasar armas para los constitucionalistas por la frontera, entraba en colisión con el gobierno de Huerta en Veracruz.

Fue en este momento cuando pasó a primer plano el segundo conflicto contenido en la guerra civil mexicana: el conflicto entre la dirección burguesa de Carranza y los ejércitos campesinos en los cuales se apoyaba contra la facción de Huerta.

Carranza necesitaba poner un dique a la preponderancia que iba adquiriendo el villismo, tanto por sus triunfos militares como por su prestigio entre el campesinado. Y en primer lugar, necesitaba impedir que fuera la División del Norte la que ocupara la ciudad de México, como correspondía según se había ido desarrollando la guerra hasta ese momento. Por eso, como Primer Jefe del Ejército Constitucionalista, transmitió a Villa una orden absurda desde el punto de vista militar, pero imprescindible para los objetivos políticos carrancistas: detener su avance, no atacar Zacatecas y en cambio desviar sus fuerzas hacia la toma de Saltillo, capital de Coahuila y sede oficial del gobierno de Carranza, en poder de los federales.

Villa y Ángeles objetaron esta maniobra diversionista porque estaba contra la lógica de las necesidades militares y dejaba tiempo a las tropas enemigas para reorganizarse y hacerse fuertes en Zacatecas; pero finalmente la acataron. Completando su maniobra política, Carranza envió emisarios a Obregón para que con su Ejército del Noroeste, que desde hacía meses permanecía inactivo, avanzara rápidamente sobre México aprovechando que la resistencia federal estaba debilitada por los descalabros sufridos en el centro a manos de la División del Norte. Mientras tanto ésta, cumpliendo las órdenes recibidas, iba sobre Saltillo, volvía a derrotar al enemigo en Paredón el 17 de mayo de 1914, tomándole cantidad de armas y pertrechos, y entraba sin resistencia en la capital de Coahuila poco después, dejándola en poder de los constitucionalistas.

Después de la caída de Torreón, la suerte del gobierno huertista estaba sellada. Por eso se inició ahí mismo la siguiente fase de la guerra civil, la lucha de la dirección carrancista por contener a los representantes militares de las aspiraciones campesinas: el ejército de Villa y el ejército de Zapata. Pero mientras lo contenía, Carranza todavía necesitaba apoyarse en Villa, como había hecho desde un comienzo. Nada más que ahora la contención iba predominando sobre el apoyo.

Carranza tuvo que aceptar la fuerza, las formas y los métodos revolucionarios del villismo del mismo modo como la burguesía en la revolución francesa había tenido que aceptar los métodos plebeyos de los jacobinos. Además, tuvo que tolerar al villismo como medio, por un lado, para contener a la revolución de los campesinos dentro de la estructura y los fines del ejército constitucionalista; y por el otro, para poder organizarlos en forma militar efectiva, hazaña que sólo la confianza de los campesinos armados en uno de los suyos, Pancho Villa, podía lograr, y que en cambio jamás habría conseguido la dirección distante y hostil de Carranza y sus oficiales.

La política de Carranza no era más que la de toda burguesía nacional débil que necesita apoyarse en las masas en ascenso haciéndoles concesiones y conteniéndolas. Carranza no podía triunfar con métodos burgueses "clásicos" y debía aceptar los métodos revolucionarios del villismo, que prácticamente no escapaban a los fines burgueses (y por eso podía aceptarlos, a diferencia de los del zapatismo), pero que de todos modos estaban dejando minados el poder y la autoridad de la burguesía. Los esfuerzos de Carranza para salvar tercamente "el principio de autoridad", como lo llamaba, muestran que se daba cuenta de esto, pero también que no tenía otra alternativa.

Pero al mismo tiempo la dirección campesina de Villa, con todo su poderío militar, no podía sobrepasar por sí misma los límites del programa del constitucionalismo. No se conformaba con éste, pero no podía formular otro. Sólo podía presionar, como en efecto lo hizo, para que se hicieran concesiones a los campesinos y a los pobres dentro de los marcos de ese programa.

A la contradicción interna del carrancismo burgués, correspondía la contradicción interna del villismo campesino, que chocaba con aquél pero al no poder formular otra perspectiva, debía aceptarlo. Por otra parte, la forma de ejército organizado según las reglas del arte militar que tenía la División del Norte, sólo era posible dentro de una perspectiva y de un principio de poder estatal, como lo era el de Carranza, perspectiva que los campesinos por sí solos no podían dar. Sin ese respaldo "estatal", nada más podía el campesinado alcanzar la forma militar de guerrillas y milicias guerrilleras como la del zapatismo. A esa forma tuvo que reducirse posteriormente Villa cuando debió combatir contra el Estado de Carranza; y debió hacerlo no por limitación de su capacidad de organización militar en abstracto, sino por limitación concreta de su base de clase campesina.

Luego de limpiar de enemigos la región de Saltillo, Villa reconcentra sus fuerzas en Torreón con el propósito de continuar su avance hacia el sur. Entonces recibe nuevamente órdenes de esperar y de limitarse a apoyar con una parte de sus hombres —tres a cinco mil— a las tropas del general Pánfilo Natera, a quien Carranza ha encomendado la toma de Zacatecas. Villa se enfurece. Sabe que Natera no podrá tomar Zacatecas, que los hombres que se le ordena enviar no bastan para volcar la lucha a favor de los atacantes y que además y sobre todo se le pretende arrancar de las manos una victoria militar que está seguro de conquistar con su División del Norte. Es cuando estalla a plena luz el conflicto con Carranza. Villa se niega a enviar los hombres que le piden y manda a Carranza su renuncia como jefe de la División del Norte. El Primer Jefe acepta la renuncia inmediatamente, por telégrafo, y convoca por la misma vía a una reunión de todos los generales de la División del Norte para que le propongan quién ha de suceder a Villa, al cual agradece sus servicios y le ordena establecer su mando en la ciudad de Chihuahua. Los generales villistas responden pidiendo a Carranza que revoque su aceptación de la renuncia. Éste insiste, invocando el principio de autoridad por sobre la conveniencia militar que le plantean los generales. Sigue un violento intercambio de mensajes telegráficos, en el cual Carranza se niega a ceder pero, como no tiene la fuerza ni la autoridad para imponer, los generales de la División del Norte sostienen a Francisco Villa como jefe, declaran que no acatan más órdenes del Primer Jefe y de hecho toda la División con su estado mayor entra en insubordinación contra la jefatura constitucionalista. El general Felipe Ángeles es la cabeza política de esa altitud militar sin la cual los mandos de la División villista se habrían desintegrado. Venustiano Carranza jamás se lo perdonará.

En esas condiciones, a mediados de junio, Villa reúne todas sus fuerzas militares e inicia, siguiendo la vía del ferrocarril, su nuevo avance hacia el sur sobre la plaza decisiva de Zacatecas. La interrupción de su avance, las órdenes absurdas, el sabotaje político desde arriba, el desvío hacia Saltillo, no han logrado hacer perder su *tempo*, su ritmo, a la poderosa máquina de dar batallas que es la División del Norte, sino que más bien Paredón y los combates menores la han fortalecido en su confianza y en su furia.

Adquiere entonces su mayor vigor la carrera sobre México entre la División del Norte y el Ejército del Noroeste, en la cual a Villa han tocado y tocan aún las mayores batallas y los menores desplazamientos lineales, mientras a Obregón corresponden las batallas menores y los desplazamientos más extensos. Esto se debe, por un lado, a que los federales tratan de contener a ambos pero acumulan los mayores obstáculos y el grueso de sus tropas en el camino de Villa, en quien ven la amenaza de clase más hostil; y por otro lado, a que la jefatura de Carranza desde arriba obstaculiza a uno mientras empuja al otro hacia adelante. De donde puede decirse que por encima de los frentes de guerra, se establece tácitamente una especie de frente único burgués entre el carrancismo y el huertismo, no para detener la guerra, sino para disminuir el peligro villista. Este "frente único" funciona también contra Zapata, a quien Carranza no reconoce ni dejará jamás de llamar "bandolero", aunque los zapatistas combaten al enemigo común, Huerta, y cumplen un papel militar de importancia: el de amenazar sin tregua las puertas de México, sede del gobierno, y mantener clavados en los territorios del sur de ocho a diez mil hombres del ejército federal, que de lo contrario se volcarían contra las fuerzas constitucionalistas que avanzan desde el norte.

A este frente burgués por encima de las líneas de fuego, corresponde a su vez un frente campesino en ascenso entre la División del Norte y el Ejército Libertador del Sur, en el cual el zapatismo, más débil militarmente, ejerce sin embargo sobre el villismo la poderosa atracción de su programa político y contribuye a darle seguridad para su inevitable ruptura con Carranza. Ambos se reconocen como fuerzas hermanas y así las ven sus enemigos —tanto Carranza y Obregón como Huerta— que intentan evitar o retardar por todos los medios su conjunción militar.

De ahí que mientras la guerra continúa entre federales y constitucionalistas, entre el ala "reaccionaria" y el ala "progresista" de la burguesía, ambas se unen tácitamente para contener al campesinado insurrecto. La separación que establece la línea de clase, aunque en apariencia esté oscurecida por la furia y el polvo de las batallas, resulta a partir de entonces mucho más profunda y duradera que la estruendosa división trazada por la línea de fuego. Y por eso mismo, esa separación de clase pasa por encima y a través de la línea de fuego y no tardará en someterla a su lógica, es decir, en establecer una nueva línea de fuego que se ajuste a la línea de clase. Es la lógica inflexible de las guerras civiles.

Por todos esos factores era Obregón, beneficiario del acuerdo tácito de los altos mandos burgueses, quien estaba destinado a ganar la carrera sobre México y a que se le rindiera la capital, no Zapata ni Villa. Pero como las maniobras ocupan en la historia un lugar inferior y subordinado al de las fuerzas materiales de clase, ésta de entrar a México con la complicidad de amigos vencedores y enemigos vencidos no le sirvió al general Obregón más que para retardar, pero no para impedir, que meses después los ejércitos villista y zapatista, en la punta más alta de la revolución, entraran en triunfo en la capital desde el norte y desde el sur sin disparar un solo tiro.

El 22 de junio de 1914 la División del Norte inició su ataque sobre Zacatecas, desde doce días antes bajo el fuego de las tropas del general Natera. El 23 de junio, en la más grande acción de armas de la guerra civil hasta entonces, Villa toma Zacatecas y queda allí literalmente aniquilado un ejército federal de doce mil hombres, con su oficialidad, sus trenes, su artillería y armamento, sus pertrechos y abastecimientos. Sólo pequeños destacamentos logran escapar del exterminio. El camino hacia México está abierto.

Al día siguiente de Zacatecas, Villa se dispone a reanudar el avance de la División del Norte, enviando a Ángeles con varias brigadas a apoderarse de la ciudad de Aguascalientes para preparar la entrada a la capital. Pero ahora es detenido violentamente desde la jefatura del Ejército Constitucionalista. El 24 de junio, después de que ha dado parte de la victoria a Carranza (con lo cual lo sigue reconociendo como jefe), Villa se entera de que éste acaba de destituir como subsecretario de guerra encargado del despacho en su gabinete al general Felipe Ángeles. Posteriormente, Carranza asciende a generales de división a Obregón y González, mientras mantiene a Villa en el grado inferior de general de brigada y se niega a dar categoría de ejército a su División, militar y numéricamente superior a los ejércitos de Obregón y de González. Finalmente, Carranza impide el paso de los trenes que llevan carbón de Monclova para las locomotoras villistas y detiene también el paso de las armas y cartuchos adquiridos por la División del Norte que deben llegar desde el puerto de Tampico, controlado por el Ejército del Noreste. Es decir, toma contra Villa una serie de medidas de guerra civil dentro del propio campo constitucionalista.

Sin carbón para sus trenes y sin parque para sus tropas, Villa resuelve que es imposible continuar su avance y ordena entonces a Ángeles retroceder a Chihuahua, mientras él mismo se repliega sobre Torreón y deja sus avanzadas en Zacatecas, de modo de mantener el control de todo el territorio y las comunicaciones entre esta ciudad y su base permanente de Chihuahua. Ahí queda detenido el avance villista.

De todos modos, Carranza no quiere aún la ruptura. Necesita ganar tiempo y prepararse para la nueva e inevitable fase de la guerra, contra Villa y Zapata. Por otra parte, en su propio grupo de oficiales un sector presiona para un acuerdo con Villa, en particular el ala nacionalista pequeñoburguesa. Y tanto éstos como Carranza, por motivos distintos, temen el efecto que puede tener en sus soldados esa ruptura, pues el prestigio de la División del Norte y de su jefe no tiene igual en la tropa constitucionalista y en las poblaciones del norte del país.

Llegan entonces a un acuerdo por intermedio de delegados del Ejército del Noreste, entre los cuales figura el general Antonio I. Villarreal, uno de los firmantes del programa del Partido Liberal de 1906, para realizar una serie de conferencias en la ciudad de Torreón junto con delegados de la División del Norte, a fin de resolver las divergencias entre Villa y Carranza. Esas conferencias concluyen con el llamado Pacto de Torreón, firmado el 8 de julio de 1914, en vísperas casi de la caída de Huerta. El solo hecho de que entre ambas fuerzas se firmara un pacto, cuando se suponía que la división villista era un cuerpo subordinado a la jefatura del ejército carrancista, muestra el punto a que ha llegado la ruptura y la necesidad de Carranza de conciliar de alguna manera para no entrar todavía en conflicto abierto con Villa. Esa relación de fuerzas se va a expresar en las cláusulas del pacto.

Los puntos más importantes del Pacto de Torreón estipulan: que la División del Norte reconoce a Carranza como Primer Jefe y cesa su insubordinación anterior a Zacatecas; que la jefatura constitucionalista sigue reconociendo a Francisco Villa como jefe de la División del Norte; que le proveerá de todos los elementos de guerra y pertrechos necesarios, de acuerdo con las disponibilidades; que ambas partes procurarán convencer al gobernador de Sonora, Maytorena, que está en conflicto desde hace tiempo con Obregón y con Carranza, de que se retire de su cargo y lo deje a un tercero imparcial entre él y sus adversarios; que al hacerse cargo del Poder Ejecutivo el Primer Jefe, luego de la derrota de Huerta, convocará a una convención de jefes constitucionalistas, a la cual asistirán los delegados elegidos en juntas de jefes militares de los distintos ejércitos, designados a razón de un delegado por cada mil hombres de tropa; y que el objetivo de esa convención será fijar la fecha de las elecciones presidenciales y para el Congreso y discutir y aprobar el programa de gobierno al que deberán ajustarse el presidente y los representantes que surjan de dichas elecciones.

El último punto del Pacto de Torreón es políticamente el más importante. Es la cláusula octava, llamada después "cláusula de oro", impuesta por Villa pero no ajena a la tradición magonista del general Villarreal. En este punto el villismo alcanza por primera vez a la formulación general de un programa político. La cláusula dice:

Octava.— Siendo la actual contienda una lucha de los desheredados contra los abusos de los poderosos y comprendiendo que las causas de las desgracias que afligen al país emanan del pretorianismo, de la plutocracia y de la clerecía, las Divisiones del Norte y del Noreste se comprometen solemnemente a combatir hasta que desaparezca por completo el Ejército ex-Federal, el que será sustituido por el Ejército Constitucionalista; a implantar en nuestra nación el régimen democrático; a procurar el bienestar de los obreros; a emancipar económicamente a los campesinos, haciendo una distribución equitativa de tierras o por otros medios que tiendan a la resolución del problema agrario; y a corregir, castigar y exigir las debidas responsabilidades a los miembros del clero católico romano que material o intelectualmente hayan ayudado al usurpador Huerta.

El Pacto de Torreón, y en particular esta cláusula, es un reflejo bastante aproximado de la relación de fuerzas militar, social y política entre los distintos sectores del constitucionalismo después de la batalla de Zacatecas y al borde de la caída de Huerta. La superior fuerza militar y social del villismo es contenida por su debilidad política campesina frente a la dirección burguesa. Pero ésta tiene que hacer concesiones en cuanto a reivindicaciones sociales para evitar la ruptura con el villismo y con la base campesina en que se apoya, a través del villismo y por sí misma, como dirección política nacional.

Por otra parte, una vez más Villa muestra que su instinto de lucha lo lleva a aprovechar sus triunfos militares —es decir, su lado fuerte: la relación de fuerzas militar impuesta con rápidas y violentas victorias— para discutir y obtener concesiones políticas. Si esas concesiones no van más lejos ni son más concretas, es por la falta de programa propio del villismo campesino. Es un infranqueable límite de clase el que a partir de cierto punto lo detiene.

Pero al mismo tiempo, logra esas concesiones también porque en la oficialidad de Carranza, y en particular en el ala nacionalista revolucionaria, hay fuerzas que apoyan esas demandas ya que son parte de su propio programa. En la cláusula octava del Pacto de Torreón reaparecen indirectamente la posición de los jóvenes oficiales encabezados por Múgica en el momento de la firma del Plan de Guadalupe; la iniciativa de Lucio Blanco al repartir tierras en Matamoros y en forma más lejana, aspiraciones sociales del programa magonista de 1906. Es una conjunción de fuerzas la que hace posible tanto esa cláusula como el pacto íntegro, incluido el compromiso de convocar una convención de jefes militares para fijar el programa del próximo gobierno.

Con este compromiso el ejército constitucionalista, a través de los firmantes del pacto, viene a expresar abiertamente su papel de "partido" y de órgano político constituyente. La representación de las masas revolucionarias, que hasta ahora pretendía invocar y usufructuar la jefatura carrancista, en este pacto se la arroga el conjunto de oficiales de los ejércitos revolucionarios del norte. Sin dejar de ser una sustitución, es al mismo tiempo una imposición de la democracia militar pequeñoburguesa sobre la jefatura centralizada y personal de Venustiano Carranza. Es la manera lejana en que se expresa en el ejército la potencia de la revolución que conmueve a todo el país.

Finalmente, en lo que al villismo se refiere, este pacto constituye un acercamiento al zapatismo, cuya influencia política crece por necesidad objetiva a medida que los ejércitos campesinos obtienen mayores victorias y que la revolución se acerca a su punto culminante, y se ejerce en forma más y más fuerte sobre el villismo y las fuerzas populares que lo apoyan. Es la presencia política y militar de Zapata en el sur la que transmite a Villa la seguridad política para utilizar esta conjunción de circunstancias y obtener estos puntos y no solamente su triunfo de Zacatecas o la presión de su base campesina.

Sobre esta combinación de fuerzas tiene que hacer equilibrio la política de Carranza, usufructuando una base social ajena que carece de una dirección con una política nacional independiente.

En ese juego de equilibrios, la política de Carranza es ganar tiempo y retrasar la ruptura, para ganar espacio, ocupar territorio y establecer el poder estatal en la ciudad de México. Por eso deja que los delegados del Ejército del Noreste —no él, que se mantiene al margen— negocien en Torreón, mientras por un lado avanza a marchas forzadas el Ejército del Noroeste sobre México y por el otro el Ejército del Noreste se mantiene en sus posiciones, sin avanzar sobre la capital, para poder vigilar los movimientos de la División del Norte y llegado el caso oponerle resistencia militar. Al mismo tiempo, tiene que contrarrestar con concesiones la influencia que ejercen el villismo, e indirectamente el zapatismo, sobre un sector radical de su propia oficialidad. Pero en cuanto considera que ha asegurado bajo su control una serie de estos factores y que además es peligroso ir más lejos en el camino de las concesiones generales porque éstas amenazan tomar forma de medidas concretas en la realidad —el reparto de tierras en Matamoros ya había sido una experiencia—, Carranza se apresura a desconocer los acuerdos de Torreón, diciendo que él no los firmó y que sólo acepta cuanto se refiere a la subordinación de la División del Norte a su jefatura, pero no los puntos programáticos ni el compromiso de convocar a una convención. Carranza manifiesta este desconocimiento cuando su objetivo ya está logrado: Obregón está a las puertas de México y la suerte de la capital resuelta.

El ejército de Obregón se fue formando como la imagen temprana de lo que más tarde sería el aparato estatal mexicano. Fue el punto de apoyo militar más importante de Carranza, a pesar de que Pablo González era políticamente mucho más afín al Primer Jefe. Lo fue por varias razones: su superior organización y mando; la importancia económica y política de las zonas donde se basaba, comenzando por el estado de Sonora; el mantenimiento sin interrupciones de la continuidad de la administración estatal en Sonora y de sus finanzas desde el inicio de la revolución (uno de los puntos de fuerza de los sonorenses en la posterior lucha por el control del Estado nacional); su línea de avance hacia la capital siguiendo el ferrocarril del Pacífico. Pero por encima de todo, lo fue porque la tendencia pequeñoburguesa que Obregón representaba era la que ofrecía un acceso hacia las masas a la tendencia burguesa de Carranza. Obregón era, al mismo tiempo que el jefe con mejores capacidades militares del equipo de Carranza, el que políticamente podía cumplir ese papel de intermediario.

Y en esa condición, también era un eventual intermediario entre Villa y Carranza, aunque en determinado momento su propia ambición política y las condiciones objetivas de equilibrio entre éstos empujaron a Obregón a intentar convertirse de intermediario en mediador y en árbitro.

En la oficialidad de Obregón se encuentra un sector de la tendencia militar nacionalista que más adelante iba a ser influida transitoriamente por el villismo, como es el caso de Lucio Blanco y Rafael Buelna. Pero en ella se va formando sobre todo una capa militar que va a ser después una de las bases de la nueva burguesía mexicana. Uno de ellos es el propio general Obregón, pie de una familia de nuevos terratenientes enriquecidos en la revolución; otro es Abelardo Rodríguez, futuro presidente por dos años y multimillonario; otro es Aarón Sáenz, que de modesto capitán del ejército obregonista se enriqueció hasta ser el capitalista azucarero más rico de México; y la lista puede seguir con otros nombres. No sólo del ejército de Obregón, sino también del de Pablo González salió la estirpe de los nuevos burgueses que usufructuaron la revolución para adquirir bienes, apropiarse de haciendas y acumular capital por cualquier medio.

Esa perspectiva la van desarrollando los oficiales en sus gustos y costumbres en la campaña misma. En las ciudades que ocupan, generalmente se alojan en las lujosas casas y mansiones abandonadas por los terratenientes y ricos de provincia. Utilizan su vajilla, consumen sus vinos, se hacen atender por su servidumbre. Organizan fiestas y recepciones para las familias de sociedad de provincia, se relacionan con ellas y éstas empiezan a tratar de casar con ellos a sus hijas. Como en la época de la revolución francesa, las viejas clases poseedoras castigadas por la revolución buscan cada vez con más descaro los lazos familiares con los arribistas de la nueva burguesía, que es también, socialmente, un modo de contener y absorber en la vieja sabiduría de clase de los explotadores los ímpetus iniciales de los pequeñoburgueses encaramados en la ola revolucionaria. La oficialidad obregonista no deja de tener con la tropa lazos mucho más vivos que cualquier ejército burgués, para no mencionar ya al corrompido ejército federal de Huerta. Pero de todos modos se va desarrollando como capa aparte, mantiene relaciones con los sectores menos comprometidos de las capas sociales que han sido el sostén del enemigo y empieza a adoptar sus hábitos y sus gustos. Esto no sucede en el ejército villista, separado del enemigo por un abismo de clase infranqueable. Por eso mismo el ejército de Obregón, aun recibiendo el apoyo de la población allí donde pasa, no levanta la onda de entusiasmo que acompaña en sus desplazamientos a la División del Norte.

Pero la base de esperanza y de movilización campesina que lo sostiene es la misma. Es un ejército de la revolución y donde va, va la revolución venciendo al Antiguo Régimen. Además la diferenciación de la oficialidad no es neta: es un proceso que aún está contenido porque el movimiento de masas está en pleno ascenso y domina la escena. Lo que más tarde se consolidará como una capa primero y como una clase social después, son en estos comienzos apenas tendencias, inclinaciones, gustos que el futuro solidificará en los que sobrevivan y hagan carrera. Mientras tanto, junto con esas inclinaciones esos mismos oficiales llevan un empuje revolucionario que les viene de su propia base de soldados campesinos que los lleva en la cresta de la ola.

Por eso Obregón y su equipo son capaces de crear un ejército que sin acciones militares espectaculares como las de Pancho Villa, gana batallas sucesivas y muestra notable audacia de movimientos. Esa audacia le es necesaria para sobrevivir, pues a medida que se aleja de Sonora en su avance hacia el sur, va quedándose sin su base inicial de operaciones, porque el gobernador de Sonora, Maytorena, entra en conflicto con Carranza y retira su apoyo al Ejército del Noroeste.

Después de haber recibido a mediados de mayo la orden de avanzar rápidamente sobre México para ganar de mano a la División del Norte, Obregón no tiene otra elección que seguir adelante. Atraviesa regiones montañosas que es difícil desandar sin riesgo. Si retrocede, sus bases pueden estar cortadas. Si no avanza con suficiente rapidez, a partir del 25 de junio en que Villa le comunica que detiene su avance sobre México porque Carranza no le da elementos, corre el peligro de que las fuerzas federales, aliviadas de la presión villista, se acumulen en su camino y le cierren el paso.

Obregón decide explotar al máximo la rapidez de movimiento de su ejército y, sin detenerse en ataques a plazas secundarias, las va rebasando y dejando cercadas y se precipita con sus trenes sobre la capital. Lo mueve la convicción de que la decisión ahora es sobre todo política, y es en la capital del país; de que la voluntad de combate del enemigo está quebrada ya por los triunfos de Villa hasta Zacatecas; y también de que, como decía Engels, "en la revolución, como en la guerra, es incondicionalmente necesario jugarse el todo por el todo en el momento decisivo, cualesquiera sean las probabilidades".

Así llega a enfrentarse con el ejército enemigo en las cercanías de Guadalajara, la segunda ciudad del país en población. El 6 de julio derrota a los federales en la batalla de Orendain y éstos se repliegan sobre Guadalajara. El día 8, al abandonar esta ciudad los tres mil hombres que restan del ejército federal, la caballería de Lucio Blanco los ataca y aniquila en las batallas de El Castillo, en la cual participa un joven oficial de diecinueve años llamado Lázaro Cárdenas. El Ejército del Noroeste entra en Guadalajara sin lucha y de allí reinicia su rápido avance, ya sin obstáculos, sobre la capital.

El 15 de julio de 1914, vencido en todos los frentes, renuncia Victoriano Huerta y lo sustituye como presidente interino Francisco Carbajal, presidente de la Suprema Corte nombrado seis días antes ministro de Relaciones Exteriores para preparar esta sucesión. Diez días después, Carbajal se dirige a Obregón proponiéndole negociar la rendición de la ciudad de México y la entrega del gobierno a los constitucionalistas.

En su avance de esos meses, el ejército de Obregón ha mostrado rapidez de desplazamientos, audacia en el ataque —que en algunos jefes llega a la temeridad, como en el general de veinticuatro años Rafael Buelna— y en la concepción de la ofensiva, capacidad de maniobra y de iniciativa, disciplina militar, y sobre todo habilidad del general Obregón para explotar los errores del enemigo.

Estas condiciones del mando obregonista aprovechan el impulso de sus tropas campesinas. De allí surge la posibilidad de imponer la dísciplina, que contrasta con el aspecto semimprovisado de las vestimentas que difícilmente pueden llamarse uniformes y con la falta de tradición del propio ejército, pero contrasta mucho más con la disciplina del miedo impuesta en el antiguo ejército por los oficiales federales sobre una tropa desmoralizada y sin espíritu combativo, disciplina que se convierte en desbandada a los primeros reveses de una batalla.

Sólo aquel impulso de abajo puede explicar algunas hazañas de la campaña obregonista, como la del famoso tren que recorrió catorce kilómetros en Sonora, a principios de 1914, por un lugar en donde no había vía férrea. Sucedió que el tren militar debía trasladarse entre dos puntos controlados por los revolucionarios, pero la vía pasaba por la población intermedia de Empalme, en poder de los federales. Resolvieron entonces hacer pasar el tren por un costado de esta población, para lo cual tenía que recorrer catorce kilómetros fuera de la vía. Empezaron a armar quinientos metros de vía por vez, en tramos de la longitud de los rieles. Allí colocaban máquinas, material rodante y tanques de agua para locomotora. A medida que el tren avanzaba, iban levantando por vez un tramo de atrás, y colocándolo delante del tren para continuar el desplazamiento. Cuadrillas especiales iban nivelando el terreno adelante. Toda la operación duró quince días, en los cuales hubo varios ataques enemigos rechazados. Finalmente, el tren volvió a tomar la vía normal luego de haber dejado establecida una variante mexicana del dicho de Marx de que las revoluciones son las locomotoras de la historia, y hasta pueden hacer correr trenes por donde no hay vías.

Acciones de este tipo estaban fuera del alcance y de la imaginación del mando federal. Las características de éste eran la pasividad, la timidez, la espera. Sus movimientos eran lentos y conservadores, cuando no se limitaban a encerrarse en las plazas en actitud defensiva. Sus soldados eran incorporados por el sistema de leva, no veían ningún objetivo en su lucha y estaban sometidos a la disciplina brutal del viejo ejército porfiriano. Pero además era un ejército en descomposición, corrompido, donde los jefes negociaban con los pertrechos, con los abastecimientos, con el rancho y la paga de los soldados. En esas condiciones, aun cuando sus estudios y conocimientos militares académicos fueran superiores a los de la mayoría de los improvisados oficiales constitucionalistas, éstos les infligían derrota tras derrota. Y como el efecto de las derrotas, igual que el de las victorias, es acumulativo, en vísperas de su disolución el ejército federal, a pesar de contar aún en la capital con decenas de miles de hombres, era una masa vencida e incapaz de dar una batalla más.[3]

[3] En noviembre de 1920, Trotsky decía acerca de la organización del Ejército Rojo:

148

Hay quienes consideran que la intervención de Estados Unidos fue determinante en el curso de la revolución mexicana: así lo sostienen, por ejemplo, autores soviéticos. Sin duda, el poder imperial intervino constantemente desde el periodo de Madero, como lo había hecho durante el porfiriano. Sin duda se preocupó directamente por todo el desarrollo de la revolución al sur de su frontera. Pero su intervención distó de ser un elemento que decidiera el sentido o la suerte de la lucha.[4]

"Todo ejército viable tiene como base una idea moral. ¿Cómo se afirma ésta? Para Kudinich (prototipo del soldado del ejército zarista de Suvorov), la idea religiosa iluminaba la idea del poder zarista, daba luz a su existencia campesina y desempeñaba para él —aun cuando de manera primitiva— el papel de la idea moral. En el momento crítico, cuando su fe ancestral estaba sacudida y todavía no había encontrado nada para remplazarla, Kudinich se rindió. La modificación de la idea moral provoca la disgregación del ejército. Sólo una idea fundamentalmente nueva podía permitir edificar un ejército revolucionario. Esto no significa, sin embargo, que cada soldado sabe por qué se bate. Pretenderlo sería una mentira. Se dice que al ser interrogado sobre las causas de las victorias del Ejército Rojo, un socialrevolucionario refugiado en el sur habría respondido que el Ejército Rojo sabía en nombre de qué combatía; no obstante, esto no quiere decir que cada soldado rojo lo sabe. Pero precisamente porque tenemos entre nosotros un porcentaje elevado de individuos conscientes, que saben en nombre de qué combaten, tenemos una idea moral generadora de victoria.

"La disciplina es esencialmente una imposición colectiva, una sumisión de la personalidad y del individuo, una sumisión automática heredada de la psicología tradicional; entre nosotros, además, elementos plenamente conscientes la aceptan, es decir, elementos que saben en nombre de qué se someten. Esos elementos son una minoría, pero esta minoría refleja la idea fundamental de toda la masa que la rodea. A medida que el sentimiento de la solidaridad de los trabajadores penetra más profundamente en las masas, los elementos todavía poco conscientes de que se componen las tres cuartas partes de nuestro ejército se someten a la hegemonía moral de aquellos que expresan la idea de la época nueva. Los más conscientes forman la opinión pública, del regimiento, de la compañía; los otros la escuchan y así, la disciplina es apoyada por la totalidad de la opinión pública. Fuera de estos factores, no se podría mantener ninguna disciplina; esta observación es tanto más válida cuando se trata de la disciplina aún más rigurosa de un periodo de transición.

"Porque la situación internacional del país lo exigía, Pedro *el Grande* construyó su capital a garrotazos. Si no lo hubiera hecho el viraje general habría sido notablemente más lento. Bajo la presión de la técnica superior de Occidente, los elementos más avanzados del pueblo ruso sintieron la necesidad de instruirse, de cortarse el pelo, de rasurarse y de aprender los nuevos principios de la guerra. Al promover una nueva idea moral, Pedro *el Grande* era implacable. Bajo su reinado, el pueblo sufrió, pero de todos modos soportó y hasta sostuvo al tirano por intermedio de sus mejores representantes. Las masas sentían confusamente que lo que pasaba era inevitable y lo aprobaban. En este sentido, el ejército revolucionario no se distingue de los otros ejércitos. Una idea moral siempre es necesaria, pero debe tener un contenido nuevo, en consonancia con el nuevo nivel alcanzado por la humanidad" (León Trotsky, *Écrits Militaires*).

Cuando escribía estas líneas, no podía saber Trotsky que tal vez estaba develando una de las razones oscuras de su propia derrota venidera.

[4] Sobre la intervención de Estados Unidos en la revolución mexicana y la lucha en México en ese periodo entre los imperialismos estadounidense, inglés y alemán, ver Frie-

En esa etapa, y hasta años después, México era uno de los terrenos de lucha entre el ascendente imperialismo estadounidense y el imperialismo inglés. Washington había estado con Madero contra Díaz. Pero luego, a través de su embajador, el presidente Taft sostuvo a Huerta contra Madero y más tarde su sucesor, el presidente Wilson, acosó a Huerta frente a Carranza.

A la hora del desarrollo de la revolución, el gobierno estadounidense tuvo emisarios permanentes o casi permanentes no sólo ante Carranza sino también ante el mando villista y el obregonista. Ellos informaban de la marcha de la lucha a su gobierno, así como de las opiniones de los jefes y de las discusiones con éstos. Delegados estadounidenses llegaron a tener conversaciones con el mando zapatista. Por su parte, Carranza tenía una misión permanente en Estados Unidos.

Las localidades fronterizas de Estados Unidos eran puntos de reunión de revolucionarios y focos de compra o de contrabando de armas y pertrechos. Mientras los abastecimientos de Huerta llegaban sobre todo por el puerto de Veracruz, en la primera etapa de 1913 los constitucionalistas se proveyeron de elementos materiales de guerra en la frontera con Estados Unidos. En cambio, era principalmente el ganado mexicano, antes propiedad de los hacendados porfirianos, la moneda real que atravesaba la frontera hacia el norte en pago de las armas que venían al sur.

El 27 de agosto de 1913 el presidente Wilson tomó una medida de intervención más profunda en la lucha, decretando el embargo de venta de armas a México. Esto perjudicaba más a los constitucionalistas, que se abastecían allá, y menos a Huerta, cuyos pertrechos venían sobre todo de Europa por mar. De todos modos, el efecto fue que los elementos necesarios siguieron entrando por la extensa frontera por vía de contrabando, y por supuesto a precios mayores.

Cuando la impotencia del gobierno huertista comenzó a hacerse evidente, y cuando éste se inclinó a apoyarse en el imperialismo inglés y a hacerle concesiones, Estados Unidos comenzó a tomar medidas para perjudicarlo, pero al mismo tiempo para mostrar en los hechos que estaba dispuesto a intervenir militarmente en México, cualquiera fuese el bando triunfador, si se atacaba o se pretendía expropiar los bienes de los estadounidenses, y en particular sus propiedades petroleras y mineras. El 21 de abril de 1914, tomando el pretexto de un incidente sin importancia con unos marineros yanquis en el puerto de Tampico, la infantería de

drich Katz, *The Secret War in Mexico,* The University of Chicago Press, Chicago, 1981. (Traducción al español: *La guerra secreta en México,* Ediciones Era, México, 1984.)

marina al mando del almirante Fletcher ocupó el puerto de Veracruz luego de vencer en corta lucha la resistencia de su guarnición. Así se consumó una nueva invasión de Estados Unidos en territorio mexicano y el puerto por donde se abastecía Huerta quedó cerrado.

Entretanto, el 3 de febrero de 1914 había sido levantado el embargo de armas en el norte. Eran las vísperas de la gran ofensiva villista que comenzaría en marzo.

Huerta, actuando como gobierno nacional, llamó a luchar contra la invasión y aprovechó para invitar a los constitucionalistas a cesar la lucha interna y unirse en un frente nacional contra el invasor. Los revolucionarios, cuya victoria ya se veía en el horizonte, por supuesto no aceptaron, sobre todo cuando se hizo evidente que las tropas yanquis no intentaban internarse más allá del puerto y que el perjudicado por la ocupación de Veracruz era el gobierno de Huerta.

En el campo de la revolución, Carranza fue el dirigente que tomó claramente la representación de la nación. Se dirigió al gobierno de Estados Unidos exigiendo el retiro de sus tropas de Veracruz y declarando que la defensa del territorio nacional estaba por encima de las luchas internas en el país. Los dirigentes campesinos, Villa y Zapata, opuestos naturalmente a la invasión, no actuaron sin embargo frente a la invasión en función de fuerza nacional, sino local o regional. Aquí vuelve a aparecer uno de los factores que pesaron en forma decisiva a favor de Carranza en el resultado final de la lucha: como dirección estatal asumió la representación de la nación, tarea que no podían cumplir ni comprender las direcciones campesinas.

Las tropas de Estados Unidos evacuaron Veracruz en noviembre de 1914, tres meses después del triunfo constitucionalista.

A la caída de Huerta, en los cuatro ejércitos revolucionarios están representadas las "fracciones" o "tendencias" organizadas que van a entrar en conflicto político y luego militar.

A la izquierda está el zapatismo, con el Ejército Libertador del Sur, que exige la extensión social de la revolución y la aplicación del Plan de Ayala, y controla el sur.

En ruptura con Carranza y en alianza cada vez más estrecha con Zapata, está el villismo, con la División del Norte, atrincherado en el norte y en particular en su base de operaciones de Chihuahua y Durango.

A la derecha está Carranza, con Pablo González y su Ejército del Noreste. Éste, pese a su escaso prestigio combatiente, es el sostén más directo de Carranza, la representación militar de su tendencia política y la fuerza que le asegura el control del puerto de Tampico y de su rica zona petrolera.

En el centro está Álvaro Obregón, con su Ejército del Noroeste, que ocupa la capital. Su tendencia representa a la pequeña burguesía nacionalista en sus dos alas: la que se inclina hacia un desarrollo capitalista, como el mismo Obregón, y la que se siente atraída hacia las reivindicaciones campesinas y obreras y es un puente hacia el villismo. Éste es el caso de oficiales como Lucio Blanco, que luego se aliará transitoriamente con Villa. Por su parte, en la División del Norte hay oficiales como José Isabel Robles y Eugenio Aguirre Benavides que se sienten atraídos hacia el obregonismo. Unos y otros terminarán por encontrarse en un terreno intermedio e inseguro, al producirse el choque militar decisivo entre Villa y Obregón.

En el momento del triunfo sobre Huerta, Carranza se apoya en Obregón y González para enfrentarse a Villa y Zapata. Obregón apoya a Carranza, pero trata de hacer su propia política: mientras la de Carranza es aplastar a las masas a sangre y fuego, la de Obregón es controlarlas negociando con sus dirigentes y atrayéndolos. Es lo que intentará hacer con Villa y con algunos de sus jefes antes del choque militar, para tratar de aislar al irreductible zapatismo. Pero esto requiere hacer concesiones que Carranza no está dispuesto a ceder.

Sin embargo, al momento de entrar en la ciudad de México esta contradicción entre ambos queda en segundo plano y oscurecida por el conflicto fundamental con las tendencias campesinas, zapatismo y villismo.

En el primer plano aparece entonces, de izquierda a derecha, este alineamiento de fuerzas políticas organizadas militarmente y separadas por una línea divisoria de clase: Zapata y Villa, Obregón y Carranza-González.

Son los segundos quienes han ocupado la capital, establecido en ella el gobierno provisional del país e introducido una cuña que impide la unión territorial y militar entre el villismo en el norte y el zapatismo en el sur.

Pero el poblema no es solamente militar, ni siquiera político, sino sobre todo social. La caída de Huerta es un hecho mayor que va a repercutir en todo el país con tremenda violencia.

Las masas campesinas se sienten triunfadoras. Los peones y campesinos armados se hacen fuertes en las tierras que acaban de conquistar, repartir y cultivar, o terminan de repartir las que aún no habían tomado por asalto. La marea de fondo campesina sube desde todo el país, golpea sobre cuanta situación política o militar se le opone o intenta ponerle diques, violentamente pesa para cambiar la relación de fuerzas que las maniobras políticas y los hechos militares han establecido en el momento del triunfo, pesa y golpea sin que los mismos jefes tengan comprensión clara de ello, lo prevean o se lo propongan conscientemente.

Sólo cuando ese levantamiento social exija impostergablemente una expresión política, es decir, una política de clase, y no la encuentre, será cuando pasará a primer plano la política del bando opuesto, que sí la tiene. Y habrá madurado entonces la situación para que la decisión pueda ser militar.

Mientras tanto, no es la ocupación de la ciudad de México, sino este gigantesco alzamiento social, lo que va a dominar en los meses siguientes y a determinar el desplazamiento hacia la izquierda de toda la relación de fuerzas política y militar.

v. La Convención

La entrada de Álvaro Obregón a la ciudad de México el 15 de agosto de 1914, seguida pocos días después por la instalación del gobierno de Carranza en la capital, abre un intermedio de lucha política entre las tendencias enfrentadas. La dirección burguesa, que lleva una política a escala nacional, toma la iniciativa para intentar neutralizar y someter políticamente a las direcciones campesinas. Carranza trata de estabilizar la situación política, controlar la situación militar y ganar tiempo frente a los ejércitos campesinos, uno replegado sobre Chihuahua y el norte y el otro contenido al sur de México.

A medida que va tomando posiciones en México, el ejército de Obregón sustituye al Ejército Federal —que va a ser licenciado y disuelto, según los acuerdos de rendición de la capital— y ocupa las avanzadas que mantenía éste frente a las tropas zapatistas, de modo de contenerlas en todo intento de avance. Desde esa posición de fuerza militar, Carranza se dispone a entablar negociaciones con Zapata para exigirle su sometimiento al nuevo gobierno. Por su parte, los zapatistas han ocupado Cuernavaca, la última ciudad de Morelos que aún estaba en poder de los federales, y sus destacamentos controlan todo el estado hasta el límite sur de la capital, al Ajusco y Tlalpan, donde tienen a su frente a las avanzadas constitucionalistas.

Mientras tanto, en los estados donde se han establecido gobiernos constitucionalistas se dictan disposiciones dirigidas a satisfacer las exigencias más inmediatas de la población, como la abolición de las tiendas de raya, la condonación de las deudas de los campesinos y peones agrícolas, el salario mínimo, la jornada de ocho horas, el descanso semanal obligatorio. Pero ninguna disposición legal se pronuncia sobre el problema de la tierra ni viene a sancionar los repartos de tierras que los campesinos han ido efectuando por cuenta propia.

En la ciudad de México, con la entrada del ejército de Obregón reinicia su actividad pública el movimiento sindical y las nuevas autoridades entregan a la Casa del Obrero Mundial, el 26 de septiembre de 1914, el Convento de Santa Brígida y el Convento Josefino anexo, en sustitución de su sede anterior que había sido clausurada en mayo de 1914 por el gobierno de Huerta y luego reabierta el 21 de agosto. Allí realizan reuniones y asambleas de organización los sindicatos.

Así como Villa lo era en Chihuahua, Zapata y su estado mayor eran el único gobierno en el sur, en los estados de Morelos, Guerrero y parte de Puebla. El reparto de tierras de hecho había sido prácticamente completo, o se completaba en los lugares que hasta el final habían estado bajo el control de los federales. Uno de ellos fue Cuautla, desde donde Eufemio Zapata dirigió esta comunicación al cuartel general de Emiliano Zapata:

República Mexicana. Ejército Libertador.
Participo a usted que ya comencé a repartir convenientemente los terrenos de riego ubicados en los contornos de esta ciudad y demás lugares que los solicitan, nombrando para ello a personas conocedoras para el fraccionamiento de referencia. Lo que comunico a usted para su inteligencia y demás fines. Reforma, Libertad, Justicia y Ley. Cuartel General en la H. Cuautla (Morelos), septiembre 19 de 1914. General Eufemio Zapata.

Desde la instalación de Carranza en México, se desarrollaron conversaciones y entrevistas entre representantes zapatistas y Carranza, o entre delegados de éste —como el general Villarreal y el licenciado Luis Cabrera— y Emiliano Zapata y su estado mayor. En todos los casos las negociaciones llegaron a un punto muerto porque se enfrentaban dos posiciones irreductibles. Zapata insistía en que la base de todo acuerdo era la aceptación de los principios del Plan de Ayala por los constitucionalistas, es decir, el reparto de tierras ante todo. Carranza sólo aceptaba el sometimiento del Ejército del Sur a sus fuerzas y rechazaba toda discusión sobre reparto de tierras en estos términos: "los hacendados tienen derechos sancionados por las leyes y no es posible quitarles sus propiedades para darlas a quienes no tienen derecho". Una delegación zapatista, enviada por el general Genovevo de la O, recibió esta respuesta del Primer Jefe: "Eso de repartir tierras es descabellado. Dígame qué haciendas tienen ustedes, de su propiedad, que puedan repartir, porque uno reparte lo que es suyo, no lo ajeno". Allí terminó la discusión. El general Genovevo de la O, cuando se levantó en armas en diciembre de 1910 con 25 hombres y un solo rifle (más de dos años antes que Carranza), era un campesino; y cuando murió, en los años cincuenta, seguía siendo un campesino. Quien tenía la perfidia y la insolencia de mandarle preguntar qué tenía "de su propiedad" para repartir, era un gran terrateniente de Coahuila.

En esas semanas y en esos términos fueron las últimas discusiones entre la dirección constitucionalista y la dirección zapatista. Después cada uno se atrincheró en sus posiciones, esperando el momento de recomenzar la lucha.

Entretanto, mientras completaban el reparto de tierras en su zona, los zapatistas tomaron una serie de posiciones políticas relacionadas siempre con el problema agrario. Se preparaban así para intervenir en las decisiones sobre la reorganización del país que la caída de Huerta planteaba, y al mismo tiempo actuaban como poder de hecho en su propia zona.

En agosto de 1914 el mando zapatista lanzó un manifiesto "Al pueblo mexicano", donde fijaba una vez más sus posiciones políticas. Decía el documento que el campesino "se lanzó a la revuelta no para conquistar ilusorios derechos políticos que no dan de comer, sino para procurarse el pedazo de tierra que ha de proporcionarle alimento y libertad". Rechazaba todo gobierno militar y toda solución meramente electoral que no significara reformas sociales. Reafirmaba los planteamientos y reivindicaciones del Plan de Ayala. Proponía que fuera una asamblea de todos "los jefes de los grupos combatientes, los representantes del pueblo levantado en armas", la que designara al presidente interino. Y demandaba que éste aceptara "con sinceridad y sin reticencias los tres grandes principios que consigna el Plan de Ayala: expropiación de tierras por causa de utilidad pública, confiscación de bienes a los enemigos del pueblo y restitución de sus terrenos a los individuos y comunidades despojados". En caso contrario, decía, la lucha armada seguiría hasta imponerlos.

En septiembre de 1914, cerrando un intercambio de cartas con Atenor Sala, un señor adinerado de México que insistía en proponer paternalmente a Zapata un utópico "Sistema Sala" para repartir legalmente las tierras y crear colonias de pequeños agricultores en todo el país, el general Manuel Palafox, cuya influencia iba en ascenso en el estado mayor zapatista, escribió una extensa carta programática. Vale la pena reproducirla completa, pues es uno de los documentos donde se ve hasta dónde llega el alcance de la política zapatista en esos momentos y cómo consideraban entonces sus dirigentes que debía aplicarse en los hechos el Plan de Ayala. Dice:

República Mexicana. Ejército Libertador.
Cuartel General en Cuernavaca, Morelos, septiembre 3 de 1914.
Señor don Atenor Sala. México, D. F.
Muy estimable señor: Recibí la muy atenta carta de usted de fecha 28 del próximo pasado agosto, que he leído detenidamente y con profunda meditación, pasando a contestar a usted lo que sigue: los folletos y otros documentos que se ha servido usted mandar al Cuartel General de la revolución, que se refieren al estudio que ha hecho usted del

problema agrario, los he leído con bastante atención y veo que distan mucho de la forma de resolver los principios agrarios de como están delineados en el Plan de Ayala.

Para practicar el sistema de usted se necesitaría una millonada de pesos; es decir: sería preciso sacrificar más de lo qué está al alcance de nuestro desventurado país, porque, según los proyectos de usted, el gobierno tendría que desembolsar cuantiosas sumas de dinero para practicar en su esencia al reparto de tierras, especialmente lo referente a colonización, y además de que el país no está en condiciones de hacer semejantes desembolsos, *tampoco sería de justicia que a los enemigos de la Revolución se les comprase la propiedad que durante muchos años han poseído ilegalmente*, y la Revolución Agraria obra con toda justicia al consignar en su bandera los tres grandes principios del problema agrario, a saber: *restitución de tierras a los pueblos o particulares que fueron despojados a la sombra de los malos gobiernos; confiscación de bienes a los enemigos del Plan de Ayala; y expropiación por utilidad pública.*

La Revolución que sostiene el Plan de Ayala *está resolviendo el problema agrario* simplificado en los tres principios anteriores *sin gastar un centavo*, y así desea que mañana, cuando la Revolución se constituya en gobierno, *no tenga que desembolsar ni un solo centavo y tampoco el proletariado*, porque para devolver las tierras que alguien quitó a otro apoyado en un mal gobierno *no se necesita dinero; porque para confiscar bienes a los que durante tantos años han luchado en contra de los defensores del Plan de Ayala, ayudando al gobierno directa o indirectamente,* NO SE NECESITA DINERO, y solamente habrá que desembolsar cortas cantidades para *indemnizar a los extranjeros* a quienes deba expropiárseles sus fincas rústicas por utilidad pública, y esto se hará únicamente *con los extranjeros que no se hayan mezclado en asuntos políticos*; pero analizando la cuestión, al país no le costarán un solo centavo esas expropiaciones si se tiene en cuenta que *el pago se hará* CON EL VALOR DE LAS FINCAS URBANAS QUE SE CONFISQUEN *a los enemigos de la Revolución.*

Usted no me negará que los hacendados de la República en su mayoría han hostilizado a la Revolución y hasta ayudan pecuniariamente a los gobiernos pasados, por lo que es de justicia que se les aplique el artículo octavo del Plan de Ayala, aun cuando usted diga que ese sistema no es noble, pero sí necesario para dar de comer a la millonada de mexicanos desheredados, y *por humanidad es preferible que se mueran de hambre miles de burgueses y no millones de proletarios*, pues es lo que aconseja la sana moral.

La repartición de tierras no se hará precisamente como usted lo indica, por la división parcelaria del suelo, *sino que se llevará a cabo esa repartición de tierras de conformidad con la costumbre y usos de cada pueblo,* y entiendo que es lo más justo; es decir: QUE SI DETERMINADO PUEBLO PRENTENDE EL SISTEMA COMUNAL, *así se llevará a cabo, y si otro pueblo desea el fraccionamiento de la tierra para reconocer SU PEQUEÑA PROPIEDAD, así se hará,* y en esa forma con gusto cultivarán las tierras apoyados por la Revolución, y pasados algunos lustros, *los burgueses que pretendan adquirir sus propiedades confiscadas apoyados por algún gobierno,* no lo conseguirán, porque los pueblos, con las armas en la mano (que siempre conservarán), con energía sabrán imponerse a ese gobierno y defenderán sus derechos, y de esto, el tiempo se encargará de comprobarlo; pero si, desgraciadamente, los pueblos se dejan despojar de sus tierras, ya no será culpa de nosotros, *que ahora les devolvemos sus tierras y les enseñamos la manera de conservarlas y hacer respetar sus derechos.*

Los revolucionarios surianos están bien compenetrados de la maldad, de la corrupción de los gobiernos, y la prolongada lucha de cuatro años nos ha dado duras lecciones para que con justicia tengamos derecho a procurar que los intereses del pueblo no sean burlados el día de mañana por un gobierno malvado, y para evitar que esto suceda tenemos que dejar bien garantizados esos principios agrarios a la generación de hoy y a las del futuro y ESA GARANTÍA CONSISTE EN EXIGIR A TODO TRANCE QUE LA REVOLUCIÓN CONSTITUIDA EN GOBIERNO EL DÍA DE MAÑANA ELEVE AL RANGO DE PRECEPTOS CONSTITUCIONALES *esos tres principios agrarios que antes mencioné,* para que de hecho y por derecho quede implantado el problema agrario; pero esos principios agrarios por los cuales tanto se ha luchado *no vamos a confiarlos a un gobierno que no esté identificado con la Revolución,* y por eso exigimos hoy al señor Carranza que el gobierno interino de la República sea netamente revolucionario y que se constituya de acuerdo con el artículo doce del Plan de Ayala, y de otras bases definidas, así como también que EN LA CONVENCIÓN FORMADA POR LOS REVOLUCIONARIOS DE LA REPÚBLICA *se discuta el programa de gobierno del interinato y ese programa, naturalmente,* QUEDARÁ FORMADO POR LOS PROBLEMAS QUE NO ESTÁN INCLUIDOS EN EL PLAN DE AYALA, *tales como el establecimiento de* BANCOS AGRÍCOLAS; *las grandes obras de* IRRIGACIÓN *que en ciertos estados de la República hay que verificar; el mejoramiento de la* INSTRUCCIÓN PÚBLICA; el mejoramiento del OBRERO; *el mejoramiento del empleado de comercio en pequeño y, por último,* LA CAMPAÑA CONTRA EL CLERICALISMO.

Como verá usted, las aspiraciones van más allá de lo que se figura el señor Carranza, y si ahora no se llega a un arreglo satisfactorio, los sesenta y cinco mil surianos que empuñan sus máuseres se lanzarán contra los nuevos enemigos del Plan de Ayala, contra esos carrancistas que pretenden burlar la fe y las esperanzas del pueblo mexicano, y si por esos acontecimientos, que quizá se verifiquen, yo soy responsable, en este caso, a la Historia le corresponde juzgarnos y yo respetaré su fallo.

Espero que con estas ligeras explicaciones se formará usted una idea de las verdaderas tendencias de la Revolución que encabezan los surianos.[1]

Esta carta de Manuel Palafox es uno de los documentos más avanzados del zapatismo, y anticipa lo esencial de la ley agraria que dictará en Cuernavaca un año después, en octubre de 1915. Sin embargo, queda encerrada en la misma contradicción interior del Plan de Ayala. El zapatismo levanta la consigna de la expropiación sin indemnización de todos los bienes de los burgueses y terratenientes, empezando por los latifundios. Pero si bien la base de la economía mexicana de entonces es la producción agrícola, las palancas de dirección están en las ciudades y en la industria; y al llegar a este punto el programa campesino se vuelve impreciso y confuso.

A pesar de esta permanente dualidad interior del zapatismo, esta carta es uno de los documentos donde mejor se expresan su voluntad de ir más allá de los marcos del derecho burgués y las normas morales revolucionarias, igualitarias y fraternales que lo oponen irreductiblemente al maderismo y el carrancismo: "por humanidad es preferible que se mueran de hambre miles de burgueses y no millones de proletarios, pues es lo que aconseja la sana moral".

Estos principios no quedan para "la hora del triunfo": los aplica el Ejército Libertador del Sur allí donde domina. El 8 de septiembre de 1914, en pleno enfrentamiento político con Carranza, el gobierno zapatista en Cuernavaca dicta un decreto que establece:

Art. 1o. Se nacionalizan los bienes de los enemigos de la Revolución que defiende el Plan de Ayala y que directa o indirectamente se hayan opuesto o sigan oponiéndose a la acción de sus principios de conformidad con el art. 8 de dicho plan y el art. 6 del decreto de 5 de abril de 1914.

Art. 2o. Los generales y coroneles del Ejército Libertador, de acuer-

[1] Todos los subrayados y mayúsculas son del original tomado de Gildardo Magaña, *Emiliano Zapata y el agrarismo en México*, cit.

do con el Cuartel General de la Revolución, fijarán las cédulas de nacionalización, tanto a las fincas rústicas como a las urbanas.

Art. 3o. Las autoridades municipales tomarán nota de los bienes nacionalizados, y después de hacer la declaración pública del acta de nacionalización darán cuenta detallada al Cuartel General de la Revolución de la clase y condiciones de las propiedades que sean, así como de los nombres de sus antiguos dueños o poseedores.

Art. 4o. Las propiedades rústicas nacionalizadas pasarán a poder de los pueblos que no tengan tierras que cultivar y carezcan de otros elementos de labranza, *o se destinarán a la protección de huérfanos y viudas de aquellos que han sucumbido en la lucha* que se sostiene por el triunfo de los ideales invocados en el Plan de Ayala.

Art. 5o. Las propiedades urbanas y demás intereses de esta especie nacionalizados a los enemigos de la revolución agraria *se destinarán a la formación de instituciones bancarias dedicadas al fomento de la agricultura, con el fin de evitar que los pequeños agricultores sean sacrificados por los usureros* y conseguir por este medio que a toda costa prosperen, así como para pagar pensiones a las viudas y huérfanos de quienes han muerto en la lucha que se sostiene.

Art. 6o. Los terrenos, montes y aguas nacionalizados a los enemigos de la causa que se defiende *serán distribuidos en comunidad para los pueblos que lo pretendan y en fraccionamiento para los que así lo deseen.*

Art. 7o. Los terrenos, montes y aguas que se repartan *no podrán ser vendidos ni enajenados en ninguna forma, siendo nulos todos los contratos o transacciones que tiendan a enajenar tales bienes.*

Art. 8o. Los bienes rústicos que se repartan por el sistema de fraccionamiento *sólo podrán cambiar de poseedores por transmisión legítima de padres a hijos,* quedando sujetos, en cualquiera otro caso, a los efectos del artículo anterior.

Art. 9o. El presente decreto surtirá sus efectos desde luego.

Lo que transmito a usted para su publicación, circulación y debido cumplimiento.

Reforma, Libertad, Justicia y Ley. Dado en el Cuartel General en Cuernavaca, a los ocho días de septiembre de 1914. El General en Jefe del Ejército Libertador, Emiliano Zapata.[2]

El parte de Eufemio Zapata que aparece antes es una de las aplicaciones inmediatas de este decreto. Ninguna disposición similar a ésta había dictado hasta entonces el villismo en su zona. El enfrentamiento de la dirección carrancista con Zapata no estaba sólo en las intenciones o en

---

[2] Subrayados del original, tomado de ibid.

los programas, sino directamente en los hechos y el régimen que prevalecían en cada zona, sostenidos en sus respectivas armas.

El enfrentamiento con Villa siguió un proceso más sinuoso, pero igualmente definitivo. En la revolución del norte, la alianza inestable de la dirección burguesa con la dirección campesina se rompió, como siempre, a la hora del triunfo. Con la diferencia en este caso de que la dirección burguesa, cuando intenta volverse para reprimir y masacrar a las masas campesinas que la han llevado al triunfo, se encuentra con que éstas están organizadas en un formidable ejército, militarmente independiente, dirigido por Villa que, apoyándose en la posición intransigente del zapatismo, encuentra la forma y la decisión para no someterse y enfrentar a su reciente aliado y jefe.

En este proceso de ruptura desempeña un papel singular el general Obregón. Su primera inclinación es impedirla y hacer de mediador, yendo a Chihuahua investido con la autoridad de Carranza y la suya propia de jefe militar revolucionario, a discutir con Villa para tratar de convencerlo de que se someta a cambio de ciertas promesas, que en esencia son las mismas del acuerdo de Torreón.

Pero el juego de Obregón es más complicado que esto. Es su juego propio de tendencia pequeñoburguesa, que no es el mismo que el de la dirección burguesa, sino un anticipo de su política bonapartista del porvenir. Obregón busca al mismo tiempo apoyarse en Villa para obligar a Carranza a una política de concesiones que le permita extender su base social y canalizar el ascenso revolucionario que los está desbordando por todos los costados.

En tercer lugar, Obregón va personalmente al mero corazón de la fortaleza villista en Chihuahua a tantear la solidez de la autoridad de Villa sobre sus oficiales, a tratar de influir en algunos de éstos y a hacer una evaluación personal directa de la fuerza militar real de la División del Norte y de su estado de ánimo.

Es decir, iba a hacer una especie de trabajo de fracción, nada más que uno donde se jugaba el pellejo. Después de recibirlo con un desfile militar, Villa vio el doble juego de Obregón y estuvo a punto de fusilarlo. Indeciso ante la responsabilidad, suspendió la ejecución cuando ya había llamado al pelotón de fusilamiento y terminó invitándolo a cenar esa noche. Del casi paredón, Obregón pasó al salón donde Villa ofrecía una fiesta, como huésped de honor. De allí, a un acuerdo político con Villa estipulado en carta dirigida a Carranza el 21 de septiembre de 1914. Y de esta carta, ya regresando camino hacia el sur, al intento de Villa de obligarlo a volver desde medio camino para fusilarlo, esta vez sin apelación, porque Carranza había rechazado telegráficamente cualquier acuerdo y Villa veía en todo eso una turbia maniobra contra él. Algunos jefes villistas cercanos a Obregón le permitieron seguir su viaje y escapar así a la pena de muerte que otros jefes del estado mayor de Villa insistían en aplicarle por haber ido a intrigar y a espiar al cuartel general villista. El incidente es un caso famoso que refleja y resume la inestabilidad política campesina de Pancho Villa.

La razón de que el principal jefe militar y segundo jefe político de las fuerzas victoriosas que acababan de establecer su gobierno en la capital se lanzara a correr tales riesgos, no era la mera osadía personal de Obregón. Necesitaba ganar tiempo y evitar un choque frontal con la División del Norte, a la cual entonces no tenía fuerzas para resistir. Al mismo tiempo, quería imponer su propia política a Carranza, sin lo cual sentía que jamás tendría base social mínima para enfrentar después a Villa. Todos los pasos de Obregón muestran, junto con su audacia individual —audacia, o más bien temeridad, impuesta por el carácter inestable de su situación de equilibrio entre dos fuerzas antagónicas—, el enorme temor de su gente, del equipo carrancista y del mando constitucionalista, a las fuerzas y a los movimientos de Villa.

Estas maniobras estaban destinadas al fracaso. No se trata aquí de habilidad política para enredar, engañar y estafar a los dirigentes campesinos, según la antigua tradición de abogados y políticos burgueses y pequeñoburgueses, sino de relación de fuerzas. Es la lucha directa la que va a resolver. Todavía no es la hora del bonapartismo obregonista, que vendrá años después. La fuerza del movimiento de las masas aún no se ha desgastado, su energía se despliega por todo el país y la real relación de fuerzas entre las clases antagónicas todavía tiene que probarse y decidirse por el choque de sus armas.

Por eso Obregón, que aún no tiene bases para su papel de árbitro, continúa apoyando la política del gobierno de Carranza y defendiéndolo con las armas como su principal jefe militar. A ese título le arranca concesiones, pero no le arranca aún el mando.

Desde el pacto de Torreón, y aun antes, la necesidad de un congreso o convención de las fuerzas revolucionarias para fijar planes y programas una vez obtenida la victoria venía planteándose tanto entre los constitucionalistas como en documentos y proclamas zapatistas. Esta asamblea aparecía como el terreno para zanjar pacíficamente las diferencias entre las tendencias, provisoriamente contenidas en la lucha contra el enemigo común.

A mitad de septiembre, en carta a Obregón y Villa, Carranza informa que ha resuelto convocar una reunión de todos los jefes militares con ese objetivo, para el 1º de octubre, en la ciudad de México. Esta convocatoria era una concesión a la presión conjunta, encabezada esta vez por Obregón, de los jefes del Ejército del Noroeste y de la División del Norte. Cuando Obregón fue a Chihuahua con esta carta, se produjeron los incidentes con Villa que casi acaban en su fusilamiento. La segunda carta de Obregón y Villa a Carranza, aprobada por el estado mayor villista, tiene fecha 21 de septiembre de 1914, en vísperas del regreso de Obregón al sur, y en vísperas también de la ruptura definitiva entre la División del Norte y el gobierno de Carranza.

En la carta se rechaza la reunión del 1º de octubre porque los jefes convocados no llevarían la representación de sus fuerzas, sino que se los designa desde el centro; porque no se precisan las cuestiones que serán tratadas, con lo cual "se corre el riesgo de que la cuestión agraria, que, puede decirse, ha sido el alma de la revolución, sea postergada y hasta excluida por la resolución de otras cuestiones de menor importancia"; y porque consideran necesario que se haga público que los "objetivos primordiales" de tal asamblea sólo pueden ser "la inmediata convocatoria a elecciones de poderes federales y de los estados y la implantación de la reforma agraria". La carta insiste en que la División del Norte no podrá asistir a esa reunión mientras no tenga la seguridad de que en ella se discutirá "la repartición de tierras"; pero, de todos modos, en consideración al Primer Jefe, declara que ha resuelto concurrir con la condición de que se resolverá "la aprobación de medidas cuyo resultado sea el reparto inmediato de las tierras".

Como se ve, el centro de la carta era la solución de la cuestión agraria. Nunca fue contestada, porque al día siguiente se produce la ruptura y Pancho Villa desconoce definitivamente la jefatura de Carranza, en telegrama a éste y en manifiesto público donde denuncia que el Primer Jefe "rehusó aceptar la Convención sobre las bases propuestas en el pacto de Torreón" y que no aceptó el programa de la carta antes citada.

Aguascalientes es la ciudad que cierra el paso entre Zacatecas, máxima avanzada de la División del Norte, y la capital. Una reunión de oficiales constitucionalistas, encabezada por Lucio Blanco, promueve una fórmula para evitar el choque armado a través de la realización de una Convención en dicha ciudad "u otro terreno neutral". De ahí surge la sede de Aguascalientes como una transacción con el villismo propuesta por una parte del ala radical de los jefes carrancistas.

Carranza rechaza la propuesta, afirmando que "debía sostenerse el principio de autoridad a costa de cualquier sacrificio". El 26 de septiembre, ya en México, Obregón se agrega a los que han formado una "comisión de pacificación" entre la División del Norte y Carranza. Los jefes militares constitucionalistas de mayor peso presionan a Carranza para buscar un acuerdo. Lucio Blanco incluso se preocupa por mantener informado a Zapata sobre el conflicto en curso y le adelanta la idea de la Convención en lugar neutral para que envíe delegados. Finalmente, en una reunión en Zacatecas entre delegados de esta "comisión de pacificación" cuya alma política es ahora Obregón, y delegados de la División del Norte, incluido el mismo Villa, se acuerda la celebración de una convención de jefes militares en la ciudad de Aguascalientes, a partir del 10 de octubre de 1914. El acta es al mismo tiempo un armisticio que suspende hostilidades y movimientos de tropas.

La actitud de algunos oficiales que integran la "comisión de pacificación" es algo más profundo que una maniobra. Temen el choque con Villa, pero al mismo tiempo se sienten influidos por la revolución campesina y repelidos por la terquedad de Carranza. Comprenden o presienten que la política de éste no sólo es la negación de los impulsos revolucionarios que a ellos los llevaron a la lucha armada, sino que exigirá para su aplicación la masacre de decenas de miles de los mismos campesinos que han hecho la revolución.

Pero al mismo tiempo los repele el rostro rudo, "inculto", radical, del villismo y el zapatismo. Es decir, los repele la revolución hasta el fin, la visión, imprecisa todavía por falta de programa pero cercana por la potencia del alzamiento nacional campesino, de las masas en el poder. Ven el impulso arrasador de la revolución, no ven su futuro: ni los campesinos pueden mostrárselo, ni ellos pueden superar el horizonte ideológico de la burguesía, aunque lo tiñan con colores jacobinos.

De ahí que esta tendencia busque un avenimiento con Villa sin romper con Carranza. En ese camino, como en realidad son los más fuertes en la oficialidad constitucionalista, por su peso propio, por el peso que les da el ascenso de la revolución y por el peso indirecto del villismo y el zapatismo que en este conflicto interno se ejerce desde afuera a favor de ellos, terminan por imponer a Carranza la Convención de Aguascalientes.

Oficiales como Lucio Blanco ven en esta Convención algo así como una versión mexicana de la Convención de la Gran Revolución Francesa, un recinto de donde saldrán programas y leyes revolucionarias, leyes y programas acerca de los cuales todos carecen de ideas concretas al llegar a la reunión. Obregón, con los pies más sobre la tierra, ve la perspectiva de una salida que, apoyada en el ala pequeñoburguesa de los jefes villistas y en el ala radical de los oficiales constitucionalistas, descarte los extremos y deje a un lado al campesino Villa y al burgués Carranza y, para resolver el conflicto, exalte como árbitro al general Obregón. Por eso apoya la idea de la Convención, que le permitirá continuar las "grandes maniobras" políticas interrumpidas con su casi fusilamiento en Chihuahua. Luis Cabrera piensa que "muy probablemente la única solución que tendrá la Convención de Aguascalientes será una nueva guerra", y pide a los convencionistas reformas profundas.[3]

[3] Al describir a los delegados militares de Carranza la tarea que tendrán en Aguascalientes y explicar con ironía por qué los civiles han sido excluidos de la Convención (decisión con la cual evidentemente no concuerda), Luis Cabrera les dice en México el 1° de octubre de 1914 que "las reformas que exige nuestra patria, si no se hacen ahora por la fuerza de vuestra espada no se harán ya". Viniendo del riguroso jurista por vocación y formación que fue Cabrera, el discurso que sigue registra mejor que muchos otros el viento ardiente que atravesaba las conciencias y las voluntades mexicanas en aquel otoño de 1914:

"Yo creo que del seno de la Convención de Aguascalientes debe surgir un Congreso Constituyente, que será tan grande o más grande que el del 57, y que ese Congreso será el primero que en la historia de la Nueva España y de México ponga la base de una legislación que vaya de acuerdo con la sangre, con la raza y con las necesidades del indio, y no una Constitución copiada de la francesa o de la de los Estados Unidos.

"Yo creo que la defensa de todos los reaccionarios y de todos los conservadores consiste en clamar por la inmediata aplicación de la ley cuando se encuentran vencidos. Yo creo que si aplicamos en este momento un gobierno constitucional, la revolución está fracasada. [...]

"Cuando veáis que en México los hombres empiezan a pedir un gobierno constitucional, porque nos llamamos constitucionalistas y quieren que sea ese gobierno el que lleve a cabo las reformas del país, sabed que esos hombres están pretendiendo hacer fracasar la revolución. Yo he repetido y no me cansaré de repetirlo: las reformas verdaderamente trascendentales para un pueblo, jamás se han obtenido por medio de la ley, siempre se han obtenido por medio de la fuerza. Por consiguiente, señores militares, no al orden constitucional, no es a una asamblea, no es a un Congreso, no es a un gobierno legítimamente electo a quien toca hacer reformas; si no las hacéis con vuestras espadas, no las haréis en muchos años.

"Se os presentarán, señores militares, todas las cuestiones relativas a las necesidades sociales; se os presentarán las reformas agrarias, y allí veréis quién clama por el respeto a la propiedad y por el consentimiento absoluto que se necesita para la expropiación de tierras, y quiénes dirán conmigo, como lo vengo diciendo desde hace muchos años, que hay que tomar las tierras de donde las haya; quiénes son los que quieren dar tierras, y quiénes son los que quieren ver cuántos pesos sacan de sus tierras para resolver la cuestión agraria.

"Se os hablará, señores militares, de reformas económicas y allí veréis quiénes están contra ellas; se os hablará de las cuestiones religiosas que en los momentos actuales agitan al país, y ya veréis quiénes son los que después de haber expulsado a las órdenes menos dañinas de nuestro país, sin embargo quieren evitar que salgan las más dañinas que todavía quedan en México. [...]

"Allí oiréis hablar de la necesidad de restablecer la Constitución vigente antes que todo, y veréis oponerse a que se reforme nuestra Constitución, con más brío y como si fuesen los más sinceros defensores del pueblo, precisamente a los que quieren que continúe la política de imposiciones, chanchullos y falsificaciones electorales, que estuvo vigente durante los treinta y cinco largos años del período de Díaz". *Luis Cabrera (semblanzas y opiniones)*, Biblioteca del Instituto Nacional de Estudios Históricos de la Revolución Mexicana, México, 1976.

Pocas semanas y muchos acontecimientos después, rota ya la Convención de Aguascalientes como él lo había previsto desde un principio, este jacobinismo de Luis Cabrera será

Todos estos factores confluyen para que Carranza, forzado, termine por ceder. En efecto, la Convención comienza el 1º de octubre en México, con los delegados civiles y militares de Carranza y según su calendario, no el fijado en el armisticio último con Villa. Estos delegados ratifican al Primer Jefe como encargado del poder ejecutivo. Pero no son ésos la asamblea ni el lugar ni la fecha pactados con Villa en Zacatecas, y en consecuencia la División del Norte amaga desde esta ciudad un avance hacia el sur. Ante la amenaza de que Villa se lance sobre la capital arrasando todo, Carranza cede a las instancias de Obregón y la Convención se traslada el 5 a Aguascalientes, para reanudar sus trabajos el 10, sólo con la presencia de los delegados militares. Aguascalientes es un punto neutral, pero la División del Norte está estacionada a sus puertas.

El 10 de octubre de 1914 inicia sus trabajos, con los delegados carrancistas (bajo la dirección de Obregón) y villistas, con el nombre de Convención Militar de Aguascalientes.

A los pocos días de instalada, la Convención se declara soberana —no sometida a ninguna otra autoridad, sino superior a ellas— y resuelve mandar una comisión para que invite a Zapata a enviar sus delegados. Largas sesiones pasan entretanto en cuestiones secundarias y de procedimiento, y ya empieza a delinearse como centro visible de los debates el conflicto entre Carranza y Villa. Esas sesiones reflejan la inexperiencia parlamentaria de los integrantes de la asamblea, pero al mismo tiempo algo más profundo y real: la falta de programa y de perspectivas claras de las tendencias que integran la reunión. Esos militares están en esa Convención porque los campesinos allí los han llevado al derrotar a Huerta. Pero los campesinos, los verdaderos protagonistas de la revolución, están ausentes: nadie representa directamente sus preocupaciones y sus demandas, aunque éstas son el fondo que se trasluce a través de las discusiones superficiales de la asamblea. Obregón quiere aprovechar esta contradicción para ganar tiempo sin resolverla. Ganar tiempo significa desintegrar al villismo aprovechando su debilidad política y eludiendo el choque con su potencia militar. Los delegados se extienden en discursos llenos de grandes palabras y vacíos de ideas. La Convención se atasca en un pantano, mientras la situación de espera e indecisión deteriora las

retomado en Veracruz el 12 de diciembre de 1914 en las adiciones al Plan de Guadalupe, que serán la bandera política para la contraofensiva constitucionalista sobre los ejércitos campesinos.

esperanzas y la confianza de las masas y la inactividad pesa sobre la División del Norte.

El 27 de octubre se incorpora a la Convención la delegación zapatista. Asiste con voz pero sin voto, pues Zapata ha puesto como condición para enviar una delegación efectiva la aprobación de los principios del Plan de Ayala por la Convención. La delegación del sur cambia la asamblea. Es la única tendencia que se presenta con un programa que tiene relación con la realidad de las demandas campesinas.

La llegada de los zapatistas provoca en el plano político de la Convención el acontecimiento que Carranza, pero Obregón sobre todo, sólo concebían y se preocupaban por evitar en el plano militar: la conjunción entre zapatismo y villismo. El hecho es tan terminante que arrastra de inmediato a toda la Convención, incluidos los delegados carrancistas que no tienen programa ni objeciones fundadas que oponer. El 28 de octubre la Convención en pleno, con el voto de los villistas y el apoyo obligado de los carrancistas —en los cuales decide su ala radical, porque súbitamente encuentra donde apoyarse— aprueba por aclamación los artículos 4, 5, 6, 7, 8 y 9 del Plan de Ayala, es decir todos aquellos que contienen las demandas políticas y sociales, y luego los artículos 12 y 13. (Mientras así votaban los oficiales carrancistas, las cartas y documentos de Carranza en esos días seguían refiriéndose a Zapata como "el enemigo".) Esa sesión concluye con vivas a la revolución, al Plan de Ayala y a Zapata.

Es el momento culminante y la apertura de la crisis de la Convención, aunque esta crisis tarde unos días en aflorar del todo. La disputa por el retiro de Carranza del poder ejecutivo se agudiza. Carranza maniobra con cartas, telegramas y argumentos legales, diciendo que primero deben retirarse del mando Villa y Zapata para que él presente su renuncia, y que mientras él no renuncie, la Convención no puede decidir sobre él. Es una discusión sin salida, pues es obvio que ninguno piensa abandonar el mando y autoderrotar a su tendencia mientras las armas no decidan cuál es la verdadera relación de fuerzas.

El 30 de octubre la asamblea aprueba una propuesta —hecha por una comisión que entre otros integran Obregón, Ángeles, Eugenio Aguirre Benavides y Eulalio Gutiérrez— que resuelve el cese de Carranza como encargado del ejecutivo y de Villa como jefe de la División del Norte, y el nombramiento por la Convención de un presidente interino que llamará a elecciones en un plazo fijo. Sobre Zapata nada se resuelve, porque no habiéndose incorporado ninguna delegación oficial del zapatismo con voz y voto a la asamblea, ésta declara no tener jurisdicción sobre esas fuerzas. Carranza sigue maniobrando con su retiro y poniendo diversas condiciones que indican que no piensa acatar en ningún caso la decisión tomada. El 1° de noviembre, la Convención elige presidente interino de la república al general Eulalio Gutiérrez, con el apoyo de los villistas y el visto bueno extraoficial de los zapatistas.

El 3 de noviembre, Villa propone una solución a su modo del conflicto entre él y Carranza. Nada de destierro a La Habana por unos días, como proponía Carranza, ni de simple destitución de ambos: que la Convención resuelva fusilar a los dos simultáneamente para terminar con los problemas. En el mejor estilo de la Soberana Convención Militar de Aguascalientes, el gesto fue recibido con aplausos y vivas, y por supuesto no se resolvió nada.

Para el 10 de noviembre, el presidente convencionista Eulalio Gutiérrez, ante la imposibilidad de ningún acuerdo, declara rebelde a Venustiano Carranza y nombra jefe de operaciones de los ejércitos de la Convención —esencialmente, la División del Norte— a Francisco Villa. Álvaro Obregón, fracasado por prematuro su papel de árbitro, se reúne con Carranza y le da su apoyo.

Carranza ya había salido de México y desde Córdoba, Veracruz, el 12 de noviembre declara rebeldes a su gobierno a Villa y a Eulalio Gutiérrez y los denuncia como representantes de la "reacción". Este calificativo de "reaccionarios" será el que usará Obregón en toda su campaña para referirse al villismo y sus aliados.

Villa se dirige a su vez a Zapata, anunciándole que avanza sobre México, en cuyo avance espera no encontrar obstáculos, y pidiéndole que movilice sus fuerzas para evitar que desde Veracruz y Puebla los carrancistas envíen ayuda a la guarnición de la capital, en caso de que intenten hacerlo. Entretanto, los delegados carrancistas ya han abandonado la Convención y hacia el 20 de noviembre la crisis ha perdido toda posibilidad de solución política y está planteada en términos militares entre el gobierno convencionista presidido por Eulalio Gutiérrez y el gobierno constitucionalista presidido por Venustiano Carranza, y entre sus principales jefes militares, Francisco Villa y Álvaro Obregón.

Al consumarse la ruptura con Carranza, a mediados de noviembre, la Convención lanzó un manifiesto que reafirmaba que el pueblo se había lanzado a la revolución "inspirado en profundas necesidades sociales" y no por una simple fórmula política y que en las épocas "de profunda conmoción social y política, cuando las instituciones vacilan y se derrumban, la soberanía la ejerce el pueblo en los campos de batalla" y "reside en el pueblo levantado en armas". El manifiesto enunciaba un "programa mínimo" entre cuyos puntos figuraban la desocupación del territorio nacional por las fuerzas estadounidenses; la devolución de los ejidos a los pueblos; "destruir el latifundismo, desamortizando la gran propiedad y repartiéndola entre la población que hace producir la tierra con su esfuerzo individual", la nacionalización de los bienes de los enemigos de la revolución; y la libertad de asociación y de huelga para los trabajadores.

La crisis militar es la continuación natural de la crisis política, irresoluble a partir del momento en que la Convención, en vez de ser el instrumento deseado por Obregón para manipular a las direcciones campesinas, se convirtió en terreno de confluencia política entre éstas y se desplazó hacia la izquierda adoptando el Plan de Ayala, aunque más no fuera en una declaración. La Convención, que no podía ser ni fue un organismo que representara las aspiraciones de la base campesina de la revolución, tampoco pudo erigirse como una estructura jurídica para contenerla. Eran demasiado fuertes el ascenso de la revolución y el poderío militar de los ejércitos campesinos en ese momento, demasiado débil la base social de la dirección burguesa, demasiado inciertas políticamente e influidas socialmente por la revolución las tendencias pequeñoburguesas y la pequeña burguesía en general. En su incapacidad para cumplir ninguna de las dos funciones opuestas está la esencia de la inocuidad que fue el rasgo distintivo de la Convención de Aguascalientes.

Obregón, uno de sus promotores en el constitucionalismo, había medido la fuerza probable del zapatismo en la Convención en gran parte —si no del todo— con una concepción burocrática y militarista, una concepción de aparato. Entonces, había medido mal. Veía, como todo el mundo, que el zapatismo tenía el apoyo de las masas campesinas. Pero en su visión ese apoyo, para pesar en la "alta política", requería una mediación, necesitaba traducirse a través de un aparato burocrático, intelectual y militar, un cuerpo de licenciados y militares como el que estaba desarrollando el constitucionalismo.

Y aparato, el zapatismo no tenía ninguno. Sus pocos y nebulosos intelectuales estaban sometidos a la voluntad dura e inflexible de Zapata —es decir, al representante armado de la base campesina— y no al revés. Sus oficiales y generales eran campesinos, con ropas y costumbres campesinas, y nomás el título de "general" antepuesto a su nombre los distinguía de su tropa. Los delegados zapatistas llegaron a Aguascalientes casi sin recursos. El Ejército Libertador no tenía fondos para pagar los gastos del viaje; y aquel tal rico "amigo de los campesinos" Atenor Sala, a quien Zapata escribió para que al paso de la delegación por México le prestara unos miles de pesos para gastos, se negó a dar nada. "Burgués por los cuatro costados, no nos dio ni un centavo", informó uno de los delegados en carta a Zapata, en la cual decía que los primeros fondos se los envió

Villa, a través de Ángeles, en Zacatecas. Las ropas y las costumbres de los zapatistas, apenas llegados de la pobreza del sur, contrastaban agudamente con los autos, los uniformes y los gastos de la incipiente burocracia militar compuesta por los delegados carrancistas en Aguascalientes.

No es extraño que Obregón pensara que podía mantener el control de la Convención y su propio juego con la llegada de esos zapatistas, que tal vez hasta le parecían fáciles de envolver políticamente. No comprendía, no podía comprender, la esencia histórica irreductible del zapatismo. Lo que Obregón no veía era que con esos zapatistas entraba en el teatro de la Convención el programa elemental de la revolución agraria.

El zapatismo mostró tener una fuerza de atracción social desconocida para sus adversarios. No sólo ganó y dio fuerza y eje político a la potencia armada del villismo, sino que la unión de ambos fue a su vez un polo de atracción transitorio para parte del ala radical de los oficiales constitucionalistas, a quienes Carranza podía controlar mientras no vieran otra perspectiva y mientras el constitucionalismo, a través de la subordinación militar y política de Villa, mantuviera controlada a la base campesina y popular villista. El villismo rompió ese control al encontrarse con el zapatismo.

Es que donde se determinaba todo este reagrupamiento de fuerzas no era en las interminables discusiones de la Convención, sino afuera, en la relación de fuerzas reales, cuyo reflejo político era la unión de villistas y zapatistas con la bandera del Plan de Ayala. El programa político valió más que la confluencia de ejércitos para unir a esas fuerzas, separadas todavía militarmente por los ejércitos de Obregón y de Pablo González que ocupaban México, Querétaro y la región central entre Zacatecas al norte y Morelos al sur.

Producida la conjunción política, que representaba la unidad real, de fondo, de las acciones y las aspiraciones de las masas campesinas que sin distinción de zonas de influencia militar eran las verdaderas ocupantes del país, los constitucionalistas podían intentar mantener su *cuña militar* entre la División del Norte y el Ejército Libertador del Sur, pero no había ninguna *cuña social* que los separara; y la *cuña política* del carrancismo, con todo y su ala izquierda, aparecía débil, sin programa y sin base, mientras parte de sus cuadros militares sufrían la atracción del villismo y el zapatismo unidos. Es decir, la cuña militar corría peligro de entrar en desintegración sin combate por la fuerza social de la revolución que la descomponía y porque esa fuerza se ejercía a través de un centro militar y político que, aun con sus limitaciones, era una fuerza material efectiva.

Obregón, con la Convención, había querido crear esa cuña política, pero no tenía el programa adecuado para darle una base social y no

170

podía inventarla con el aparato burocrático-militar ni maniobrando a los delegados campesinos, porque las maniobras tienen las patas cortas. Tuvo entonces que replegarse sobre el carrancismo, del lado burgués de la línea divisoria de clases. No era la hora de las componendas, sino la de las armas. Por eso los constitucionalistas, en particular los encabezados por Obregón, se retiraron de la asamblea pocos días después de que con sus propios votos se había aprobado por aclamación el Plan de Ayala. La Convención fue una derrota política para la dirección burguesa, y además para Obregón, que la había prohijado y a quien se le había escapado totalmente de las manos.

Salvo mantener a raya a las tropas zapatistas en las afueras de la ciudad, muy poco han hecho en México los constitucionalistas hasta entonces. Desde agosto de 1914, han sido meses de parálisis política y militar en medio de la guerra de maniobras verbal de la Convención y sus tratativas paralelas. El tiempo, en vez de operar en su favor como esperaban, se les vuelve en su contra desde que la unión villista y zapatista parece encender una perspectiva para las masas. El gobierno constitucionalista no ha tomado ninguna medida efectiva que le permitiera ganar apoyo entre la población de la capital. Por eso Carranza, al romper con la Convención, abandona la ciudad hacia el estado de Veracruz, desde donde conduce por telégrafo las últimas tratativas dilatorias mientras negocia con los estadounidenses la entrega del puerto, que desde septiembre habían prometido evacuar.

La capital es indefendible para los constitucionalistas. El jefe militar de la ciudad y comandante de la caballería del Ejército del Noroeste, Lucio Blanco, se inclina hacia el convencionismo. Obregón alista sus tropas para abandonar la plaza. Mientras tanto, Pablo González con su Ejército del Noreste ha venido replegándose sin presentar combate frente al avance de Villa, desde la ciudad de Querétaro hacia el sur.

El 23 de noviembre, por acuerdo con Carranza, las tropas de Estados Unidos evacúan Veracruz. El 24 los trenes del ejército de Obregón salen de México hacia Veracruz y Blanco, desobedeciendo las órdenes del mando constitucionalista, toma la jefatura de la ciudad en nombre de la Convención. Junto con él, otros oficiales rompen con Carranza y se pasan con sus tropas a la Convención, debilitando aún más el ya mermado ejército de Carranza. La noche de ese mismo 24 de noviembre de 1914, entran los zapatistas en la capital y dan garantías a la población.

El 3 de diciembre, por el rumbo de Tacuba y Atzcapozalco, entran a la ciudad las tropas de la División del Norte, junto con la Convención y su gobierno. Al día siguiente se producirá el encuentro entre Villa y Zapata en Xochimilco.

Los ejércitos campesinos ocupan la capital y el centro y norte del país, y las fuerzas de Carranza son una fracción militar en derrota arrojada sobre una franja costera y refugiada en el puerto de Veracruz. Todo el país se ha desplazado a la izquierda bajo el empuje violento del ascenso revolucionario que no parece encontrar barreras que le resistan. Los campesinos en armas, al comenzar diciembre de 1914, son dueños de México y de la sede del poder, el Palacio Nacional de la capital de la república.

VI. México, diciembre de 1914

La capital ocupada por los ejércitos campesinos es la síntesis de lo que sucede en el país. La guerra campesina ha llegado a su punto más alto. La vieja oligarquía ha perdido el poder para siempre, junto con buena parte de sus bienes, cosa que aún no había sucedido ni sucedería hasta muchos años después en ningún país de América Latina. Los representantes de la nueva burguesía aún no han podido afirmar ese poder en sus manos. No sólo no han podido, sino que han debido ceder al embate de las armas campesinas y abandonarles el centro político del país, la capital, y el símbolo material de ese poder, el Palacio Nacional, ocupado por las tropas zapatistas.

En realidad el poder está vacante. Pues no basta que la oligarquía lo pierda y la burguesía no tenga fuerzas para sostenerlo: alguien debe tomarlo. Y la dirección campesina no lo toma, nomás lo tiene "en custodia", como al Palacio Nacional, para entregarlo a los dirigentes pequeño-burgueses de la Convención. Ejercer el poder exige un programa. Aplicar un programa demanda una política. Llevar una política requiere un partido. Ninguna de esas cosas tenían los campesinos, ni podían tenerlas.

El proletariado, como fuerza política independiente, estaba ausente. Había proletarios, particularmente mineros y ferroviarios, en el ejército de Villa; pero como individuos, no como fuerza o tendencia de clase. Había jornaleros agrícolas en cantidad en los dos ejércitos campesinos. Pero ninguna tendencia, ni aun dirigentes individuales, representaban o asumían una posición política en nombre de la clase proletaria. El anarquismo y los magonistas no existían como organización independiente, sino como tendencia difusa en la dirección de los incipientes sindicatos. Y tanto a título de dirigentes sindicales como a título de corriente política, la inclinación de los dirigentes sindicalistas era a vincularse y entrelazarse con el poder estatal burgués, no a correr la aventura de unir su suerte al incierto destino de los campesinos en armas. Por otra parte, tampoco tenían un programa que ofrecer a éstos, porque los llamados revolucionarios del magonismo, filtrados a través del prisma de los dirigentes sindicalistas, no tenían punto de enganche en la realidad de la lucha de clases tal como se daba, no tal como la trazaban las especulaciones anarquistas.

Los obreros y artesanos de la capital miraban con simpatía a los ejércitos campesinos. En mil formas espontáneas les expresaron su solidaridad, su fraternidad y su amistad cuando entraron en México. Pero los sentimientos no alcanzan a establecer la alianza obrera y campesina: hacen falta además el programa y la política que la expresen y los organismos que la lleven adelante. Nada de eso tenían los incipientes sindicatos entonces, ni sus dirigentes. Tampoco la dirección campesina podía comprender la necesidad de esa alianza, tironeada entre los impulsos revolucionarios y radicales que partían de la base en armas y la ingenuidad y las ilusiones pequeñoburguesas en las "buenas leyes" y los "buenos hombres ilustrados" de que no se habían despojado sus dirigentes ni las mismas masas campesinas, a pesar de su natural desconfianza hacia los catrines.

No existía a escala nacional una dirección política de los trabajadores rurales y urbanos, ni había en el mundo todavía una revolución socialista que pudiera dar apoyo e inspiración a la revolución mexicana. Los movimientos revolucionarios estaban en su punto más bajo en muchos años. Acababa de estallar la guerra mundial y los trabajadores europeos estaban paralizados, divididos y envueltos tras sus respectivos gobiernos en la matanza interimperialista por un nuevo reparto del mundo.

La revolución mexicana, en su momento culminante, está aislada. Esto mide también la hazaña histórica de los campesinos mexicanos que, sin saberlo, eran en ese mes de diciembre de 1914 la punta más alta de la revolución en el mundo, cuando se hicieron dueños de la ciudad de México. Y con inexperiencia, pero también con resolución, trataron de sacar adelante la tarea que la historia y su propio coraje habían colocado sobre sus hombros.

La ocupación de México por los ejércitos campesinos es uno de los episodios más hermosos y conmovedores de la revolución mexicana, una expresión temprana, violenta y ordenada de la potencia de las masas que ha dejado hasta hoy su marca en el país, y uno de los cimientos históricos en que se afirman, sin que reveses, traiciones ni contrastes hayan podido conmoverlo, el orgullo y la altivez del campesino mexicano.

Martín Luis Guzmán, fugaz villista de las horas de triunfo que se alejó cuando vio aproximarse las derrotas, ha dejado en *El águila y la serpiente* una espléndida descripción, "Los zapatistas en Palacio", que muestra los sentimientos —temor, odio, duda, incomprensión, vacilación y ambigüedad— de los pequeñoburgueses que constituían el gobierno de la Convención hacia las tropas y los dirigentes campesinos. Guzmán fue subsecretario de Guerra en ese gobierno y el general José Isabel Robles el secretario de Guerra. Vale la pena reproducir el texto por extenso, porque da una imagen del sentimiento mezquino e inseguro de esos políticos, encaramados en un poder que no habían conquistado, y al mismo tiempo de la contradicción interna del inestable gobierno de la Convención que lo llevó a la ruina en corto plazo. Esto escribe uno de los señoritos a quienes los campesinos colocaron en el poder:

Quiso Eulalio Gutiérrez que antes de instalarse su gobierno, llegáramos de visita al Palacio Nacional. Allá nos presentamos, aquella misma tarde, él, José Isabel Robles y yo. Eufemio Zapata, que tenía la custodia del edificio, salió a darnos la bienvenida en la puerta central y empezó desde luego a dispensarnos los honores de la casa.

De este momentáneo papel suyo —acoger al nuevo presidente en su propia mansión gubernativa e iniciarlo en los esplendores de sus futuros salones y oficinas— Eufemio parecía penetradísimo, a juzgar por su comportamiento. Según fuimos apeándonos del automóvil, nos estrechó la mano y nos dijo palabras de huésped rudo, pero amable.

Mientras duraban los saludos miré a mi alrededor. El coche se había detenido, rebasando apenas la puerta, bajo una de las arcadas del gran patio. Lejos, en el fondo, iban a encontrarse en ángulo las dos líneas senoidales formadas por los blancos macizos de la arquería y la penumbra de los vanos. Cerca, un grupo de zapatistas nos observaba desde el cuerpo de guardia; otros nos veían por entre los pilares. La actitud de aquellos grupos, ¿era humilde?, ¿era recelosa? Su traza más bien despertó en mí un extraño sentimiento de curiosidad, debido en mucho a la escenificación de que formaban parte. Porque aquel enorme palacio, que tan idéntico a sí mismo se me había mostrado siempre, me hacía ahora, vacío casi, y puesto en manos de una banda de rebeldes semidesnudos, el efecto de algo incomprensible.

No subimos por la escalera monumental, sino por la de Honor. Cual portero que enseña una casa que se alquila, Eufemio iba por delante. Con su pantalón ajustado —de ancha ceja en las dos costuras exteriores—, con su blusa de dril —anudada debajo del vientre— y con su desmesurado sombrero ancho, parecía simbolizar, conforme ascendía de escalón en escalón, los históricos días que estábamos viviendo: los simbolizaba por el contraste de su figura, no humilde, sino zafia, con el refinamiento y la cultura de que la escalera era como un anuncio. Un lacayo del palacio, un cochero, un empleado, un embajador, habrían subido por aquellos escalones sin desentonar: con la dignidad, grande o pequeña, inherente a su oficio y armónica dentro de la jerarquía de las demás dignidades. Eufemio subía como un caballerango que se cree de súbito presidente. Había en el modo como su zapato pisaba la alfombra una incompatibilidad entre alfombra y zapato; en la manera como su mano se apoyaba en la barandilla una incompatibilidad entre barandilla y mano. Cada vez que movía el pie, el pie se sorprendía de no tropezar con las breñas; cada vez que alargaba la mano, la mano buscaba en vano la corteza del árbol o la arista de la piedra en bruto. Con sólo mirarlo a él, se comprendía que faltaba allí todo lo que merecía estar a su alrededor, y que, para él, sobraba cuanto ahora lo rodeaba.

Pero entonces una duda tremenda me asaltó. ¿Y nosotros? ¿Qué impresión produciría, en quien lo viera en ese mismo momento, el pequeño grupo que detrás de Eufemio formábamos nosotros: Eulalio, Robles y yo — Eulalio y Robles con sus sobreros tejanos, sus caras intonsas y su inconfundible aspecto de hombres incultos; yo con el eterno aire de los civiles que a la hora de la violencia se meten en México a políticos: instrumentos adscritos, con ínfulas de asesores intelectuales, a caudillos venturosos, en el mejor de los casos, o a criminales disfrazados de gobernantes, en el peor?

Ya en lo alto, Eufemio se complació en descubrirnos, uno a uno y sin fatiga, los salones y aposentos de la Presidencia. Alternativamente resonaban nuestros pasos sobre la brillante cera del piso, en cuyo espejo se insinuaban nuestras figuras, quebradas por los diversos tonos de los tapetes. A nuestras espaldas, el tla-tla de los huaraches de dos zapatistas que nos seguían de lejos recomenzaba y se extinguía en el silencio de las salas desiertas. Era un rumor dulce y humilde. El tla-tla cesaba a veces largo rato, porque los dos zapatistas se paraban a mirar alguna pintura o algún mueble. Yo entonces volvía el rostro para contemplarlos: a distancia parecían como incrustados en la amplia perspectiva de las salas. Formaban una doble figura extrañamente lejana y quieta. Todo lo veían muy juntos, sin hablar, descubiertas las cabezas, de cabellera gruesa y apelmazada, humildemente cogido con ambas manos el sombrero de palma. Su tierna concentración, azorada y casi religiosa, sí representaba allí una verdad. Pero nosotros ¿qué representábamos? ¿Representábamos algo fundamental, algo sincero, algo profundo, Eufemio, Eulalio, Robles y yo? Nosotros lo comentábamos todo con el labio sonriente y los sombreros puestos.

Frente a cada cosa Eufemio daba sin reserva su opinión, a menudo elemental y primitiva. Sus observaciones revelaban un concepto optimista e ingenuo sobre las altas funciones oficiales. "Aquí —nos decía— es donde los del gobierno platican", "Aquí es donde los del gobierno bailan", "Aquí es donde los del gobierno cenan". Se comprendía a leguas que nosotros, para él, nunca habíamos sabido lo que era estar entre tapices ni teníamos la menor noción del uso a que se destinan un sofá, una consola, un estrado; en consecuencia, nos ilustraba. Y todo iba diciéndolo en tono de tal sencillez, que a mí me producía verdadera ternura. Ante la silla presidencial declaró con acento de triunfo, con acento cercano al éxtasis: "¡Ésta es la silla!" Y luego, en un rapto de candor envidiable, añadió: "Desde que estoy aquí, vengo a ver esta silla todos los días, para irme acostumbrando. Porque, afigúrense nomás: antes siempre había creído que la silla presidencial era una silla de montar". Dicho esto, se dio Eufemio a reír de su propia simpleza, y con él reímos nosotros. Pero Eulalio, que desde hacía rato se quemaba por soltarle una cuchufleta al general zapatista, se volvió a él y, poniéndole suavemente una mano sobre el hombro, le lanzó este dardo con su voz meliflua y acariciadora:

—No en balde, compañero, se es buen jinete. Usted, y otros como usted, deben estar seguros de llegar a presidentes el día que sean así las sillas que se les echen a los caballos.

Eufemio, como por magia, dejó de reír. Se puso receloso, sombrío. La agudeza de Gutiérrez, demasiado cruel y, quizás, demasiado oportuna, le había tocado en el alma.

—Bueno —nos dijo instantes después, como si no quedara ya nada digno de verse—; vamos ahora allá abajo, a las cocheras y las caballerizas. Las miraremos un poco y luego los llevaré a las piezas donde estoy aposentado con otros compañeros.

Vimos con espacio las cocheras y las caballerizas, aunque más para satisfacción de él que para nuestro solaz. Entre colleras, riendas, bocados, tirantes —y olores a cuero crujiente y engrasado— mostró una increíble suma de conocimientos precisos. De caballos, igual de criarlos que de arrendarlos y lucirlos, parecía saber no menos. Sobre todo ello nos habló con entusiasmo que le hizo olvidar el incidente de la silla, y luego nos guió hacia la parte que ocupaban en el palacio él y su gente.

Eufemio —plausible muestra de su sinceridad— había encontrado habitaciones a su gusto en el más mezquino y escondido de los traspatios. Sin duda se daba bien cuenta de la excesiva ruindad de su refugio, pues trataba de adelantarse a las críticas declarando de antemano cuál era el carácter de su morada.

—Allí estoy —nos dijo— porque como siempre he sido pobre, en cuartos mejores no podría vivir.

Éste es el relato de un enemigo interior, que a su pesar no puede dejar de sentir respeto. Si se lo compara con las descripciones de John Reed o de Victor Serge sobre la actitud de los obreros y soldados bolcheviques en los palacios del zar y de sus nobles en los primeros días de la revolución rusa (menos de tres años después, por cierto), resalta de inmediato la diferencia de seguridad, actitud y perspectiva históricas: nomás como primera cosa, porque los bolcheviques empezaron por echar a patadas de esos recintos a los intrusos como estos a quienes Eufemio Zapata ingenuamente paseaba por el palacio desierto.

Estos pequeñoburgueses son intrusos, se sienten intrusos, y Martín Luis Guzmán lo dice. Sin embargo no pueden dejar de expresar su ironía rencorosa contra los campesinos que pisotean "la" cultura. Para ellos, en el recinto sagrado del Estado esa "cultura" pueden representarla bien "un lacayo, un cochero, un empleado o un embajador", es decir, diferentes variedades de servidores de la burguesía sometidos a sus valores de clase. En cambio, es un insulto la presencia de un campesino que con su sola manera de subir las escaleras rechaza y anula toda la "jerarquía de las dignidades" burguesas.

Hay, sin embargo, un hecho evidente en este relato que su autor no registra en su conciencia. Es el más importante: el palacio está vacío, el nuevo presidente y sus secretarios son advenedizos que no se apoyan en ninguna fuerza propia ni representan a nadie, y quienes tienen la fuerza, Eufemio y los zapatistas, hablan del gobierno como de algo extraño y ajeno — "los del gobierno" — y no han roto con el respeto a los símbolos de la dominación burguesa que el palacio encierra y representa. No han hecho suyo ese lugar, simplemente lo ocupan. (Aunque en el incidente de la silla, Eufemio expresa a su modo la voluntad campesina de ejercer el poder, y de ahí la reacción instintiva y agresiva de los otros en ese punto preciso.) No hacen allí sus reuniones ni parte alguna de su vida política y social. Ni en ese edificio, ni en ningún otro en México, hay en ese momento una sede del poder campesino, mientras el antiguo centro de mando de la burguesía está vacío y silencioso y los políticos de la Convención sienten que les queda grande y buscan evadirse y defenderse con la burla.

En una palabra, el poder está vacante.

El 6 de diciembre, desde los balcones del Palacio Nacional, Villa y Zapata asistieron al desfile de las tropas de la División del Norte y del Ejército Libertador del Sur. Después se fotografiaron juntos. Se sentaron alternativamente, una vez uno y otra el otro, en la silla presidencial. "A ver qué se siente", dijeron.

Dos elementos dominan entonces la situación política en la capital: la alianza de las direcciones campesinas y el gobierno de la pequeña burguesía puesto por ellas. Sin director aparente, pero en pie, sigue entretanto el aparato del Estado, sus secretarías, sus oficinas, sus funcionarios secundarios y burócratas. Los dirigentes campesinos no saben qué hacer con él y se proponen encargar al gobierno de la Convención que lo administre "en favor del pueblo". Los gobernantes de la Convención dicen que sí, pero fuera de algunas ideas nebulosas y vagamente democráticas, tampoco saben qué hacer y sienten que los dirigentes campesinos no los tratan como "dignatarios", sino como empleados administrativos y, a veces, cada vez más, como prisioneros a los que hay que controlar para que no se desmanden. Las propiedades de la vieja oligarquía están intervenidas y ocupadas. Los generales, presidentes, secretarios y funcionarios han instalado sus residencias y sus despachos en las antiguas mansiones burguesas abandonadas por sus dueños, duermen en sus camas, comen en sus mesas y beben de sus vinos. Pero la estructura de la propiedad privada como tal está intacta —en el mejor de los casos, está intervenida, como en suspenso, hasta que el cielo aclare— y la continuidad del aparato estatal es la garantía de esa integridad. Si en los campos los campesinos han repartido las haciendas, en la ciudad de México la tormenta se desarrolla en las altas regiones de la política, apenas rozando la estructura social de clase en su base más sólida, el régimen de propiedad; y mientras un gobierno obrero y campesino habría sido capaz de afirmar las raíces y las conquistas de la revolución en esa base sólida, y cambiando la estructura social, como la revolución rusa no tardaría en demostrarlo en 1917, el gobierno de la Convención actúa como amortiguador, garantía y tapón para que eso no suceda, en tanto pasa la tormenta campesina que se ha abatido sobre la capital burguesa.

Zapata y Villa se encontraron por primera vez en las afueras de México, al sur, en Xochimilco, el 4 de diciembre de 1914. De la reunión surgió el llamado Pacto de Xochimilco, que era más bien un acuerdo verbal sobre las líneas generales para la continuación de la lucha.

Hay un acta taquigráfica de la primera parte de esa reunión. La conversación transcurre sobre anécdotas y comentarios de la guerra. No hay perspectivas políticas, salvo encargar del gobierno a los "instruidos", y continuar la acción militar cada uno en su zona. Eso sí, "que se repartan los terrenos de los riquitos" y que se den "las tierritas al pueblo", como dice Villa en el diálogo: "Nuestro pueblo nunca ha tenido justicia, ni siquiera libertad. Todos los terrenos principales los tienen los ricos, y él, el pobrecito encuerado, trabajando de sol a sol. Yo creo que en lo sucesivo va a ser otra vida, y si no, no dejamos los máuseres que tenemos".

Pero el poder político lo van a entregar a los pequeñoburgueses de la Convención, los que a su vez se disponen a devolverlo, por la vía de la traición, a Carranza. Serán vanos los intentos de los dirigentes campesinos para controlarlos; los pequeñoburgueses maniobrarán y cuando ya no puedan más maniobrar, porque les está por "caer el machete" campesino encima, desertarán después de hacer todo el daño posible. Sin embargo, basta la lectura del diálogo entre Villa y Zapata para ver que sus propios límites políticos no les dejaban otra alternativa que verse obligados a confiar en aquellos catrines de quienes presentían que iban a traicionarlos. Dice el acta taquigráfica:

Villa: Yo no necesito puestos públicos porque no los sé lidiar. Vamos a ver por donde están estas gentes. Nomás vamos a encargarles que no den quehacer.

Zapata: Por eso yo los advierto a todos los amigos que mucho cuidado, si no, les cae el machete... [risas].

Serratos [general zapatista]: Claro...

Zapata: Pues yo creo que no seremos engañados. Nosotros nos hemos estado limitando a estarlos arriando, cuidando, cuidando, por un lado, y por el otro, a seguirlos pastoreando.

Villa: Yo muy bien comprendo que la guerra la hacemos nosotros los hombres ignorantes, y la tienen que aprovechar los gabinetes: pero que ya no nos den quehacer.

Zapata: Los hombres que han trabajado más son los menos que tienen que disfrutar de aquellas banquetas. No más puras banquetas. Y yo lo digo por mí: de que ando en una banqueta, hasta me quiero caer.

Villa: Ese rancho está muy grande para nosotros; está mejor por allá afuera. Nada más que se arregle esto, para ir a la campaña del Norte. Allá tengo mucho quehacer. Por allá van a pelear duro todavía.

En este diálogo están presentes los gérmenes de la derrota: política, porque no pueden conservar el poder en sus manos y se disponen a traspasarlo; y militar, porque en consecuencia renuncian a formar un ejército centralizado —para lo cual hace falta un poder centralizado— y deciden, cuando ya tienen el centro en sus manos, soltarlo y volver cada uno a combatir en su región, cuyo horizonte en el fondo no han podido sobrepasar hasta alcanzar los límites de la nación. Lo dice Villa: "ese rancho está muy grande para nosotros; está mejor por allá afuera".

Por su parte, los gobernantes de la Convención estaban como suspendidos en el aire. Los campesinos podían llevarlos al gobierno pero el poder, para ser tal, requiere un programa nacional que ellos no podían darle, fuera de la entrega de las tierras. El jacobinismo, por extremas que sean sus medidas, necesita un marco de clase burgués. Puede rebasarlo, pero del mismo modo como el río puede salir de cauce, por periodos, aunque sigue siendo el cauce el que determina su curso esencial. Si en vez de rebasarlo, o al hacerlo, destruye ese marco, entonces el jacobinismo deja de serlo, cambia de base de clase y se transforma en revolución socialista.

La fuerza revolucionaria del campesinado en armas podía crear por un momento su gobierno separado del gobierno de Carranza. Lo que esto demuestra por encima de todo es que la conquista revolucionaria de la tierra, aun siendo formalmente una reivindicación democrática, rebasaba ya entonces los marcos de la burguesía y exigía enfrentar a su poder con otro poder estatal. Pero los campesinos no podían dar una base diferente a ese otro poder. Podían establecer un gobierno, no podían establecer un poder nacional propio en forma permanente.

Carranza, aún acorralado contra la costa y debilitado militarmente por las defecciones y socialmente por el enfrentamiento abierto con los ejércitos campesinos, era el único que tenía una perspectiva nacional. Allí radicaba la esencia de su superioridad, que iba a descomponer y a atraer a los elementos vacilantes en las cumbres de la Convención en la medida en que se manifestara la incertidumbre y la parálisis interior del gobierno de ésta, así como antes esos elementos habían sido atraídos por el dinamismo social del ascenso revolucionario encarnado en el empuje de los ejércitos campesinos.

Como el gobierno de la Convención se mostraba y se mostraría en pocas semanas incapaz de traducir ese dinamismo en una política revolucionaria, la atracción del constitucionalismo iba a ejercerse tanto más seguramente cuanto que en su dirección iba a adquirir preponderancia en ese periodo la política obregonista, la más capaz para ejercer esa atracción y debilitar políticamente a sus enemigos con sus tintes radicales.

Lo que demuestra el empuje poderoso de la revolución es que los campesinos llegaron a intentar independizarse políticamente del gobierno de la burguesía, instaurando ellos un gobierno en la capital del país bajo su ocupación, y no simplemente manteniendo la guerra en los campos. Pero el poder campesino mediado por los pequeñoburgueses —los "gabinetes", como diría Pancho Villa—, al no llegar a ser un poder socialista, irremediablemente era un poder burgués suspendido del aire, en contradicción con el real gobierno burgués de Carranza pero en el fondo mucho más en contradicción con la misma base campesina insurrecta que lo sostenía frente a Carranza. Por eso terminó actuando como agente de éste contra las direcciones campesinas.

Así lo escribió años después, con lucidez y cinismo, Martín Luis Guzmán en *El águila y la serpiente*, soberbia crónica de la indecisión convencionista:

> Eulalio, que no se mamaba el dedo, se dio exacta cuenta de la situación en que nos encontrábamos: le bastaron tres o cuatro semanas de estancia en el poder (o lo que fuera) para confirmarse en su primitiva idea de que nada podía hacerse por de pronto, salvo ganar tiempo y buscar el medio de escapar de Villa sin caer en Carranza. Pero esperar quería decir defenderse —defenderse del amago más próximo, que era el de Villa y Zapata—, por donde nos fue preciso desarrollar una de las políticas más incongruentes de cuantas puedan concebirse: contribuir a que nuestros enemigos declarados —los carrancistas— vencieran a nuestros sostenedores oficiales —los villistas y zapatistas— a fin de que eso nos librara un tanto de la presión tremenda con que nos sujetaba el poder más próximo.

El gobierno de la Convención, instalado en la capital y sostenido en ejércitos que dominaban la mayor parte del país, significaba en esencia que la dinámica de la revolución exigía un organismo que expresara en términos políticos el poder de las masas campesinas, y al mismo tiempo que éstas no podían crearlo, aunque su empuje revolucionario rebasaba y rechazaba los marcos del poder burgués. Entonces la Convención no llegaba a ser un organismo de poder —y así lo reconoce el mismo Guzmán cuando habla de su "estancia en el poder, *o lo que fuera*"— sino de alianza inestable y conflictiva con un sector de la pequeña burguesía radicalizada. Era una especie de preconstituyente, y como toda asamblea constituyente o similar, planteaba dos problemas pero no los resolvía: a dónde va el país y quién ha de dirigir esa marcha. No podía dar respuesta al primero, y mucho menos al segundo (que en definitiva es el que decide sobre el primero) para el cual hacen falta no los debates sino la fuerza material: el programa, la organización y las armas. Todo eso no podía durar mucho, y no duró.

El gobierno en sí reflejaba cabalmente esta contradicción. Era un conjunto heterogéneo sin base propia y sin confianza en las masas, o más bien, hostil a éstas, que lo tenían prisionero. En realidad, la perspectiva de sus elementos más conscientes era negociar con Obregón y a través de él con Carranza, aprovechando la fuerza de los campesinos. Nada más que para ser aceptados como interlocutores en la negociación habrían debido demostrar que controlaban esa fuerza, y sólo podían mostrar que saboteaban bajo cuerda, pero que no controlaban nada. En otros de sus miembros, la perspectiva era inestable y nebulosa, aventureros o ingenuos arrastrados en la ola revolucionaria. Como un todo, era un conjunto de arribistas, ilusos, políticos improvisados inciertos y vividores, o en el mejor de los casos, desorientados "instrumentos adscritos, con ínfulas de asesores intelectuales, a caudillos venturosos", escribiría años después uno de ellos, Martín Luis Guzmán. Su diferencia con las cumbres de otros "partidos campesinos" de la historia era que en este caso, la base campesina armada dominaba el país —no era una simple masa electoral—, tenía sus direcciones propias, en particular el zapatismo, y a través de ellas ejercía una permanente desconfianza armada sobre esas cumbres pequeñoburguesas, atravesándole fusiles en el camino de sus maniobras. Inevitablemente, la contradicción tenía que estallar en corto plazo.

Esos pequeñoburgueses, impotentes hasta para dictar una ley de reforma agraria, eran una traba con su sola presencia. Odiaban, despreciaban y temían a Villa y a Zapata. Alzaban con sus actos, con sus modos y con su inacción, una barrera entre los campesinos villistas y zapatistas y el proletariado urbano, barrera que completaban del otro lado los dirigentes sindicalistas que veían perspectivas de carrerismo con Obregón, no con Villa y Zapata. Paralizaban y traicionaban todo. Los más corrompidos vivían en el lujo abandonado por la burguesía, los más ilusos vivían en las nubes. Ninguno representaba nada, salvo la ausencia del proletariado como fuerza política independiente y la impotencia del campesinado para serlo.

Es decir, representaban dos ausencias, dos signos negativos que no alcanzaban a hacer uno positivo.

Pero si el gobierno convencionista era todo eso, el hecho de su formación expresa algo más duradero y profundo que los hombres que lo integraban. Significa también que las masas campesinas, a través de la organización y la centralización militar representada por Villa y a través de la intransigencia política encarnada en Zapata, manifestaron una capacidad hasta entonces única en la historia de las guerras campesinas para, en un esfuerzo supremo, constituirse en fuerza nacional independiente; para arrastrar a un sector de la pequeña burguesía, así fuera condicional y transitoriamente; y para influir al otro (la tendencia radical y jacobina en el constitucionalismo), a través del cual terminaría por expresarse en términos políticos más permanentes el peso campesino en el curso de la revolución.

Este esfuerzo, inevitablemente fallido, era anuncio no obstante de la inminencia de una era de revoluciones agrarias y socialistas en el siglo, que tres años después abriría la revolución rusa. Así, la guerra campesina y la revolución mexicana se alzan como precursoras en el confín de dos épocas de la historia mundial.

Desde el punto de vista militar, la situación aparecía completamente favorable a los ejércitos de la Convención. Éstos dominaban la capital, el centro del país, prácticamente todo el norte, los estados más ricos e importantes — con la excepción notable de Veracruz—, la red ferroviaria; mientras los constitucionalistas, fuera de su último baluarte de Veracruz y algunas zonas limítrofes —más el extremo sur del país, que no desempeñó papel importante en la revolución— sólo mantenían en su poder varios puertos y tres ciudades fronterizas al norte. En las semanas siguientes a la toma de México, Villa tomó Guadalajara y el estado de Jalisco al general Diéguez, Zapata tomó Puebla al general Salvador Alvarado, que se replegó también sobre Veracruz, y Felipe Ángeles realizó una exitosa campaña tomando entre otras plazas Saltillo y Monterrey y colocando casi todo el territorio de los estados del noreste bajo su dominio, después de batir a los constitucionalistas en las batallas de General Cepeda y de Ramos Arizpe.

A fines de diciembre y principios de enero de 1915, todo el territorio nacional era un vasto campo de batalla, donde por los mismos días y en los puntos más distantes combatían destacamentos de la División del Norte y del Ejército Libertador del Sur con destacamentos constitucionalistas, al noreste, en el norte, sobre la costa del Pacífico, en la región del Golfo, en la línea de Puebla, en el centro del país.

Esto significaba para los ejércitos convencionistas convertir en desventajas todas las ventajas de su posición central, al dispersar sus fuerzas en varios frentes de batalla contra enemigos secundarios. Nada podía favorecer más desde el punto de vista militar al debilitado mando constitucionalista en Veracruz, que necesitaba ganar tiempo para reorganizar sus fuerzas.

El general Juan Barragán describe así la situación militar en esos días:

Un sucinto análisis de la topografía en que operaban los diversos ejércitos beligerantes bastará para demostrar que las fuerzas constitucionalistas se hallaban en las peores condiciones militares. Empezando por los estados del norte: Sonora, únicamente la plaza de Agua Prieta estaba en poder de las tropas constitucionalistas; Chihuahua, Coahuila y Nuevo León, absolutamente dominados por la División del Norte; en Tamaulipas, los constitucionalistas conservaban Nuevo Laredo, Matamoros y Tampico, estando la capital y el resto del estado en poder del enemigo. Estados del Golfo: Veracruz, Tabasco, Campeche y Yucatán dominados por los constitucionalistas; posteriormente se perdió Yucatán. Estados del Pacífico: Chiapas, controlado por el gobierno constitucionalista; Oaxaca, una parte en poder del enemigo, la región del Istmo, y el resto por el ejército constitucionalista; Guerrero, en manos del enemigo, excepto el puerto de Acapulco; Colima, en poder de las tropas adictas a la Primera Jefatura; Sinaloa, dominado por el enemigo, menos el puerto de Mazatlán y finalmente, los estados del interior, todos en poder del enemigo, inclusive la capital de la República.

Por la descripción que antecede, se observará que las fuerzas constitucionalistas ocupaban, precisamente, lo que pudiéramos llamar la periferia de la república, en tanto que los villistas y zapatistas se hallaban situados en el centro del país. Esta situación colocaba a las primeras en una posición interior, estratégicamente hablando, a las de los bandos antagónicos. Si bien es cierto que los constitucionalistas, teniendo en su poder los puertos en ambos litorales y varios de los fronterizos, podían recibir los elementos de guerra que se adquirían en el extranjero y que en su mayor parte llegaban por Veracruz, de donde se distribuían a las diversas columnas militares, también era innegable que se veían precisados a vencer numerosas dificultades con pérdida de tiempo en el transporte de dicho material y de contingentes a los puntos débiles que debían reforzarse. En cambio, los villistas y zapatistas, situados en el centro del país, dominando las redes ferroviarias y con varias ciudades de la frontera norte, se hallaban en aptitud de mover con rapidez sus tropas a cualquier lugar que necesitaran atacar o defender y también estaban en condiciones de recibir con regularidad los pertrechos de guerra comprados en los Estados Unidos.[1]

El general Francisco Grajales, que considera a Obregón un "genio militar de la revolución", hace esta descripción del mismo periodo:

Difícil tarea resulta bosquejar el panorama general que ofrecía el país por aquellos días. Los ejércitos beligerantes, fragmentados sobre toda la extensión del suelo patrio, sin estabilidad orgánica por las constantes defecciones, con tropas de inusitada movilidad, se presentan al estudioso en una inextricable confusión. No obstante, desde el punto de vista geográfico pueden advertirse varios teatros de operacio-

[1] Citado por Jesús Silva Herzog, *Breve historia de la revolución mexicana*, México, Fondo de Cultura Económica, 1967.

nes. El principal de éstos lo encontramos en el Centro, con su frente de combate en Puebla; otros secundarios se localizan respectivamente en Jalisco, Tepic, Sinaloa, Sonora y Baja California; otros más aparecerán bien pronto en el Noreste (Coahuila, Nuevo León, Tamaulipas y San Luis Potosí) y en Yucatán y el Istmo de Tehuantepec.

En el Centro los constitucionalistas cuentan solamente con los restos del Cuerpo de Ejército del Noroeste situados en puntos importantes de las vías férreas entre las plazas de Veracruz y Puebla. El Cuerpo de Ejército del Noreste (general Pablo González), en sus encuentros con la División del Norte, al retirarse de Querétaro hacia Pachuca quedó prácticamente desintegrado; algunas fracciones tomaron rumbo a Tuxpan y Tampico, otras se pasaron al enemigo.

El gobierno de la Convención acordó que el Ejército Libertador del Sur se hiciera cargo de la campaña contra las fuerzas constitucionalistas que operaban en los estados de Puebla, Veracruz y Oaxaca, es decir, en el teatro de operaciones del Centro, ordenando a la vez que el general Villa condujera la campaña en el Occidente, el Noroeste y el Noreste.

Esta absurda dispersión de fuerzas, nacida de un obtuso criterio de jurisdicción localista reclamado por Zapata, fue la tabla de salvación del constitucionalismo. Sumábase a la dispersión de las fuerzas la muy inferior calidad de los jefes y de las tropas zapatistas que iban a enfrentarse nada menos que con las aguerridas legiones del general Obregón, mandadas por él mismo.[2]

¿Quién, y por qué, era responsable de esa "absurda dispersión de fuerzas"? Ya se ha visto que desde el momento mismo de encontrarse en Xochimilco, el 4 de diciembre, Zapata y Villa habían acordado combatir cada uno en su zona. Con este criterio estaba en desacuerdo el general Felipe Ángeles, quien discutió largamente con Villa la continuación de la campaña. Desde la entrada en México, Ángeles propuso no detenerse, sino perseguir al descalabrado y debilitado ejército de Obregón, echársele encima con todo el empuje de la División del Norte y aniquilarlo. Villa se opuso, aduciendo que su base estaba en Chihuahua, que su línea de abastecimientos se extendía desde Ciudad Juárez a México y que debía eliminar primero las fuerzas enemigas que amenazaban cortar esa línea, mientras Zapata se encargaría de atacar o al menos de mantener a raya a las fuerzas de Obregón. Ángeles insistía en que era peligroso y absurdo

[2] Francisco J. Grajales, "Las campañas del general Obregón", prólogo a Álvaro Obregón, *Ocho mil kilómetros en campaña*, Fondo de Cultura Económica, México, 1970.

dividir así las fuerzas y perder el ritmo sostenido —el *tempo*— del avance; que tomada la capital del país ésa era la base principal, y no Chihuahua; que había que quebrar y aplastar el centro del enemigo, en Veracruz, arrojándolo al mar antes de que tuviera tiempo de reorganizarse, tarea en la cual Obregón había mostrado ser capaz de aprovechar cualquier respiro; y que en consecuencia no había que correr el riesgo de conceder ese respiro. En cuanto al resto de las fuerzas constitucionalistas dispersas por el país, decía Ángeles a Villa, eran secundarias y caerían en cuanto fuera aniquilado el centro: "son como sombreros colgados de un perchero; no tiene caso descolgarlos uno a uno, cuando se puede quitar de un golpe el perchero, que es Carranza, y los sombreros quedan sin sostén y se caen solos".

Aunque la imagen del perchero y los sombreros era muy gráfica, convencer a Villa en esa discusión no era cuestión de imágenes, sino de clase. Desde cualquier punto de vista, Felipe Ángeles tenía razón. Era el militar de escuela que veía la guerra y el país con criterio nacional. En Villa, y también en Zapata, se imponía el criterio regional campesino. Sentía Villa una inseguridad muy grande de verse cortado de su base en el norte, que lo era no sólo por razones logísticas, sino ante todo por razones de prestigio y autoridad de dirigente regional. Y no veía, no podía ver cómo era posible compensar el alejamiento de esa base con la conquista de la capital, porque además no sabía qué hacer con "este rancho demasiado grande". Las raíces de su seguridad estaban en "la tierra", entendida como su región, su país natal. Lo mismo sucedía con Zapata, que además consideraba al sur como su jurisdicción, donde eran sus fuerzas las que debían combatir y vencer, criterio que Villa respetaba porque compartía la lógica campesina y regionalista que lo originaba, aunque no confiara en la capacidad militar del zapatismo, que sabía inferior a la de la División del Norte y a la de Obregón. Puestos a vigilar tan extensa línea de abastecimientos y a respetar los criterios regionales de cada uno, era inevitable que los ejércitos campesinos sufrieran una tremenda dispersión precisamente en el momento en que podían y debían concentrar todas sus fuerzas para obtener la superioridad en el punto decisivo y aniquilar al enemigo.

Pero ésa era la visión campesina. Hay que decir que Obregón veía las cosas con el mismo criterio que Ángeles. Temía una arremetida concentrada de todas las fuerzas villistas y zapatistas, que le parecía la salida más lógica, y se preparaba para tratar de resistirla con grandes dudas sobre sus propias posibilidades de éxito. Desde que la arremetida no se produjo, Obregón comprendió que el avance convencionista se diluía, perdía su *tempo* y le concedía el respiro que necesitaba imperiosamente para sobrevivir. Ésa fue realmente su tabla de salvación. Durante la primera mitad de diciembre reorganizó febrilmente sus tropas para la contraofensiva y el 13 de ese mes Carranza lo designó jefe de las operaciones contra Villa, fijando como primer objetivo la recuperación de la plaza de México.

Por otra parte, la detención y la dispersión de la ofensiva militar contribuyó a hacer perder a Villa la autoridad que había ganado sobre una serie de jefes militares convencionistas, cuyo ejemplo era Lucio Blanco, y a acelerar su defección. Detenida la ofensiva, paralizado el gobierno de la Convención, las dudas y las reservas se impusieron rápidamente en sus ánimos sobre la atracción anterior.

En el fondo, la diferencia de visión estratégica entre Villa y Zapata por un lado, y Ángeles y Obregón por el otro, era una divergencia irreductible de objetivos. Villa y Zapata luchaban por la tierra, Obregón y Ángeles luchaban por el poder. Villa y Zapata no sabían qué hacer con la ciudad de México, Obregón necesitaba la capital como centro político nacional y como base social. Como es la posesión del poder político la que en definitiva decide sobre la posesión de la tierra, a pesar de la inferioridad militar momentánea de Obregón esta diferencia de objetivos colocaba toda la ventaja de su parte, aunque le llevaría aún grandes batallas afirmarla en los hechos. Por eso los argumentos militares de Ángeles, que expresaban una perspectiva política nacional, jamás iban a convencer a Villa, que no comprendía esa perspectiva. Ángeles se subordinó a la decisión de su jefe, Francisco Villa, libró y ganó batallas magistrales con sus tropas, y finalmente perdió la guerra junto con el villismo y la División del Norte.

Lo primero que salta a la vista al considerar la ocupación campesina de la ciudad de México es la ausencia de toda forma organizada de ejercicio del poder por los campesinos en armas o sus representantes, en el mismo momento en que dominaban la mayor parte del territorio nacional.

La vida cotidiana de la ciudad seguía, como sigue en todas partes después de cualquier revolución y aun durante ella. Pero no había un centro único de poder. A los dos gobiernos que controlaban en forma nominal distintas partes del país, el convencionista y el constitucionalista, se agregaba una dualidad de poderes en la misma capital, entre el gobierno de la Convención y las direcciones campesinas. Ni éstas podían fijar a aquél una política —porque ellas mismas no la tenían— ni Eulalio Gutiérrez y sus ministros podían controlar las acciones de los jefes campesinos.

La ocupación villista y zapatista de México, contra mucho de lo que se ha escrito, se distinguió por su orden. No hubo saqueos a la población, desbordes o abusos de las tropas ni desórdenes promovidos por los soldados. Éstos mostraron una disciplina que más que de los reglamentos militares, les venía de su esencial sentimiento de solidaridad con los pobres de México.

Pero mientras ese orden relativo predominaba en la vida social, la vida política y económica era el reino del desorden, porque nadie mandaba, nadie tomaba iniciativas y ambos poderes gastaban gran parte de su tiempo en la lucha entre ellos, paralizándose mutuamente. Mientras Gutiérrez y sus ministros querían imponer formas de legalidad burguesa, los jefes campesinos mantenían las leyes de la guerra y, entre ellas, las leyes elementales del terror revolucionario con que aseguraban su dominio. Ese terror, al revés del de Díaz y el de Huerta, y del de Juvencio Robles en Morelos, que iban dirigidos contra las masas, apuntaba en cambio contra los enemigos políticos del villismo y el zapatismo y contra los ricos en general, es decir, contra una pequeña minoría muy precisa. En cuanto la vasta mayoría obrera, pequeñoburguesa pobre, semicampesina y artesana que constituía la población urbana, nunca se había sentido más segura que bajo la ocupación de los ejércitos campesinos.

Sin embargo, esa misma población veía día a día la parálisis del gobierno, la inocuidad del presidente y sus ministros, la ausencia de todo llamado y toda iniciativa, la incapacidad para la acción política y la limitación del villismo y el zapatismo. Veía, sentía y sufría la degradación política progresiva de la situación, el desorden administrativo, la creciente escasez de abastecimientos.

La dualidad de poderes se manifestaba en hechos pintorescos. Los jefes campesinos estaban nominalmente al servicio del gobierno convencionista y éste debía darles los medios económicos para seguir la guerra. En los hechos, las cosas se presentaban al revés, por lo menos en lo que al villismo se refiere. Villa seguía extrayendo sus recursos de sus territorios norteños, en particular de la venta en Estados Unidos del ganado expropiado a los hacendados y las contribuciones extraordinarias impuestas a los ricos comerciantes de las ciudades controladas por la División del Norte. En México, algunos jefes villistas, como el general Urbina —campesino y compadre de Villa— utilizaban el sistema de secuestrar ricos y cobrarles rescate como medio de obtener fondos para sus tropas, y ocasionalmente también para ellos mismos. Es un curioso comentario de la situación el hecho de que quienes se suponía que controlaban el poder y podían a través de éste obtener los recursos necesarios incluso mediante confiscaciones a esa misma gente acaudalada, recurrieran al método guerrillero y clandestino de los secuestros, propios de las bandas campesinas perseguidas y proscritas.

De la misma manera se hacían los ajustes de cuentas. El gobierno de la Convención era un gobierno cuya función principal, para Villa y Zapata, era dar "legalidad" al poder de los ejércitos campesinos. Es lo que dicen desde la misma entrevista de Xochimilco. En consecuencia, el terror revolucionario y las represalias contra los enemigos había que aplicarlas a sus espaldas, sobre todo porque Gutiérrez y su gabinete se iban a oponer a toda medida radical en ése como en los demás terrenos. Esta forma empírica y desordenada de "dictadura del campesinado" estaba obligada entonces a ser clandestina, aunque actuara a plena luz, porque no tenía la sanción de su propio gobierno.

Los enemigos del villismo y el zapatismo han hecho gran escándalo sobre la "anarquía" reinante en la ciudad en ese periodo. La "anarquía" no era tal, ni la población mayoritaria de la ciudad vivía en un clima de inquietud o temor. Muy al contrario, después de los gobiernos anteriores, desde Díaz hasta Huerta, por primera vez sentía que gentes del pueblo como ellos, campesinos en armas, eran quienes tenían la fuerza material de la cual depende el poder político. Aunque éste no lo ejercieran y se lo entregaran a Gutiérrez y sus ministros, eran un escudo para los desposeídos frente a los abusos del Estado como jamás habían tenido ni han vuelto a tener todavía hasta hoy.

La "anarquía", los ajustes de cuentas, eran en el fondo los intentos desordenados de los jefes campesinos de impedir el aumento de peso de las tendencias burguesas en el gobierno de la Convención. Eran parte de lo que Martín Luis Guzmán llama "la presión tremenda con que nos sujetaba el poder más próximo". "Mucho cuidado, si no les cae el machete", había dicho Zapata en Xochimilco, y el machete campesino caía, pero sin un plan preciso que lo guiara y diera efectividad política a sus golpes. Aunque la desconfianza, el atraso y el desorden eran fuente de errores, el instinto o la intuición de clase guiaba la línea de los ajustes de cuentas. Esto es claro en la ejecución del convencionista David Berlanga, a quien Villa mandó fusilar porque andaba criticando sus "abusos" y diciendo que Gutiérrez y sus amigos debían romper con los "bandidos" de Villa y Zapata.

Pero más claro es en el caso de la persecución del general sinaloense Juan Banderas —a quien decían "El Agachado" por sus espaldas cargadas— contra José Vasconcelos, nombrado secretario de Educación por Eulalio Gutiérrez. Un día Villa se enteró de que el general Banderas andaba buscando al secretario de Educación del gobierno para "tronárselo". Eulalio Gutiérrez protestó ante Villa, diciendo que era inadmisible semejante situación. Éste llamó a El Agachado, que como casi todos los jefes de la plaza era un antiguo campesino ahora general, y le preguntó si era cierto eso y qué tenía contra Vasconcelos, quien había hecho grandes elogios de Villa meses antes. Juan Banderas le dijo que antes de la revolución, él había estado preso en México por una cuestión de tierras. En esa situación se le presentó en la cárcel el licenciado Vasconcelos y le ofreció defenderlo y sacarlo si le adelantaba una fuerte suma de dinero. Banderas reunió esa cantidad con grandes sacrificios de su familia y una vez que se la entregó a Vasconcelos, éste no apareció más por la cárcel y allí lo dejó abandonado.

Villa, para calmar las cosas, le propuso a Banderas que dejara tranquilo al ministro para no provocar una crisis de gobierno y que él le repondría, de los fondos de la División del Norte, la suma que le había estafado. Banderas se negó. Dijo que no le interesaba en lo más mínimo el dinero, sino que no podía ser secretario de Educación, y por lo tanto responsable de la formación de los niños y los jóvenes, un hombre tan inmoral, porque iba a causar mucho daño en esa función. Y que por lo tanto, en cuanto lo hallara, él se lo iba a "quebrar" nomás a ese "licenciadito" para hacer un bien a la juventud de México.

Es seguro que Villa encontró irrefutable la lógica de Banderas, porque no insistió. En cambio, hizo llamar a Vasconcelos y le dijo que le convenía dejar su cargo e irse de la capital, que en todo caso él le conseguía un puesto provisorio en los territorios de la División del Norte, pero que si se quedaba, El Agachado lo iba a matar porque era "un hombre de mucha ley" y no se podía jugar con él: "Usted, licenciado, está recogiendo lo que antes sembró", le dijo Villa. Vasconcelos efectivamente abandonó la ciudad, pero ya como enemigo abierto del villismo y el zapatismo y para hacer propaganda contra ellos.

El incidente contribuyó a desencadenar la crisis del régimen de la Convención. Eulalio Gutiérrez reclamó a Villa que permitiera que un general campesino echara de la ciudad "por sus pistolas" nada menos que al ministro de Educación de su gobierno. Villa contestó que él había ofrecido ponerle escolta a Vasconcelos y que no había sido aceptada. Gutiérrez replicó que qué clase de gobierno era ése que iba a tener que poner escolta a sus funcionarios para cuidarlos de las mismas tropas que lo sostenían. (Efectivamente, "qué clase de gobierno" era ése...)

Al incidente se mezclaron otros, y finalmente Villa cambió la escolta de la residencia del presidente por una compuesta por sus tropas de confianza, los "dorados", y le comunicó a Gutiérrez que en adelante era su prisionero y que no intentara escaparse para "robarle la legalidad", porque no tendría cómo, pues sus tropas controlaban la casa, la ciudad, los caminos y los trenes. Dicen que Gutiérrez le contestó que "hasta en burro" era capaz de irse, con tal de romper con Villa. Así hizo crisis, en la forma más pintoresca, la dualidad de poderes en el régimen de la Convención. A partir de entonces, era cuestión de días que Gutiérrez —a quien Villa tampoco quería fusilar, como hubiera sido normal en sus métodos, porque era "el presidente" y "la ley"— encontrara un modo de escapar, aunque fuera en burro, y se rompiera definitivamente un gobierno fantasmal e insostenible.

Pero ese fantasma, esa sombra de poder, inefectivo para cuando fuera una iniciativa positiva, se convertía en una fuerza muy real en todos los aspectos negativos. Era la sede del sabotaje organizado contra los ejércitos campesinos, en particular contra el Ejército Libertador del Sur, que por su escasez de recursos propios dependía mucho más que Villa de lo que le diera el gobierno de la Convención, sobre todo para enfrentar una guerra formal diferente de la guerra de partidas que hasta entonces había librado, y contra las tropas de Obregón, superiores a los corrompidos ejércitos huertistas. Entonces, a la debilidad militar del zapatismo para este tipo de guerra, a la dispersión de fuerzas en que habían caído los ejércitos campesinos venía a agregarse el sabotaje desde el gobierno convencionista, todo lo cual iba a dejar casi abierto el camino desde Veracruz hasta la capital para el ejército de Obregón.

Nuevamente Martín Luis Guzmán es el cronista franco de esta traición. Él se presenta a sí mismo como uno de sus ejecutores al llevar adelante frente al zapatismo y al villismo una política en la cual, dice, "estábamos obrando más como aliados de Obregón que como aliados de ellos":

Robles, Aguirre Benavides y yo [no se olvide: los tres provenientes del equipo de confianza de la División del Norte, los tres villistas "moderados" —A. G.] aplicábamos el procedimiento desde la Secretaría de Guerra, con una eficacia fría cuyos buenos resultados corrían parejos con los disgustos y peligros que nuestro esfuerzo nos deparaba. Me los deparaba particularmente a mí, que sin ser militar, ni tener escolta, ni rodearme de oficiales que me cuidaran, hube de habérmelas con la malquerencia de innumerables jefes y jefecillos zapatistas, para quienes aparecía yo como el torpe autor de sus derrotas; y esto en los días de la más completa inseguridad personal: cuando la ciudad de México preguntaba todas las mañanas —como tantas otras veces en nuestra larga historia de crímenes políticos— qué asesinatos se habían cometido la noche anterior, y cuando todas las noches estimaba hacederos los asesinatos más crueles y elevosos.

Robles me había dicho:

—Contra Villa, como usted comprende, nada lograremos por ahora. ¿Para qué nos necesita, como no sea para bandera? Pero con los zapatistas, las cosas cambian. Si le piden dinero, déselo, licenciado, déselo cuidando nomás que no se salgan de la cuenta; pero si le piden armas, o parque, o trenes, ni siquiera agua les dé.

Y había que ver cómo se me encrespaban algunos subordinados de Zapata —por lo común generales de calzón y blusa, de carabina en bandolera, de cananas cruzadas sobre el pecho— y cómo otros explotaban económicamente la situación: éstos, generales de pantalón estrecho, guayabera de dril y pistola en funda con bordados de plata.

Durante los días en que los zapatistas pugnaban por arrojar de Puebla a las fuerzas de Alvarado, yo agoté todos los recursos imaginables para no proveerlos de armas, cartuchos ni locomotoras. Como ni Robles ni Aguirre Benavides se aparecían mucho por su oficina, a falta de ellos me asediaban a mí los señores jefes de operaciones del Ejército Libertador del Sur. Entraban a verme seguidos de sus numerosos estados mayores: se rompía la penumbra de mi despacho con las manchas, holgadas y claras, de los calzones sin pretina; hacían rumor suave los huaraches; desfilaban, como grandes ruedas sobre carril invisible, los enormes sombreros anchos, que producían al moverse brisas de aire confinado, impuro. Yo los hacía sentarse sin distinción de categorías y me enzarzaba con ellos en intrincadísimas disquisiciones sobre el arte moderno de batallar con cartuchos y sin cartuchos, con fusiles y sin fusiles, con trenes y sin trenes. Y todo iba muy bien según los convencía yo de que la fábrica de armas, y la de explosivos, y la de municiones no daban de sí ni la centésima parte de lo que necesitábamos, o cuando les hacía comprender por qué el general Villa era, dentro de nuestra alianza, el único capacitado para surtirlos suficientemente; pero si se percataban de mi deseo de negarles ayuda, o lo sospechaban siquiera, me ponían en terribles aprietos y armaban escándalos formidables. Un grupo de ellos, desencantado de no obtener lo que deseaba, se vengó de mí bailando en la sala de espera, con pavor de las cincuenta personas allí presentes, algo que podría llamarse la "danza del rifle y la pistola". Y éstos fueron de los más mansos; que otros, sin andarse por las ramas, sencillamente me amenazaban de muerte, como el general que me pedía trenes para ir en socorro del pueblo de Amozoc, atacado por los carrancistas. Yo le aseguraba que no disponíamos de locomotoras; él afirmaba que sí, que las había visto en tales y tales estaciones, y cuando, por fin, a manera de arreglo, le ofrecí una muy vieja y casi inservible —tan vieja que todavía quemaba leña—, eso lo exasperó tanto, que me dijo con mucha calma:

—Bueno, patrón: me llevo ésa. Pero ¡ay jijo de la guayaba si me redotan!... Porque entonces vengo y lo tizno.

Al oír la injuria, eché mano a un pisapapeles de cristal que estaba sobre mi mesa e hice ademán de arrojarlo a la cabeza del jefe zapatista, mientras preguntaba lleno de ira:

— ¿Hijo de qué?

— De nada, patroncito, de nada; no se acalore: nomás fue un decir. Pero de lo demás no me rajo: si me redotan, vuelvo, vuelvo y lo raspo.

Es cierto que Guzmán puede exagerar su propia traición para hacer méritos ante los vencedores y extraños méritos al revés ante la historia. Es cierto también que el papel de estas traiciones —de las cuales ese relato es sólo un ejemplo— no fue lo decisivo. Pero fue de todos modos importante. La verdadera dualidad de poderes, aquella que cae a un lado y otro de la línea de clase, se establecía entonces entre las direcciones campesinas de un lado, y del otro el constitucionalismo y los gobernantes de la Convención, aunque estos dos últimos formalmente aparecieran en campos enemigos, separados por el frente de guerra. Una vez más, la línea de fuego aparente no coincidía con la línea de clase profunda. Y una vez más, como es natural, fue ésta la que determinó en definitiva los bandos separados por aquélla, pues los dirigentes pequeñoburgueses de la Convención o desertaron de toda lucha o se sumaron a Obregón. (El 7 de enero Eulalio Gutiérrez, en su nombre y en el de sus ministros principales —Robles, Lucio Blanco, Aguirre Benavides— escribió a Obregón ofreciendo pasarse a sus filas y quitar el mando a Villa. El 15 de enero se fugaron de México luego de firmar un decreto "destituyendo" a Villa y Zapata.)

Sin embargo, la razón esencial de las derrotas que se preparaban radicaba en rasgos mucho más profundos de la situación. La raíz estaba en un fenómeno social que se iba produciendo en lo más hondo de la conciencia de las masas: la desilusión ante la impotencia política de sus direcciones.

La marea nacional revolucionaria había alcanzado su ápice con la ocupación de México por los campesinos en armas, la entrevista de Xochimilco, el desfile frente a Palacio Nacional. A partir de ahí, los campesinos, los trabajadores, los pobres esperaban un vuelco político a su favor. Sus enemigos estaban en derrota. Sus dirigentes se habían apoderado de los atributos formales del poder y de su sede nacional: debían ejercerlo en favor de ellos. Debían, cuando menos, dictar una ley que les diera inmediatamente la propiedad de las tierras que habían ocupado y cultivaban, una ley con una función similar a la que tuvo en la revolución rusa el primer decreto de Lenin sobre la tierra. Los campesinos no lo formulaban así, por supuesto, pero eso esperaban. (En los hechos fueron Obregón y Carranza quienes lo vieron y respondieron con su ley agraria de enero de 1915). Debían, además, dictar disposiciones para ganar el apoyo de la población urbana, a comenzar por la limitación de la jornada de trabajo y la fijación del salario mínimo (como hizo Obregón meses después en Celaya). Debían asentar en hechos las esperanzas que habían lanzado a la revolución a los pobres de México desde cuatro años antes, esas esperanzas que ahora aparecían tan al alcance de la mano como esa silla presidencial que Eufemio iba a mirar todos los días, "para irse acostumbrando", y en la cual se habían sentado por turno Villa y Zapata. Nada de eso ocurrió.

La desilusión empezó a subir desde las capas más profundas. Éste no era un proceso discernible a simple vista: la ola nacional seguía, las tierras seguían tomadas, en apariencia el progreso de la revolución continuaba. Pero no: allí se había dado contra un tope. Este tope era político. Todo el peso de la falta de programa del gobierno convencionista y de los jefes campesinos recaía sobre las masas. Ellas sentían que ya habían hecho lo máximo, tomar por asalto la espléndida y lejana capital de sus opresores, los terratenientes y los burgueses; y que, no obstante, allí se alzaba ahora ante ellas una barrera invisible que les impedía seguir adelante. Villa lo había dicho en Xochimilco en su lenguaje campesino:. "La guerra la hacemos nosotros, los hombres ignorantes, y la tienen que aprovechar los gabinetes".

Era una desilusión política, porque no le veían salida política a su gigantesco alzamiento social una vez llegado a la cumbre de su fuerza. Y entonces esta situación repercutía sobre ese mismo alzamiento, empezando a dispersar las perspectivas de un movimiento que, por un esfuerzo inaudito, las masas campesinas —a través de la alianza con el sector pequeñoburgués de la Convención— habían conseguido llevar hasta la toma de la capital del país. Por eso en la dispersión militar de fuerzas que siguió inmediatamente, había una raíz social profunda: la imposibilidad de establecer un gobierno campesino nacional. En esa descentralización, absurda según el más elemental criterio militar, se prefiguraban el retroceso y la dispersión posterior en una larga lucha de bandas guerrilleras en retirada. Era el anuncio de que la revolución había llegado a la vez al nivel más alto y al límite insalvable con esa dirección, y que a partir de allí se iniciaba el descenso revolucionario, sembrado también de luchas grandes y heroicas, pero ya defensivas. Todo esto estaba escrito en los acontecimientos de diciembre de 1914, aun cuando no había nadie que pudiera descifrar esa escritura.

La ruptura con Villa y el abandono de la Convención de Aguascalientes en apariencia habían dejado a Obregón prisionero de Carranza, porque clausuraban su juego de equilibrio interior de apoyarse en su adversario Villa contra su aliado y jefe Carranza. Sin embargo, al pasar Villa de adversario dentro de las filas constitucionalistas a enemigo fuera de ellas, no sólo queda Obregón más estrechamente unido a Carranza; al mismo tiempo, éste se ve obligado a apoyarse en la política de Obregón y del ala radical para hacer frente a la amenaza villista y zapatista.

Es decir, la ruptura con el villismo, en lugar de acentuar el dominio de la tendencia derechista de Carranza dentro del constitucionalismo, iba a producir la radicalización de éste para poder enfrentar socialmente a los ejércitos campesinos en plena fase culminante de la revolución.

Esta radicalización del constitucionalismo tiene además otras razones inmediatas. Entre ellas, primero, que ya no tiene la cobertura del villismo, de la alianza con la División del Norte, frente al campesinado, y necesita sustituirla con promesas concretas, es decir con un programa de reformas sociales que se dirija a los intereses y preocupaciones del campesinado. Segundo, que el fracaso sufrido en la Convención de Aguascalientes por las "grandes maniobras" de Obregón frente al limitado pero concreto programa zapatista sin duda contribuyó a hacer comprender la necesidad de hacer concesiones al campesinado. Tercero, que la experiencia de la retirada de México, en medio de la disolución de parte de sus fuerzas y de la indiferencia de la población de la ciudad, le indicaba que había que volver a la primera línea de Obregón cuando facilitó el funcionamiento de los sindicatos en la capital, y lanzarse a buscar apoyo en los obreros, artesanos y capas pobres urbanas con medidas sociales, y no sólo en la ciudad de México, sino también en Veracruz y en escala nacional. Cuarto, que en pleno ascenso revolucionario en el país, el debilitamiento del aparato y las posiciones militares del constitucionalismo hacían subir en su seno la influencia del ala radical que buscaba ligarlo a las masas, al mismo tiempo que obligaba a Carranza a hacer concesiones a esa ala para contrarrestar los efectos sobre ella de la atracción del villismo o al menos su descontento por no haberse podido evitar la ruptura con la División del Norte.

Todos esos factores estaban operando sobre el maltrecho ejército constitucionalista cuando reconcentró sus fuerzas en Veracruz, en los territorios dominados por el Ejército de Oriente al mando del general Cándido Aguilar, que por muchos años después seguiría siendo el caudillo político indiscutido del estado de Veracruz. Desde Veracruz, Obregón aplicó toda su energía a reorganizar las fuerzas para la contraofensiva sobre México, cuyo primer paso iba a ser la recuperación de Puebla, arrebatada por los zapatistas al general Salvador Alvarado a mediados de diciembre de 1914.

En Veracruz, sede entonces del gobierno constitucionalista, Obregón tenía dos ventajas: el puerto, sus ingresos, y la vía de acceso libre para la importación de armas y pertrechos; y los recursos de la rica zona petrolera de Minatitlán para financiar esas compras, a través del impuesto a la extracción de petróleo y de las exportaciones de henequén en Yucatán. El puerto además aseguraba una vía de escape por mar si, como era previsible pero no sucedió, la División del Norte y el ejército zapatista llegaban a acorralar allí a los constitucionalistas. Y el petróleo y el henequén eran una fuente de recursos más duradera y estable que el ganado, que empezaba a escasear en las cantidades requeridas. Finalmente, mientras las líneas de abastecimiento de la División del Norte se habían alargado extraordinariamente, imponiendo una pesada tarea de vigilancia para mantenerlas abiertas, las del ejército obregonista se habían acortado al máximo, anulando así parte de las ventajas que suponía la posición central —desaprovechada— del villismo y el zapatismo.

Pero el elemento básico de la preparación de la contraofensiva no fue militar. Fue político y tuvo dos aspectos.

El primero fue la formulación programática de los objetivos de la revolución por el carrancismo, a través de una ampliación al Plan de Guadalupe en la cual se ve la influencia de Obregón y su tendencia, aun cuando el redactor haya sido Luis Cabrera. Esta ampliación ponía las promesas de reparto de tierras en primera línea. Para combatir a Villa y Zapata el constitucionalismo tenía que tomar una parte de sus objetivos y darles una formulación limitada, pero también más precisa, dentro de los marcos de la juridicidad nacional.

Por otra parte, a esos objetivos se agregaban reivindicaciones dirigidas a atraer el apoyo obrero y de las masas urbanas que estaban ausentes en el Plan de Ayala y los decretos zapatistas. Es decir, la pequeña burguesía radical dentro del constitucionalismo —cuya influencia, por la fuerza de las cosas revolucionarias, tuvo que ser dominante a la hora de esta formulación programática— buscaba dar forma desde arriba, bajo su control y en beneficio de su partido —el ejército constitucionalista— a una "alianza" obrera y campesina peculiar, en la cual obreros y campesinos se unirían en apoyo a la dirección del constitucionalismo y a sus promesas de reformas sociales.

Todo esto habría sido ilusorio sin contar con el segundo aspecto de la cuestión. Si este intento de encontrar apoyo en un sector de las masas revolucionarias, haciéndoles concesiones, era posible y tuvo el eco suficiente para sacar al constitucionalismo del pantano, fue sobre todo porque en el otro bando no existía la real y necesaria alianza obrera y campesina en torno al programa revolucionario. Y porque además el programa lanzado tan tardíamente por el constitucionalismo vino a ser reforzado en sus efectos por una experiencia objetiva determinante en la conciencia de la población: la inoperancia del gobierno convencionista, establecido con el apoyo de Villa y Zapata. Sin este elemento fundamental, muy limitado habría sido el efecto de las proclamas radicalizadas del constitucionalismo.

En vísperas de la toma de Puebla por los zapatistas, el 12 de diciembre de 1914, Venustiano Carranza aprobó en Veracruz el decreto de adiciones al Plan de Guadalupe, como Primer Jefe del Ejército Constitucionalista y Encargado del Poder Ejecutivo de la República Mexicana. En los considerandos de ese decreto se historia la versión carrancista del conflicto con Villa y la División del Norte. Zapata, según la invariable costumbre de Carranza, no aparece siquiera mencionado como parte de la revolución. En esa versión se dice que "una vez que la revolución triunfante llegó a la capital de la República, trataba de organizar debidamente el gobierno provisional y se disponía, además, a atender las demandas de la opinión pública, dando satisfacción a las imperiosas exigencias de reforma social que el pueblo ha menester cuando tropezó con las dificultades que la reacción había venido preparando en el seno de la División del Norte, con propósitos de frustrar los triunfos alcanzados por los esfuerzos del Ejército Constitucionalista". La acusación a la "reacción" iba dirigida en particular contra el general Felipe Ángeles, a quien Obregón señalaba como el alma negra y la inspiración siniestra del villismo. La acusación se repite a todo lo largo del texto: "la calidad de los elementos en que se apoya el general Villa, que son los mismos que impidieron al presidente Madero orientar su política en un sentido radical, y fueron por lo tanto los responsables políticos de su caída [...]"; "siendo el objeto principal de la nueva lucha, por parte de las tropas reaccionarias del general Villa, impedir la realización de las reformas revolucionarias que requiere el pueblo mexicano [...]", y así sucesivamente.

El texto da también su propia versión del desarrollo y los resultados de la Convención de Aguascalientes y concluye afirmando: "Que, por lo tanto, y teniendo que continuar vigente el Plan de Guadalupe en su parte esencial, se hace necesario que el pueblo mexicano y el Ejército Constitucionalista conozcan con toda precisión los fines militares que se persiguen en la nueva lucha, que son el aniquilamiento de la reacción que renace encabezada por el general Villa y la implantación de los principios políticos y sociales que animan a esta Primera Jefatura y que son los ideales por los que ha venido luchando desde hace más de cuatro años el pueblo mexicano".

Los considerandos dicen también que el Primer Jefe "tiene la obligación de procurar que, cuanto antes, se pongan en vigor todas las leyes en que deben cristalizar las reformas políticas y económicas que el país necesita expidiendo dichas leyes durante la nueva lucha que va a desarrollarse".

Esta repentina urgencia por las reformas cambia la concepción esencial del Plan de Guadalupe de que al término de la revolución se considerarán esos problemas, por el compromiso de que esas medidas se tomarán, precisamente, "durante la lucha que va a desarrollarse". Esta afirmación se repite en los artículos esenciales del decreto como una promesa fundamental —no mañana, sino ahora mismo las reformas—, lo cual significa que en ese momento y frente a tales circunstancias, de las dos concepciones que se habían enfrentado en el momento de firmarse el Plan de Guadalupe, la de Carranza y la de los jóvenes oficiales encabezados por Múgica, la segunda era ahora la que tomaba el desquite y se imponía con el apoyo y la pluma de otro jacobino de esos días, el licenciado Luis Cabrera. Esos artículos, que establecen una especie de "dictadura revolucionaria" del Primer Jefe del Ejército Constitucionalista, dicen:

Art. 2o. —El primer Jefe de la Revolución y Encargado del Poder Ejecutivo expedirá y pondrá en vigor, durante la lucha, todas las leyes, disposiciones y medidas encaminadas a dar satisfacción a las necesidades económicas, sociales y políticas del país, efectuando las reformas que la opinión exige como indispensables para restablecer el régimen que garantice la igualdad de los mexicanos entre sí; leyes agrarias que favorezcan la formación de la pequeña propiedad, disolviendo los latifundios y restituyendo a los pueblos las tierras de que fueron injustamente privados; leyes fiscales encaminadas a obtener un sistema equitativo de impuestos a la propiedad raíz; legislación para mejorar la condición del peón rural, del obrero, del minero y, en general, de las clases proletarias; establecimiento de la libertad municipal como institución constitucional; bases para un nuevo sistema de organización del Poder Judicial Independiente, tanto en la Federación como en los Estados; revisión de las leyes relativas al matrimonio y al estado civil de las personas; disposiciones que garanticen el estricto cumplimiento de las leyes de Reforma; revisión de los Códigos Civil, Penal y de Comercio; reformas del procedimiento judicial, con el propósito de hacer expedita y efectiva la administración de justicia; revisión de las leyes relativas a la explotación de minas, petróleo, agua, bosques y demás recursos naturales del país, con el fin de destruir los monopolios creados por el anterior régimen y evitar que se formen otros en lo futuro; reformas políticas que garanticen la verdadera aplicación de la Constitución de la República, y en general todas las demás leyes que se estimen necesarias para asegurar a todos los habitantes del país la efectividad y el pleno goce de sus derechos, y la igualdad ante la ley.

Art. 3o. — Para poder continuar la lucha y para poder llevar a cabo la obra de reformas a que se refiere el artículo anterior, el jefe de la Revolución queda expresamente autorizado para convocar y organizar el Ejército Constitucionalista y dirigir las operaciones de la campaña; para nombrar a los gobernadores y comandantes militares de los Estados y removerlos libremente; para hacer las expropiaciones por causa de utilidad pública que sean necesarias para el reparto de tierras, fundación de pueblos y demás servicios públicos; para contratar empréstitos y expedir obligaciones del Tesoro Nacional, con indicación de los bienes con que han de garantizarse; para nombrar y remover libremente los empleados federales de la administración civil y de los estados y fijar las atribuciones de cada uno de ellos; para hacer, directamente, o por medio de los jefes que autorice, las requisiciones de tierras, edificios, armas, caballos, vehículos, provisiones y demás elementos de guerra; y para establecer condecoraciones y decretar recompensas por servicios prestados a la Revolución.

Todos estos objetivos, por importantes que aparecieran, quedaban atrás de la fuerza de masas de la revolución en esos días. Eran sin embargo un cambio radical con respecto a las declaraciones y tomas de posición de Venustiano Carranza pocos meses antes. Eran un programa que un sector de la revolución dirigía al pueblo mexicano y además iban acompañados de un elemento esencial: la lucha por la conquista y el ejercicio del poder político nacional, pivote imprescindible del programa de reforma, que contrastaba con las indecisiones, las contradicciones y la parálisis del gobierno fantasmal de Eulalio Gutiérrez.

Este programa que ahora lanzaba Carranza —aunque después siempre resistió su completa aplicación— iba más lejos que los acuerdos de Torreón, que seis meses antes se había negado rotundamente a aceptar por radicales. Es la mejor ilustración de la potencia del alzamiento social y de la radicalización de toda la situación: en la lucha abierta entre las dos tendencias de la revolución, la tendencia moderada tenía que adoptar demandas esenciales del ala villista que ésta no había alcanzado a formular programáticamente, y a la vez acusar al villismo de "reaccionario", presentándolo como responsable de la resistencia del carrancismo a dictar reformas sociales a la caída de Huerta. Es decir, tenía que dar una explicación cínica, invirtiendo los papeles reales que cada uno había desempeñado en las discusiones de Torreón y en los acontecimientos posteriores, adjudicando al villismo la actitud que había asumido el carrancismo, y viceversa. Esta falta de escrúpulos no encontraba barreras porque el otro bando estaba paralizado políticamente, no emitía proclamas ni manifiestos ni ofrecía una línea o un programa.

Frank Tannenbaum dice que esa declaración de objetivos, emitida después de cuatro años del comienzo de la revolución,

> [...] era la voz de un grupo militar casi derrotado que suponía que hablaba en nombre del país. Era un grito de desesperación. El grupo de Carranza había sido expulsado de la ciudad de México, y se aferraba a una faja de costa muy estrecha, con la intención de escapar hacia el mar si Pancho Villa o Zapata se aproximaban más. No era la proclama de un ejército revolucionario victorioso pronto a establecer un gobierno con el fin de llevar a cabo esas reformas. Era un señuelo para atraer adherentes a su causa, un medio de justificar la existencia independiente de un ejército. Si no hubiera sido por la lealtad de Alvarado en Yucatán, que proveyó a Carranza con grandes sumas de dinero provenientes del alto precio del henequén (que en ese momento tenía gran demanda debido a la guerra en Europa), incluso esta política podía no haberlo salvado. Pero el programa sí atrajo hacia Carranza a elementos que hasta entonces habían permanecido fuera de su campo. Atrajo a los obreros de la ciudad de México y de Orizaba. Le dio el apoyo de los agraristas que creían en la causa de Zapata pero que, por una razón u otra, no siguieron a Zapata en su lucha implacable y violenta contra grandes adversidades.[3]

En cada revolución popular hay un punto de viraje en que, si el ala radical no toma en sus manos el poder político para consolidarla, la revolución retrocede, aunque nunca al punto de partida.

Cierto, ese punto óptimo se presenta en todo gran movimiento de masas y es tarea de una dirección consciente reconocerlo y sacar el máximo provecho concentrando todas las fuerzas, con las consignas adecuadas, sobre los objetivos entonces alcanzables. Es entonces cuando en el curso de pocos días, y aun de pocas horas, las consignas y la actitud de la dirección desempeñan un papel decisivo para el triunfo del movimiento o para el inicio de su dispersión. Cuando ésta comienza no se ve inmediatamente, porque los combates continúan con furia cubriendo la escena. Pero aunque la comprensión de la dirección de las masas no advierta que ese punto ha pasado, lo registra sin falta el instinto de los aliados inseguros, las clases intermedias y sus dirigentes, atraídos por el

---

[3] Frank Tannenbaum, *Peace by Revolution*, op. cit., p. 162.

movimiento en su época de auge y los primeros en desbandarse cuando todavía, en apariencia, el reflujo no ha comenzado.

Ése es el significado de la huida de Eulalio Gutiérrez y sus ministros. Aunque los golpes militares decisivos contra el villismo aún tardaron unos meses, al comenzar el año 1915 las masas iniciaron un largo y accidentado reflujo, en cuyo curso combatieron fieramente y salvaguardaron conquistas fundamentales de la revolución, la primera, la confianza en sus propias fuerzas alcanzadas por ellas en la lucha.

Otra de esas conquistas fue que la dirección que vino a estabilizar y contener el avance de la revolución, no pudo hacerlo con la mera fuerza militar, sino que necesitó proclamar un programa que ella había resistido desde un principio, y al cual se habían opuesto frontalmente todos los gobiernos sucesivos, tanto el de Porfirio Díaz como el de Madero y el de Huerta. De éste las fuerzas radicales, al llegar al punto de viraje, lograron imponer de todos modos aquellos objetivos elementales que aseguraban la destrucción y el no retorno del Antiguo Régimen contra el cual se habían alzado nacionalmente los mexicanos. Antes de entrar en las nuevas batallas entre las tendencias de la revolución, todos los bandos debían reconocer esos principios que en esencia sancionaban, si no una victoria definitiva, sí el triunfo irreversible de los primeros objetivos de la revolución.

Esto hay que agregarlo al saldo histórico favorable de la División del Norte, del Ejército Libertador del Sur y de ese momento culminante de la historia mexicana: la ocupación de la ciudad de México por los ejércitos campesinos.

Cuatro años tardó el campesinado en desarrollar las fuerzas para tomar la capital. Fue el lapso necesario para la maduración de su experiencia y para la radicalización del conjunto de la revolución.

Entonces, la toma de México llegó en su momento como una conclusión necesaria de todos los combates anteriores en el norte y en el sur.

Fue un largo ascenso que desintegró hasta los cimientos al Antiguo Régimen, abarcó a todo el país e incorporó a todos a la lucha. Esa destrucción hasta la raíz del viejo orden se condensó en la destrucción de su columna vertebral: las fuerzas represivas. La disolución del Ejército Federal y sus fuerzas auxiliares fue un golpe del cual la vieja oligarquía ya no se repuso, porque ahí se quebró la continuidad en el desarrollo de un ejército de casta.

La ocupación campesina de México rompió también la continuidad estatal burguesa que Díaz y Madero habían querido preservar con los

202

acuerdos de Ciudad Juárez y liquidó toda posibilidad de restablecerla para Carranza, como era su intención en el Plan de Guadalupe y a su entrada en la capital en agosto de 1914.

Esa ocupación plasmó una diferencia fundamental con las guerras campesinas anteriores en la historia y definió el carácter peculiar de la revolución campesina en México.

En su *Historia de la revolución rusa*, dice León Trotsky:

> Quince años antes de que estallase la gran Revolución francesa, se desencadenó en Rusia el movimiento de los cosacos, labriegos y obreros serviles de los montes Urales, acaudillado por Pugachev. ¿Qué le faltó a aquella furiosa insurrección popular para convertirse en verdadera revolución? Le faltó el tercer estado. Sin la democracia industrial de las ciudades, era imposible que la guerra campesina se transformase en revolución, del mismo modo como las sectas aldeanas no podían llevar a cabo una Reforma.

En lugar de dispersarse en una suma de furiosas *jacqueries* regionales, a través de la toma de la ciudad de México la guerra campesina concentró su papel nacional y la transformación que había impreso al país en cuatro años de revolución. Esta acción histórica el campesinado no podía hacerla solo. No era pues algo descabellado o producto de la "ignorancia" lo que decían Villa y Zapata en Xochimilco sobre la necesidad de los "gabinetes". Expresaban a su manera una constante histórica: la ciudad es la que decide, no el campo. Y de las clases urbanas, la única a la cual estaban en condiciones de recurrir era, como se ha visto, la pequeña burguesía ganada por la revolución (aun cuando esa pequeña burguesía en su mayor parte apoyó al constitucionalismo y sólo una fracción, casi una sombra de ella, se alió dudosamente con los campesinos). Además, como desconfiaban de ella, los campesinos trataron de controlarla obrando como un poder aparte. Por eso, aunque para escapar a "la presión tremenda con que los sujetaba el poder más próximo" los pequeñoburgueses convencionistas abandonaron rápidamente al campesinado, también es cierto que éste los usó, así como influyó a su manera al ala pequeñoburguesa radical del constitucionalismo para dar trascendencia política nacional a su insurrección.

Pero además esto ocurrió no quince años antes de la gran revolución francesa, sino tres años antes de la revolución rusa; no en los comienzos de las revoluciones burguesas, sino en los comienzos del siglo de las revoluciones socialistas. En consecuencia, lo que sí le faltó a la guerra campesina mexicana en su hora culminante no fue el tercer estado, la pequeña burguesía urbana, que allí estaba y cumplió su papel en ambos bandos de la revolución, sino el proletariado, que aún no existía ni podía existir como fuerza política independiente, por razones determinadas por la economía y la historia anterior de México.

La toma de Palacio Nacional por los campesinos en armas es un corte a machete en la revolución, más importante que todas las leyes, votaciones y discusiones de las convenciones y congresos de esa época. Después de cuatro años de batallas en el país, fue la culminación que consolidó la confianza en sí mismas de las masas desarrollada en esa vasta lucha y que, más que cualquier otra acción de esos años pero resumiéndolas a todas, dio una conciencia nacional al campesinado de México.

Nada más estas dos conquistas, imposibles de medir en términos económicos, valían los diez años de lucha armada.

VII. De Celaya a Querétaro

El primer paso de la nueva ofensiva del ejército de Obregón, denominado ahora Ejército de Operaciones, fue la recuperación de Puebla el 5 de enero de 1915. Pudo permitirse una maniobra militar de ejecución arriesgada porque la resistencia de las fuerzas que se le oponían era débil y limitada su capacidad militar. Dividió su ejército en dos grandes columnas que avanzaron separadas por el infranqueable macizo de La Malinche, de modo que en caso de peligro una no podía acudir en auxilio de la otra. Y atacó por dos flancos a Puebla.

En ésta no estaban ya las mejores tropas de Zapata, que se habían replegado con él hacia Morelos. En uno de los absurdos acuerdos de la etapa convencionista, la guarnición de Puebla había quedado al mando de los exorozquistas Juan Andrew Almazán y Benjamín Argumedo, viejos enemigos del villismo y advenedizos de última hora al Ejército Libertador del Sur. Éstos, durante su ocupación de Puebla, entraron en tratos con los partidarios locales de Félix Díaz — el general contrarrevolucionario de la Decena Trágica de 1913, que ahora operaba en Oaxaca— y además sacaron de la cárcel a odiados funcionarios huertistas que estaban presos desde que Puebla estaba en manos de los constitucionalistas de Salvador Alvarado. El fracaso político campesino aparecía aún más grande en Puebla de lo que había sido en México. Esta política desastrosa no sólo provocó furiosas protestas de los villistas desde México, sino que debilitó la base social para la defensa de Puebla y se combinó con la traición dentro del gobierno convencionista para determinar que la toma de la ciudad no costara a Obregón más de un día de combates, bastante duros pero muy inferiores a la resistencia que se podía esperar de los zapatistas.

La ciudad de Puebla tenía importancia estratégica. Después de ella, el camino hacia México quedaba abierto. Además, su toma tenía importancia moral, pues era el primer triunfo del reorganizado ejército de Obregón en choque frontal con los ejércitos campesinos. Una enconada resistencia de Puebla habría debilitado al ejército constitucionalista y habría impedido que creciera su confianza tan rápidamente. Pero los ejércitos campesinos se habían mostrado incapaces de alcanzar esa condición esencial de la guerra: el mando único y centralizado, y cada uno obraba según su criterio, sus limitaciones y sus intereses inmediatos.

Zapata, que por otra parte nunca se obstinó en la defensa de ciudades, no dio importancia a Puebla, aunque sabía que la tenía. Tal vez influyó en su ánimo, entre otros factores, la crisis de la alianza con el villismo, manifestada en la política ambigua y traidora de los dirigentes convencionistas, y la consiguiente ola de acusaciones e intrigas que acompaña a toda crisis tan confusa como ésa. Basta recordar las instrucciones del ministro de Guerra, el general de la División del Norte José Isabel Robles (que no tardó en abandonar a Villa) al subsecretario Martín Luis Guzmán durante la lucha por la posesión de Puebla: si los zapatistas "le piden armas, o parque, o trenes, ni siquiera agua les dé". La labor "militar" de la calumnia y la intriga fue evidentemente portentosa en ese breve y concentrado periodo y enredó con facilidad a los jefes villistas y zapatistas, empezando por los propios Villa y Zapata.

Finalmente, era la primera vez que los ejércitos campesinos se enfrentaban en batalla formal, no con el ejército pasivo y corrompido del Antiguo Régimen, sino con un ejército que representaba a un ala de la revolución y llevaba a ésta en sus armas y en su flamante programa de reformas y promesas. Y además, era al más débil y menos preparado de los ejércitos campesinos al que le tocaba esa tarea.

Tomada Puebla, Obregón no se distrajo en combatir a los zapatistas. Está bien claro en la cabeza del mando constitucionalista que para controlar el país necesita lanzar el golpe sobre el centro de gravedad militar de las fuerzas campesinas, la División del Norte. Así lo dicen sus manifiestos, que atacan a Villa y Ángeles como "reaccionarios" y "traidores" y en cambio ignoran a Zapata. Comprende Obregón, por otra parte, que embarcar a sus tropas o a una parte de ellas en una lucha con el zapatismo es no sólo distraer fuerzas que deben ser concentradas en el objetivo principal, sino empantanarse en una lucha contra el campesinado de Morelos en la cual habían fracasado todos los ejércitos, desintegrados no en grandes batallas formales sino por la guerrilla ubicua, masiva y tenaz de todo el pueblo del estado. En cambio, esa misma guerrilla, cuando ya no se trata de defender su territorio y sus tierras, pierde eficacia y es incapaz de contener el avance de Obregón hacia México.

En consecuencia éste, luego de permanecer unos días en Puebla, se limita a dejar ocupada la ciudad y a mantener expedita la vital línea ferroviaria hasta Veracruz, y avanza sobre México. Esta ciudad es evacuada por los zapatistas, que no están en condiciones de defenderla, mientras Villa está combatiendo en el centro del país. Días antes, el 15 de enero, ha desertado el gobierno convencionista. Sus restos, entre ellos el nuevo presidente elegido por la Convención, el villista Roque González Garza, y el ministro de Agricultura, el zapatista Manuel Palafox, se han refugiado en Cuernavaca, nueva sede de la Convención en territorio zapatista.

A fines de enero de 1915, Obregón ocupa la capital. Se consuman así la separación territorial militar entre el villismo y el zapatismo y el fracaso en mantener el poder campesino en el centro político del país.

Pero este fracaso no resulta de la entrada de un ejército contrarrevolucionario —como en la Comuna de París, en la comuna húngara de 1919, en el Berlín de enero de 1919— sino de un ejército de la revolución, que no viene a masacrar a la población sino a hacerle concesiones, que para vencer con las armas ha tenido que radicalizar su programa asumiendo una parte de los objetivos de su enemigo y dándoles incluso una expresión formal más limitada pero más clara.

La prueba más inmediata de ello es la ley de reforma agraria carrancista del 6 de enero de 1915. Esta ley, redactada por Luis Cabrera, dispone la devolución a los pueblos de todas las tierras que les habían sido arrebatadas "en contravención a la ley de 25 de junio de 1856" (la ley juarista) y dice que la nulidad de dichas enajenaciones deberá reclamarse ante las autoridades respectivas mediante la presentación de los títulos legales que demuestren el derecho del pueblo a la posesión de esas tierras. En los casos de pueblos que "carezcan de ejidos o que no pudieran lograr su restitución por falta de títulos, por imposibilidad de identificarlos o porque legalmente hubieran sido enajenados", se les reconoce el derecho a ser dotados de terrenos suficientes mediante expropiación legal por el gobierno de tierras cercanas a dichos pueblos.

La ley establece expresamente que las tierras de los pueblos se dividirán en propiedad privada entre los vecinos. Su objetivo es claro: fomentar la pequeña propiedad y el desarrollo de una capa de campesinos acomodados que sirva de sostén social a la burguesía urbana. En ese sentido, mantiene la continuidad de intenciones históricas con las leyes del periodo juarista que habían sido la base legal para la liquidación de las comunidades y posteriormente para el desarrollo del latifundio. La ley carrancista dice que "no se trata de revivir las antiguas comunidades ni de crear otras semejantes, sino solamente de dar esa tierra a la población rural miserable que hoy carece de ella"; y agrega que "es de advertir que la propiedad de las tierras no pertenecerá al común del pueblo, sino que ha de quedar dividida en pleno dominio, aunque con las limitaciones necesarias para evitar que ávidos especuladores, particularmente extranjeros, puedan fácilmente acaparar esa propiedad, como sucedió casi invariablemente con el repartimiento legalmente hecho de los ejidos y fundos legales de los pueblos a raíz de la Revolución de Ayutla".

Por supuesto, esas limitaciones no existieron en la práctica y la reforma agraria carrancista resultó al cabo de poco tiempo una vasta operación de cambio de manos de la propiedad agraria de la vieja oligarquía porfiriana a la nueva burguesía de los generales constitucionalistas. Pero en el momento de ser promulgada, la ley era una promesa directa de reparto de tierras al campesinado, respaldada en las armas del ejército constitucionalista y que aparecía mucho más concreta en su formulación y sobre todo en sus posibilidades de ejecución a escala nacional que las disposiciones zapatistas reducidas a su estado de Morelos —donde, eso sí, la ley carrancista no deslumbró a nadie— y mucho más real que la nebulosa política villista, que no disponía aún de ninguna ley agraria. Por eso esta ley, burguesa por los cuatro costados, fue sin embargo una bandera política efectiva para atraer el apoyo de un sector del campesinado y neutralizar a otro, acelerando así el debilitamiento de las base social de Villa y dejando circunscrita la influencia zapatista —cuyas leyes agrarias eran mucho más profundas pero se apoyaban en armas que no rebasaban los marcos locales— al estado de Morelos y pequeñas regiones vecinas.

La ley tenía otras peculiaridades que resultaron decisivas en sus efectos. Declaraba nulas todas las operaciones de deslinde realizadas durante el porfiriato por "compañías, jueces, u otras autoridades" que hubieran invadido y ocupado ilegalmente tierras, aguas y montes con previo dueño. De hecho, ponía en cuestión toda la vasta empresa de constitución de latifundios llevada a cabo desde 1876. Y por otra disposición, resolvía que las solicitudes de restitución de tierras se tramitarían, no ante los funcionarios elegidos por los pueblos y con intervención de éstos como era la manera zapatista, sino ante los gobernadores, es decir, ante las lejanas autoridades centrales de los estados. Pero, más aún, vista la "falta de comunicaciones" y el "estado de guerra", se autorizaba también la presentación de las solicitudes de restitución o de concesión de tierras "ante los jefes militares autorizados para el efecto por el Poder Ejecutivo". Éste fue el pie en que se apoyó una gigantesca operación de apoderamiento de tierras por los generales y altos oficiales, funcionarios y políticos constitucionalistas, que fueron los beneficiarios más directos de la "reforma agraria" y se enriquecieron con una voracidad comparable a la de la burguesía de la gran revolución francesa. De allí nació la capa de nuevos latifundistas y nuevos ricos "revolucionarios" a quienes representaron después los gobiernos de la burguesía mexicana y que se unieron y confundieron con los restos de la vieja oligarquía porfiriana destrozada por la revolución, mediante negocios, casamientos y otros contratos comerciales por el estilo.

Sin embargo, esa operación tuvo que esconderse tras de una ley agraria que, de todos modos, era una concesión a la cual se había negado tenazmente Venustiano Carranza desde el Plan de Guadalupe hasta el pacto de Torreón.

Esto no dejaron de verlo zapatistas y villistas. Fue por un lado un estímulo indirecto para la radicalización del reparto agrario que llevó a cabo el zapatismo en Morelos. Por el otro, Martín Luis Guzmán atribuye a Villa estas verosímiles palabras al conocer la ley agraria y la ley de divorcio dictadas por Carranza: "Muy bien, señor. Quienquiera que publique dichas leyes, el pueblo se beneficiará con ellas".

La ciudad de México había sido un peso muerto para la dirección campesina, un foco de debilidades, indecisiones e intrigas sin fin. El ministro más radical del gobierno convencionista, el zapatista Manuel Palafox, había concentrado su preocupación exclusivamente en los problemas de su ramo, el Ministerio de Agricultura, y estaba lejos de comprender —a juzgar por sus actos, dirigidos solamente a reglamentar y resolver problemas agrarios— la importancia de la alianza con los trabajadores y las capas pobres de la ciudad y de responder a los trabajadores sus demandas inmediatas. Si él, a quien los agentes confidenciales norteamericanos acusaban de tener "rabiosas ideas socialistas", no lo comprendía, mucho menos lo entenderían o sentirían el resto de indecisos, vacilantes e intrigantes que constituían el gabinete convencionista. Después de la defección de Eulalio Gutiérrez y sus ministros, la dirección campesina no hizo ningún esfuerzo por conservar la capital, pues no sabía cómo resolver los problemas elementales de la ciudad ni qué hacer con ella.

Obregón sí sabía. Comprendió desde el principio el papel de la capital para su causa: no la de un centro de autoridad política, pues ésta había que afirmarla aún en las batallas venideras, sino la de una fuente de base social popular para su partido, y en consecuencia de hombres para su Ejército de Operaciones.

Desde su cuartel general, tomó una serie de medidas para aliviar la difícil situación material de los sectores pobres de la población. Las fábricas textiles estaban parcialmente cerradas por falta de materias primas, y lo mismo otras industrias que no podían vender sus productos. El movimiento de ferrocarriles estaba absorbido por los fines militares y no se movían mercancías para adentro ni para afuera de la ciudad. Los artículos de primera necesidad escaseaban o faltaban del todo. El ejército constitucionalista, como medida inmediata, estableció los llamados "puestos de auxilio" en diversos puntos de la ciudad, para distribuir víveres, ropa y dinero en efectivo. Esta distribución no fue dejada al azar, sino que Obregón utilizó el marco y la estructura de los organismos sindicales como intermediarios sociales del ejército. El primer puesto se estableció a la entrada del Convento de Santa Brígida, sede de la Casa del Obrero Mundial, y el reparto se inició el 8 de febrero de 1915.

Al mismo tiempo, Obregón dictó disposiciones para cargar el costo de esta operación sobre los capitalistas, los comerciantes y el clero. Como estos sectores se resistieron a aportar los impuestos y contribuciones exigidas, comenzó a aplicar medidas drásticas. Encarceló a comerciantes, fabricantes y curas hasta que pagaran las sumas requeridas. Encarceló y hasta fusiló a algunos acaparadores que estaban especulando y haciendo grandes negocios con la escasez de subsistencias. Finalmente, decretó la movilización e incorporación a las filas del ejército que se aprestaba a ir al encuentro de la División del Norte, de los comerciantes y curas presos que se negaran a pagar los impuestos. Los comerciantes pagaron y fueron puestos en libertad. Los curas actuaron como cuerpo político y adujeron imposibilidad física para combatir, por mal estado de salud. Obregón ordenó un reconocimiento médico de ciento ochenta sacerdotes arrestados: el resultado fue que unos pocos tenían enfermedades de alguna importancia y los demás estaban sanos, excepto unos cincuenta que presentaban enfermedades venéreas que no les impedían marchar con la tropa. Este irónico informe médico fue hecho público.

Las contribuciones forzosas originaron también la protesta de los comerciantes extranjeros, y a pesar de la opinión de Obregón, fueron eximidos del pago por orden de Carranza.

Pero esto no impidió que el Departamento de Estado de Estados Unidos, por intermedio de la representación diplomática brasileña —no había relaciones oficiales con México, aunque sí agentes oficiosos en todos los bandos en lucha—, presentara una nota de protesta muy violenta, acusando a Obregón de "incitar al populacho a cometer atentados en los cuales pueden ser envueltos extranjeros inocentes", de realizar "instigaciones a la anarquía" en vísperas de abandonar la ciudad, y afirmando que "tan deplorable situación ha sido creada voluntariamente por los jefes constitucionalistas para conseguir la sumisión del populacho a sus increíbles demandas y para castigar a la ciudad por su negativa a cumplirlas" (es obvio que aquí la palabra "ciudad" debe entenderse como los comerciantes e industriales sometidos a contribución forzosa). Después de declarar que Estados Unidos no podía "contemplar con paciencia por más tiempo" esta situación "intolerable", la nota concluía afirmando que el gobierno de Washington consideraría "personalmente responsables a los generales Obregón y Carranza" de todo daño que sufrieran sus nacionales en México y que en consecuencia "tomará las medidas adecuadas para obligar a rendir cuentas a aquellos que son responsables personalmente de lo que pueda suceder". Obregón se limitó a informar al representante brasileño que giraba la nota a Carranza, encargado de las relaciones exteriores, y continuó ultimando sus preparativos de campaña.

Los constitucionalistas tomaron otras medidas más directamente dirigidas a lograr el apoyo del movimiento obrero. El Sindicato Mexicano de Electricistas, adherido a la Casa del Obrero Mundial, había decretado una huelga contra la Compañía Telefónica y Telegráfica Mexicana, que se había negado a reconocer la personalidad jurídica del sindicato y a entablar conversaciones sobre el pliego petitorio presentado por los trabajadores.

El 6 de febrero de 1915 se realizó una reunión entre los representantes del gobierno, de los obreros y de la empresa. Estos últimos se negaron a aceptar cualquier demanda obrera. En consecuencia, allí mismo el representante oficial declaró: "en virtud de la intransigencia de la compañía, comunico a ustedes que el Gobierno de la Revolución se incauta a partir de este instante de los intereses y propiedades de la empresa y los pone en manos de los trabajadores para su administración". Inmediatamente, en las oficinas de la compañía los dirigentes del Sindicato Mexicano de Electricistas recibieron posesión de los bienes de la empresa y se hicieron cargo de su administración. Esa misma noche, en el Convento de Santa Brígida la asamblea de huelguistas recibió con aclamaciones la noticia y decidió levantar la huelga ante el triunfo obtenido y designar allí mismo gerente general de la Compañía Telefónica y Telegráfica Mexicana a Luis N. Morones, dirigente electricista.

La política de Obregón en la capital culminó en un acto decisivo para inclinar la relación de fuerzas sociales a su favor. Fue el pacto firmado con los sindicatos de la Casa del Obrero Mundial, por el cual éstos daban su apoyo a los constitucionalistas en la lucha contra el villismo. El documento se firmó en Veracruz, el 17 de febrero de 1915, entre un delegado personal de Carranza y los dirigentes de la Casa del Obrero Mundial. Según sus términos el gobierno constitucionalista reiteraba las promesas de mejoras obreras contenidas en su decreto de 12 de diciembre de 1914 y se comprometía a "atender con solicitud [...] las justas reclamaciones de los obreros en los conflictos que puedan suscitarse entre ellos y los patrones", a cambio de lo cual los sindicatos afiliados a la COM resolvían organizar batallones para incorporar contingentes obreros, agrupados según sus gremios, al ejército constitucionalista y apoyar políticamente la causa de éste contra la "reacción". Por el mismo pacto, esos contingentes recibieron el nombre de "Batallones Rojos". El documento fue divulgado en México en un manifiesto donde una fraseología anarquizante trataba de cubrir la subordinación de la dirección obrera ante la dirección de la incipiente burguesía nacional.

El pacto sanciona el sometimiento de los sindicatos obreros al programa y la política de la pequeña burguesía radical y la burguesía nacional, a cambio, por un lado, de concesiones de organización y de ciertas conquistas inmediatas y por el otro, del reconocimiento de los burócratas sindicales como parte del sostén político del régimen y, en consecuencia, como parte de sus beneficiarios.

El significado del pacto es doblemente trágico, no sólo por ese sometimiento de la dirección sindical a intereses políticos ajenos al sindicato, sino porque significaba concretamente, en ese momento, ir a combatir con las armas contra el ejército campesino de Pancho Villa. (Obregón, siguiendo su política, no intentó ese enfrentamiento con el zapatismo.)

Pero el pacto marca también la debilidad social de la burguesía, representada por el ala obregonista, que para poder imponerse debe depender del apoyo obrero, aceptar la alianza con los sindicatos e incluir en su ejército "batallones rojos". La calificación de "rojos", como sucede en estos casos, cumplía una doble función: engañar a la clase obrera, pero también reconocer las concesiones que debe hacer la dirección política burguesa para que su alianza con los burócratas sindicales tenga base.

La decisión de ir al pacto no fue tomada, sin embargo, sin lucha interna. Más bien provocó de hecho una escisión en la Casa del Obrero Mundial, pues un gran sector se opuso a tomar partido por el carrancismo. (Algunos exdirigentes de la COM, por otra parte, ya se habían incorporado al zapatismo desde tiempo atrás, como Antonio Díaz Soto y Gama.) La discusión sobre la posición de la COM se planteó formalmente en asamblea del 8 de febrero de 1915, con asistencia de más de un millar de trabajadores, en el Convento de Santa Brígida; es decir, dos días después de la incautación de la compañía telefónica, oportunidad bien elegida por los partidarios del constitucionalismo para lograr apoyo para su posición. Pero en la asamblea una fuerte oposición se negó a unirse al constitucionalismo y también a los otros bandos en lucha, atacó a los que hacían invocaciones patrióticas, manifestó que la COM no tenía banderas ni fronteras nacionales y que su causa era internacional como la lucha de clases y el proletariado y dijo que la alianza con el carrancismo era una claudicación. Un agente de Carranza, el Dr. Atl, ajeno a la organización, intervino en la discusión para condenar a los extremistas que se oponían al pacto. La intervención provocó un escándalo tremendo y la asamblea se levantó sin tomar resolución. Es decir, de hecho la propuesta de alianza con el carrancismo, llevada por los dirigentes de la COM, no pudo ser impuesta en la asamblea general de trabajadores.

Los dirigentes resolvieron entonces convocar a una sesión secreta donde se invitó solamente a 67 asistentes. Aun en esa reunión seleccionada, celebrada el 10 de febrero, volvieron a chocar violentamente las dos tendencias. El sector contrario al pacto opuso la idea anarquista de la revolución social contra la propiedad privada, el Estado, el capitalismo y la Iglesia, a la idea de la revolución política constitucionalista que, dijeron, "no serviría más que para aumentar el predominio y la fortuna de nuevos ricos". Y dijo nuevamente que tomar las armas en esta revolución sería "ser instrumento de esta nueva casta y llevarla al triunfo"; sería, en síntesis, una claudicación de clase. La tendencia favorable a la alianza, mayoritaria en esa reunión, sostuvo que para que el movimiento obrero pudiera reclamar derechos al triunfo de la revolución constitucionalista, debía apoyarla armas en mano. De allí salió el acuerdo de proponer el pacto al carrancismo, aprobado en la madrugada del día 11 de febrero, junto con el acuerdo de clausurar la sede de la COM y suspender los trabajos organizativos hasta "el triunfo de la causa revolucionaria que reforzamos", según dice el acta de la reunión. Así quedó aprobada en reunión secreta de dirigentes la alianza que éstos no habían podido imponer en asamblea pública de trabajadores.

Sin embargo, una vez más, el factor determinante de esta decisión no fue la "habilidad" de Obregón ni la disposición de algunos dirigentes a someter los sindicatos al gobierno, sino el hecho de que las direcciones campesinas nada proponían que reflejara los intereses de la clase obrera. Por su parte, los dirigentes anarcosindicalistas radicales, que asumían la representación de la opinión obrera opuesta al pacto, no ofrecían una alternativa organizativa concreta ni comprendían la necesidad de oponer al pacto con la burguesía una alianza con el campesinado. (Los partidarios en la COM de esta alianza, por otra parte, ya se habían sumado a las filas del zapatismo en Morelos.)

Aquellos dirigentes se limitaban a rechazar el pacto con declaraciones generales acerca de la futura "revolución social". En cambio, desde el bando opuesto se prometían demandas obreras y una perspectiva sindical de organización, de influencia y de futuras conquistas, a través del ala radical del constitucionalismo. Por eso podían tener eco y no aparecían como mera invectiva las acusaciones de "reaccionario" que contra el villismo lanzaba Obregón.

Así fue como en las siguientes batallas decisivas, en que quedó derrotado el ejército villista, lucharon en el bando vencedor cuatro batallones rojos compuestos por obreros textiles, ebanistas, canteros, sastres, albañiles, tipógrafos, mecánicos y metalúrgicos, mientras otros dos batallones, integrados por obreros de la maestranza de artillería y por tranviarios y otros gremios, fueron destinados a otras misiones. Un grupo de obreras de la COM se constituyó en Cuerpo de Enfermeras y se sumó al Ejército de Operaciones con el nombre de Grupo Sanitario Ácrata. Según las memorias de Obregón, se incorporaron así en México nueve mil sindicalistas a su ejército, la mayor parte pertenecientes a los gremios afiliados a la Casa del Obrero Mundial.

El reclutamiento fue organizado por los mismos sindicatos y el Convento de Santa Brígida se convirtió en centro de reclutamiento. Diariamente se realizaban asambleas de sindicatos de la Casa del Obrero Mundial para hacer aprobar el acuerdo de incorporarse al constitucionalismo.

Hubo sin embargo una excepción de notable importancia. La asamblea del Sindicato Mexicano de Electricistas decidió que esta organización se negara a apoyar al ejército carrancista y a participar en la lucha; precisamente el sindicato que había obtenido días antes una de las mayores concesiones con la incautación de la compañía telefónica y su colocación bajo administración de los representantes obreros. Los electricistas confirmaron esta independencia de acción al año siguiente al encabezar la huelga general de 1916 en la ciudad de México; y mostraron con hechos su convicción de que la incautación de la empresa eléctrica no había sido un regalo del gobierno sino una conquista de la movilización obrera. La posición de los electricistas, además, rebasaba los marcos de su sindicato y estaba representando la misma negativa a apoyar a la tendencia burguesa de Carranza que ya se había manifestado en la tormentosa asamblea disuelta el 8 de febrero.

El otro hecho de significación duradera en esta discusión y lucha en torno al pacto con los constitucionalistas, es que ya desde entonces, desde los albores mismos del surgimiento de la nueva burguesía mexicana a través del carrancismo y el obregonismo, los sindicatos obreros desempeñaron un papel político de primera importancia, discutieron y tomaron decisiones políticas y actuaron como organismos de expresión política de los trabajadores, tanto en el apoyo como en la oposición al constitucionalismo.

El 10 de marzo de 1915 el Ejército de Operaciones evacuó nuevamente la capital; pero esta vez no en retirada, como cuatro meses antes, sino hacia el centro, avanzando al encuentro de la División del Norte. Durante su estadía en la ciudad, desde fines de enero, había sido hostigado sin cesar por las fuerzas zapatistas que operaban en las puertas mismas de México, como lo habían hecho ya desde 1912.

En la serie de batallas que se habían desarrollado en esos meses entre los villistas y distintos destacamentos constitucionalistas, aquéllos habían obtenido varios triunfos. En especial en el noreste, las tropas del general Pablo González estaban destrozadas y desmoralizadas, habían perdido Nuevo León y Tamaulipas, y el propio González se había refugiado en el puerto de Tampico y pedía desesperadamente transportes para evacuar por mar, hacia Veracruz, el resto de su ejército y la artillería que no había caído en poder de los villistas.

El avance de Obregón sobre el centro del país tenía por objeto buscar una decisión con el grueso de las fuerzas villistas presentándoles un ejército reorganizado y fortalecido, para detener los golpes que recibían en el norte los dispersos destacamentos constitucionalistas. Sobre todo, Obregón veía un peligro: que después de los triunfos en Nuevo León y Tamaulipas, las fuerzas villistas continuaran su ofensiva sobre Tampico y se apoderaran de ese puerto donde poca o ninguna resistencia podían ofrecerle los restos del derrotado ejército de Pablo González. Contarían así los villistas con un centro comercial e industrial de primera magnitud, con uno de los más importantes puertos del país y con el control de una rica región petrolera con grandes refinerías, de donde podían obtener no sólo combustible para sus movimientos por ferrocarril sino sobre todo recursos económicos tanto del puerto como del petróleo. Podían adquirir, de un golpe, gran parte de las ventajas que Veracruz daba a Carranza, conservando al mismo tiempo su dominio sobre el norte y el centro-norte del país y la ventaja del movimiento militar sobre líneas interiores.

Obregón trataba de atraer a esas fuerzas villistas, conteniendo su avance sobre la zona petrolera. Al mismo tiempo, para hacerlo evacuó completamente México, que al día siguiente fue reocupada por los zapatistas. Esto obedecía a un cálculo militar: la relativa debilidad de sus fuerzas lo obligaba a concentrarlas. No podía mantener la capital bajo el tenaz hostigamiento zapatista y al mismo tiempo salir a dar batalla a Villa. Esa misma debilidad relativa lo obligaba también a jugarse en esa decisión, y no podía entonces preocuparse demasiado porque dejaba a sus espaldas la capital retomada por los zapatistas. De todos modos, no tenía otra alternativa que aceptar a éstos a sus espaldas y todo cuanto trató de conservar —y lo logró a pesar de las incursiones y ataques zapatistas— fue el mantener abiertas las comunicaciones ferroviarias con Veracruz para abastecerse.

En todo esto había también un cálculo político: Zapata no haría nada ocupando México y su ejército tampoco saldría de los límites de Morelos.

Finalmente, Obregón olfateaba, con su instinto bonapartista, el cambio operado, la detención del ascenso revolucionario que había culminado en diciembre de 1914 y el comienzo del reflujo, así como veía la crisis de la dirección política campesina.

Todos esos factores, incluido el hecho de que su ejército estaba preparado para entrar en combate y que para fortalecerlo ahora ya no era posible esperar — pues la prolongación de la inactividad bélica se transformaría de ventaja en desventaja —, sino que era preciso combatir, empujaron a Obregón a buscar la decisión por las armas. Llegado ese momento, aplicó la regla elemental de concentrar sus fuerzas para el choque.

Una vez más, lo que temía Obregón era lo que planeaba Ángeles. Éste propuso a Villa precisamente continuar hasta el fin la campaña del noreste, apoderarse de Tampico y de la región petrolera, hacerse fuertes en el norte y buscar allí las batallas decisivas con Obregón.

En opinión de Ángeles, aceptar batalla en el centro era hacer el juego que esperaba Obregón y correr un riesgo serio de derrota. Desde el punto de vista militar aparece como más seguro el plan de Ángeles, porque suponía una concentración de fuerzas, un acortamiento de las líneas de abastecimiento, la posesión de toda la frontera norte y de un puerto de importancia, el control de una buena parte de los ingresos fiscales provenientes del petróleo, además de colocarse en toda la fuerza de una posición defensiva con tropas intactas y aguerridas para esperar la acometida de un enemigo cuyas comunicaciones necesariamente se alargaban y debilitaban y cuya incertidumbre aumentaría al dejar atrás una extensa retaguardia desguarnecida y hostilizada por incursiones guerrilleras.

Pero además, el plan respondía a una visión nacional de la situación militar y política. Buscaba conquistar los elementos que decidirían el triunfo en escala nacional, veía al país como nación, trataba de afirmarse en una zona territorial completa, con recursos propios, un puerto, relaciones internacionales y base para una estructura estatal.

Es decir, contenía en germen los elementos para dar un carácter de guerra territorial definido — dos ejércitos con sus respectivas retaguardias como base— a la confusa guerra de clases que era el fondo y la esencia de la guerra civil mexicana que se entrecruzaba e interpenetraba en todo el territorio. La perspectiva de Ángeles buscaba el poder, no la tierra, a cuyo reparto el general siempre se había opuesto, como auténtico heredero político de Madero.

Pero también una vez más, la concepción política de Felipe Ángeles estaba en conflicto con la de Francisco Villa; y por lo tanto, entraban en contradicción sus planes militares. Villa no veía las razones de Ángeles. Veía en cambio que Obregón avanzaba por tierras que el villismo había dominado y que los campesinos habían repartido, y consideraba que si lo dejaba proseguir no tardaría en multiplicar el número de sus tropas y la cantidad de sus recursos, apoyado en la política establecida en los decretos de diciembre de 1914 y enero de 1915, de la cual Obregón era el portavoz más consciente. Además, no podía comprender el porvenir político que Ángeles veía en el dominio de Tampico y su zona; porque Villa no tenía porvenir nacional, que era el que daba sentido a los planes militares de Ángeles —y a los de Obregón. Un intento así había acabado en fracaso en la ocupación de México en diciembre anterior y para Villa no tenía sentido repetirlo.

En cambio, se inclinaba ahora a intentar lo que se había negado a hacer cuando Ángeles se lo proponía en diciembre: marchar sobre el ejército de Obregón y aniquilarlo. Es cierto que las circunstancias habían cambiado. Pero por eso mismo, al cambiar sus opiniones, tanto Ángeles como Villa seguían siendo fieles a sí mismos. Pues el pensamiento militar nacional que antes proponía marchar sobre Veracruz a la ofensiva, era lógico que ahora propusiera apoderarse de Tampico y esperar a su reorganizado enemigo en una fuerte posición defensiva; mientras que el pensamiento militar campesino que antes no veía la razón política para perseguir a Obregón en su repliegue hacia la costa en vez de empeñarse en controlar el centro del país dispersando sus propias fuerzas, ahora, ante el avance enemigo, era lógico que tampoco viera la razón política para dominar la región de Tampico y en cambio se preocupara nuevamente por acudir al centro del país, como si fuera el centro mismo de su seguridad, para buscar derrotar militarmente a su enemigo antes de que éste echara raíces más fuertes en la tierra. Ángeles y Obregón tendían a ver al país como un todo; Villa, y también Zapata, lo veían por regiones.

La trampa del avance de Obregón estaba destinada a atrapar la imaginación campesina de Villa, no la imaginación militar de Ángeles. Tuvo éxito. A pesar de los argumentos de Ángeles, Villa acudió a aceptar batalla donde se la ofrecía Obregón. En cierto sentido, su política campesina no tenía otra salida que obrar así, tratando de derrotar militarmente a su enemigo sin dejarlo aumentar sus fuerzas; pues a su modo, a través de las defecciones de sus jefes (que habían sido la espina dorsal de la Convención), de las intrigas que buscaban separarlo de Zapata y de los conflictos entre representantes políticos zapatistas y villistas; de la separación efectiva que los constitucionalistas habían introducido entre los ejércitos campesinos del norte y del sur; del estado de ánimo que se insinuaba imperceptiblemente en sus soldados y en las poblaciones por donde atravesaba, y de muchos otros síntomas, Villa también sentía que el reflujo de las masas campesinas había comenzado y su inclinación natural era tratar de contener sus efectos por medios militares y con éxitos militares. Sentía que necesitaba dar un golpe militar decisivo, como si esto pudiera detener el cansancio que ganaba a las masas y que obedecía a razones sociales y políticas, no militares; y sentía además que no podía esperar demasiado, pues sus recursos —sobre todo el ganado que cambiaba por armas en la frontera norte— se agotaban peligrosamente.

Por lo demás, la perspectiva de Villa no tenía salida. Tampoco una victoria militar sobre Obregón le abría una vía independiente de la burguesía, pues finalmente, a través de Ángeles o de otros, iba a repetirse en otra variante la historia de la Convención. Pero esto no lo sabía Villa, ni podía saberlo, aunque tal vez lo presintiera.

El 6 de abril de 1915 se entabló la primera de las batallas de Celaya, inicio de las cuatro grandes batallas del Bajío. Obregón se atrincheró con sus tropas en la ciudad de Celaya, dispuesto a enfrentar la embestida de la caballería villista. Su plan era una batalla defensiva, hasta agotar las fuerzas del adversario, para entonces pasar al contraataque. Durante los días 6 y 7, oleadas sucesivas de cargas frontales de las brigadas de infantería y caballería villista, apoyadas por el fuego de las baterías, se estrellaron contra las líneas defensivas del ejército de Obregón. Los defensores llegaron a verse en situaciones críticas, con sus líneas a punto de ser rotas en algunos sectores, pero el terreno anegado contribuyó a contener a los villistas y largas horas de asaltos infructuosos terminaron por minar sus fuerzas, diezmar sus hombres y consumir sus municiones. Fue el momento que aprovechó Obregón para contraatacar con las brigadas de caballería que había mantenido en reserva en la retaguardia. Estas fuerzas frescas se lanzaron en una maniobra ofensiva de doble envolvimiento sobre la División del Norte que, al no haber mantenido a su vez una reserva, y ya cansada y castigada, no pudo responder al doble ataque y debió emprender la retirada en derrota.

No es éste sin embargo un revés decisivo. Villa reúne y reorganiza sus fuerzas rápidamente, y se apresta a lanzar un segundo ataque contra el ejército de Obregón. Este, abandonando la idea de una persecución pues la División del Norte no sólo mantiene lo esencial de sus fuerzas sino que ha recibido refuerzos en tropas y parque pedidos con urgencia —parque adquirido por los enviados de Villa en Estados Unidos que luego resultará en buena parte defectuoso e inservible, según las fuentes villistas, y contribuirá a la derrota— decide atrincherarse nuevamente en Celaya, formando con sus tropas un cuadro en torno a la ciudad. En esas posiciones, se inicia la segunda batalla de Celaya el día 13 de abril, donde se repiten las características de la primera: posición defensiva de Obregón, violentas cargas de la División del Norte —esta vez sobre los 360 grados en torno al cuadro defensivo—, principio de agotamiento de la ofensiva después de 36 horas de ataque sin éxito y contraofensiva obregonista al amanecer del día 15, con una maniobra de doble envolvimiento de la caballería apoyada por un ataque frontal, por el centro del dispositivo, de tres brigadas de infantería. La clave de este contraataque, planeado por Obregón desde que decidió adoptar nuevamente la forma de batalla defensiva, la constituye la reserva general de fuerzas de caballería frescas, mantenidas fuera de la batalla, ocultas en un bosque a varios kilómetros de Celaya. Esta caballería, al darse la orden de contraataque, se incorpora como una de las pinzas que sorprenden y trituran a las fuerzas villistas ya debilitadas por tantas horas de batalla.

Esta vez sí la derrota villista es muy grande. Aunque las cifras varían según las fuentes, puede calcularse que las fuerzas de Obregón ascendían a veinte mil hombres, con unas dieciocho piezas de artillería frente a casi el doble de cañones del lado de Villa, pero con una gran superioridad en ametralladoras (64, sin contar las reservas, según Obregón) que reforzaban notablemente su posición defensiva frente a las fuerzas villistas, algo inferiores en número al ejército de Obregón. En su retirada, la División del Norte dejó en manos del enemigo casi toda esa artillería, miles de prisioneros y de armas ligeras, y miles de muertos y heridos en el campo de batalla. También aquí, como en lo demás, las cifras varían del doble a la mitad según las fuentes: las memorias de Obregón asignan cuatro mil muertos y otros tantos heridos a los villistas, las memorias de Pancho Villa (recopiladas por Martín Luis Guzmán) dicen que sus fuerzas perdieron de tres mil a tres mil quinientos hombres entre muertos y heridos. Lo cierto es, de todos modos, que la segunda batalla de Celaya fue el primer descalabro completo de la División del Norte, la que marcó ya su declinación definitiva y le impuso lo que nadie le había impuesto hasta entonces: cambiar el sentido de su marcha victoriosa y comenzar el repliegue, que luego de nuevos reveses se convertiría en desbandada, hacia su antiguo baluarte de Chihuahua.

Pancho Villa se retiró con sus tropas hacia Aguascalientes, que tomó como nueva base para la reorganización de su ejército. Entretanto, el ejército de operaciones de Obregón reemprendió, a partir de Celaya, su avance en persecución de Villa.

Nuevamente surgieron las divergencias de criterio entre Villa y Ángeles sobre la conducción de la campaña. Empeñados ya en la serie de batallas decisivas, de aniquilación, con Obregón, Ángeles (que no había participado personalmente en las batallas de Celaya) proponía ahora concentrar allí, en el centro, todas las fuerzas villistas que en ese momento combatían contra distintos destacamentos constitucionalistas en el noreste en Jalisco y en El Ébano. Villa sostenía que reconcentrar esas tropas era dejar el camino abierto para que el enemigo se metiera por esas zonas hacia el centro, y le preocupaba sobre todo que iba a quedar sin su protección la población adicta al villismo en todas esas regiones, además de verse amenazadas sus propias líneas de comunicación. Y si se concentraba en atacar y dominar cualquiera de esas zonas, Obregón penetraba hacia el norte y lo cortaba de su base de operaciones en Chihuahua. No veía pues otra salida que enfrentar a Obregón con las fuerzas de que disponía en Aguascalientes, aun a riesgo de una derrota.

La segunda divergencia era de orden táctico. Frente al avance de Obregón, proponía Ángeles abandonar la ciudad de León, atrincherarse en Aguascalientes, entablar una batalla defensiva, dejar que el enemigo se desgastara y entonces pasar al ataque. Es decir, proponía invertir los papeles desempeñados por cada uno en Celaya. Villa en cambio decidió dar batalla en Trinidad, adelante de León. Una vez más, en el ánimo de Villa pesaba tal vez la idea de no dejar sin defensa a la población que lo apoyaba, la preocupación por su base social por encima de las consideraciones puramente militares.

La batalla de Trinidad se entablo el 29 de abril y, con diversas alternativas, sus encuentros y combates se prolongaron por más de un mes, hasta el 5 de junio de 1915, en que quedó consumada una nueva derrota de las fuerzas villistas. En ella perdió un brazo y estuvo a punto de perder la vida el general Obregón.

El general Francisco J. Grajales, en sus comentarios sobre "Las campañas del general Obregón", dice de esta batalla:

Hemos visto al general Obregón librar dos batallas defensivas en Celaya. En ambas se marcan distintamente los dos tiempos clásicos: resistencia por el fuego para desgastar al atacante y contraofensiva para aniquilarlo por el fuego y el choque. Mientras el caudillo sonorense hubo de enfrentarse con federales y zapatistas, lerdos y timoratos los unos, faltos de organización y de mando los otros, se mostró siempre audaz y la ofensiva fue su única forma de combate. Pero ahora que tiene delante de sí al bravo, impetuoso y osado Pancho Villa, creador de su propio ejército, en el que predomina la caballería cuya táctica sólo conoce la carga y el choque, alentada por un espíritu ofensivo de brutal y salvaje fogosidad, ahora, decíamos, Obregón explota las ventajas de la defensiva para quebrantar al enemigo antes de atacarlo. Deliberadamente escogerá el próximo campo de batalla y aplicará con firmeza su estrategia y táctica de desgaste.

Mas en esta ocasión también el general Villa, trabajosamente convencido por Felipe Ángeles, ha decidido seguir los mismos procedimientos de combate que viene utilizando su adversario.

Esta coincidente actitud de los dos comandantes en jefe rivales imprime a la batalla su aire lento, determina su aspecto fragmentario en el tiempo y en el espacio, y da la apariencia de indecisión a los mandos superiores. Las batallas defensivas economizan personal, pero devoran municiones; en Trinidad los constitucionalistas sufrieron muy graves limitaciones de cartuchos a causa de los frecuentes ataques realizados sobre su larga línea de operaciones por los zapatistas.

No es el caso de relatar aquí las alternativas de la batalla de Trinidad. En lo esencial, Obregón volvió a formar un cuadro en torno a Trinidad y resistió allí los ataques villistas; todo esto combinado con encuentros constantes entre destacamentos de uno y otro bando en puntos cercanos, donde predominaba la movilidad, rapidez y violencia impresa a las acciones por la caballería. El punto culminante llegó cuando Villa, hacia el 1º de junio, cambió el frente principal de sus ataques, que era desde León hacia el sur, y con una violenta incursión rodeó el cuadro formado por el Ejército de Operaciones, se apoderó de la estación de Silao al sur de Trinidad cortando así la línea férrea que unía a Obregón con el sur, y lanzó su ataque desde el sur hacia el norte, es decir, desde el lado del cuadro opuesto al que hasta entonces había sufrido los principales embates, mientras en todo el resto del frente se intensificaban también los ataques.

La vasta maniobra de Villa obliga a Obregón a postergar su contraofensiva y a reconcentrar sus tropas en el cuadro. Pero como éstas resisten bien las cargas, la ofensiva de Villa se agota y al amanecer del día 5, ya sin la presencia de Obregón —herido el 3— se inicia la contraofensiva general de los constitucionalistas, que atacan con caballería e infantería hacia León al norte y hacia Silao al sur. Las tropas villistas deben retroceder primero y retirarse en derrota luego. Esa noche misma los constitucionalistas ocupan León y al día siguiente, 6 de junio, recuperan Silao. La División del Norte logra salvar gran parte de sus elementos materiales y se repliega con sus trenes sobre Aguascalientes, donde se prepara nuevamente a resistir la tenaz persecución del Ejército de Operaciones.

En Aguascalientes, la División del Norte se atrinchera y hace preparativos defensivos. La ciudad que menos de un año antes fuera la sede de la Convención Militar Revolucionaria, espera la batalla definitiva entre la

División del Norte —la principal fuerza de los que aún se llaman Ejércitos Convencionistas e invocan el nombre de la Convención, que todavía funciona fragmentariamente en la ciudad de Toluca— y el Ejército de Operaciones, la principal fuerza del Ejército Constitucionalista.

El avance de Obregón se detiene en la estación de Encarnación, al sur de Aguascalientes, adonde llega el 20 de junio. Su ejército sufre escasez de municiones y de combustible y resuelve esperar un tren con ambos elementos que viene avanzando desde Veracruz. Mientras tanto, Villa concentra sus fuerzas en Aguascalientes. Allí se encuentran los generales José M. Rodríguez, venido de las cercanías de Torreón con refuerzos; Rafael Buelna, llegado con sus hombres desde Jalisco; José Prieto, de Michoacán; Canuto Reyes, Rodolfo Fierro, Pánfilo Natera, Calixto Contreras, Manuel Banda y también el general Felipe Ángeles, en esta que será su última gran batalla junto a Villa.

Obregón se informa de esta concentración, así como de la multiplicación de las obras defensivas, y envía fuerzas a proteger y acelerar la llegada del tren de municiones y combustible. Estas fuerzas consiguen rechazar un ataque villista por la retaguardia y el tren llega a su destino, estación Encarnación, en la noche del 30 de junio. Dos días después, el 2 de julio, una rápida incursión de fuerzas villistas al mando de los generales Reyes y Fierro corta las comunicaciones ferroviarias de Obregón con el sur, dejándolo incomunicado en Encarnación. El 3 de julio, la columna villista toma León, donde permanece pocas horas, y prosigue su avance hacia el sur, levantando y destruyendo las líneas férreas y telegráficas a su paso. Reyes y Fierro avanzan vertiginosamente, arrasando las comunicaciones, por Irapuato, Querétaro, San Juan del Río hasta Tula, ya cerca de México. A su paso se les van sumando partidas villistas y zapatistas dispersas por la región, con las cuales amagan la capital poco después.

El 4 de julio, Obregón se encuentra cortado de su base de operaciones, con abastecimientos para cinco días solamente, con escasa dotación de cartuchos, con combustible para cuatro horas de movimiento de sus trenes, imposibilitado de perseguir la veloz y arrasadora marcha de Reyes y Fierro rumbo al sur y con el cuerpo enemigo más fuerte a su frente, al norte.

En estas condiciones, resuelve concentrar todas sus fuerzas en una sola dirección y atacar a este enemigo. Pero como éste se ha fortificado en Aguascalientes de modo de esperar un ataque desde el sur, desde Encarnación, Obregón decide realizar un movimiento envolvente, rodear por un costado la plaza de Aguascalientes y atacarla por la retaguardia, de norte a sur, donde no hay fortificaciones, para obligar a los villistas a abandonar sus posiciones defensivas y salir a campo abierto a dar batalla.

El 6 de julio inicia este movimiento. Pero al avanzar por la árida llanura que debe atravesar en su marcha, donde no hay agua ni árboles ni pasto, entra en contacto durante todo el día 7 con destacamentos villistas que hostigan continuamente a la columna constitucionalista. El 8 de julio ya es el grueso de las fuerzas villistas el que ataca partiendo de su base en Aguascalientes y obligando a los obregonistas a interrumpir su marcha y a encerrarse en un cuadro de seis kilómetros por cuatro, en el cual apenas disponen de agua y cuentan con provisiones para una sola jornada más.

Villa decide abandonar sus posiciones fortificadas en Aguascalientes —que para nada le servirán si la ciudad es desbordada por el norte por el enemigo— y lanza todas sus fuerzas al ataque del cuadro formado por las tropas constitucionalistas. Durante el 9 de julio, las tropas villistas atacan desde todas direcciones, lo cual facilita la tarea defensiva al diluir el ataque en todo el contorno del cuadro. Pero la situación de Obregón es grave: sus provisiones están casi terminadas y también sus municiones.

Agotados casi sus medios para sostener la defensiva, resuelve avanzar a tomar Aguascalientes. Así lo explica en un parte enviado ese 9 de julio: "Tenemos provisiones solamente para mañana y el parque está muy escaso, sólo el indispensable para atacar una plaza por asalto. A cuatro leguas de Aguascalientes; imposibilitado para retirarme por falta de parque y provisiones y porque hacerlo sería muy inconveniente; conociendo perfectamente el peligro que corro en esta situación, mañana, al amanecer, emprenderemos el avance sobre Aguascalientes con todos mis elementos, teniendo esperanzas, aunque poca seguridad —dada nuestra escasez de parque— de ocupar dicha plaza mañana mismo".

Contrasta el tono casi patético —y un poco escrito para la historia— de esta comunicación, con un parte de la misma fecha enviado por un jefe del estado mayor villista, que después de describir la crítica situación de los constitucionalistas sitiados y reducidos "a una zona sumamente estrecha, en lugares donde carecen de agua y de toda clase de elementos", concluye con optimismo: "Creo que en uno o dos días más habrá terminado esta batalla, de tan inmensas proporciones, con el exterminio completo o la dispersión de la principal columna carrancista. Por ahora, las infanterías del enemigo quedan en muy difíciles circunstancias, por falta de elementos y agua, así como de parque".

Sin embargo, el ataque de la infantería de Obregón, apoyada por sus brigadas de caballería, tuvo éxito y rompió las líneas de defensa de los tiradores villistas, posiblemente por lo inesperado de la maniobra y porque concentró todas sus fuerzas en los puntos débiles del dispositivo villista. Iniciada la ofensiva al amanecer, al mediodía del 10 de julio entraba Obregón en Aguascalientes y se apoderaba de un nutrido botín abandonado en una desordenada retirada por la División del Norte, botín cuya parte más apreciada fueron sin duda los cuatro millones de cartuchos capturados en la ciudad, que resolvieron el problema creado por el corte de las líneas de abastecimiento con el sur y permitieron no sólo mantener la plaza ocupada sino continuar el avance en dirección a Zacatecas, hacia el norte, y a San Luis Potosí, al este.

Allí terminó la serie de cuatro grandes batallas en que fue quebrado para siempre el poderío de la División del Norte. En cada una de ellas hubo momentos en que la suerte de las armas pareció inclinarse del lado de Pancho Villa. Tanto en las dos batallas de Celaya, donde según los villistas una razón esencial del revés fue el parque defectuoso vendido por los traficantes de armas de Estados Unidos con quienes se aprovisionaba la División del Norte; como en la de Trinidad, donde la incursión de Villa sobre la retaguardia de Obregón pareció decisiva, en vísperas sin embargo de su derrota; como en la de Aguascalientes, donde el día antes de la ofensiva decisiva el ejército de Obregón aparecía cercado, en medio de un desierto, casi sin víveres ni parque y en una situación angustiosa. Sin embargo, en los cuatro casos sucesivos la victoria correspondió a Obregón.

Dice Clausewitz que "ninguna actividad humana tiene contacto más universal con el azar que la guerra". Y en los cuatro encuentros, si se mira sólo a causa inmediata, en apariencia fue un azar lo que volcó la decisión de la batalla. Pero la repetición constante de un "azar" expresa una necesidad. Esa necesidad tenía una raíz social: quien representaba globalmente la posibilidad de organización del país según el nivel orgánico alcanzado por la revolución, era Obregón y no Villa, aunque detrás de éste estuviera la fuerza de la rebelión campesina.

Por eso en los momentos más críticos, como en Trinidad y en Aguascalientes, el general Obregón encontró lo que antes había mostrado el general Villa cuando marchaba en la cresta de la ola: la determinación necesaria para tomar, en las circunstancias más difíciles, las medidas militares que lo llevarían al triunfo.

De esta determinación nos habla Clausewitz cuando, al destacar la importancia del azar y la incertidumbre en la guerra, dice que "debido a esta incertidumbre respecto a los informes y a las suposiciones y a estas continuas incursiones del azar, el individuo que actúa en la guerra encuentra siempre que las cosas son diferentes de lo que él esperaba que fueran". Pero agrega: "Si queremos estar a salvo de este continuo conflicto con lo inesperado, son indispensables dos cualidades: en primer lugar, una inteligencia que aun en medio de la oscuridad más intensa, no deje de tener algunos vestigios de luz interior que conduzca a la verdad y, en segundo lugar, el valor para seguir a esta tenue luz. A la primera se le conoce figuradamente con la expresión francesa *coup d'oeil* (golpe de vista); la segunda es la determinación".

Estas cualidades que Clausewitz atribuye al individuo, son de éste cuando en él se refleja el objetivo social que lo guía y al cual él representa con mayor o menor conciencia. De ese objetivo se alimenta la "tenue luz interior". Cuando él cesa, ella se apaga. Más allá de la comparación de las cualidades militares individuales de cada uno, que carece de sentido tomada en abstracto, ésa es la superioridad que permitió imponerse a Obregón sobre Villa en los cuatro encuentros sucesivos y decisivos.

La confirmación negativa de esta relación es la actitud de Felipe Ángeles a partir de las batallas de Celaya, libradas en contra de su opinión técnica. De lo que cuenta su biógrafo y miembro de su estado mayor, Federico Cervantes, se desprende una actitud de arraigado pesimismo, incluso en los momentos en que la suerte de las armas parecía inclinarse en los combates a favor de los villistas. Aun considerando que Cervantes puede tender a eximir a Ángeles de la responsabilidad militar por las derrotas —lo cual es bastante cierto, por lo demás, pues son conocidas sus divergencias tácticas con Villa en esa etapa—, la verdad es que su versión concuerda con lo que corresponde a la trayectoria y al pensamiento militar de Ángeles.

Ángeles no participó en Celaya, y se oponía, como es sabido, a que se presentara batalla en Trinidad. Ya en la parte final de la larguísima e incierta batalla, Villa concibió el plan de incursionar por la retaguardia del enemigo. Ángeles aprobó la audacia del plan, pero objetó que la línea de batalla iba a quedar muy debilitada al retirar tropas para la incursión, y en riesgo de ser rota por una ofensiva enemiga. Después de la toma de Silao y de que Obregón quedó cortado por el sur, parecía cercano el triunfo villista. Pero Ángeles, en reunión de su estado mayor y contra la opinión de sus oficiales que veían ya la batalla ganada e inminente la retirada de Obregón, dijo: "Pues yo creo lo contrario, y pienso que antes de una semana podemos ser derrotados". Poniéndose en lugar del enemigo, previó por dónde podía concentrar su ofensiva, cosa que en efecto ocurrió aprovechando la dispersión de fuerzas villistas por el sur y por el norte. Cuenta el mismo Cervantes que en vísperas de la batalla que se estaba preparando frente a Aguascalientes, en una reunión de representantes de la Convención, al ser preguntados sobre el probable desenlace de la próxima batalla, todos manifestaron su confianza en el triunfo de Villa, salvo Ángeles, quien declaró: "Ganará Obregón".

Este pesimismo reiterado no era solamente una conclusión de los mayores conocimientos técnicos militares de Ángeles. Era político. Aun permaneciendo junto a Villa, Ángeles no veía perspectivas a su lucha. Su visión de clase lo acercaba a Obregón y le permitía, efectivamente, prever cuáles serían los pasos de éste, pues eran los mismos que él hubiera dado estando en su lugar. La separación entre la tendencia campesina de Villa y la tendencia burguesa de Ángeles tomaba las formas de una divergencia táctico-militar, pero a la hora de los reveses era un fenómeno inevitable, aunque ninguno de los dos se lo propusiera. Esa separación se consumó durante la retirada hacia Chihuahua, cuando Felipe Ángeles se alejó de la División del Norte enviado como delegado de la Convención a Estados Unidos, pero en realidad ya distanciado de Villa, cuyos planes inciertos de lucha futura en la cual debería recurrir inevitablemente a sus orígenes de guerrillero campesino de Chihuahua, ya no cabían en la concepción político-militar de Ángeles.

El pesimismo de Ángeles, el apagamiento de aquella "tenue luz interior", era el anticipo de lo que comenzó en Celaya y había de consumarse en Aguascalientes el 10 de julio de 1915: el fin de la División del Norte como cuerpo de ejército organizado y el fin del papel del general Felipe Ángeles como su jefe con mayor experiencia y formación profesional.

De ahí en adelante, sólo la tenacidad de clase del general Francisco Villa era capaz de mantener por años, en medio de las mayores adversidades, la lucha militar contra el carrancismo en los estados del norte de México.

Con la derrota de Aguascalientes comenzó el repliegue definitivo y la disolución de la División del Norte. El grueso del ejército villista tomó el camino hacia el norte, el único que le quedaba abierto, siguiendo la vía del tren. Un ferrocarrilero, maquinista de uno de los trenes militares, ha escrito la crónica de aquella retirada.[1] En ella se ve cómo van desapareciendo la cohesión y la seguridad de aquellas tropas y cómo, más que la persecución tenaz del ejército enemigo, era la certidumbre de la derrota y la falta de perspectiva social del villismo ante el reflujo ya evidente de las masas campesinas lo que disolvía a la División a medida que se replegaba sobre Chihuahua.

[1] Miguel Gutiérrez Reynoso, "El ocaso de la División del Norte", *Excélsior*, 17 al 25 de junio de 1969.

El ferrocarrilero relata la penosa retirada de Aguascalientes a Zacatecas, con los trenes marchando a vuelta de rueda por el embotellamiento producido por el afán de salvar todo el material posible; y con los carros particulares de los jefes militares vacíos, agujereados por los balazos de las tropas enemigas, con los cristales destrozados, mientras los propios jefes, a comenzar por Villa, preferían recorrer a caballo los 121 kilómetros que separan a ambas ciudades para evitar ser interceptados por fuerzas enemigas en el recorrido del ferrocarril. Esa región, hasta meses antes territorio villista seguro, ya no ofrecía garantías para ellos. Así se vio entrar en Zacatecas al vagón del jefe de la División del Norte, que en sus costados tenía escrito en letras doradas: "General Villa" (como el carro de Obregón tenía el nombre de su lugar de nacimiento, "Siquisiva"), arrastrado por una locomotora famosa, la 135, que había sido la máquina especial del tren presidencial de Porfirio Díaz. Máquina y vagón llegaban agujereados por las balas a la ciudad cuya toma, un año antes, había sido el hecho de armas más resonante de Pancho Villa y el golpe mortal al ejército federal. No duró mucho su estadía, pues la vanguardia de caballería de Obregón entró en la plaza el 17 de julio de 1915.

En dirección a Torreón continuó la retirada. Iba jalonada por incidentes entre las propias tropas villistas, como un encuentro a balazos en Zacatecas entre hombres de la brigada Urbina y otros de Rodolfo Fierro por la posesión de un rebaño de borregos para alimentar a sus respectivas tropas; y un choque similar ocurrido después en Torreón por motivos igualmente circunstanciales, sin contar la multiplicación de los duelos a pistola entre oficiales o entre soldados por las razones más fútiles. Eran los síntomas crecientes de la desmoralización de un ejército en retirada y sin perspectiva.

Por otra parte, la marcha misma de los trenes se hacía cada vez más difícil, por falta de material de reparaciones y de combustible.

La antigua zona villista del centro iba siendo ocupada progresiva y metódicamente por las fuerzas de Obregón. El 19 de julio, éste tenía ya establecido su cuartel general en San Luis Potosí. Desde allí hizo un centro de operaciones para batir ese territorio y limpiarlo de partidas villistas, objetivo que a principios de agosto ya había logrado en gran medida. A esta altura ya estaban controlados por los constitucionalistas el centro y el noreste del país y restablecida, a fines de agosto, la comunicación regular entre el puerto de Tampico y San Luis Potosí. Quedaban todavía en poder de Villa los estados —o parte de ellos— de Coahuila, Durango, San Luis Potosí, Zacatecas, Chihuahua y Sonora.

Mientras tanto la ciudad de México, que hasta principios de julio seguía en poder de los zapatistas, el 11 de ese mes fue tomada por las tropas de Pablo González mientras aquéllos la abandonaban sin presentar combate. Días después se retiró González y volvieron a entrar los zapatistas —la incursión villista de Reyes y Fierro que andaba entonces por Tula ya había perdido impulso y se reincorporaba al grueso de su División— pero era evidente que los constitucionalistas podían volver a apoderarse de la capital cuando quisieran. Efectivamente, el 2 de agosto de 1915 el ejército carrancista al mando de Pablo González entró en México para ya no volver a abandonarla. Mientras la División del Norte continuaba su repliegue hacia Chihuahua, el Ejército Libertador del Sur había perdido para siempre la capital del país y la guerra campesina, al norte y al sur, regresaba a sus formas regionales.

Las defecciones siguieron aumentando en las filas villistas. A mediados de agosto uno de sus principales generales, Pánfilo Natera, se rindió con sus tropas a Obregón. El 12 de agosto, parte de estas tropas tomaron la ciudad de Durango, obligando a replegarse más al norte a las fuerzas aún leales a Villa que defendían la ciudad. La suerte de las armas, ya decidida nacionalmente, aún oscilaba sin embargo por regiones, pues diez días después, el 23 de agosto, los villistas recuperaban Durango, mientras por otro lado Obregón, a principios de septiembre, debía enviar apresuradamente refuerzos a Pablo González, quien le comunicaba que su situación en México estaba muy comprometida por los incesantes ataques zapatistas.

El 4 de septiembre los constitucionalistas toman Saltillo. Luego avanzan sobre Paredón, recorriendo en sentido inverso el camino que un año antes había hecho la División del Norte. El 27 de septiembre toman sin combate San Pedro de las Colonias, escenario de otro anterior triunfo de Villa. Mientras tanto, el 13 de septiembre se han apoderado de Monclova y poco después de Piedras Negras, con lo cual ocupan ya todo Coahuila. El 28 y 29 de septiembre entran en Torreón y Gómez Palacio, evacuadas días antes por los villistas, con lo cual adquieren el control de la comarca de La Laguna. En cada una de las plazas que va ocupando, el ejército perseguidor encuentra locomotoras, vagones de carga y de pasajeros, material ferroviario y petrechos abandonados en su retirada por los villistas. El 10 de octubre, Obregón rinde parte de que sólo queda en poder del villismo el estado de Chihuahua y parte de Durango. El 19 de octubre, la ciudad de Durango vuelve a ser ocupada por las tropas de Obregón.

A mediados de octubre, los restos de la División del Norte se habían reunido en Casas Grandes, Chihuahua, y se disponían a atravesar la sierra de Chihuahua hacia el oeste para marchar sobre Sonora. Este estado estaba aún controlado por el gobernador Maytorena, aliado pasivo de Villa, con excepción de la población fronteriza de Agua Prieta, donde el general constitucionalista Plutarco Elías Calles había rechazado todos los intentos para desalojarlo de la plaza sitiada. Cuando marchaba con sus tropas hacia Casas Grandes, murió ahogado por accidente, al cruzar una laguna, el general Rodolfo Fierro, exferrocarrillero. La derrota seguía enviando sus heraldos negros.

Antes de la partida de la columna, se multiplicaron las deserciones. Jefes con todas sus tropas se rendían y se pasaban al carrancismo con armas y bagajes. Otros, soldados rasos, simplemente desaparecían. Habían perdido la confianza y sólo veían presagios funestos en el porvenir. Partió finalmente una fuerza aún considerable, cercana a los 6 500 hombres, esta vez sin las soldaderas, pues Villa prohibió que éstas siguieran a la tropa en el durísimo trayecto que los esperaba. El último destacamento en salir de Casas Grandes fue el del general Manuel Banda, con unos doscientos hombres, quien tuvo a su cargo la tarea de registrar los vagones y depósitos que quedaban en Casas Grandes, en busca de desertores. A medida que los iba descubriendo los abatía a tiros de pistola, personalmente, allí donde los encontraba ocultos.

En noviembre, Villa atacó Agua Prieta. Obregón, que al conocer la concentración en Casas Grandes vio el plan de Villa de invadir Sonora, envió refuerzos a Calles por territorio norteamericano, por el ferrocarril de Arizona, con el debido permiso concedido por el gobierno de Estados Unidos que el 19 de octubre de 1915 acababa de reconocer al gobierno de Venustiano Carranza. Villa encontró en Agua Prieta una resistencia muy superior a la que esperaba y fue rechazado con graves pérdidas.

El 22 de noviembre marchó sobre la capital de Sonora, Hermosillo, e intentó tomarla. Sufrió una nueva derrota y debió emprender la retirada con el resto de su columna hacia su territorio de Chihuahua. En esta batalla murió otro militar de carrera, discípulo de Ángeles, el joven general José Herón González, que había seguido a Villa hasta el fin: lo atravesó una bala mientras se empeñaba en hacer ordenada la retirada de sus tropas. A principios de diciembre, en Fronteras, Sonora, fue batida y dispersada por el general Calles la otra columna de cierta importancia —unos cuatro mil hombres— que quedaban aún de las fuerzas villistas, al mando del general José Rodríguez, que no había logrado unirse a la de Villa. Sus restos emprendieron también, como los que iban con Pancho Villa, el camino otra vez a Chihuahua.

Allí desapareció el último sector organizado de lo que había sido la invicta División del Norte, que apenas un año antes entraba triunfalmente en la ciudad de México. La marcha de regreso, ya en invierno y con intenso frío, por la agreste sierra de Chihuahua, terminó de destrozar a los maltrechos restos del ejército villista, muchos de cuyos hombres quedaron por el camino. Al llegar a Chihuahua, estaba quebrada toda voluntad colectiva de lucha.

El 20 de diciembre se rindieron Ciudad Juárez, Guadalupe, San Ignacio y Villa Ahumada, al mando de los generales Banda, Limón y otros, con una dotación total de cuatro mil hombres con sus armas y pertrechos. Para el 31 de diciembre de 1915, todas las ciudades estaban en poder del ejército constitucionalista, incluida Chihuahua. Según uno de los recopiladores de sus memorias Villa, ante la imposibilidad de sostener la situación, había dejado en libertad de rendirse y aceptar la amnistía del gobierno a sus generales y oficiales, resolviendo él mantener la lucha guerrillera en la montaña.

Según los autores soviéticos Alperovich y Rudenko:

En diciembre de 1915, Carranza propuso a Villa un convenio en los siguientes términos: 1] amnistía general para todos sus adictos; 2] entrega al gobierno carrancista del territorio controlado por las fuerzas villistas; 3] incorporación de sus tropas al ejército constitucionalista y participación de las mismas en la lucha contra Zapata; 4] garantía de que Villa podía emigrar con entera libertad a Estados Unidos. Algunos comandantes de las tropas villistas aceptaron estas condiciones. Villa, empero, prosiguió la lucha.[2]

Al iniciarse el año 1916, ya no existía más la División del Norte. Con unos pocos cientos de hombres, transformados nuevamente en partida guerrillera, Pancho Villa se remontó a la sierra para continuar por otros cuatro años el combate.

Una parte de la historia oficial omite definir cuál fue la intervención de Estados Unidos en la revolución mexicana, salvo cuando se refiere al papel del embajador Henry Lane Wilson en el golpe de Huerta. Historiadores soviéticos como Alperovich y Rudenko, en cambio, hacen depender gran parte de la suerte de la revolución de las medidas de intervención tomadas por el imperialismo en una u otra ocasión.

En un sentido histórico lato, la presencia de la potencia imperial al otro lado de la frontera sí tuvo una influencia determinante en el curso de la revolución, como en general en toda la historia de México. Pero en cuanto al curso concreto de la revolución y a sus luchas interiores, esa

[2] Véase *La revolución mexicana de 1910-17 y la política de Estados Unidos*, Fondo de Cultura Económica, México, 1960.

intervención fue secundaria y no decidió aspectos importantes de la lucha entre las facciones, en la cual lo fundamental fueron las fuerzas sociales internas y sus direcciones.

Por otra parte, la intervención del gobierno estadounidense fue incierta y en parte contradictoria en los distintos periodos. Presentarla como clara y rectilínea es hacer una trasposición histórica de la política posterior de Estados Unidos, cuando aumentó su seguridad junto con su papel mundial y con ello su comprensión de cómo enfrentar la revolución en los países agrarios.

Los gobiernos estadounidenses de la época no comprendieron a fondo la revolución mexicana: era un fenómeno nuevo para ellos, jamás visto en su historia, confuso, contradictorio. Allí las decisiones ya no se elaboraban en los gabinetes, en las altas esferas políticas y en las negociaciones, influencias, amenazas y concesiones diplomáticas (de todo lo cual las batallas eran, en última instancia, una mera continuación militar, pero sometidas también a las decisiones de la alta política, resueltas por la aptitud y la suerte de los jefes y colocadas al servicio del interés preciso de las clases dominantes). Quienes decidían, alterando violentamente todos los cálculos previos, eran las masas con sus métodos, pero al mismo tiempo sin plan preconcebido, sin dirección consciente, imponiéndose como una fuerza natural a sus propias direcciones y ascendiendo o refluyendo según leyes totalmente ajenas a la comprensión limitada, provinciana, de los jefes del nuevo imperio estadounidense en esa época, que aún no tenían la experiencia ni la sutileza adquirida en largos años de dominación colonial por los políticos de la clase dominante británica.

Estados Unidos no dio ningún sostén especial a Porfirio Díaz contra la revolución maderista y además permitió a Madero conspirar libremente en su territorio. Vio en el ascenso de Madero al poder una continuación de la política capitalista y una posibilidad de contener y encauzar las fuerzas del descontento político y social acumuladas durante el porfiriato. Fue a partir del momento en que el gobierno de Madero comenzó a mostrar su impotencia para contener la revolución cuando se produjo un cambio en esa actitud, manifestado en forma concreta en las cartas cada vez más alarmadas del embajador Wilson a su gobierno y finalmente en su apoyo al golpe de Huerta.

Pero a partir de allí, y con la generalización de la lucha revolucionaria acelerada por la liquidación de Madero —un efecto que Washington seguramente no esperaba, porque no comprendía que lo que aparecía como debilidad de Madero era sobre todo fuerza de la revolución— el panorama se presentó cada vez más confuso para Estados Unidos y crecieron las oscilaciones en su política hacia México, así como la disputa al respecto entre las distintas tendencias en el gobierno de Washington.

Sin duda, ese gobierno tenía un programa claro: oponerse a la revolución y defender las inversiones e intereses de sus connacionales. Pero el problema comenzaba cuando debía definir qué política era la mejor para alcanzar esos objetivos, pues el fracaso de la que parecía más rectilínea — apoyar la sustitución de Madero por un hombre fuerte que acabara brutalmente con la revolución — era más que evidente desde fines de 1913 y principios de 1914.

El estallido de la lucha abierta entre las distintas facciones revolucionarias que habían derrotado a Huerta —todas las cuales aparecían como hostiles al imperio y a sus intereses— prácticamente coincidió con el estallido de la guerra de 1914 en Europa, lo cual retrajo la preocupación y la intervención de los imperialismos europeos en México (especialmente el inglés, el francés y el alemán), y automáticamente dejó en manos de Estados Unidos la defensa no sólo de sus intereses particulares, sino también (aunque los subordinara a los suyos) de los intereses generales del imperialismo mundial frente a la revolución mexicana.

El gobierno de Washington se vio por primera vez ante semejante responsabilidad. La tarea sobrepasaba su comprensión y su experiencia política todavía limitada, lo cual se reflejó en la incertidumbre con que se orientó al principio entre las distintas fuerzas revolucionarias. Sólo después de un periodo, como era inevitable, terminó por comprender que entre los ejércitos campesinos — cuyos jefes no tenían clara conciencia nacional antiimperialista pero cuyas bases sociales y acciones golpeaban los pilares del régimen de dominación burguesa en el país— y el carrancismo —cuyos jefes eran burgueses y pequeñoburgueses hostiles a los yanquis pero cuya política nacional era la que podía salvar al régimen de propiedad— debía optar finalmente por el apoyo al carrancismo. Lo hizo de mala gana y sintiendo que esta opción por el mal menor era de todos modos una derrota para él. El hecho fundamental que ya no se podía cambiar era que desde 1914 la liquidación violenta del poder económico y político de la oligarquía terrateniente por las fuerzas revolucionarias, había eliminado la posibilidad de establecer en México un gobierno agente directo del imperialismo.

Frente a la revolución mexicana en conjunto, entre 1914 y 1916 y más concretamente desde la retirada de Veracruz en noviembre de 1914 hasta la retirada de la expedición punitiva en enero de 1917, la política de intervención estadounidense, por agresivos o insidiosos que fueran sus métodos, tuvo en el fondo un carácter defensivo ante la irrupción de una revolución a la cual odiaba pero no podía comprender, ni detener, ni controlar. En ese lapso, aparte de la función natural de defender sus intereses, esa política tuvo un objetivo limitado pero bastante preciso: impedir el establecimiento de un gobierno nacionalista fuerte en México.

Desde la caída de Huerta, y aun desde antes, el gobierno estadounidense envió sus representantes ante las distintas facciones revolucionarias: Carranza, Villa y Zapata. En realidad, salvo en noviembre-diciembre de 1914 cuando evacuó a Veracruz y dio un respiro al carrancismo arrojado contra la costa por el empuje de la División del Norte, no mostró gran preocupación por la posibilidad de una victoria de los dos grandes ejércitos campesinos. Desde la primera evacuación de México por los campesinos en enero de 1915, comprobó que ellos no podían sino dar origen, en caso de triunfo, a un gobierno burgués. Por otro lado, nada podía hacer para detener la guerra campesina.

En cambio, en el plano político chocó desde un principio con la tendencia que representaba la conciencia burguesa nacionalista de la revolución, el carrancismo.

Cuando John Reed entrevistó a Carranza en Nogales, Sonora, éste le dijo, aún en curso la lucha contra Huerta:

> Yo les digo a ustedes que si los Estados Unidos intervienen en México [...] la intervención no logrará lo que desea, sino que provocará una guerra, la cual, además de sus propias consecuencias, ahondará la profunda odiosidad entre los Estados Unidos y toda la América Latina; un aborrecimiento que pondrá en peligro todo el futuro político de los Estados Unidos.

También en plena lucha contra Huerta, a fines de 1913, ocurrió el incidente entre la flota norteamericana y el general constitucionalista Cándido Aguilar, en Tuxpan. Dicho general ocupaba con sus tropas la región petrolera de Tuxpan en el estado de Veracruz. Cerca de la isla de Lobos estaban fondeados trece o catorce barcos de la flota yanqui, al mando del almirante Fletcher. Éste envió a Cándido Aguilar un mensaje que decía:

> Al jefe de las fuerzas rebeldes, general Cándido Aguilar, que ocupa la zona petrolera en la región de Tuxpan: Tengo instrucciones de mi gobierno de comunicarle a usted que si al término de 24 horas no abandona la zona petrolera, enviaré tropas de desembarco de los Estados Unidos para garantizar la vida e intereses de los ciudadanos americanos y de otras nacionalidades.

El general mexicano le respondió:

Al almirante Fletcher: Me refiero a su insolente nota de hoy. La vida y los intereses de los norteamericanos y personas de otras nacionalidades han tenido, tienen y tendrán las más amplias garantías en la zona militar que está a mis órdenes. De llevar a cabo la amenaza de desembarcar tropas de Estados Unidos en territorio mexicano, me veré obligado a combatirlas, a incendiar los pozos petroleros que están en la región de mi dependencia y a pasar por las armas a todos los norteamericanos que están en la región.

Al mismo tiempo transmitió a sus oficiales estas instrucciones:

Reconcentre usted con urgencia a todas las familias de norteamericanos que habitan ese lugar. Ponga usted de vigilancia en cada pozo a un oficial y dos soldados para que cuando se disparen los primeros cañonazos y reciba órdenes mías, directas, incendie los pozos y pase por las armas a todos los norteamericanos que, por lo pronto, quedan en calidad de rehenes.

El desembarco, por supuesto, no se produjo. Pero éstos fueron parte de los tanteos que condujeron en abril de 1914 a la ocupación del puerto de Veracruz por la marinería de Estados Unidos.

El 20 de julio de 1914 el gobierno constitucionalista aumentó en tres veces el impuesto al petróleo. En el decreto del 12 de diciembre de 1914 se planteó la revisión de la legislación de minas, petróleos, bosques y otras riquezas naturales en beneficio de los intereses nacionales. A principios de 1915, Carranza dictó otras disposiciones dirigidas a controlar las inversiones extranjeras en tierras, petróleo, minas y otras concesiones de explotación. Esta política nacionalista fue una constante del gobierno de Carranza.

Por otra parte, la burguesía mexicana trató de aprovechar la guerra de 1914 para un desarrollo mayor sobre su propio mercado interno, ante la suspensión de las exportaciones europeas por la guerra. Si no pudo hacerlo en la misma escala que las burguesías del extremo sur de América Latina, fue porque la guerra civil le impedía una reorganización estable de su economía, y por el todavía limitado desarrollo capitalista. Pero la legislación carrancista quedó como testimonio de ese intento.

Durante la primera mitad de 1915, cuando está en su etapa más dura la lucha armada entre el villismo y el constitucionalismo, hay una pugna en Washington sobre la política a llevar hacia las facciones de la guerra civil mexicana. Un sector ve el peligro de la extensión de la guerra campesina y sus consecuencias revolucionarias y propone apoyar a Carranza. Otro sector ve en Carranza la posibilidad más firme de un gobierno mexicano nacionalista fuerte, denuncia su política petrolera y propone dar cierta ayuda a Villa para contrarrestar la preponderancia que va adquiriendo el gobierno constitucionalista. Por otro lado, las empresas petroleras, que llevan su política propia en Veracruz, ayudan financieramente al general Manuel Peláez, que combate contra las fuerzas carrancistas en 1914 y 1915. Este general va a ser utilizado posteriormente, entre 1917 y 1919, por las empresas petroleras de la región huasteca para combatir con el terror blanco los intentos de organización sindical de los trabajadores.

Desde principios de 1915, en el gobierno del presidente Wilson fue madurando la idea de intervenir como mediador en la guerra civil mexicana. El 2 de junio de 1915, cuando aún no se decidía el resultado de la batalla de Trinidad, Wilson declaró en su mensaje al pueblo norteamericano que Estados Unidos no toleraría la continuación de la guerra civil en México y amenazó de hecho con la posibilidad de una intervención si no se afirmaba un gobierno estable.

A partir de esa batalla y de la de Aguascalientes, sin embargo, fue cada día más claro que la salida de la guerra civil no podía ser más que el triunfo del gobierno de Carranza. Washington buscó intervenir para utilizar a la tendencia campesina de Villa, ya en la retirada decisiva, como contrapeso para presionar al gobierno nacionalista de Carranza y arrancarle concesiones. Dice Alperovich y Rudenko, en *La revolución mexicana de 1910-1917 y la política de los Estados Unidos*:

Lansing, que sustituyó el 9 de junio de 1915 a Bryan en el cargo de secretario de Estado, escribía el 6 de agosto a Woodrow Wilson que, en vista de que Villa atravesaba por una situación financiera bastante difícil, era necesario brindarle la oportunidad de vender ganado en Estados Unidos. Y el 9 de agosto, en carta dirigida al presidente, explicaba con más detalles su posición al respecto. Escribía: "Necesitamos ayudar a Villa por lo siguiente: nosotros nos deseamos que la camarilla de Carranza sea la única con la cual haya que tener relaciones en México. Carranza se muestra tan intolerante que incluso la sola apariencia de una oposición a su gobierno nos permitirá hacer prosperar la idea de que los distintos agrupamientos sostengan conversaciones. Creo por ello que, en la actualidad, es conveniente dar ocasión a Villa para que obtenga el dinero suficiente con que armar a su gente, mientras no se llegue a un entendimiento". Propósito más o menos análogo —es decir, crear cierto contrapeso a los carrancistas— tuvo la entrevista del general Scott, jefe del estado mayor del ejército norteamericano, con Villa; entrevista que revistió fundamentalmente el carácter de tanteo.

A mediados de agosto Estados Unidos concretó finalmente su propuesta de mediación. El 11 de agosto de 1915 el secretario de Estado Lansing y los representantes diplomáticos en Washington de Argentina, Brasil, Chile, Uruguay, Bolivia y Guatemala enviaron un mensaje conjunto, conocido con el nombre de Nota Panamericana, a Carranza, Villa, Zapata y otros jefes militares mexicanos. La nota proponía que esos países actuaran como mediadores para reunir una conferencia con representantes de todas las facciones en lucha en México, para "constituir un gobierno provisional que dé los primeros pasos para restablecer el orden constitucional en el país".

El 16 de agosto Villa aceptó la propuesta. En la delegación villista designada para participar en las discusiones figuraba el general Felipe Ángeles, que por esa época viajó a Estados Unidos pero ya distanciado de Pancho Villa y para no regresar a México sino hasta fines de 1918. El 26 de agosto, también Zapata aceptó la proposición, así como varios miembros del gobierno de la Convención (que ya era un fantasma de sí mismo), entre ellos el general Manuel Palafox.

Carranza, por el contrario, rechazó la Nota Panamericana y obró con la conciencia de representante de la nación de que carecían los jefes campesinos. Por lo demás, iba ganando la guerra y no tenía ningún sentido para él aceptar semejante propuesta de mediación con quienes estaban ya en derrota. El 10 de septiembre, el gobierno carrancista contestó a los firmantes de la nota que él "no puede consentir en discutir los asuntos internos de la República con ningún mediador o a iniciativa de un gobierno extranjero, cualquiera que éste sea [...] dado que la aceptación de las proposiciones de Vuestras Excelencias lesionaría gravemente la independencia de la República y sentaría el precedente de que gobiernos extranjeros tuviesen ingerencia en el arreglo de nuestros problemas internos". Al mismo tiempo solicitaba su propio reconocimiento como único gobierno legal de México.

El 9 de octubre se reunieron en conferencia los firmantes de la Nota Panamericana. Entretanto, la consolidación del gobierno de Carranza, luego de la victoriosa campaña de Obregón, se había hecho ya indiscutible. La conferencia resolvió recomendar su reconocimiento como gobierno de facto.

El 19 de octubre de 1915 Estados Unidos reconoció oficialmente al gobierno de Carranza, impuso el embargo a las compras de armas de sus enemigos, en especial del villismo, y permitió el paso por su territorio de las tropas carrancistas para combatir a Villa, medida fundamental para socorrer a la guarnición de Agua Prieta contra el ataque villista y para que éste sufriera una severa y decisiva derrota.

Al año siguiente, 1916, sería ya el propio ejército estadounidense, a través de la llamada "Expedición Punitiva", el que enfrentaría directamente —e infructuosamente— a los tenaces resabios de la guerra campesina mexicana, representados por las guerrillas de Pancho Villa en que se disolvió la División del Norte.[3]

[3] Respecto de la actitud de las grandes potencias de la época hacia la revolución mexicana, Friedrich Katz escribe en el capítulo final de *La guerra secreta en México:*
"Entre la caída de Madero y el final de la primera guerra mundial, tres potencias trataron de influir en escala masiva sobre los acontecimientos en México: Gran Bretaña, Alemania y Estados Unidos. La política británica tuvo sus mayores repercusiones en México en 1913-1914 y la de Alemania desde 1915 hasta 1919. La política de Estados Unidos fue de importancia decisiva para los acontecimientos mexicanos durante todo el curso de la revolución.

"Las intervenciones de Gran Bretaña y Alemania en los asuntos mexicanos fueron en gran medida indirectas y encubiertas, las de Estados Unidos más directas y abiertas. Gran Bretaña y Alemania se las arreglaron para mantener en forma coherente buenas relaciones con las facciones a las cuales apoyaban (Gran Bretaña con Huerta durante su régimen, los alemanes con Carranza desde mediados de 1916 hasta su caída), pero los estadounidenses no hicieron lo mismo. Durante cortos lapsos, los europeos ejercieron influencia considerable sobre las facciones a las cuales favorecían. En el largo plazo, sólo Estados Unidos tuvo influencia decisiva sobre el curso de la revolución mexicana.

"Entre las grandes potencias, Gran Bretaña llevó adelante la política más coherente en México entre 1910 y 1920. Sin considerar ni aún remotamente la opción de enviar a un Lawrence para influir a los revolucionarios mexicanos, se opuso en esos diez años a todas y cada una de las facciones revolucionarias y apoyó coherentemente a los grupos contrarrevolucionarios. La convicción expresada por el enviado británico Thurstan de que lo que México necesitaba era 'un gobierno de hombres blancos', era compartida por la mayoría de los funcionarios responsables en el Foreign Office británico. Sin embargo, no era el racismo el determinante principal de la política británica. La estrecha alianza de los intereses británicos con Porfirio Díaz, así como las alianzas fluctuantes de los revolucionarios con Estados Unidos y con Alemania, ejercieron una fuerte influencia sobre el papel británico. En conjunto, puede decirse que la coherencia de la política británica se correspondía con su falta de efectividad [...]

"Entre las de todas las grandes potencias, la política de Estados Unidos hacia la revolución mexicana parecía la más contradictoria. Cada facción victoriosa en México, entre 1910 y 1919, gozó de la simpatía, y en la mayoría de los casos del apoyo directo de las autoridades estadounidenses en su lucha por el poder. En cada caso, el gobierno de Washington no tardó en volverse contra sus nuevos amigos con la misma vehemencia con que inicialmente los había apoyado.

"El gobierno de Taft primero vio con gran simpatía a la revolución de Madero. Algunos historiadores sostienen que Taft incluso le dio apoyo encubierto. Un año después ese mismo gobierno invirtió agudamente su posición con respecto a Madero y en febrero de

El 31 de julio de 1916 estalló una huelga general en la ciudad de México. Duró tres días. Fue la culminación del desencuentro entre la guerra campesina y el movimiento obrero, ya marcado por la formación de los batallones rojos. La clase obrera salió a la lucha sola, cuando el campesinado ya estaba en repliegue y además separado de ella por la política de las direcciones sindicales aliadas con el constitucionalismo contra el villismo. Las luchas campesinas, en varios años de ascenso, habían estimulado al movimiento obrero. A su vez, los dirigentes obreros habían aprovechado la primera etapa de la alianza con el carrancismo —cuando para éste era cuestión de vida o muerte contar el apoyo del movimiento obrero organizado y sobre todo evitar su alianza con el campesinado— a fin de desarrollar la organización sindical en todo el país.

Pero una vez derrotados o en retroceso los ejércitos campesinos, el carrancismo se lanzó a enfrentar al movimiento obrero. Liquidó la fuerza militar de la División del Norte. Tendió cerco sobre el estado de Morelos. Y se lanzó contra los sindicatos obreros, en una prueba de fuerza que culminó en la huelga general de 1916.

El pacto de los batallones rojos había obligado hacer concesiones a los sindicatos. Obregón, por ejemplo, en vísperas de la batalla de Celaya dictó un decreto estableciendo el salario mínimo en la región y en todos aquellos estados donde se fuera estableciendo la autoridad del ejército constitucionalista. Este salario mínimo era de un peso diario, la misma suma que ya a comienzos de 1912 los jefes de partidas zapatistas obligaban a los hacendados a pagar a sus peones en las zonas controladas por ellas. Mientras el ejército de Obregón iba ganando terreno durante el año 1915, la Casa del Obrero Mundial envió comisiones organizadoras y agitadores para constituir las organizaciones sindicales en los territorios dominados por el constitucionalismo. Éste permitió tal actividad pues, aun cuando Carranza era enemigo de cualquier forma de organización obrera, tenía que aceptar en ese momento, para vencer al villismo, la direc-

1913 el embajador Henry Lane Wilson desempeñó un papel decisivo en el golpe que derribó a Madero y llevó al poder a Huerta.

"Woodrow Wilson tomó medidas aún más enérgicas e interfirió todavía más drásticamente en los asuntos mexicanos para sacar a Huerta del puesto al cual Henry Lane Wilson lo había ayudado a encaramarse. En el proceso de combatir a Huerta, Woodrow Wilson dio apoyo tanto a Pancho Villa como a Venustiano Carranza. Poco tiempo después, se volvió contra Villa y ayudó a Carranza a infligirle derrotas decisivas. Posteriormente, llegó casi a entrar en guerra con Carranza.

"Esta coherente incoherencia estadounidense tenía un denominador común: el hecho de que cada facción mexicana, una vez que asumía el poder, llevaba adelante políticas que eran consideradas nocivas tanto por el gobierno de Washington como por los intereses empresariales estadounidenses."

ción político-militar de la campaña por Obregón. Y éste, junto con sus medidas sociales como el salario mínimo, comprendía que lo más importante del pacto con los sindicatos no era el contingente numérico que aportaban los batallones rojos a su ejército, sino el hecho de que la actividad de los sindicalistas iba cubriendo su retaguardia social mientras sus fuerzas militares combatían al villismo, y le atraía un apoyo en las ciudades indispensable para compensar la resistencia villista.

En agosto de 1915 se volvió a establecer la Casa del Obrero Mundial en la ciudad de México. Se reorganizó la Federación de Sindicatos del Distrito Federal, encabezada por Luis N. Morones como secretario general. La Casa del Obrero Mundial se extendió en filiales en San Luis Potosí, Yucatán, Veracruz, Tamaulipas, Coahuila, Puebla, Guanajuato, Hidalgo.

El 5 de octubre de 1915 dicha organización lanzó un manifiesto que decía:

La lucha armada está por terminar y pronto empezaremos a recoger sus frutos. La libertad, conseguida al fin a costa de tantos sacrificios, debemos saber aprovecharla, formando potentes sindicatos que basten por sí solos para hacernos respetar de nuestros explotadores.

A fines de octubre de 1915 el gobierno constitucionalista cedió a la Casa del Obrero Mundial el edificio del Jockey Club, antes reducto de la aristocracia porfiriana. Dicho edificio se convirtió en un centro de asambleas y reuniones obreras permanentes, una febril actividad organizadora de sindicatos. Se constituyeron o reorganizaron los sindicatos de panaderos, sastres, zapateros, gráficos, tranviarios, obreros de la Maestranza Nacional de Artillería. Salió el periodico *Ariete*. Continuaron viajando comisiones organizadoras a todo el país.

Al mismo tiempo, comenzó una ola de peticiones obreras, acompañadas de movimientos de huelga o amenazas de huelga, en panaderos, gráficos, sastres (los sastres huelguistas abrieron un taller comunal en el local del Jockey Club), carpinteros, textiles y otros sectores. A fines de diciembre de 1915, pararon los tranviarios y electricistas de Guadalajara, pidiendo aumentos de salarios. En la mina de El Oro, estado de México, los huelguistas sustituyeron a los jefes y tomaron las instalaciones. Hubo paros portuarios en los dos principales puertos del país, Veracruz y Tampico.

El gobierno de Carranza ya no necesitaba el apoyo de las organizaciones sindicales para combatir al villismo. A fines de diciembre ya no había División del Norte. Paradójicamente, con la ayuda de los batallones rojos y de la cobertura social de la Casa del Obrero Mundial había sido destrozado el escudo militar que indirectamente impedía al carrancismo concentrar sus golpes contra el proletariado y contra el reducto zapatista en Morelos. En consecuencia, el gobierno constitucionalista se volvió contra sus aliados obreros.

El 30 de noviembre de 1915 los ferrocarrileros fueron incorporados al ejército y sometidos a disciplina militar. A principios de 1916 el mando constitucionalista declaró disueltos los batallones rojos y licenció a la mayoría de sus miembros, incorporando a los restantes a las tropas regulares.

El 19 de enero de 1916 el general Pablo González publicó un manifiesto contra la agitación obrera reinante, en el cual decía: "Si la revolución ha combatido la tiranía capitalista, no puede sancionar la tiranía proletaria". El manifiesto iba acompañado por una ofensiva de medidas contra el movimiento obrero organizado. Las tropas de Pablo González invadieron el local del Jockey Club, desalojaron violentamente a las organizaciones obreras y cerraron el periódico *Ariete*. En Monterrey, el general Treviño cerró la Casa del Obrero Mundial. En diversos estados, los jefes militares constitucionalistas, obedeciendo órdenes de Carranza, detuvieron a dirigentes de la Casa del Obrero Mundial porque éstos estaban haciendo una campaña general de agitación en favor de un paro general para obtener el pago de los salarios en oro. Los detenidos de todo el país fueron concentrados en la cárcel de Querétaro.

Para febrero de 1916 los batallones rojos ya no existían, los obreros habían sido expulsados del Jockey Club, muchos de sus dirigentes estaban presos o perseguidos y se había consumado la ruptura entre el carrancismo y el movimiento obrero. En un solo año se había cumplido el ciclo y el destino del pacto de alianza firmado en Veracruz, dando la razón a quienes lo denunciaban como una claudicación.

La federación de Sindicatos del Distrito Federal, en esta situación, resolvió convocar a un Congreso Nacional Obrero en Veracruz. Este Congreso, al cual acudieron delegaciones de todo el país, fue el más representativo reunido hasta entonces por el movimiento obrero mexicano. Se inauguró el 5 de marzo de 1916. En él se acordó la constitución de la Confederación del Trabajo de la Región Mexicana y en sus resoluciones predominó la tendencia anarcosindicalista encabezada por Herón Proal, dirigente veracruzano que fue elegido secretario general, sobre la tendencia reformista encabezada por Morones.

En sus estatutos se decía: "Artículo primero. — La Confederación del Trabajo de la Región Mexicana acepta como principio fundamental de la organización obrera, el de la lucha de clases, y como finalidad suprema para el movimiento proletario, la socialización de los medios de producción". En los artículos siguientes el texto declaraba que la organización emplearía exclusivamente la "acción directa", quedando excluida toda clase de "acción política", que sus miembros no podrían ocupar ninguna clase de cargos públicos o administrativos y que apoyaba los principios de la "escuela racionalista". El congreso de Veracruz se clausuró el 17 de marzo y, entre otras resoluciones, exigió también la libertad de los dirigentes sindicales encarcelados por el gobierno de Carranza.

La situación de crisis económica determinada por la guerra civil, repercutía cada vez más sobre los sectores asalariados. Numerosas fábricas y empresas, en las regiones afectadas por la guerra, habían cerrado sus puertas o disminuido su producción (sobre todo en el bienio 1914-1915) por falta de materias primas o de mercados. Los precios de los alimentos subían constantemente debido al descenso en la producción agrícola y a la falta de transportes para llevar a las ciudades la producción. Los jefes militares y gobernadores actuaban con poderes discrecionales, fijaban impuestos, requisaban, emitían moneda sin ningún control. A principios de 1916, existían más de veinte tipos diferentes de moneda en el país, que circulaban por regiones y eran rechazados en otras. El "Veracruz", uno de los billetes de mayor circulación, se cotizaba en marzo de 1916 a dos centavos oro por peso. En esas condiciones, la demanda del pago de los salarios en oro se hizo general para todos los sectores obreros y asalariados. En mayo, la Federación de Sindicatos del Distrito Federal declaró la huelga, para el día 22, con esa reivindicación. Bajo la amenaza de represalias y la promesa de concesiones, los dirigentes obreros levantaron el movimiento el 23 de mayo.

Las promesas no se cumplieron. La Federación de Sindicatos del Distrito Federal reanudó las tareas para ir a la huelga. En sesión secreta, en el mes de julio, el Consejo Federal de la organización aprobó la declaración de huelga, sin fijar aún la fecha exacta, y designó tres comités de huelga que entrarían en funciones en forma sucesiva a medida que la represión golpeara el funcionamiento de sus integrantes.

El 31 de julio de 1916 estalló la huelga general, encabezada por los obreros electricistas, que dejaron a oscuras la ciudad de México. Unos noventa mil obreros en el D.F. participaron en el paro. La ciudad amaneció ese día paralizada y los trabajadores acudieron a reunirse en asamblea al local del sindicato de electricistas. Allí, un delegado de Carranza los invitó en nombre del presidente a enviar una delegación a hablar con él. Al presentarse los dirigentes huelguistas en el despacho de Carranza, éste los insultó en forma soez, los calificó de "traidores a la patria" y ordenó que fueran encarcelados allí mismo y sometidos a consejo de guerra. Al mismo tiempo, el ejército asaltó la asamblea que se realizaba en el sindicato de electricistas y la disolvió y las tropas invadieron y ocuparon los locales sindicales. El 1° de agosto el presidente dictó la ley marcial y el 2 de agosto dio a publicidad el decreto correspondiente, que establecía la pena de muerte para los huelguistas, basándose en la ley juarista del 25 de enero de 1862 que fijaba dicha pena para los "trastornadores del orden público". La amplitud y vaguedad de la ley permitían incluir en sus términos a cualquier opositor al gobierno.

El decreto decía en su parte resolutiva:

Se castigará con la pena de muerte, además de los trastornos del orden público que señala la ley del 25 de enero de 1862: Primero.—A los que inciten a la suspensión del trabajo en las fábricas o empresas destinadas a prestar servicio público, o la propaguen; a los que presidan las reuniones, en que se proponga o discuta o apruebe; a los que la defiendan y sostengan; a los que la aprueben o suscriban, a los que asistan a dichas reuniones y no se separen de ellas tan pronto sepan su objeto, y a los que procuren hacerla efectiva una vez que se hubiere declarado. Segundo.—A los que con motivo de la suspensión del trabajo en las fábricas o empresas mencionadas o en cualquiera otra, y aprovechando los trastornos que ocasione, o para agravarla o imponerla, destruyeren o deterioraren los efectos de la propiedad de las empresas a que pertenezcan los operarios interesados en la suspensión, o de otras a cuyos operarios se quieran comprender en ella; y a los que con el mismo objeto provoquen alborotos públicos, sea contra funcionarios públicos o contra particulares, o hagan fuerza en las personas o bienes de cualquier ciudadano, o que se apoderen, destruyan o deterioren los bienes públicos o de propiedad particular, y Tercero.—A los que con amenazas o por la fuerza impidan que otras personas ejecuten los servicios que prestaban los operarios en las empresas contra las que se haya declarado la suspensión del trabajo.

El 2 de agosto fue apresado el electricista Ernesto Velasco, principal dirigente de la huelga. Bajo el efecto terrorista del decreto de pena de muerte y de la represión, pero mostrando también la debilidad de la dirección del movimiento, Velasco cedió a las amenazas y dio orden de levantar la huelga y poner en servicio la planta eléctrica de Necaxa, que alimentaba a la capital. Fue la señal para el levantamiento de la huelga general sin haber obtenido nada. La represión continuó.

Los dirigentes del movimiento fueron procesados. Como el tribunal que los juzgó consideró que no correspondía aplicar la pena de muerte, Carranza ignoró ese fallo y ordenó un nuevo proceso. Esta segunda vez los jueces condenaron a muerte a Ernesto Velasco. Posteriormente, la ejecución se difirió. Luego la pena fue conmutada por la de prisión y finalmente fue puesto en libertad en febrero de 1918, después de haber enviado varios mensajes rogatorios a Carranza, pero sobre todo porque la prisión del dirigente de la huelga general era un motivo de constantes protestas en el movimiento obrero.

La represión de Carranza fue acompañada por la conciliación de su ministro de Guerra, Álvaro Obregón. Éste se entrevistó secretamente con dirigentes en libertad del segundo comité de huelga, en la tarde del 2 de agosto. Es seguro que Carranza estaba al tanto de la entrevista, en el clásico juego doble del poder. A título de "amigo del movimiento obrero" y diferenciándose de su jefe Carranza, dijo que la situación era sumamente difícil para la continuación de la actividad obrera organizada y aconsejó una suspensión temporaria de la vida sindical, hasta que "las cosas se calmaran". Los dirigentes obreros aceptaron el consejo. La Casa del Obrero Mundial se disolvió allí.

El fracaso de la huelga general cerró la historia de la organización que desde 1912 hasta 1916 constituyó el centro de la participación obrera organizada en la revolución mexicana. Toda su concepción conciliadora se había derrumbado.

Obregón nuevamente cumplió una doble función. Por un lado, había una visible división del trabajo, en la cual Carranza reprimía y Obregón contenía y disuadía. Pero por el otro, una vez más, Obregón representaba una tendencia diferente de la de Carranza, que hacía su propia política y buscaba apoyo para ella en los dirigentes obreros. Fue la situación que se repitió meses después en el Congreso Constituyente de Querétaro.

Fue ya una nueva etapa del movimiento sindical cuando, en mayo de 1918, en el Congreso Obrero Nacional de Saltillo, se constituyó la primera central obrera nacional de México, la Confederación Regional Obrera Mexicana (CROM), encabezada por Morones. De esta central surgió en diciembre de 1919 el Partido Laborista Mexicano, sucesor del Partido Socialista Obrero, que había tenido su origen en la Federación de Sindicatos del D.F., fundado en 1917 y de efímera vida. La CROM y su partido se ligaron desde sus comienzos a la política de Obregón y fueron uno de los puntos de apoyo de su ascenso al poder.

Ya desde principios de 1916 las partidas villistas tuvieron incidentes con los estadounidenses. El reconocimiento de Carranza por el gobierno de Washington y la ayuda de éste a Obregón en las últimas batallas de 1915 contra Villa, rompieron toda relación entre el general campesino y los representantes del gobierno de Estados Unidos. Villa, a quien hasta meses antes dichos representantes habían querido utilizar contra el fortalecimiento del gobierno nacional de Carranza, ahora veía más claramente, por la experiencia directa, los fines y los medios de la política de Washington en México.

En enero de 1916 uno de los jefes villistas, el general Pablo López, al frente de un destacamento detuvo un tren en Santa Isabel, Chihuahua, y fusiló a diecisiete pasajeros estadounidenses.

Este incidente, que levantó un clamor en Estados Unidos, pronto fue dejado en segundo plano por un golpe mucho más atrevido. El 9 de marzo de 1916 quinientos soldados villistas, con el propio Pancho Villa al frente, cruzaron la frontera y atacaron la población norteamericana de Columbus, retirándose luego al lado mexicano. En las seis horas de combate murieron más de cien mexicanos y diecinueve norteamericanos.

Hay diversas explicaciones de esta "invasión" —la primera y la única invasión de territorio de Estados Unidos hasta hoy— por parte de Pancho Villa. Unos dicen que éste se enfureció por el asesinato de un grupo de trabajadores mexicanos que ingresaban a Estados Unidos, quemados vivos por el incendio de un tanque de gasolina donde los bañaban como "medida sanitaria". Otros dicen que fue una represalia por el apoyo de Wilson a Carranza al permitir a las tropas constitucionalistas atravesar territorio norteamericano para ir a batir a los villistas en Sonora. Los autores soviéticos Alperovich y Rudenko sostienen que fue una provocación de un sector de la burguesía estadounidense, que pudo empujar a Villa a realizar la incursión a Columbus para tener así un pretexto para intervenir en México.

La más convincente resulta la interpretación de Friedrich Katz,[4] quien deja de lado las explicaciones emocionales o conspirativas y analiza las motivaciones políticas de Pancho Villa. La decisión de atacar a Estados Unidos habría sido tomada por Villa desde meses antes, convencido de que Carranza, a cambio del reconocimiento diplomático de Washington, había entrado en tratos secretos que significaban enormes concesiones políticas, económicas y militares, incluidas bases navales en el Pacífico. Tales tratos, según demuestra Katz, existían realmente, pero se realizaban a espaldas de Carranza (contra quien iban dirigidos) y los llevaba adelante un grupo de conservadores mexicanos ligados al porfirismo y representantes de empresas de Estados Unidos (especialmente petroleras) con

[4] Friedrich Katz, *La guerra secreta en México*, Ediciones Era, México, 1984.

intereses en México, en contacto con León Canova, jefe del buró mexicano del Departamento de Estado y personaje mezclado en otras conspiraciones de este tipo.

Por diversos indicios y conjeturas Villa habría llegado a la conclusión —errónea— de que era Carranza el personaje mexicano que auspiciaba el pacto secreto, cuyo resultado habría sido el establecimiento de una especie de protectorado de Estados Unidos sobre México. (La idea en sí no disgustaba al presidente Wilson, quien más de una vez consideró planes para ocupar parte o todo el territorio mexicano y por dos veces ordenó invadirlo, en abril de 1914 y en marzo de 1916; pero en este caso había descartado el plan de Canova, que no ofrecía garantías de seriedad y oportunidad.) El 5 de noviembre de 1915 Villa lanzó un manifiesto en Naco, Sonora, acusando a Carranza de haber vendido el país a Wilson a cambio de su apoyo y mencionando entre las supuestas concesiones hechas por Carranza varios de los puntos efectivamente propuestos en el plan secreto de Canova.

Semanas después Villa escribió una carta a Zapata en la cual le informaba —con muchas inexactitudes y injustificado triunfalismo— sobre el curso de los últimos meses de guerra en el norte, lo ponía al tanto de los supuestos tratados entreguistas de Carranza con el gobierno de Washington y le anunciaba su intención de atacar el territorio de Estados Unidos. Para eso le proponía que se viniera con sus tropas hasta el norte —¡nada menos!— para preparar y lanzar juntos este ataque. La ingenuidad y la irrealidad de la propuesta de Pancho Villa —transformado nuevamente casi en proscripto después de sus sucesivas derrotas de 1915— a Emiliano Zapata —cercado en su territorio de Morelos del cual el Ejército Libertador del Sur no había salido ni aún en sus momentos de mayores éxitos— explica mucho acerca del carácter, la psicología y las ilusiones de los jefes campesinos de la revolución mexicana.[5]

[5] Escribía Villa a Zapata: "Por lo anterior verá usted que la venta de la Patria es un hecho, y en tales circunstancias y por las razones expuestas anteriormente, decidimos no quemar un cartucho más con los mexicanos nuestros hermanos y prepararnos y organizarnos debidamente para atacar a los americanos en sus propias madrigueras y hacerles saber que México es tierra de libres y tumba de tronos, coronas y traidores.

"Con objeto de poner al pueblo al tanto de la situación y para organizar y reclutar el mayor número posible de gente con el fin indicado, he dividido mi Ejército en guerrillas y cada jefe recorrerá las distintas regiones del país, que estime convenientes, mientras se cumple el término de seis meses, que es el señalado para reunirnos todos en el Estado de Chihuahua, con las fuerzas que se haya logrado reclutar en el país y hacer el movimiento que habrá de acarrear la unión de todos los mexicanos.

"Como usted es mexicano honrado y patriota, ejemplo y orgullo de nuestro suelo, y corre por sus venas sangre india como la nuestra, estoy seguro de que jamás permitirá que nuestro suelo sea vendido y también se aprestará a la defensa de la Patria.

Según Katz, el designio de Villa era precisamente provocar la represalia de Estados Unidos y colocar a Carranza ante el dilema de permitir la entrada de tropas estadounidenses descubriendo así su supuesta alianza con Wilson, o resistirlas y romper esa alianza. Si bien el ataque a Columbus y la expedición punitiva no consiguieron provocar una ruptura completa entre ambos gobiernos, el fuerte conflicto determinado por la invasión y la resistencia del jefe constitucionalista perjudicaron en forma duradera las relaciones con Estados Unidos establecidas con motivo del reconocimiento al gobierno de Carranza en octubre de 1915. No llegaron los préstamos de Estados Unidos que Carranza esperaba y necesitaba y este país restableció el embargo a la venta de armas a México que, con breves interrupciones, se mantuvo hasta la caída de Carranza en 1920. Todos los enemigos de Carranza sacaron algún provecho de esta situación. "En ciertos aspectos esenciales, Villa había tenido éxito", concluye Katz.

El 15 de marzo de 1916, como respuesta a la incursión villista sobre Columbus, entró a territorio mexicano una "expedición punitiva" enviada por el gobierno de Washington. La integraban doce mil soldados, con caballería y artillería, al mando del general John J. Pershing, supuestamente con el exclusivo fin de ubicar y castigar a Villa. El general Pershing fue después el jefe de las tropas expedicionarias enviadas al año siguiente a participar en la guerra en Europa, contra Alemania; y entre la oficialidad de la expedición punitiva venían los subtenientes Eisenhower y Patton, futuros generales y jefes de las fuerzas norteamericanas en Europa durante la segunda guerra mundial. Sufrieron entonces su primer fracaso en la infructuosa búsqueda de Villa y sus guerrilleros.[6]

"Como el movimiento que nosotros tenemos que hacer a los Estados Unidos sólo se puede llevar a cabo por el Norte, en vista de no tener barcos, le suplico me diga si está de acuerdo en venirse para acá con todas sus tropas y en qué fecha, para tener el gusto de ir personalmente a encontrarlo y juntos emprender la obra de reconstrucción y engrandecimiento de México, desafiando y castigando a nuestro eterno enemigo, al que siempre ha de estar fomentando los odios y provocando dificultades y rencillas entre nuestra raza". La carta está fechada en la Hacienda San Gerónimo, Chihuahua, el 8 de enero de 1916. Formaba parte de un grupo de documentos hallados entre las pertenencias de un villista muerto en Columbus. Encontrada muchos años después en archivos de Estados Unidos, fue publicada por primera vez en 1975. Ver Friedrich Katz, "Pancho Villa and the Attack on Columbus, New Mexico", *Latin American Historical Review* 83, febrero de 1978.
 [6] Pancho Villa enfrentó a la expedición punitiva con tácticas guerrilleras clásicas y, dice Katz, "pronto se convirtió en un maestro en el arte de la guerra de guerrillas. Los oficiales de la expedición punitiva registraron este hecho con gran amargura. 'Me siento un poco como un hombre que busca una aguja en un pajar', escribía Pershing, y continuaba urgien-

El 29 de marzo tuvo lugar el primer combate de los norteamericanos con un destacamento encabezado por el propio Villa. Éste, herido en una pierna, tuvo que retirarse y pasar largos meses de inactividad en un refugio de la montaña, mientras sus hombres continuaban la lucha guerrillera contra las tropas de Pershing por un lado y contra los carrancistas por el otro. En ese periodo, el general Pablo López fue apresado y fusilado por fuerzas carrancistas.

A medida que se internaba en México, la expedición punitiva no sólo no hallaba ningún rastro de Villa, sino que se encontraba con la resistencia creciente de la población. El 12 de abril, la población entera de Parral, encabezada por una mujer, se armó con lo que pudo y se enfrentó a una columna de la expedición al grito de "¡Viva Villa!"

Aunque los norteamericanos trataron de presentar la invasión como una acción dirigida exclusivamente contra "el bandido Villa" y de obtener la anuencia de Carranza, éste se opuso desde el primer momento al ingreso de las tropas extranjeras. Ese mismo 12 de abril en que se sublevó Parral contra los invasores, el ministro de Relaciones Exteriores, general Cándido Aguilar, estaba enviando una nueva y violenta protesta exigiendo el retiro de esas tropas de México. El 29 de abril se iniciaron conversaciones en El Paso entre el general Obregón, entonces ministro de Guerra, en representación del gobierno mexicano, y el general Scott. No hubo acuerdo, porque los estadounidenses exigían como condición para iniciar cualquier retiro de tropas que México les reconociera el derecho a volver a entrar en su territorio en caso de nuevos incidentes fronterizos. El 11 de mayo, por instrucciones de Carranza, las discusiones quedaron suspendidas.

El gobierno carrancista intensificó entonces la concentración de tropas para hacer frente a la columna invasora. No sólo era su posición, sino que también lo obligaba el crecimiento violento de la indignación y el sentimiento antimperialista en el país y el aumento consiguiente de la popularidad de Villa en el norte.

En junio había ya en Chihuahua una fuerza de diez mil soldados

do al gobierno de Estados Unidos para que accediera a la ocupación de todo el estado de Chihuahua por las tropas estadounidenses. Poço tiempo después dio un paso más y propuso la ocupación de todo México. Estas opiniones eran compartidas con entusiasmo por uno de sus tenientes, George S. Patton. 'La intervención será inútil; debemos tomar el país y conservarlo', escribió a su padre en septiembre 1916. La base para esta opinión se expresaba en otra carta de Patton: 'no tienes idea de la profunda degradación de los habitantes. Hay que ser realmente un tonto para creer que gente medio salvaje y totalmente ignorante formará alguna vez una república. Eso es un chiste. Un déspota es cuando conocen o quieren'." Ver Friedrich Katz, *The Secret War in México*, cit., p. 309 (traducción en español, *La guerra secreta en México*, Ediciones Era, México, 1984).

federales. El gobierno de México dio órdenes de que no permitiera ningún movimiento de las tropas de Pershing, salvo hacia el norte, sin atacarlas. El 21 de junio de 1916 un destacamento del ejército mexicano combatió con los estadounidenses en El Carrizal, derrotándolos y haciéndoles varios prisioneros.

El 4 de julio el gobierno de Carranza tomó nuevamente la iniciativa de proponer negociaciones. Éstas se reiniciaron el 4 de septiembre. No avanzaron porque Estados Unidos insistía en poner condiciones para retirar sus tropas y los delegados mexicanos sólo aceptaban negociar sobre la base de la retirada incondicional.

Otros factores entraron a pesar en la situación y determinaron su desenlace final. Por un lado, Villa continuaba sus acciones de guerrilla y la resistencia popular contra las tropas extranjeras crecía, perjudicando tanto a los estadounidenses como a los carrancistas. Ante la invasión, las disensiones de la guerra civil mexicana que Washington había querido explotar, estaban pasando a segundo plano y había de hecho un frente único de abajo, contra los invasores y contra quien quisiera conciliar con ellos. En las tropas carrancistas había creciente resistencia a combatir a Villa y presionaban en cambio para expulsar a los invasores.

A mediados de septiembre, mostrando la recuperación de sus fuerzas y el efecto contraproducente que para los fines de Estados Unidos estaba teniendo la invasión, Villa tomó la ciudad de Chihuahua, soltó a los presos de la cárcel y se apoderó de víveres para sus tropas y para repartir entre la población, así como de armas y pertrechos. Martín López se dio el gusto de subir con su caballo la escalinata de la casa de gobierno de Chihuahua. Logrados sus objetivos, los villistas se retiraron.

En octubre de 1916, Villa lanzó un manifiesto a la nación, convocando a la lucha contra los invasores, llamando a la expropiación y la nacionalización de todas las empresas mineras y ferroviarias extranjeras y planteando que se prohibiera la posesión de cualquier propiedad en el país a todo extranjero con menos de veinticinco años de residencia. El manifiesto terminaba con el grito de "¡México para los mexicanos!" La lucha antimperialista, como siempre en América Latina, radicalizaba el programa de la facción que la emprendía en los hechos, en este caso la facción villista.

Por otro lado, el curso de la guerra en Europa hacía cada vez más inminente la intervención de Estados Unidos en ella. Esto imponía la necesidad de cesar la invasión a México, la cual, en cierto modo, había sido también una especie de ensayo para las operaciones en Europa y había servido para aumentar el número de hombres bajo las armas. En junio de 1916 ya había más de cien mil soldados llamados a filas y colocados a lo largo de la frontera con México.

A fines de 1916 era evidente que la expedición punitiva había fracasado en sus objetivos y estaba estancada en sus posiciones. No sólo no había acabado con Villa, sino que había reanimado su popularidad en el norte de México y en todo el país. Se calcula que en ese momento las fuerzas villistas ascendían a más de diez mil hombres.

El gobierno de Carranza no había hecho las concesiones que esperaban arrancarle. Había continuado además con su política de estructuración del nuevo poder y en septiembre de 1916 había llamado a un Congreso Constituyente a realizarse en ese mismo año. La presencia invasora en territorio mexicano no serviría más que para contribuir a radicalizar los debates y los acuerdos de ese Congreso.

Como para confirmar el fracaso completo de la expedición, el 22 de diciembre de 1916, mientras en Querétaro se celebraban las sesiones del Constituyente, Francisco Villa con una fuerte columna tomó por asalto la ciudad de Torreón y se apoderó de la plaza por tercera vez desde el inicio de la revolución.

El 2 de enero de 1917 el general Pershing recibió orden de retirarse con sus tropas. La evacuación de la fracasada expedición punitiva concluyó el 5 de febrero de 1917, fecha en que en Querétaro se juraba la nueva Constitución de México. "Qué pensarían esos americanos / que combatir era un baile de carquís. / Con la cara cubierta de vergüenza / se regresaron todos a su país", narraría después un corrido famoso.

El 6 de abril de 1917 Estados Unidos entró en guerra contra Alemania y de ahí hasta el armisticio de 1918 el gobierno de Carranza resistió todas las presiones y mantuvo la neutralidad de México en la guerra mundial.[7]

El año 1915 fue el de la derrota y dispersión de la División del Norte. El carrancismo concentró allí sus fuerzas: necesitaba suprimir primero el centro armado de la revolución campesina, quebrar su poderío militar, antes de dedicarse a "poner orden" en el país.

Pudo hacerlo a costa de grandes concesiones: primero, el decreto del 12 de diciembre de 1914 y sus consecuencias legales posteriores; segundo, el desarrollo de la comuna zapatista de Morelos, que no fue atacada militarmente durante todo 1915 porque no podía Carranza permitirse dividir sus fuerzas; tercero, el desarrollo de experiencias radicales en los estados del sureste lejanos de los centros de combate, Yucatán y Tabasco.

En Yucatán, el general Salvador Alvarado derrotó primero una suble-

---

[7] Ver al respecto el detallado análisis de Friedrich Katz, *La guerra secreta en México*, Ediciones Era.

vación de los latifundistas locales en marzo de 1915 y después, como gobernador del estado, dictó en diciembre de 1915 leyes y decretos con reformas sociales dirigidas a golpear el poder político y social de la oligarquía henequenera local. Esas disposiciones incluían la reglamentación de la ley agraria de 6 de enero de 1915 para aplicarla en Yucatán, la fijación de la jornada máxima de trabajo y el salario vital mínimo, pensiones e indemnización para los obreros por accidentes de trabajo, seguros de vida y contra accidentes y medidas de higiene en las condiciones de trabajo. Dictó además una ley de municipio libre, dirigida contra los privilegios de la "casta divina" de latifundistas henequeneros.

En Tabasco, de septiembre de 1915 hasta septiembre de 1916 actuó como gobernador provisional Francisco J. Múgica, distribuyó tierras de haciendas y realizó una serie de reformas progresistas.

Las medidas de Alvarado y de Múgica en esos estados fueron algunos de los antecedentes en que luego se apoyaría el ala radical del Constituyente de Querétaro, encabezada por el mismo Múgica.

Por otro lado, aún quedaban en las zonas alejadas del país adonde no había llegado la marea revolucionaria, resabios tenaces del viejo régimen que se negaban a desaparecer. El 3 de junio de 1915 el gobernador de Oaxaca, José Inés Dávila, promulgó un decreto de la legislatura local declarando que "entretanto se restablece en la República el orden constitucional, el Estado Libre y Soberano de Oaxaca reasume su soberanía". Adoptó la Constitución de 1857 y condenó todas la reformas legales aprobadas por Carranza desde diciembre de 1914, declarándolas nulas. Pero focos contrarrevolucionarios como éste no tenían posibilidad de extenderse.

No fueron éstos sus únicos enemigos. En la extraordinaria confusión de aquellos días, los combates en retirada de los destacamentos campesinos dispersos continuaban casi por todo el antiguo escenario de la guerra civil, y jefes campesinos con el título de generales y algunas docenas o algunos cientos de hombres continuaban asaltando trenes, imponiendo tributos, tomando poblados y combatiendo a las tropas regulares del gobierno. La guerra campesina retrocedía, se fragmentaba, pero no amainaba.

Salvo en el estado de Morelos, donde —como veremos— los campesinos y los obreros agrícolas zapatistas habían establecido formas de poder popular y mantenían una dirección política autónoma, en el resto del país esa guerra carecía ya de objetivos nacionales y de toda posibilidad de centralización y recuperación. En la misma medida, crecían sus rasgos primitivos, localistas y aun reaccionarios con relación al poder central donde, utilizando políticamente la fuerza social difusa de esa misma resistencia campesina dispersa, pesaba el ala pequeñoburguesa radical exigiendo reformas progresistas. No que los campesinos que continuaban la lucha en pequeñas bandas tuvieran fines o intenciones reaccionarios: ellos veían, al contrario, con rabia y con furia que la revolución era usurpada por los burgueses y pequeñoburgueses carrancistas, y se negaban a deponer las armas para quedar sin tierras y sin poder. Pero quedaban en manos de caudillos o jefes locales, que mantenían una lucha primitiva, a menudo cruel, sin objetivos y sin esperanzas. Era una expresión clara, larga, dolorosa, del reflujo nacional de la revolución, de la resistencia tenaz y sin futuro y de la descomposición de la guerra campesina.[8]

Desde 1916 y 1917 en adelante, la dirección zapatista tuvo que enfrentar este mismo problema. Cantidad de disposiciones contra las tendencias a los abusos de los jefes militares campesinos locales lo atestiguan. La muerte de Zapata desató definitivamente ese proceso en Morelos.

Allí donde las tradiciones de la población permitían una estructuración de la lucha a escala local, los campesinos armados podían organizar mejor la resistencia. Eso sucedió con la tribu yaqui. Obregón se había incorporado a la revolución comandando una partida de trescientos yaquis armados con arcos y flechas y unas pocas carabinas de fortuna. Durante toda la lucha armada los soldados yaquis fueron uno de los pilares del ejército de Obregón, en particular en los durísimos combates de Celaya, por su resistencia a la fatiga, su capacidad de combate y su extraordinaria puntería.

Lo mismo que los obreros de los batallones rojos, llegada a su término la lucha contra la supuesta "reacción" villista, los yaquis consideraron que había llegado también la hora de reclamar aquello por lo que habían luchado. Recibieron la misma respuesta que el proletariado: la represión. En efecto, en octubre de 1915 los yaquis pidieron tierras en su valle de Sonora y soberanía sobre su territorio, el derecho de autogobernarse. Obregón los atacó militarmente, pero no pudo vencerlos. Durante todo 1916 los yaquis resistieron, apoyados por restos de la dispersa División del Norte. Finalmente, fueron aplastados por una ofensiva formal lanzada por dos fuertes columnas federales que los atacaron desde el norte y desde el sur.

En esta confusa situación de luchas encontradas y dispersas, donde el

---

[8] Al recapitular en 1922 la guerra civil soviética, León Trotsky escribía: "El campesinado, abandonado a sí mismo, no es capaz de formar un ejército centralizado. No sobrepasa el estadio de los destacamentos locales de guerrilleros donde una 'democracia' primitiva sirve generalmente de cobertura a la dictadura personal de los atamanes".

principal elemento de poder del carrancismo, su "partido", era el ejército constitucionalista, y donde éste estaba sujeto a tensiones internas producto de los choques de tendencias exacerbadas por ese carácter mismo de la lucha de facciones revolucionarias —mucho menos clara y nítida en sus contornos que el enfrentamiento tajante con el huertismo—, Carranza resolvió convocar a un Congreso para elaborar una nueva Constitución. La convocatoria era una concesión obligada a las tendencias radicales del constitucionalismo, que reclamaban la aprobación legal de las promesas revolucionarias, y un medio de buscar la unificación del mismo constitucionalismo dando sanción jurídica a su triunfo militar.[9]

[9] Una carta del general Múgica, enviada desde Teapa, Tabasco, al general Salvador Alvarado, jefe del Cuerpo del Ejército del Sureste con asiento en Mérida, Yucatán, el 29 de agosto de 1916, muestra bien cuáles eran las preocupaciones de estas tendencias a esa altura de la revolución. La carta dice desde sus primeros párrafos:
"Mi estimado y querido general: Por creerlo oportuno voy a contar a usted mis impresiones del momento, en el concepto de que hablo al correligionario de pura sangre y no al de última hora ni al modificado, de cuyas dos especies tenemos ahora muchos entre nosotros. [...] No estoy conforme con la política general, pues aparte de no estar bien orientada y definida, tiene mucho de conciliadora. Usted sabe bien que el grande ideal de esta revolución es la cuestión agraria, sobre cuya materia apenas se ha expedido una sola ley importante, la del 6 de enero, clara, semiliberal, aunque no resuelta." Dice luego que la aplicación de esa ley está paralizada y que "la prensa, es decir la voz oficial, declara enfáticamente que con los terrenos nacionales se resolverá el problema", e informa cómo "aquí en Tabasco recibí órdenes del Jefe para restituir a la Compañía Agrícola Tabasqueña, S. A. (compuesta de gachupines y yanquis) los terrenos de la isla El Chimal, que habían sido quitados a los hijos de Jonutla y que yo les entregué como ejidos y con fundamento en la única ley agraria que ha dado la Revolución."
Se refiere luego a los atropellos y robos de bosques a los indios tarascos de Michoacán, realizados por una combinación de nuevos funcionarios de la revolución, porfiristas, huertistas y yanquis y dice que lo mismo sucede en toda la república. "Ahora que en febrero y marzo estuve en México —agrega— vi más encono en contra de los villistas, los zapatistas y los convencionistas que contra los huertistas. Vi perseguido sin tregua al Dr. Miguel Silva y paseando impune al licenciado Olaguíbel. Los periodistas de la revolución (con excepción de Novelo y Martínez) son los de la dictadura y el cuartelazo. En la Secretaría de Hacienda hay 80% de huertistas, en otras secretarías están en minoría, pero hay."
Hace después la historia de una serie de gobernadores de origen huertista y de sus atropellos, señala el restablecimiento de las funciones de los tribunales y jueces del anterior régimen y denuncia la parálisis administrativa de la mayoría de las secretarías del Estado, llenas de individuos a quienes "la opinión revolucionaria los repudia como intrigantes y como ambiciosos".
La carta concluye con este párrafo cuya indignación y amargura indica el grado de tensión a que habían llegado las relaciones entre las tendencias del constitucionalismo:
"¿A dónde iremos por esta senda, mi querido general? Moralíceme usted, porque me siento verdaderamente decepcionado y triste viendo tanta vida perdida, tanta orfandad, tanta riqueza y energía nacional sacrificadas para conseguir a medias lo que ambicionamos entero para la patria. Imagínese usted que en estos días dispuse acondicionar los templos del estado para poner en ellos las escuelas públicas, debido a que aquí no hay edificios propios (de propiedad) para las escuelas, y mi anhelo, que creo trascendental, que estimo

La discusión de la Convención en Aguascalientes había tenido que ceder el lugar al choque de los ejércitos: las diferencias que separaban al carrancismo del villismo y el zapatismo no eran de las que se pueden resolver en un congreso. Pero una vez decidida por las armas la relación de fuerzas reales, llegaba nuevamente la hora de las palabras. Lo que no había podido hacerse en Aguascalientes en 1914, se haría en Querétaro en 1916. Pero ahora habían sido eliminados en el campo de batalla hombres y tendencias a quienes no se podía quitar la palabra en 1914. Sólo estarían presentes y tendrían voz y voto en el nuevo Congreso los representantes de la facción triunfadora. Así fue establecido en la convocatoria, lanzada en septiembre de 1916, que ponía como condición para ser elegible para el Congreso Constituyente a reunirse en Querétaro dos meses después, la de aprobar el Plan de Guadalupe.

Sobre tales bases, y en medio de la guerra civil aún encendida por todo el país, las elecciones no fueron ni podían ser muy democráticas ni muy representativas. En muchos estados se realizó un simulacro de elección y los representantes locales fueron designados directamente. En otros, fueron una formalidad que encubría la designación por acuerdo entre los jefes militares constitucionalistas del estado y sus secretarios y estados mayores. En todo caso, y aun allí donde se realizaron elecciones más amplias, los representantes fueron de hecho representantes del ejército y del gobierno constitucionalistas, en sus distintas tendencias. Así se integró el Constituyente de Querétaro, entre cuyos doscientos diputados

propicio para el momento actual, fue desbaratado por una orden del Primer Jefe obtenida por las "Señoras y Señoritas" de algunos lugares del estado que ocurrieron pidiendo que se les deje esos edificios, en que actualmente no hay culto, ni imágenes, ni ministros, pues todo lo ha destruido aquí la revolución. Le confieso que este golpe fue para mi confianza de rebelde convencido, contundente, porque veo que cualquier esfuerzo extraño a la revolución puede más que los anhelos de ella misma; veo que la influencia vuelve a sacar su cabeza y preveo que la patria tendrá que seguir comprando con sangre su redención, su progreso, su adelanto. Y si así pienso, dirá usted asombrado, por qué continúa en el seno del constitucionalismo, por qué no se va, por qué no se aparta. Porque aún creo en el Jefe Carranza, porque aún creo en la redención del ideal, porque amo a la causa con uno de esos fervientes impulsos que obcecan. Por eso, que es el motivo que debe retenerlo a usted luchando contra ideas y política central diversa de la de usted que a la postre se ha impuesto [...] Y creo no equivocarme, pues debe usted sentir lo que yo, porque mis principios son los mismos suyos. Recuerde usted cuando el catastro, recuerde usted cuando la ley agraria y recuerde usted todo lo que yo ignoro y que le hayan deshecho o amenazado, y sin embargo no se ha separado usted como no lo haré yo hasta agotar la abnegación y la persuasión, esgrimiendo la verdad y la constancia: por eso, repito, moralíceme usted, mi general, pues deseo seguir trabajando por nuestro ideal, pero necesito creer que no se perderán los esfuerzos ni permaneceremos estacionarios."

De paso, la carta da una rápida idea de algunos de los incontables motivos que seguían alimentando y justificando la guerra campesina de Pancho Villa.

apenas tres venían del movimiento sindical y había algunos como los de Morelos que habían sido enviados desde la capital, porque en el estado zapatista ni siquiera simulacro de elección había podido realizarse.

Pero los dos años de guerra civil, desde la ruptura de Aguascalientes, no habían pasado en vano. Los enemigos enfrentados durante cierto tiempo tienden a aprender uno del otro y a influirse recíprocamente. En vísperas de Querétaro, el constitucionalismo era más que nunca una facción compuesta por un conjunto de tendencias bastante disímiles y hasta encontradas en algunos puntos. La guerra campesina zapatista y villista, la resistencia de los yaquis, las huelgas y luchas obreras, las reformas sociales en los estados, el enriquecimiento de una capa de oficiales carrancistas mediante el saqueo y el apoderamiento de tierras y bienes y la corrupción administrativa, la invasión de la expedición punitiva, eran todos factores que habían influido para una mayor diferenciación dentro del constitucionalismo. Al carecer de otro medio de manifestación política, se abrían camino empíricamente para encontrar una expresión en las distintas tendencias y hombres de la facción victoriosa.

El Congreso Constituyente se inauguró en la ciudad de Querétaro el 21 de noviembre de 1916. Su objetivo declarado era reformar la Constitución de 1857 —la revolución constitucionalista tomaba su nombre de esa Constitución violada por el golpe huertista—, pero para realizar la reforma se acudía, no al procedimiento dispuesto por la misma Constitución, sino a la reunión de un Congreso Constituyente, lo cual equivalía de hecho a dictar una nueva Constitución. Fue en realidad lo que se hizo.

Desde la apertura del Congreso se produjo la división entre la tendencia progresista o avanzada y la tendencia conservadora. El general Obregón, en mensaje al Congreso, se opuso a la aceptación de las credenciales del llamado "grupo renovador", integrado por exparlamentarios de la mayoría maderista en la última legislatura, a quienes acusó de haber colaborado con Huerta y de estar incapacitados, por consiguiente, para ser miembros del Constituyente. En este grupo estaban los que habían preparado el proyecto de texto constitucional que iba a presentar Carranza al Congreso (Luis M. Rojas, Félix Palavicini, José N. Macías y Alfonso Cravioto), y el ataque iba dirigido contra ellos y contra aquél. Carranza intervino para defenderlos. Finalmente, las credenciales fueron aceptadas, pero la división quedó establecida.

Las discusiones comenzaron sobre la base del proyecto enviado por Carranza y presentado por éste con un mensaje al Congreso que explicaba sus fundamentos. El proyecto era una simple reforma de la Constitución liberal de 1857 en una serie de aspectos de organización política del país y no incluía las conquistas y demandas sociales prometidas en el curso de la revolución, particularmente a partir de diciembre de 1914.

En la discusión se definieron las dos corrientes del Constituyente: una conservadora, que había redactado y apoyaba el proyecto de Carranza, y otra radical o jacobina —como la llamaban sus adversarios y aceptaban ser llamados ellos mismos— que quería introducir profundas reformas políticas y sociales en la estructura jurídica del país, reformas que en la intención de algunos de ellos debían orientarse en una perspectiva socializante.

La esencia de estas reformas era: establecer un sistema muy amplio de garantías democráticas y de mecanismos jurídicos para su protección; eliminar toda injerencia privada o religiosa en la educación, quedando ésta como prerrogativa exclusiva del Estado; dar categoría constitucional a las disposiciones sobre liquidación de los latifundios, reparto de tierras a los campesinos, protección a la pequeña propiedad, restitución de las tierras comunales y estímulo a la explotación colectiva de la tierra; nacionalizar las riquezas del subsuelo, la minería y el petróleo, es decir, establecer el principio legal necesario cuya conclusión debía ser la nacionalización de todas las industrias extractivas; poner límites al derecho de propiedad privada, sometiéndolo al "interés social" (aunque no se precisaban esos límites ni los del "interés social"), lo cual expresaba la persistente tendencia a la nacionalización de las industrias básicas y al desarrollo de la economía a través de un sector estatizado; establecer a nivel constitucional un sistema de garantías y derechos del trabajador (la jornada máxima de ocho horas, el derecho de huelga, el salario mínimo, etcétera) que las constituciones liberales no mencionan, pues las dejan en todo caso a cargo de las leyes posteriores.

El dirigente principal de la tendencia jacobina fue Francisco José Múgica, quien encabezó un grupo de oficiales del ejército constitucionalista y en la lucha por esas reformas tuvo el apoyo de los delegados relacionados con el movimiento obrero.

La tendencia radical, con el apoyo de diputados centristas a los cuales atraía, tenía mayoría en el Congreso. Esto se reflejó también en la composición de las comisiones. Del proyecto de Carranza fueron aceptadas en general las innovaciones en cuanto a organización política del país; pero la concepción general del proyecto, como Constitución liberal ajena a cuestiones sociales, de hecho fue rechazada. En una serie de artículos fundamentales: el 3, sobre la educación; el 27, sobre la tierra y la propiedad nacional del subsuelo; el 123, sobre los derechos de los trabajadores; el 130, sobre la secularización de los bienes de la Iglesia, impuso su criterio el ala jacobina.

Fueron esos artículos, y en especial los referentes a la cuestión agraria y a los derechos del trabajador, ausentes del proyecto y de las intenciones carrancistas y contrarios a éstas, los que convirtieron al proyecto de reforma al texto de 1857 en una nueva Constitución. De modo tal que, en el momento en que fue aprobada — 31 de enero de 1917 — la Constitución mexicana era indudablemente la más avanzada del mundo. No era socialista, ni rebasaba los marcos del derecho burgués. Pero prácticamente declaraba inconstitucionales a los terratenientes y a los latifundios; sancionaba derechos obreros y campesinos, no simplemente los "derechos del hombre" en general; y favorecía y estimulaba reformas nacionalizadoras en las ramas fundamentales de la economía.

El texto definitivo del artículo 27, por ejemplo, aun siendo el resultado de un compromiso entre conservadores y jacobinos, establecía: "La propiedad de las tierras y aguas comprendidas dentro de los límites del territorio nacional corresponde originalmente a la nación, la cual ha tenido y tiene el derecho de trasmitir el dominio de ella a los particulares, constituyendo la propiedad privada [...] La nación tendrá en todo tiempo el derecho de imponer a la propiedad privada las modalidades que dicte el interés público". Además, declaraba el "dominio inalienable e imprescriptible" de la nación sobre los minerales del subsuelo — petróleo, carbón, metales, etcétera — y sobre las aguas y disponía que a los particulares sólo podía otorgárseles concesiones para su explotación. También sancionaba las normas del reparto agrario y establecía el ejido, la forma moderna de la propiedad comunal, con la categoría de institución constitucional junto a la pequeña propiedad (la gran propiedad terrateniente quedaba excluida de la Constitución): "Los núcleos de población que de hecho o por derecho guarden el estado comunal, tendrán capacidad para disfrutar en común las tierras, bosques y aguas que les pertenezcan o que se les hayan restituido o restituyeren [...]" Y después de declarar nulos todos los despojos de tierras, aguas y montes de los ejidos realizados durante el porfiriato y disponer su restitución a los pueblos conforme a los títulos detentados por éstos con anterioridad, agregaba: "Los núcleos de población que carezcan de ejidos o que no puedan lograr su restitución por falta de títulos, por imposibilidad de identificarlos o porque legalmente hubieran sido enajenados, serán dotados con tierras y aguas suficientes para constituirlos, conforme a las necesidades de su población, sin que en ningún caso deje de concedérseles la extensión que necesiten, y al efecto se expropiará, por cuenta del gobierno federal, el terreno que baste a ese fin, tomado del que se encuentre cercano a los pueblos interesados".

El artículo 123 establecía, entre sus disposiciones más importantes: la jornada máxima de ocho horas diurnas de trabajo, y siete nocturnas; prohibición del trabajo nocturno, peligroso o insalubre para mujeres y menores de dieciséis años; prohibición del trabajo de menores de doce años y seis horas de jornada máxima para los mayores de doce y menores de dieciséis años; un día de descanso semanal obligatorio; un mes de descanso después del parto y facilidades durante la lactancia; salario vital mínimo ("el que se considere suficiente, atendiendo las condiciones de cada región, para satisfacer las necesidades normales de la vida del obrero, su educación y sus placeres honestos, considerándolo como jefe de familia"); participación en las utilidades "en toda empresa agrícola, comercial, fabril o minera"; a igual trabajo, igual salario, sin diferencias por sexo o nacionalidad; pago obligatorio del salario íntegro en moneda de curso legal; pago de las horas extraordinarias (tres como máximo y por no más de tres días consecutivos) con el cien por ciento de recargo; obligación de los patrones de "proporcionar a los trabajadores habitaciones cómodas e higiénicas por las que podrán cobrar rentas que no excederán del medio por ciento mensual del valor catastral de las fincas; igualmente deberán establecer escuelas, enfermerías y demás servicios necesarios a la comunidad"; indemnización por accidentes de trabajo; medidas de higiene y salubridad en los lugares de trabajo; derecho de asociación y de formación de sindicatos obreros y derecho de huelgas y paros (el texto reconoce estos derechos "a obreros y patrones"); establecimiento de juntas paritarias obrero-patronales de conciliación y arbitraje de los conflictos, con un representante estatal; prohibición de despido sin causa justificada ("o por haber ingresado a una asociación o sindicato, o por haber tomado parte en una huelga lícita"); nulidad de toda disposición en el contrato de trabajo que signifique la negación de estos derechos o implique el restablecimiento abierto o encubierto de las tiendas de raya; inembargabilidad e inalienabilidad del patrimonio familiar del trabajador (que será establecido por ley); sanción de leyes de seguridad social.

El artículo 130 imponía severas restricciones a las iglesias, que afectaron sobre todo a la dominante, la Iglesia Católica. Conforme a este artículo constitucional, el matrimonio es un contrato civil; la ley "no reconoce personalidad alguna a las agrupaciones religiosas denominadas iglesias"; "los ministros de los cultos serán considerados como personas que ejercen una profesión", su número máximo lo fijará la legislatura de cada estado y para ejercer tal función se deberá ser mexicano por nacimiento. Se prohibe al clero participar en política, votar o asociarse con fines políticos; se prohibe la publicación de periódicos confesionales que intervengan en cuestiones políticas y "queda estrictamente prohibida la formación de toda clase de agrupaciones políticas cuyo título tenga alguna palabra o indicación cualquiera que la relacione con alguna confesión religiosa. No podrán celebrarse en los templos reuniones de carácter político".

La Constitución de 1917 mantuvo el artículo 39 de la de 1857: "el pueblo tiene en todo tiempo el inalienable derecho de alterar o modificar la forma de gobierno", así como también el derecho de "poseer armas de cualquier clase para su seguridad y legítima defensa", establecido en el artículo 10.

El ala jacobina del Constituyente contaba con el apoyo indirecto de Obregón, entonces secretario de Guerra. Posiblemente no era la intención de Obregón ir tan lejos, pero en el conflicto de Carranza con los jacobinos dio a éstos el respaldo decisivo para imponerse, porque en el alto mando carrancista él era quien comprendía que para consolidar los triunfos militares era imprescindible hacer profundas concesiones; y que la condición para mantener la precaria unidad en el constitucionalismo era precisamente aceptar en la ley constitucional buena parte de la política de la izquierda, pues en nombre de esa política se habían reunido las fuerzas sociales que habían permitido derrotar al villismo y aislar al zapatismo. Se afirma que, por ejemplo, para vencer las resistencias al artículo 27 y apresurar su sanción tuvo peso determinante la intervención de Obregón, quien a su vez vio la urgencia de intervenir después de la toma de Torreón por Pancho Villa el 22 de diciembre de 1916, que indicaba cuán intensamente ardían aún las brasas de la guerra campesina y cómo el descontento de las masas por la política reaccionaria del carrancismo en el curso del año 1916 alimentaba las posibilidades de un retorno ofensivo del villismo.

El artículo 27, el artículo 123, el artículo 130 no sólo recibían la influencia de las reformas locales aplicadas aquí y allá por los oficiales revolucionarios del constitucionalismo —Múgica, Salvador Alvarado, Heriberto Jara, Lucio Blanco en un tiempo— sino que iba más lejos que el artículo 8 —la llamada "cláusula de oro"— del Pacto de Torreón, elevando a la categoría de ley constitucional el programa más avanzado que había alcanzado el villismo.

Por otra parte, es evidente que en la sanción del artículo 27 influyó también la existencia de la ley agraria zapatista de octubre de 1915, no porque convenciera a los constituyentes, sino porque éstos necesitaban dotar al gobierno central de un programa para hacer frente a la influencia zapatista sobre el campesinado.

Pero el factor fundamental que permitió a la tendencia jacobina imponerse en el Constituyente, era que representaba en las filas de la facción revolucionaria triunfadora el carácter nacionalista, popular y antimperialista de la revolución, la fuerza difusa de la guerra campesina y, sobre todo, la profunda e irreversible transformación impuesta en la estructura y en la conciencia del país por seis años de insurrección nacional. Por otra parte la revolución mexicana, como todas las revoluciones, fue una irrupción de la juventud, especialmente en las filas de la pequeña burguesía que dio sus cuadros al constitucionalismo: al frente del ejército aparecieron generales de veinte y veinticinco años y México quedó gobernado por hombres en su gran mayoría de veinte a treinta y cinco años de edad. Por eso Frank Tannenbaum afirma con perspicacia:

La Constitución fue escrita por los soldados de la revolución, no por los licenciados, que estaban allí, pero estaban generalmente en la oposición. En todas las cuestiones decisivas los licenciados votaron contra la mayoría del Congreso. La mayoría estaba en manos de los soldados — generales, coroneles, mayores —, hombres que habían marchado atravesando la república y habían combatido sus batallas. Las ideas del Congreso Constituyente, tal como se desarrollaron, vinieron de fuentes dispersas. Los soldados, como me dijo el general Múgica, querían socializar la propiedad. Pero estaban asustados: asustados de su propio coraje, de sus propias ideas. Encontraron a todos los hombres instruidos en el Congreso opuestos a ellos. El artículo 27 fue un compromiso.

No basta entonces constatar que la Constitución de 1917 es una Constitución burguesa. Indudablemente lo es y bajo su amparo la burguesía y el capitalismo se han desarrollado en México. Pero es también el testimonio legal —indirecto, lejano, constitucional en una palabra—, de las conquistas arrancadas por las masas en lucha y de la debilidad relativa de la burguesía mexicana en las postrimerías de la revolución. Es la sanción legal del triunfo de la primera revolución nacionalista en América Latina.

La ideología oficial mexicana pretende ampararse en los rasgos progresistas de la Constitución de 1917 para declararla definitiva y para dar por concluida la lucha de 1917. Por eso habla de la revolución de 1910-1917, identificándose ella y su tendencia, el carrancismo entonces, con la revolución. Por el contrario, la historia de México desde entonces es la prueba de que ni aun esas promesas democráticas se han podido cumplir bajo los gobiernos de la burguesía nacional.

Después de sancionada, los sucesivos gobiernos de Estados Unidos iniciaron su lucha contra esta Constitución que legalizaba el triunfo de la revolución nacionalista, usando en cada ocasión todos los medios propicios para tratar de imponer su modificación o su no aplicación a bienes y ciudadanos estadounidenses. El fuego se centró contra los artículos 3, 27, 123 y 130, pero en especial contra el artículo 27. El mismo Carranza trató de reformar esos artículos para restringir sus alcances. El 14 de diciembre de 1918 presentó dos proyectos para reformar los artículos 27 y 123 y limitar el derecho de huelga. Una semana después, envió al Congreso otro proyecto de reforma del artículo 130, para privar a las legislaturas locales del derecho a limitar el número de sacerdotes, abolir la condición de que éstos sean mexicanos por nacimiento y exceptuar los bienes muebles del clero de los requisitos que exige el artículo 27 de la Constitución. El proyecto afirmaba que el artículo 130 es "limitativo de la conciencia humana y se halla apartado de los antecedentes jurídicos nacionales". El diario *Excélsior* decía que esta iniciativa presidencial había sido tomada "siguiendo el programa de depurar a la carta magna de Querétaro de las exageraciones jacobinas e inadecuadas a nuestro medio histórico social de que adolece".

Si bien en general ese "programa de depuración" fracasó, lo cierto es que la aplicación de las cláusulas democráticas de la Constitución fue dejada en gran parte como letra muerta por los gobiernos sucesivos y las conquistas sociales sólo se aplicaron allí donde la organización impuso la relación de fuerzas que permitió hacerlas efectivas.[10]

Hubo que esperar a la llegada al poder del ala radical del Constituyente, con Francisco J. Múgica como parte del grupo dirigente de Lázaro Cárdenas, para que fueran realidad las conquistas agrarias y sociales sancionadas en 1917 por la influencia de esa misma ala en Querétaro. Pero los límites y la detención posterior de las reformas cardenistas mostraron que sin atacar las prerrogativas y el poder del capital era imposible ir más lejos. Cualquier avance importante posterior ya no puede obtenerse solamente luchando por la aplicación de la Constitución incumplida —como lo hizo el cardenismo en los años treinta— sino echando abajo el régimen político y social que ha perpetuado en México la pobreza, la ignorancia, la opresión, la explotación y la injusticia.

---

[10] Un ejemplo claro es el reparto agrario. Hasta fines de 1919, el gobierno de Carranza había entregado tierras ejidales apenas a 148 pueblos, mientras en cambio había llevado adelante una extensa devolución de las haciendas intervenidas por el ejército a sus antiguos propietarios porfirianos. Hasta 1926, menos del 5% de la población rural había recibido tierras que representaban menos del 3% del área total de la república. En el otro extremo, en 1923 la mitad del área rural del país eran propiedades de más de cinco mil hectáreas en manos de menos de 2 700 propietarios, y casi la cuarta parte de esa área total (22.9%) la integraban sólo 114 latifundios de más de cien mil hectáreas cada uno.

VIII. La Comuna de Morelos

A partir de la retirada de México en enero de 1915 la revolución campesina, unida frágilmente en Xochimilco y en la ocupación de la capital en diciembre de 1914, volvió a dividirse en sus dos sectores, norte y sur, esta vez para siempre. A diferencia del periodo anterior, en que ambos sectores eran llevados por la marea ascendente hacia la conquista de todo el país y de sus centros de poder, esta vez la retirada tomó la forma del doble repliegue hacia las regiones de origen, sin más porvenir que la guerra defensiva primero y la guerra de guerrillas después.

Sin embargo, como en toda guerra campesina, por definición dispersa y sin centro único, el ritmo y las formas del repliegue tuvieron características diferentes. El carrancismo, como se ha visto, concentró en 1915 su presión militar sobre el ejército villista. Es decir, se concentró a batir a la fuerza militar decisiva de la revolución campesina y la que al mismo tiempo significaba una posible alternativa nacional —a través de Felipe Ángeles— al gobierno constitucionalista. La lucha militar contra el zapatismo en ese periodo fue esencialmente una acción de contención, que no aspiraba todavía a aplastarlo sino tan sólo a impedir que se extendiera.

Este objetivo era realizable en virtud de que coincidía con las características mismas del movimiento de Morelos, apegado a sus tierras y a su región hasta en sus formas de organización militar.

El carrancismo y su jefe militar, Obregón, eludían combatir en dos frentes no sólo por razones de debilidad militar. También porque su debilidad social todavía era grande, el tumulto de la revolución campesina continuaba, la marea sólo empezaba entonces a cambiar de sentido y eran indicios los que aparecían, no seguridades: nadie en ese momento, ni aun el instinto político bonapartista de Obregón, podía ver ninguna garantía de triunfo en el futuro inmediato. El Ejército de Operaciones era todavía una fracción militar trashumante, no más débil pero tampoco más fuerte que los dos ejércitos campesinos tomados por separado. Por otra parte, Obregón comprendía que contra Villa se trataba de llevar una guerra militar, de ejército contra ejército, mientras que contra Zapata, atrincherado en su región, la perspectiva era mucho más una guerra social encubierta por formas militares. Y no era Obregón el hombre para llevar esta guerra con las armas, sino para recoger después sus frutos con la política.

Por todas estas razones, mientras el ejército dirigido por Obregón entró en campaña para combatir al ejército de Villa y recuperar el control del centro y el norte del país, los pueblos del sur tuvieron un relativo respiro en las acciones militares, se sintieron dueños de su estado de Morelos y desarrollaron en consecuencia su democracia campesina.

Éste es uno de los episodios de mayor significación histórica, más hermosos y menos conocidos de la revolución mexicana.[1] Los campesinos de Morelos aplicaron en su estado lo que ellos entendían por el Plan de Ayala. Al aplicarlo, le dieron su verdadero contenido: liquidar los latifundios. Pero como los latifundios y sus centros económicos, los ingenios azucareros, eran la forma de existencia del capitalismo en Morelos, liquidaron entonces los centros fundamentales del capitalismo en la región. Aplicaron la vieja concepción campesina precapitalista y comunitaria, pero al traducirla sus dirigentes en leyes en la segunda década del siglo XX, ella tomó una forma anticapitalista. Y la conclusión fue: expropiar sin pago los ingenios y nacionalizarlos, poniéndolos bajo la administración de los campesinos a través de sus jefes militares. Allí donde los campesinos y los obreros agrícolas finalmente establecieron su gobierno directo por un periodo, la revolución mexicana adquirió ese carácter anticapitalista empírico. De ahí la larga conspiración del silencio o de la incomprensión acerca de este episodio crucial de la revolución. Pero no hay silencio ni deformación de la historia que pueda borrar lo que ha quedado en la conciencia colectiva a través de la propia experiencia revolucionaria. Vuelve a aparecer cada vez que sus portadores y herederos se ponen de nuevo en movimiento, porque las conquistas de la experiencia y de la conciencia pueden quedar cubiertas y vivir subterráneamente por largos periodos, pero son de las que nunca se pierden.

La lucha armada, el reparto de tierras desde 1911 en adelante, el triunfo militar sobre el ejército federal, la derrota del Estado burgués de Díaz, Madero y Huerta y la ocupación de la capital del país, dieron a los campesinos y los pueblos de Morelos en un proceso ascendente de cuatro años la seguridad y la confianza de que podían decidir. Eso fue lo que hicieron en su territorio.

---

[1] Este periodo ha sido descrito en detalle, sobre la base de un minucioso estudio de archivos sobre todo de origen zapatista, por John Womack en *Zapata y la revolución mexicana*, Siglo XXI Editores, México, 1969. Esta obra constituye la fuente principal en cuanto a hechos para este capítulo.

Entonces, la detención y el comienzo del retroceso de la marea revolucionaria a escala nacional a partir de diciembre de 1914, se combinó con una etapa de continuación del ascenso a escala local. Se había roto el impulso nacional, pero continuaba por sectores. Forzosamente, no podía ser por mucho tiempo. Pero esto no podían saberlo, ni siquiera sospecharlo, los campesinos y obreros agrícolas que se pusieron a reconstruir la sociedad de Morelos sobre la base de sus propias concepciones.

Este desajuste es un fenómeno típico de la revolución campesina. La limitación o la ausencia de una visión nacional de la lucha política altera los tiempos de la revolución, los desacompasa por regiones. En Morelos, los jefes campesinos, apoyándose en la fuerza y en las aspiraciones del campesinado organizado en el ejército zapatista y en los pueblos de la región, ejecutaron lo que hubieran querido hacer a través de aquel gobierno nacional que no pudieron mantener. Lo hicieron en escala local, donde conocían el terreno y las gentes y se sentían seguros social, organizativa, política y militarmente. La fuerza les venía de una revolución mucho más profunda que su propia comprensión, porque tenía sus raíces en viejas tradiciones colectivas comunales y en una estructura social tradicional que siempre había sido un instrumento de lucha y resistencia del campesinado.

Lo que hicieron mostró una vez más que la guerra civil mexicana había crecido como una lucha individual del campesinado por la tierra, pero mucho más como una lucha colectiva del campesinado por la tierra y el poder. El organismo campesino independiente más completo de esa lucha, su instrumento esencial en lo político —así como en lo militar lo había sido la División del Norte—, era el Ejército Libertador del Sur, el pueblo zapatista en armas.

Oficialmente, Morelos era territorio bajo el mando del gobierno de la Convención, que a principios de enero todavía funcionaba en el Distrito Federal y que volvió a establecerse allí con la salida del ejército de Obregón hacia el centro del país en marzo de 1915. Desde la formación del gobierno convencionista en diciembre de 1914, un zapatista ingresó en él como secretario de Agricultura, el general Manuel Palafox. Fue el zapatista con cargo más alto dentro de ese gobierno. Conservó la secretaría después de la defección de Eulalio Gutiérrez y su gente, en enero de 1915, cuando la presidencia recayó en el villista Roque González Garza.

Palafox era el ala izquierda del equipo de secretarios que rodeaban a Zapata, los que integraban su estado mayor político. Su carta de septiembre de 1914 a Atenor Sala mostraba ya que era quien iba más lejos en la interpretación de las ideas del Plan de Ayala y tendía a darles un contenido socialista. Desde los días siguientes al pacto de Xochimilco desplegó una gran actividad para impulsar el proceso de revolución agraria y la aplicación de esas ideas.

A mitad de diciembre de 1914, uno de los agentes estadounidenses en México escribía al secretario de Estado de Estados Unidos esta definición de Palafox: "Es intratable, y sus rabiosas ideas socialistas no ayudarán a resolver los problemas de manera beneficiosa para su país". El agente había pedido un salvoconducto para visitar una hacienda de propiedad estadounidense. Palafox se lo negó "porque todas esas propiedades habrán de dividirse para repartir tierras a los pobres". Y cuando el agente respondió que se trataba de propiedad de ciudadanos de Estados Unidos, Palafox, dice aquél en su carta, "me respondió que daba lo mismo que fuese propiedad de norteamericanos o de cualquier otro extranjero; que esas tierras habrían de repartirse [...]". La carta concluía con un típico consejo amenazador: "Preveo que es un individuo que le dará al ministro de Relaciones Exteriores muchísimo trabajo, que se podría evitar".[2]

Palafox se hizo cargo de la Secretaría de Agricultura a mediados de diciembre de 1914. A principios de enero de 1915, fundó el Banco Nacional de Crédito Rural y dispuso el establecimiento de Escuelas Regionales de Agricultura y de una Fábrica Nacional de Herramientas Agrícolas. A mediados de enero, instaló una oficina especial de reparto de tierras e invitó a los campesinos de otras regiones fuera de Morelos,

---

[2] Womack hace esta descripción de Palafox: "La revolución en la tenencia de la tierra que se efectuó en Morelos en 1915 fue un proceso ordenado en gran parte gracias a Manuel Palafox. Su ambición lo llevó a él y a otros agraristas al gobierno convencionista, y su conducta perentoria aseguró allí la ratificación oficial de las reformas locales. Éstos parecían ser tan sólo los comienzos de una carrera histórica. Cuando los zapatistas ocuparon la ciudad de México, Palafox había entrado en el foro de la gloria y del estadismo, escenario clásico de los héroes de su país. Tenía entonces apenas veintinueve años de edad. Todavía no se sabe de qué manera concebía su destino este hombrecillo minucioso, sagaz, apasionado, pues sus archivos privados supuestamente han sido quemados, sus colaboradores han muerto en su mayoría o han aprendido a vilipendiarlo, y sus pocos confidentes supervivientes mantienen el secreto o tienen dudas acerca de él; pero es probable que se haya considerado a sí mismo como otra gran figura reformista de la estirpe que se remontaba a través de los inmortales del siglo XIX, Benito Juárez y Melchor Ocampo, hasta los ilustres fundadores de la República. Durante su permanencia en la capital se portó como si fuese su intención dejar huella de su paso en la historia. Atrevido e ingenioso en su programa, decidido, arrogante, increíblemente activo, Palafox entró en acción a la primera oportunidad [...] A un periodista que el día que tomó su cargo (de secretario de Agricultura), le preguntó si se proponía ahora, como los funcionarios anteriores, 'estudiar la cuestión agraria', le respondió: No, señor, no me dedicaré a eso. La cuestión agraria la tengo ampliamente estudiada. Me dedicaré a llevarla al terreno de la práctica..."

como los estados de Hidalgo y Guanajuato, a hacer sus respectivas reclamaciones de tierras.

En esos días se formaron las comisiones agrarias, compuestas por jóvenes agrónomos voluntarios egresados de la Escuela Nacional de Agricultura, que se encargarían de hacer los deslindes de los terrenos a repartir o repartidos en las zonas de reforma agraria. El único estado donde estas comisiones funcionaron regularmente fue Morelos, donde levantaron los planos topográficos y marcaron los límites de los pueblos del estado, asignándoles las tierras de cultivo, bosques y aguas.

A fines de enero llegaron a Cuernavaca unos cuarenta jóvenes agrónomos con sus instrumentos de trabajo, luego de sortear muchas dificultades porque el ejército de Obregón acababa de reocupar la ciudad de México. Algunos de ellos a duras penas habían logrado atravesar el cerco tendido entre la capital y el estado de Morelos. También el gobierno de la Convención había debido trasladarse a Cuernavaca, desplazado por el avance constitucionalista.

Las comisiones pasaron por bastantes peripecias para hacer su tarea. Para fijar los límites de las tierras de cada pueblo, tuvieron que recurrir a los viejos títulos de tierras, muchos de ellos de la época virreinal, cuyos datos muchas veces no eran precisos o hacían referencia a accidentes del terreno difíciles de ubicar.

Buena parte de esas tierras habían sido arrebatadas por las haciendas y a veces, al tratar de restituirlas, aparecía que la hacienda las había alquilado a campesinos de otro pueblo desde muchos años atrás. En éstos y en otros casos de terrenos en disputa, los comisionados tenían que realizar reuniones de delegados de los pueblos en litigio para llegar a un avenimiento. En general, a pesar de los inevitables conflictos, la intervención colectiva terminaba por sobreponerse para llegar a un acuerdo. La costumbre de discutir con los pueblos y de que éstos mismos resolvieran en definitiva el arreglo, impuesta por Zapata y sus jefes, hizo ganar autoridad a los comisionados y fue creciendo la colaboración de los campesinos con ellos. La distribución de tierras en Morelos, con ese sistema, fue un proceso donde esencialmente pudieron intervenir, opinar y resolver los campesinos interesados, conforme con sus tradiciones y sus necesidades. Esto le dio una solidez que ninguna autoridad estatal podía transmitirle.

Es típica la anécdota que cuenta Marte R. Gómez, integrante de las comisiones, en su libro *Las comisiones agrarias del sur*, sobre la fijación de los linderos entre los pueblos de Yautepec y de Anenecuilco, con la presencia del propio general Zapata:

Llegamos al lugar en que se había convocado a los representantes de los dos pueblos. [Zapata] hizo llamar cerca de él a los viejos que habían sido llevados como expertos y escuchó con particular deferencia, por respeto a sus canas y a sus antecedentes como luchador en defensa de las tierras de Yautepec contra la hacienda de Atlihuayán, a don Pedro Valero. Después se dirigió al ingeniero Rubio —y a mí de paso— y nos dijo: "Los pueblos dicen que este tecorral es su lindero, por él se me van ustedes a llevar su trazo. Ustedes, los ingenieros, son a veces muy afectos a sus líneas rectas, pero el lindero va a ser el tecorral, aunque tengan que trabajar seis meses midiéndole todas sus entradas y salidas...

En marzo de 1915 Zapata escribió al presidente convencionista Roque González Garza:

Lo relativo a la cuestión agraria está resuelto de manera definitiva, pues los diferentes pueblos del estado, de acuerdo con los títulos que amparan sus propiedades, han entrado en posesión de dichos terrenos.

Por otra parte, Palafox conservó bajo su control las tierras no repartidas a los pueblos. Su proyecto no era pagar indemnización, sino expropiar sin pago toda la tierra para satisfacer futuras necesidades del campesinado o para las necesidades colectivas.

El mismo Marte R. Gómez explica que, a la hora de la aplicación en 1915, los postulados del Plan de Ayala habían sufrido una notable radicalización con relación al texto escrito en 1911 y formalmente nunca modificado. Dice en su libro:

En justicia, debemos reconocer también que unos fueron los ofrecimientos que el general Zapata hizo en 1911, al firmar el Plan de Ayala, y otros los que se propuso llevar a la práctica en 1915 con sus Comisiones Agrarias. Porque a nosotros sólo se nos pidió que definiéramos los linderos entre los diferentes pueblos. A nadie se le ocurrió que levantáramos los planos de las haciendas para localizar las dos terceras partes que se les debían respetar.

Las medidas de Palafox fueron más lejos: nacionalizó sin pago los ingenios y destilerías de Morelos. Aplicando las disposiciones ya sancionadas en 1914, Zapata puso a funcionar los ingenios como empresas del Estado. Desde que Palafox se hizo cargo de la Secretaría de Agricultura, ordenó la reparación de los que se encontraban abandonados por sus antiguos dueños y habían sufrido los daños de la guerra, de los saqueos y del abandono. A principios de marzo de 1915, ya había cuatro ingenios funcionando en Morelos, bajo la administración de jefes zapatistas: el de Temixco, con el general Genovevo de la O; el de Hospital, con el general Emigdio Marmolejo; el de Atlihuayán, con el general Amador Salazar; y el de Zacatepec, con el general Lorenzo Vázquez. Posteriormente, fueron reparados y reabiertos otros ingenios, como los de El Puente, Cuatlixco y Cuahuixtla, bajo la dirección de los generales Modesto Rangel, Eufemio Zapata y Maurilio Mejía. Las ganancias que comenzaron a obtenerse fueron entregadas al cuartel general zapatista y utilizadas en gastos de guerra y socorros a las viudas de los soldados caídos.

Sin embargo, esta especie de socialismo agrario apoyado por Zapata, tenía sus tropiezos con las costumbres e inclinaciones de pequeño propietario de la base campesina. Dueños nuevamente de sus tierras, los campesinos tendían a volver a los cultivos de sustento: frijoles, garbanzos, maíz, hortalizas, o a la cría de pollos, productos fáciles de vender de inmediato en los mercados locales. Zapata mismo hizo una campaña para convencer a los campesinos, o a una parte al menos, de que no se limitaran al cultivo de verduras y sembraran caña para los ingenios, para lo cual se hicieron préstamos o entregas gratuitas de dinero y simiente. "Si ustedes siguen sembrando chile, cebollas y tomates, nunca saldrán del estado de pobreza en que siempre han vivido; por ello deben, como les aconsejo, sembrar caña", les dijo a los campesinos de Villa de Ayala. Pero al parecer su éxito fue limitado y el desarrollo posterior de la guerra cortó cualquier posibilidad de continuar con la experiencia.

Estas medidas y disposiciones tendientes a crear una economía cuyos centros de producción industrial estuvieran en manos del Estado y cuyas bases agrarias estuvieran en poder de los campesinos, a título individual o comunal, fueron codificadas en una notable ley de octubre de 1915, dictada en Cuernavaca por el Consejo Ejecutivo de la Convención —durante un receso de la propia Convención como organismo—, seguramente inspirada y aun redactada por Manuel Palafox.

Esta ley fue el punto máximo a que llegó la legislación socializante del zapatismo. Era la aplicación de los principios expuestos por Palafox en su carta a Atenor Sala y ya enunciados en forma de texto legal en el decreto de Emiliano Zapata del 8 de septiembre de 1914, cuya idea esencial era que los bienes de los enemigos de la revolución —en la practica, los de todos los capitalistas y terratenientes— serían expropiados sin pago y para pagar las expropiaciones que tuvieran derecho a indemnización bastaría utilizar el dinero proveniente de los bienes urbanos confiscados a los enemigos de la revolución. La ley agraria de hecho proyectaba y sancionaba la expropiación sin indemnización y por razones de utilidad pública de toda la propiedad capitalista y terrateniente.

El límite donde se detenían confusamente estas disposiciones —y la ideología campesina con ellas— era el destino posterior de las propiedades industriales y no agrarias así expropiadas: si funcionarían como empresas estatales, si volverían a manos particulares. Pero el caso de los ingenios y destilerías de Morelos, echados a andar de hecho como empresas estatales y que en la concepción de Zapata debían seguir funcionando como "fábricas nacionales" (según su expresión), da una idea de cuál habría sido la lógica socialista de las expropiaciones agrarias si el poder zapatista hubiera tenido una vía hacia el porvenir.

La ley agraria de Palafox era la expresión legal de lo que ya habían hecho los campesinos de Morelos al repartir las tierras con la colaboración de las comisiones agrarias. Su campo de aplicación tampoco pasó más allá del territorio zapatista, aunque estaba dictada para todo el país pues la Convención mantenía la ficción de ser un gobierno nacional. Sus disposiciones eran más radicales que las de cualquier reforma agraria dictada posteriormente en América Latina y sólo comparables con las leyes cubanas posteriores a 1961. Como todas las leyes y decretos zapatistas, se preocupaba por dejar amplio margen a la iniciativa de los pueblos y de los campesinos y allí radicaba uno de sus rasgos revolucionarios más profundos.

La ley se remite desde su primer considerando al Plan de Ayala. Declara "que en el Plan de Ayala se encuentran condensados los anhelos del pueblo levantado en armas, especialmente en lo relativo a las reivindicaciones agrarias, razón íntima y finalidad suprema de la Revolución". En consecuencia, continúa, "es de precisa urgencia reglamentar debidamente los principios consignados en dicho Plan, en forma tal que puedan desde luego llevarse a la práctica como leyes generales de inmediata aplicación". Es decir, desde un principio la ley se presenta como la afirmación de la continuidad de ideas de la revolución zapatista; y en realidad lo es, porque es verdad que sus ideas esenciales están ya contenidas en el programa de Zapata de 1911. La revolución no ha hecho más que desarrollarlas, enriquecerlas y hacerlas realidad en los repartos de tierras de los campesinos y el texto legal así lo registra.

La ley aparece dictada por el Consejo Ejecutivo de la República que "es la autoridad suprema de la Revolución, por no estar en funciones actualmente la Soberana Convención Revolucionaria". Antes de entrar en la parte dispositiva, su tercer y último considerando dice textualmente:

Considerando: que no pocas autoridades, lejos de cumplir con el sagrado deber de hacer obra revolucionaria que impone el ejercicio de cualquier cargo público en los tiempos presentes, dando con ello pruebas de no estar identificadas con la Revolución, se rehusan a secundar los pasos dados para obtener la emancipación económica y social del pueblo, haciendo causa común con los reaccionarios, terratenientes y demás explotadores de las clases trabajadoras; por lo que se hace necesario, para definir actitudes, que el gobierno declare terminantemente que considerará como desafectos a la causa y les exigirá responsabilidades, a todas aquellas autoridades que, olvidando su carácter de órganos de la Revolución, no coadyuven eficazmente al triunfo de los ideales de la misma.

A continuación, el artículo 1 dispone: "Se restituyen a las comunidades e individuos, los terrenos, montes y aguas de que fueron despojados, bastando que aquéllos posean los títulos legales de fecha anterior al año de 1856, para que entren inmediatamente en posesión de sus propiedades".[3] El artículo 2 establece la forma en que se hará la reivindicación de esos derechos.

Por el artículo 3, "la Nación reconoce el derecho tradicional e histórico que tienen los pueblos, rancherías y comunidades de la República, a poseer y administrar sus terrenos de común repartimiento, y sus ejidos, en la forma que juzguen conveniente".

El artículo 4 establece los derechos de la pequeña propiedad en estos términos: "La Nación reconoce el derecho indiscutible que asiste a todo mexicano para poseer y cultivar una extensión de terreno, cuyos productos le permitan cubrir sus necesidades y las de su familia; en consecuencia, y para el efecto de crear la pequeña propiedad, serán expropiadas por causa de utilidad pública y mediante la correspondiente indemnización, todas las tierras del país, con la sola excepción de los terrenos pertenecientes a los pueblos, rancherías y comunidades, y de aquellos predios que, por no exceder del máximum que fija esta ley, deben permanecer en poder de los actuales propietarios". El artículo 5 fija ese máximo que pueden conservar "los propietarios que no sean enemigos de la Revolución", en una tabla de dieciocho categorías de tierras, que van desde la de "clima caliente, tierras de primera calidad y de riego" donde se autorizan hasta 100 hectáreas, pasan por la de "clima templado,

---

[3] El zapatismo, que en el Plan de Ayala invoca a Benito Juárez, se remite aquí a los derechos campesinos comunales anteriores a las leyes de Reforma juaristas y a los títulos que los amparan para restablecerlos a plenitud. En nombre de estos títulos y derechos se habían sublevado en 1869 contra Juárez las comunidades de Chalco y alrededores que apoyaran la rebelión de Julio Chávez.

tierras pobres y de temporal", con 200 hectáreas como máximo y llegan a los "terrenos de pastos pobres", con 1,000 hectáreas y a los "terrenos eriazos del Norte de la República", donde se autorizan hasta 1,500 hectáreas, que es el máximo absoluto. El artículo 7 dispone que los terrenos que excedan de esas extensiones "serán expropiados por causa de utilidad pública, mediante la debida indemnización, calculada conforme al censo fiscal de 1914 y en el tiempo y forma que el reglamento designe"

Pero el artículo 6 es el más terminante y el decisivo: "Se declaran de propiedad nacional los predios rústicos de los enemigos de la Revolución".

Es decir, se nacionalizan sin indemnización.

A continuación, el mismo artículo determina quiénes son "enemigos de la Revolución para los efectos de la presente ley". En la enumeración incluye a los "científicos" o partidarios de Porfirio Díaz; a los funcionarios de Díaz y de Huerta que "adquirieron propiedades por medios fraudulentos o inmorales"; a los "políticos, empleados públicos y hombres de negocios" que se enriquecieron durante el régimen de Porfirio Díaz mediante "procedimientos delictuosos o al amparo de concesiones notoriamente gravosas al país"; a los partidarios de Huerta; a los "altos miembros del clero que ayudaron al sostenimiento del usurpador Huerta".

El inciso final es de tal amplitud que prácticamente abarca a todos los grandes propietarios agrarios o industriales del país. Textualmente, incluye entre los enemigos de la Revolución:

g] Los que directa o indirectamente ayudaron a los gobiernos dictatoriales de Díaz, de Huerta y demás gobiernos enemigos de la Revolución, en su lucha contra la misma. Quedan incluidos en este inciso todos los que proporcionaron a dichos gobiernos, fondos o subsidios de guerra, sostuvieron o subvencionaron periódicos para combatir a la Revolución; hostilizaron o denunciaron a los sostenedores de la misma, hayan hecho obra de división entre los elementos revolucionarios, o de cualquier otra manera hayan entrado en complicidad con los gobiernos que combatieron a la causa revolucionaria.

Según el artículo 8, la Secretaría de Agricultura y Colonización nombraría comisiones que en cada estado determinarían quiénes eran las personas que serían consideradas enemigos de la Revolución en los términos del artículo 6 y quedarían "sujetas, por lo mismo, a la referida pena de confiscación, la cual se aplicará desde luego". Las decisiones de estas comisiones, conforme al artículo 9, serían apelables en instancia única ante los Tribunales Especiales de Tierras, que se crearían en el futuro.

El artículo 10 establece que toda la tierra obtenida según lo dispuesto en los artículos 5 y 6, "se dividirá en lotes que serán repartidos entre los mexicanos que lo soliciten, dándose la preferencia, en todo caso, a los campesinos. Cada lote tendrá una extensión tal que permita satisfacer las necesidades de una familia". Los artículos 11 al 13 establecen modalidades de la aplicación de esta disposición, dando prioridad absoluta en las adjudicaciones a "los actuales aparceros o arrendatarios de pequeños predios", que les serían adjudicados de inmediato en propiedad.

Los artículos 14 y 15 disponen que las tierras entregadas a comunidades o individuos "no son enajenables ni pueden gravarse en forma alguna" y que los derechos sobre ellas sólo pueden trasmitirse "por herencia legítima".

Gran parte de los artículos restantes, del 16 al 35, están destinados a fijar las facultades de la Secretaría de Agricultura y Colonización. Establecían una gran concentración y centralización de poder en la persona del secretario de Agricultura —el propio Manuel Palafox, en el caso— lo que equivalía a una dictadura revolucionaria dentro de la tradición jacobina. El artículo 16 dice:

A efecto de que la ejecución de esta ley sea lo más rápida y adecuada, se concede al Ministerio de Agricultura y Colonización, la potestad exclusiva de implantar los principios agrarios consignados en la misma, y de conocer y resolver en todos los asuntos del ramo, sin que esta disposición entrañe un ataque a la soberanía de los Estados pues únicamente se persigue la realización pronta de los ideales de la Revolución, en cuanto al mejoramiento de los agricultores desheredados de la República.

Los artículos 17 y 18 disponen que el Ministerio de Agricultura establecerá colonias agrícolas y que sólo él podrá hacerlo; y que fundará un Servicio Nacional de Irrigación y Construcciones.

El artículo 19 nacionaliza los bosques: "Se declaran de propiedad nacional los montes, y su inspección se hará por el Ministerio de Agricultura, en la forma en que la reglamente, y serán explotados por los pueblos a cuya jurisdicción corresponden, empleando para ellos el sistema comunal."

Los artículos 20 y 21 disponen que el Ministerio de Agricultura establecerá un Banco Agrícola y que tendrá a su cargo exclusivo la administración de esta institución. El artículo 22 resuelve la forma de financiación de esa disposición: "Para los efectos del artículo 20 se autoriza al Ministerio de Agricultura y Colonización para confiscar o nacionalizar las fincas urbanas, obras materiales de las fincas nacionales o expropiadas, o fábricas de cualquier género, incluyendo los muebles, maquinaria y todos los objetos que contengan, siempre que pertenezcan a los enemigos de la Revolución". Y el artículo 27 agrega que "el 20% del importe de las propiedades nacionalizadas de que habla el artículo 22, se destinará para el pago de indemnizaciones de las propiedades expropiadas tomando como base el censo fiscal del año 1914" (son las expropiaciones a que se refiere el artículo 5, de los propietarios que no fueran enemigos de la Revolución). El antecedente de estos métodos de financiamiento está en la carta de Palafox a Sala en septiembre de 1914.

El artículo 23 anula todas las concesiones anteriores que afecten a la agricultura y autoriza al Ministerio de Agricultura a revalidar "las que juzgue benéficas para el pueblo y el gobierno". El artículo 24 lo autoriza a establecer "escuelas regionales agrícolas, forestales y estaciones experimentales".

Los artículos 25 y 26 establecen la obligación de cultivar los terrenos adjudicados y la pérdida de éstos en caso de que pasaran dos años incultos sin causa justificada.

Los artículos 28 y 29 autorizan la formación de cooperativas de producción o de venta entre los propietarios de lotes, pero prohibe que ellas se conviertan en sociedades por acciones o que participen quienes no sean agricultores directos. Los artículos 30 y 31 son reglamentarios.

Los artículos 32, 33 y 34 declaran de propiedad nacional todas las aguas y establecen la prioridad de uso para fines agrícolas. El artículo 35 y final declara nulos "todos los contratos relativos a la enajenación de los bienes pertenecientes a los enemigos de la revolución".

Hay un artículo transitorio destinado a asegurar la inmediata aplicación de la ley por los mismos pueblos, que equivale a dar valor legal a los repartos de tierras hechos por los campesinos; más aún, equivale a promoverlos y estimularlos sin esperar la intervención de las autoridades centrales. En esto, como en todo lo demás, se ve la diametral distancia entre la ley agraria zapatista y la carrancista de enero de 1915.

Dice el artículo:

Quedan obligadas todas las autoridades municipales de la República a cumplir y hacer cumplir, sin pérdida de tiempo y sin excusa ni pretexto alguno, las disposiciones de la presente ley, debiendo poner desde luego a los pueblos e individuos en posesión de las tierras y demás bienes que, conforme a la misma ley, les correspondan, sin perjuicio de que en su oportunidad las Comisiones Agrarias que designe el Ministerio de Agricultura y Colonización hagan las rectificaciones que procedan; en la inteligencia de que las expresadas autoridades que sean omisas o negligentes en el cumplimiento de su deber, serán consideradas como enemigas de la Revolución y castigadas severamente.

La ley está fechada en Cuernavaca, el 28 de octubre de 1915, y la firman Manuel Palafox, ministro de Agricultura y Colonización; Otilio E. Montaño, ministro de la Instrucción Pública y Bellas Artes; Luis Zubiría y Campa, ministro de Hacienda y Crédito Público; Jenaro Amezcua, Oficial Mayor, encargado de la Secretaría de Guerra; y Miguel Mendoza L. Schwerdtfegert, ministro de Trabajo y de Justicia.[4]

[4] En la elaboración de la ley agraria confluyeron, además de Palafox, los hombres y corrientes más radicales que se habían incorporado desde la ciudad al zapatismo. Son significativas cuatro de sus cinco firmas. No figuran entre ellas las de Soto y Gama o de Gildardo Magaña. En cambio aparecen, después de Palafox, Otilio Montaño, el colaborador de Zapata en la redacción del Plan de Ayala; Jenaro Amezcua, que después sería el representante zapatista en el extranjero y agente de propaganda revolucionaria del movimiento, desde La Habana, hacia el movimiento obrero de América Latina, Estados Unidos y Europa; y Miguel Mendoza L. Schwerdtfegert, abogado socialista jalisciense.
Este último fue uno de los miembros de la Casa del Obrero Mundial que a mediados de 1914 se sumaron al zapatismo y contribuyeron a dar contornos más precisos a sus tendencias socializantes. Otros fueron el mismo Soto y Gama, anarquizante, Rafael Pérez Taylor, socialista, Luis Méndez, en cuya casa se fundó en 1911 el efímero Partido Socialista Obrero, y Octavio Jahn, sindicalista francés que afirmaba ser veterano de la Comuna de París. Miguel Mendoza L. Schwerdtfegert publicó en 1914 un estudio titulado "¡Tierra libre!", donde exponía su posición contraria al reparto agrario en pequeña propiedad y a favor de la nacionalización de la tierra y su explotación colectiva. Esta posición estaba posiblemente influida por las ideas de Henry George a través de sus discípulos estadounidenses. Las opiniones de entonces de Mendoza Schwerdtfegert influyeron en la ley agraria, a cuyo pie figuró su firma. En "¡Tierra libre!", escribía:
"No nos dejemos mecer en ilusiones, la medida propuesta por los propietarios de subdividir la propiedad raíz, tiende tan sólo a aumentar el número de los privilegiados, para su mejor defensa, pero sin que por ello se obtenga la justa distribución de la riqueza que es lo que anhelamos. En Francia la propiedad está en extremo subdividida y en Inglaterra se encuentra concentrada en manos de 30 000 personas; pues bien, igual miseria y degradación sufre el pueblo francés que el pueblo inglés: la situación del proletariado es la misma en todas partes, porque en todas partes la tierra está monopolizada.
"La división territorial, no cabe duda que hará aumentar la clase acomodada, pero no por eso mejorará la condición de la clase del trabajo. El botín del robo será repartido entre más personas, pero el robado sufrirá siempre la misma pérdida. Los proletarios no tendrán como ahora la menor participación en la tierra y nada saldrán por lo mismo ganando.
"Además la división de la tierra tiende a disminuir la producción de la riqueza. Es una verdad conocida de todos los que observan la marcha de las industrias, la de que éstas tienden a concentrarse cada vez más para producir en grande escala y evitar los desperdicios que resultan de producir en pequeño. Así los talleres han cedido su lugar a las grandes fábricas, los pequeños medios de transporte a los ferrocarriles y líneas de vapores y las parcelas de tierra del labrador que personalmente las cultivara, a la hacienda. El cultivo de los grandes campos es preferible, bajo el punto de vista de la producción de riqueza, al

La importancia de la ley agraria de Palafox no radica tanto en sus efectos, que no tuvieron tiempo de hacerse sentir, cuanto en su significado programático. Por un lado, en lo que toca al reparto de la tierra la ley no hace más que generalizar en forma de artículos legales lo que ya habían hecho los campesinos de Morelos. Por el otro, dicta un serie de disposiciones que son la pura enunciación de un programa de gobierno, pero que no tendrían aplicación práctica por carecer de la fuerza que las respalde. A esas alturas, el gobierno de la Convención, aparte de ser una ficción como entidad nacional, ya se había dividido entre el sector villista y el zapatista. Y la ley agraria se dicta cuando ya está derrotada la División del Norte, la fuerza militar que hubiera podido garantizar la existencia del gobierno convencionista y la aplicación de esa ley.

Sin embargo, el texto es importante porque enuncia un programa de transformación completa del país a partir de las medidas agrarias revolucionarias. Establece una dictadura revolucionaria centrada en la liquidación radical de los latifundios y el reparto de la tierra desde abajo, haciendo funcionar a los municipios como órganos de poder de los pueblos para aplicarla.

No es un texto socialista, sino jacobino. Su texto, sin embargo, da sanción legal a la dinámica anticapitalista de la guerra campesina mexicana. En ella se combinan la *dictadura revolucionaria pequeñoburguesa* por arriba, la *iniciativa de las masas* desde abajo a través de sus organismos (las municipalidades de los pueblos) y la proscripción de los enemigos de la revolución, a través de la cual se introduce la *expropiación sin pago*. En consecuencia, de la combinación de los tres factores surge una *dinámica socialista* que extiende el significado originario del Plan de Ayala. A la hora de su aplicación desde abajo en los términos previstos en su texto, la ley había sufrido la misma inflexión radical que sufrió el Plan de Ayala al ser aplicado en 1915 por los pueblos con la ayuda de las comisiones agrarias: de las dos terceras partes de cada hacienda por respetar nadie se acordó, y se repartió toda la tierra a los pueblos.

Pero esta ley se dicta cuando ya no puede tener efecto como programa nacional, sino meramente como sanción local de lo ya logrado por los

pequeño cultivo, porque aquél es auxiliado por el moderno y costoso maquinismo que lo hace eficaz y menos penoso al cultivador.

"Así pues, la división de la tierra no favorece en manera alguna la condición del trabajo, ni la producción de riqueza, pero sí tenderá a poner trabas a todas las medidas encaminadas a la abolición de la propiedad privada de la tierra por el mayor número de los defensores de esta institución y es por esto por lo que debe desecharse en absoluto por las clases productoras". (Citado en Diego G. López Rosado, *Historia y pensamiento económico de México*, s.p.i., pp. 235-36).

campesinos, cuyo mantenimiento no depende ahora de los textos sino de las armas.

El 28 de octubre, fecha de la ley, las fuerzas campesinas hace ya rato que han abandonado definitivamente la capital del país. La Convención ha entrado en su etapa de disgregación. En realidad, es el ala zapatista radical la que aprueba la ley, aprovechando que no existe la traba del conjunto de la Convención donde esa ala era minoría.

El repliegue de la revolución es visible para todos. El 19 de octubre Estados Unidos había reconocido al gobierno de Carranza como el único legal en el país. A fines de octubre, Villa estaba atravesando la sierra de Chihuahua hacia Sonora, en el tramo final de la retirada de los restos de la División del Norte.

La ley agraria de Palafox significa, entonces, que la facción más radical intenta acelerar en los textos lo que pierde en la lucha real. De ahí el aspecto de irrealidad que adquiere la ley, que se combina con la exasperación del propio Palafox por esos días, como se verá más adelante.

En el fondo, es posible que Palafox y su consejo ejecutivo tuvieran la intención de dejar codificadas de algún modo sus ideas sobre el gobierno del país. Pero es muy posible además que todavía creyeran en cierta virtud mágica de la ley para estimular a la revolución. Intentaban galvanizar a la revolución en retroceso mediante un texto ya inaplicable, que sólo era real —precariamente— en Morelos, del mismo modo como Villa quería reanimarla meses antes forzando una victoria militar sobre Obregón.

En realidad, la ley debía de haber sido dictada en diciembre de 1914 en la capital, en el auge de la revolución, apoyando la ofensiva militar sobre Veracruz y como programa nacional del gobierno convencionista. Pero no era el ala radical socializante la que predominaba en aquel momento.

Con todo esto, la ley no fue una mera elucubración teórica como tantos planes de la revolución mexicana. Se aplicó a las tierras e ingenios de Morelos, no quedó en el papel. Fue complementada después por medidas que establecían formas de gobierno de los pueblos. Fue la expresión de una realidad social creada por la revolución y de la aspiración de extender esa realidad a todo el país.[5]

[5] Womack tiene razón cuando la caracteriza como "una ley agraria radical que le daba al Secretario de Agricultura una autoridad inmensa sobre la propiedad urbana y la rural, así como sobre todos los recursos naturales. En virtud de esta notable ley, el Ministerio de Agricultura sería la agencia central de una *formidable reforma nacionalizadora en México*" (subrayado mío, A. G.). Habría que esperar hasta el Instituto Nacional de la Reforma

Para medir su significado es preciso recordar también que esto ocurrió en medio de un retroceso mundial de la revolución, en la primera guerra mundial. Aún no había en país alguno antecedentes de leyes semejantes. Había textos teóricos, quién sabe hasta dónde conocidos por Palafox y su tendencia, pero ninguna experiencia práctica. La Comuna de París, que había dictado medidas de nacionalización, armamento del pueblo, gobierno comunal de los ciudadanos, había sido un episodio lejano y efímero. Su repercusión llegó hasta México, es cierto. Pero no hay prueba de que haya llegado hasta el equipo de dirección zapatista, y mucho menos al estado de Morelos. Es posible que en las lecturas de Palafox y de algunos otros intelectuales zapatistas figuraran algunas sobre la Comuna. Pero su retórica se parecía más a la de la Gran Revolución Francesa, hasta en el nombre de la Convención.

Del fondo de la iniciativa campesina vino la fuerza para tomar esas medidas. Esa iniciativa se conjugó con las posiciones del ala de Palafox, sin las cuales nunca habría podido generalizarse en forma de texto legal y programático. Y dicha ala pudo hacerlo, también, cuando defeccionó la pequeña burguesía urbana con Eulalio Gutiérrez —es decir, cuando murió la verdadera Convención originaria— y cuando estaba ya dividida del villismo.

El zapatismo, después de los grandes triunfos nacionales y antes de que lo golpeara el retroceso, se había quedado solo, atrincherado en su estado campesino, abandonado por los aliados inseguros y dependiendo puramente de los pueblos en armas de Morelos. Solo. Ahí estaba su debilidad, pero también su fuerza.

Lo que crearon entonces los campesinos y obreros agrícolas de Morelos fue una Comuna, cuyo único antecedente mundial equivalente había sido la Comuna de París. Pero la Comuna de Morelos no era obrera, sino campesina. No la crearon en los papeles, sino en los hechos. Y si la ley agraria zapatista tiene importancia, es porque muestra que más allá del horizonte local, había en Morelos una tendencia que tenía la voluntad nacional de organizar el país sobre esas bases.

Los zapatistas crearon en su territorio una sociedad igualitaria, con un igualitarismo de raíz campesina y colectiva (muy diferente de la utopía individualista de la "democracia rural"), y la mantuvieron con altibajos mientras tuvieron poder. Si los del ala radical del constitucionalismo en el Constituyente de Querétaro, a fines de 1916, se llamaron a sí mismos jacobinos —y lo eran— los jefes del radicalismo zapatista con toda razón

Agraria (INRA) de la primera etapa de la revolución cubana para ver algo semejante en América Latina.

podían haberse llamado "los Iguales", porque eran a los jacobinos de Querétaro lo que los Iguales de Babeuf eran a los jacobinos de la Convención francesa. Con la diferencia de que los de Morelos, más rústicos, no eran un grupo de conspiradores en el descenso de la revolución francesa sino los dirigentes de una revolución campesina convertida en poder local —y que aún aspiraba a poder nacional— sólo dos años antes del triunfo de la revolución rusa.

La Comuna zapatista de Morelos, que se mantuvo no en la tregua sino en la lucha, es el episodio más trascendente de la revolución mexicana. Por eso, para intentar borrar hasta sus huellas, el ejército carrancista tuvo después que exterminar la mitad de la población de Morelos, con saña similar a la desplegada por las tropas de Thiers contra el París obrero de 1871.

Mientras la revolución campesina seguía su curso en el territorio zapatista, desde la defección de Eulalio Gutiérrez el poder político de la Convención no cesó de deteriorarse. Aumentaron en consecuencia las intrigas y las luchas internas. A principios de abril de 1915, de regreso en México la Convención después de evacuada la ciudad por Obregón, estalló un conflicto entre el presidente convencionista, el villista Roque González Garza, y Manuel Palafox. Éste debió renunciar a su cargo a principios de mayo. Zapata se disgustó tanto que, contra su costumbre, fue a la capital para exigir la reposición de Palafox, sin conseguirlo. Fue su último viaje a México. Un mes después fue derrotado González Garza en la Convención y tuvo que renunciar. Palafox volvió a la Secretaría de Agricultura, pero en un gobierno aún más débil que el anterior.

Villa, en el norte, ya había sufrido las dos derrotas de Celaya. En el sur, Zapata tenía su cuartel general en el pequeño poblado de Tlaltizapán, la capital de la revolución zapatista, el centro de aquel estado campesino igualitario donde los catrines no se aventuraban o, si lo hacían, no duraban mucho tiempo en circulación.[6] Womack describe así a Tlaltiza-

[6] Marte R. Gómez cuenta uno de estos episodios, del cual fue testigo uno de sus compañeros de las comisiones agrarias, "quien estando de paso en Amecameca para el desempeño de alguno de sus trabajos, se encontró cerca de la estación con una pareja que constituían un señor, que a leguas se notaba citadino —para colmo de males, vestía como los lagartijos de Plateros en los últimos días de la era porfirista— y una señora muy engalanada que llevaba un sombrero en la cabeza y una boa enrollada al cuello. A nuestro compañero le sorprendió que ese par de catrines se aventuraran con esa indumentaria hasta zona controlada por las tropas del sur pero, de momento, no le concedió mayor importancia al caso. Tampoco cuando, minutos después, escuchó gritos y vio que la gente se arremolinaba y corría. Se estremeció en cambio cuando, ya de regreso, por el rumbo del

pán, según el informe de un agente norteamericano que llegó a ver a Zapata en mayo de 1915:

Aquí, al contrario de la ciudad de México, no había despliegue de lujo conquistado, ni regocijado consumo de tesoros capturados, ni enjambres de burócratas que saltaban del teléfono a la limusina, sino que únicamente se ventilaban los negocios regulares y lentos de la gente del lugar. Zapata se pasaba los días en sus oficinas de un antiguo molino de arroz de los suburbios del norte de la población, oyendo peticiones, enviándoselas a Palafox a la ciudad de México o tomando por sí mismo decisiones al respecto, estableciendo la estrategia y la política, despachando órdenes. En horas avanzadas de la tarde, él y sus ayudantes descansaban en la plaza, bebiendo, discutiendo de gallos valientes y de caballos veloces y retozones, comentando las lluvias y los precios con los campesinos que se juntaban con ellos para tomar una cerveza, mientras Zapata fumaba lentamente un buen puro. Las noches las pasaba en sus habitaciones con una mujer de la población; engendró dos hijos, por lo menos, en Tlaltizapán.

En junio Obregón volvió a derrotar a la División del Norte en León. Mientras tanto, las acciones militares en el sur se mantenían a un nivel puramente local, cuando más de hostigamiento de las líneas de comunicaciones entre Veracruz y el ejército carrancista en campaña contra Villa. El 11 de julio, Pablo González ocupó la ciudad de México y la Convención se retiró en desorden a continuar su existencia cada vez más ficticia en Toluca. Días después, las tropas carrancistas abandonaron la ciudad para detener la incursión villista de Fierro en Hidalgo, y los zapatistas volvieron a ocuparla. Pero el 2 de agosto las tropas de González regresaron y tomaron definitivamente la capital. Villa ya había sufrido en Aguascalientes la última de sus cuatro derrotas sucesivas y su ejército se retiraba perseguido por Obregón. Zapata volvió a las acciones militares de hostigamiento sobre la capital. A fines de septiembre tomó la planta de energía eléctrica de Necaxa, que abastecía a la ciudad de México, pero debió abandonarla muy pronto. Paulatinamente, los carrancistas establecieron un firme control militar sobre todo el valle de México.

El 10 de octubre la Convención se dividió definitivamente en Toluca. Los villistas se fueron al norte y los zapatistas se refugiaron en Cuernava-

---

Sacromonte, vio colgados de un ahuehuete a los dos paseantes en quienes los revolucionarios habían castigado la efigie de las clases acomodadas a las que combatían, obrando con un dramatismo que ni Posada mismo atinó a captar" (Marte R. Gómez, op. cit., p. 102).

ca. Allí, bajo la dirección de Palafox, reorganizaron la Convención manteniendo la ficción legal de que era el legítimo gobierno nacional. Fue en esos días, el 19 de octubre, cuando Washington reconoció como único gobierno de México al de Carranza y prohibió todos los envíos de armas y pertrechos que no fueran destinados a éste.

Era éste un reconocimiento de la relación de fuerzas ya establecida por las armas en México y era una opción política y un apoyo al partido de Carranza. Quería decir: de ahora en adelante, y cualesquiera hayan sido las divergencias anteriores, el gobierno de Estados Unidos declara que éste es "el partido del orden" en la guerra civil mexicana.

La decisión de Washington aceleró el reagrupamiento, de buena o mala gana, de todas las clases poseedoras tras del gobierno de Carranza contra los "bandidos" campesinos del norte y del sur. De este modo el carrancismo en ese momento llegó a contar con el apoyo, más o menos sincero, más o menos transitorio, de tendencias que iban desde los obreros de la Casa del Obrero Mundial, un sector campesino atraído por la ley de enero de 1915, la pequeña burguesía radical que después generaría el sector jacobino de Querétaro encabezado por Múgica, y jóvenes oficiales como Lázaro Cárdenas, que veinte años después estaría al frente del resurgimiento de la revolución mexicana; hasta los jóvenes militares constitucionalistas ávidos de enriquecimiento que fueron el germen de la nueva burguesía mexicana —los Obregón, los Calles, los Aarón Sáenz—, los industriales de México, un sector de terratenientes que esperaba recuperar sus propiedades en Morelos o al menos conservar sus bienes urbanos, y el gobierno de Estados Unidos.

Contra este frente vasto y heterogéneo agrupado bajo la conducción de Carranza, el zapatismo había quedado solo, encerrado en su estado. Allí se probó la profundidad y la tenacidad de la revolución campesina. En Morelos quedaban el campesinado, afirmado en sus tierras, en sus pueblos, en su nueva relación social igualitaria y en su organización militar mezcla de ejército y de milicia campesina; los jefes campesinos, con Emiliano Zapata a la cabeza; y fuera de eso, un minúsculo puñado de secretarios de Zapata, parte de su estado mayor político, intelectuales sumados a la causa del campesinado zapatista que en cierto modo eran sus altavoces políticos.

En ese momento, el más importante de estos secretarios era el general Manuel Palafox, porque era el más intransigente. Reflejaba entonces el estado de ánimo del campesinado revolucionario de Morelos y en consecuencia del mismo Zapata y era la figura dominante de la Convención zapatista. El zapatismo había sido abandonado o se había quedado aislado de todos sus aliados inseguros, y su dirección estaba bajo la presión directa de la base campesina. Entonces, como ya había sucedido en 1914, esa dirección se izquierdizaba. Con una diferencia capital: que en octubre de 1914 la revolución estaba en turbulento ascenso nacional, mientras en octubre de 1915 el retroceso se había generalizado. En ese año crucial, Morelos había hecho la revolución más profunda de la historia de México, había creado su Comuna campesina y había desplegado a escala local los verdaderos alcances de la revolución agraria mexicana en su conjunto. Pero ya no tenía una perspectiva nacional, aunque la dirección zapatista se obstinara en buscar una salida.

Fue en esas condiciones cuando Palafox hizo promulgar la ley agraria por la Convención de Cuernavaca. Esto explica el carácter radical de la ley y su debilidad. Ésa es la contradicción interior de la ley agraria zapatista y, más en general, la de toda la revolución campesina mexicana.

Pero en una guerra civil tan violenta y confusa como ésta, las divisiones entre los campos en cada momento no son estancas. El zapatismo se sostenía materialmente sobre la organización social, política y militar del campesinado de Morelos, pero en realidad sus fuerzas sociales eran superiores. Provenían también del campesinado nacional y de una parte del proletariado y las capas pequeñoburguesas pobres que en territorio constitucionalista se oponían al carrancismo, resistían en mil formas a su gobierno, le negaban apoyo, seguían con simpatía o con esperanza la lucha tenaz de los del sur. Por eso, mientras la campaña contra la fuerza militar de Villa fue fulminante —apenas ocho meses en total desde Celaya hasta Hermosillo y Fronteras— la campaña contra el zapatismo fue larga y costosa para el gobierno de Carranza.

Por otra parte, en el amplio frente que abarcaba el constitucionalismo había un sector influido por el zapatismo y sus principios agrarios y otro que prefería negociar con los jefes zapatistas antes que empantanarse en una guerra contra la población entera de Morelos, afirmada en sus recientes conquistas agrarias y sociales. Por eso quien dirigió las campañas contra el zapatismo no fue el jefe militar más brillante del constitucionalismo, Obregón, sino el más inepto pero también el más reaccionario y sanguinario, Pablo González.

En la zona de contacto político entre ambos bandos la situación no era tajante. La influencia ideológica del zapatismo penetraba en la izquierda constitucionalista y era un elemento de contención de los ataques. Pero a su vez la existencia de esta izquierda, unida a la creciente falta de perspectivas de la revolución campesina, alentaba las defecciones sucesivas en la periferia zapatista. Jefes locales, en los estados de Puebla y de México, comenzaron a aceptar las amnistías del gobierno. Los adeptos de fecha más reciente, venidos durante el periodo culminante de la revolución, fueron los primeros en abandonar las filas surianas. La corriente de defecciones, naturalmente, fue creciendo en un solo sentido.

La situación también alentaba otro fenómeno: la esperanza en el estado mayor zapatista de intervenir en las divergencias internas de los constitucionalistas con medios políticos. En la dirección zapatista, a esas alturas, se delineaban claramente tres tendencias: la izquierda representada por Manuel Palafox, el centro, por Antonio Díaz Soto y Gama y la derecha conciliadora, por Gildardo Magaña. En esa época, octubre de 1915, la dirección estaba asegurada por Palafox con el apoyo de Soto y Gama. Zapata, que en cada etapa tendía a reflejar el estado de ánimo de la base campesina, respaldaba entonces a esa dirección. Pero mientras la inclinación de Palafox era opuesta a toda negociación y Magaña esperaba tiempos más propicios para poner en práctica sus dotes de conciliador, Soto y Gama pensaba posible influir en la lucha interior del carrancismo y ganar aliados haciéndoles concesiones políticas. Era una ilusión a esas alturas, pero no menos ilusión que la de dar vigencia nacional a la ley agraria de Palafox.

Esto explica que, junto con ésta, apareciera un Manifiesto a la Nación, redactado posiblemente por Soto y Gama, en el cual se atacaba exclusivamente a los terratenientes y se aceptaba "al industrial, al comerciante, al minero, al hombre de negocios, a todos los elementos activos y emprendedores que abren nuevas vías a la industria y proporcionan trabajo a grandes grupos de obreros". Este documento era el contrapeso de la ley agraria radical. No podía tener otro efecto que debilitar el efecto de propaganda de ésta y la simpatía hacia el zapatismo en los sectores pobres de la ciudad, ni podía ganar apoyo alguno en los sectores acomodados y ricos a quienes iba dirigida la conciliación. Éstos veían que las "amplias garantías" se las ofrecía el gobierno de Carranza, no la revolución del sur que había expropiado tierras e ingenios y fusilado y colgado catrines sin preguntarles a cuál de "todas las demás clases sociales" pertenecían.

A fines de 1915, deshecha la División del Norte, las fuerzas del gobierno carrancista se concentraron sobre Morelos. En noviembre se anunció una campaña para "terminar definitivamente" con el zapatismo. Zapata hizo preparativos de defensa y trasladó a su cuartel general una primitiva fábrica de municiones que el Ejército Libertador del Sur tenía en la hacienda de Atlihuayán, en la cual se volvían a cargar cartuchos usados de máuser y de rifle 30-30 con trocitos de cable de tranvía como proyectil. Pero estas municiones eran de inferior calidad y sólo en pequeña parte resolvían el problema de la escasez de cartuchos, agravado por el embargo de Estados Unidos.

El primer efecto de la anunciada ofensiva fue psicológico. Multiplicó las defecciones de jefes en el sector más flojo del Ejército Libertador del Sur y con ellas las desconfianzas mutuas, las rivalidades y los conflictos entre los distintos jefes. Casi todos los miembros de las comisiones agrarias, viendo inminente el derrumbe, pasaron clandestinamente las líneas hacia la capital y unos pocos empuñaron las armas junto a los zapatistas. La etapa del deslinde de tierras para los pueblos había terminado, porque todas las tierras del estado estaban repartidas y los agrónomos tenían que cambiar el teodolito por el fusil o retirarse.

Contra las defecciones de los zapatistas de la última hora, la vieja guardia de jefes zapatistas reaccionó con vigor, sostenida por la decisión de los campesinos de defender su territorio. Ante el comienzo real de una ofensiva carrancista por el suroeste, que penetró en Morelos proveniente de Acapulco y el estado de Guerrero, el general Genovevo de la O desencadenó una violenta contraofensiva. Sus hombres recuperaron todo el territorio y obligaron al enemigo a encerrarse en el puerto de Acapulco hacia fines de diciembre de 1915.

La presión sobre Morelos, sin embargo, continuó aumentando desde el lado de la capital. No era una simple táctica militar, sino una decisión social la que había adoptado el gobierno de Carranza, con la disolución de los Batallones Rojos y el comienzo de su doble ofensiva de 1916 contra el movimiento obrero y contra la revolución del sur.

Desde el inicio de las defecciones importantes, Genovevo de la O había acusado reiteradamente al secretario de Guerra de la Convención, general Pacheco, de estar traicionando. A fines de febrero, sin embargo, Zapata autorizó a éste para entablar conversaciones secretas con Pablo González, cuyas tropas estaban en los límites de Morelos. Repentinamente, el 13 de marzo, Pacheco abandonó sus posiciones sin combate y se replegó con sus fuerzas, permitiendo así que los constitucionalistas avanzaran hasta doce kilómetros de Cuernavaca. El avance fue contenido por la intervención de Genovevo de la O. A fines de marzo, Zapata aún no creía en las denuncias contra Pacheco. Éste aumentó su audacia y se dispuso a dar un golpe de mano contra Jojutla, para apresar a la Convención que se había refugiado allí ante el peligro que corría Cuernavaca. Pero cuando andaba en esa maniobra, una patrulla de Genovevo de la O dio con él y sin más averiguaciones lo apresó y lo fusiló. Así terminó el secretario de Guerra de la Convención, lo cual era un indicio de la crisis en el zapatismo y un mal presagio para los combates que se aproximaban.

En esos días la Convención dio su última señal de vida. En Jojutla, el 18 de abril de 1916, lanzó nuevamente un Plan de Reformas Político-Sociales de la Revolución. Este plan pertenece seguramente a la inspiración y a la redacción de Antonio Díaz Soto y Gama. Era la expresión programática del Manifiesto a la Nación de octubre de 1915, escrita por la misma mano, y su reaparición era otro indicio de la crisis política zapatista: los adeptos inseguros defeccionaban, los comisionados agrarios se volvían a la ciudad, los redactores de textos y planes retrocedían y conciliaban, mientras los pobres de Morelos y los jefes militares campesinos se aprestaban a la defensa.

El documento es un programa muy por debajo de los textos zapatistas más avanzados y del mismo Plan de Ayala, aunque lo mencione al pasar. Es un intento claro de dar un carácter "respetable" y "legal" a la revolución del sur. Entre las reformas principales, propone el desarrollo de la pequeña propiedad, la compra de los bienes raíces que el gobierno quisiera expropiar, leyes laborales para proteger a los obreros, ley de divorcio, reforma educativa, "reformar la legislación sobre sociedades anónimas para impedir los abusos de las juntas directivas y proteger los derechos de las minorías de accionistas" (¡como para preocuparse en "proteger accionistas" estaban los campesinos del sur!), algunas tímidas medidas de control fiscal sobre las empresas extranjeras, y "adoptar el parlamentarismo como forma de gobierno de la República". El plan no tiene las firmas de Zapata, de Palafox ni de Genovevo de la O, que en ese momento seguramente estaban en cosas más importantes que hacer documentos para convencer a la burguesía, sino las de sus representantes. La única firma de importancia política que figura al pie es precisamente la de Antonio Díaz Soto y Gama, que luego sería diputado de la nación en el gobierno obregonista. Así terminó su existencia la Convención.

En Morelos la situación no estaba como para distraerse demasiado con las elucubraciones de la Convención agonizante. Las fuerzas combatientes se preparaban para la defensa del estado, cercado por treinta mil hombres al mando del general Pablo González, que para entonces ya había ganado su primera "batalla" al ocupar con sus tropas el local central de la Casa del Obrero Mundial en el antiguo Jockey Club de la ciudad de México. Las noticias provenientes del norte, donde la incursión de Villa contra Columbus había dado pretexto para la entrada de las tropas de Estados Unidos en territorio mexicano, no hicieron aflojar la presión sobre Morelos. Los zapatistas evacuaban los pueblos aprestándose a dar la pelea en la montaña. El 29 de abril, Cuernavaca estaba rodeada. El 2 de mayo, en un último asalto, las tropas de González tomaron la ciudad. En los días siguientes cayeron también los principales pueblos de la región y en manos zapatistas quedaron sólo Jojutla, Tlaltizapán y unas cuantas poblaciones más.

Los carrancistas penetraron en Morelos como un ejército de ocupación, como si fueran otra vez los federales del general Juvencio Robles: robaron, incendiaron, saquearon por donde pasaban. Cientos y cientos de prisioneros, combatientes y no combatientes, hombres, mujeres, niños y ancianos fueron fusilados. Poblaciones enteras, abarrotando los caminos, huyeron hacia los pueblos de las altas montañas, adonde no llegaban las tropas gonzalistas.[7] Miles de prisioneros fueron enviados a México, desde donde se los deportaba como mano de obra esclava a morir en las plantaciones de henequén de Yucatán.

A mediados de junio de 1916 cayó también Tlaltizapán en poder de González y con el pueblo la fábrica de cartuchos y un botín muy grande. Los carrancistas mataron allí 132 hombres, 112 mujeres y 42 niños: una verdadera masacre. Zapata, con los hombres que le quedaban, se remontó a las altas montañas a reorganizar la resistencia. Morelos era territorio ocupado.

Por ese tiempo, ya el gobierno de Carranza se enfrentaba con el movimiento obrero en los choques que llevarían a la huelga general del 31 de julio de 1916. Pero los obreros de México y los campesinos de Morelos, muy cercanos geográficamente, luchaban contra el enemigo común en dos frentes aislados entre sí, que no podían prestarse ayuda por falta de un programa, una perspectiva y una organización común y eran batidos cada uno por separado por el gobierno central de la burguesía.

Ocupados todos los pueblos, y hasta el cuartel general de Tlaltizapán, el ejército constitucionalista creyó haber dominado definitivamente Morelos. Así lo comunicó Pablo González a la Secretaría de Guerra de México,

[7] Womack (op. cit, pp. 250 y 253) cita a un testigo anónimo de la evacuación hacia el pequeño pueblo de Tehuztla, en las cercanías de Jojutla, en esos días de mayo de 1916. Tehuztla "presentaba el aspecto de una feria, pero una feria de dolor y de ira. Las caras estaban sañudas, se mascullaban algunas palabras y todos tenían a flor de labio una frase candente para los constitucionalistas. En las conversaciones, se alternaban los comentarios de las noticias con los informes que se pedían mutuamente los emigrados sobre caminos, pueblos, cuadrillas enclavadas en lo más abrupto de la serranía, inaccesibles, ignorados, para ir hasta ellos y dejar a las familias [...] Parecía que allí se había reunido una sola familia. Todos hablaban con entera confianza, se presentaban ayuda recíproca y se tuteaban hombres y mujeres que jamás se habían visto". Pero el cronista anónimo agrega que la mayoría, una vez depositadas sus familias en lugares "inaccesibles", regresaba "a disputarle al enemigo la tierra que estaba hollando". De esa decisión salió el resurgimiento, sorprendente para el enemigo, de la resistencia zapatista en los meses siguientes.

declarando concluida la campaña. En consecuencia, se dedicó al saqueo sistemático de la zona. Todo, absolutamente todo lo transportable, fue robado por los jefes y oficiales constitucionalistas, trasladado a la capital y vendido allí en el mercado negro en su propio beneficio: ganados, azúcar y alcoholes de los ingenios, instalaciones y maquinarias de los mismos ingenios, las existencias de la fábrica de municiones, mobiliario, todo cuanto podía transportarse y venderse. Este saqueo fue acompañado por una persecución sistemática contra los habitantes de Morelos, con asesinatos, encarcelamientos, violaciones, destierros, un terror masivo dirigido a someter a la población y también a facilitar el robo organizado por el ejército. Con esta persecución y este saqueo de las pertenencias de los campesinos, y también de los recursos oficiales, el nuevo ejército de la burguesía surgido de la revolución inauguró una de sus tradiciones más constantes. Fue por entonces cuando el pueblo mexicano levantó su propio e imborrable monumento a Carranza y sus oficiales: inventó el verbo *carrancear*, sinónimo de robar, y lo sigue usando todavía.[8]

Por otra parte, la administración militar de Gonález anuló todos los repartos de tierras hechos por las comisiones agrarias de Palafox y anunció que se realizarían otros nuevos —que nunca se efectuaron— según la ley agraria de Carranza de enero de 1915.

Pero el ejército carrancista, contra su creencia, no había dominado al estado. Tenía bajo su control, por el terror, tan sólo a las poblaciones. Después de seis años en que repartieron todas las tierras a los pueblos, liquidaron los latifundios y convirtieron a los ingenios en "fábricas nacionales" administradas por sus representantes en beneficio de la población, es decir, después de haber establecido su Comuna campesina, las masas de Morelos se dispusieron a defender sus conquistas contra la ocupación militar burguesa. Esas conquistas estaban arraigadas en las relaciones sociales campesinas. Habían dado un nuevo sentido fraternal y colectivo a la vida social del estado organizado por los campesinos. Era imposible que una invasión, una acción militar, destruyera ese tejido en unos pocos meses. La revolución aún bullía por todo el país y las normas capitalistas

---

[8] Womack (op. cit, p. 264) cita una carta de un zapatista, escrita varios meses después, donde se describen las proporciones del robo a los habitantes de Morelos: "Jamás se creyó que habría rufianes que superaran a los de Huerta [...] venir y ver [...] pueblos incendiados en su totalidad, los montes arrasados, el ganado robado, las siembras que fueron regadas con el sudor del trabajo cosechadas por el enemigo [...] y sus granos iban a llenar los furgones de sus largos trenes y ser vendidos en la capital [...] Robles, el mil veces maldito, es pequeño en comparación..." Los campesinos eran llevados "como piaras de cerdos" a los fugones de carga y enviados al Distrito Federal. En cuanto a los que habían quedado, "eso de ver a tres o cuatro hombres tirando el arado y ocupando el lugar de las bestias de que eran propietarios y las cuales les fueron robadas por el carrancismo, es cosa que subleva".

que el ejército carrancista llevaba con sus armas debían reafirmarse en las relaciones sociales, no solamente en la dominación militar.

A González le pareció que había vencido, porque al golpe brutal de la invasión siguió un breve periodo en que su autoridad militar no fue disputada. Los zapatistas estaban reorganizando su ejército. Dispersaron los veinte mil hombres con que habían contado, que ya no podían combatir en forma de ejército en las nuevas condiciones, y volvieron a los pequeños destacamentos guerrilleros de cien y doscientos hombres. Estas partidas se distribuyeron por toda la región, retomando sus bases en la población local y refugiándose en inaccesibles campamentos de las montañas. Desde allí comenzaron a lanzar ataques y a tender emboscadas ya desde principios de julio de 1916. Todo el pueblo del estado combatía con ellos, como observadores, informantes, fuentes de alimento y de protección y también como combatientes que tomaban las armas para un encuentro y luego volvían a su trabajo en la tierra. Toda la experiencia de la guerra de guerrillas contra el ejército federal de Díaz, Madero y Huerta volvía a ser puesta en práctica por el campesinado morelense. En poco tiempo, el ejército ocupante sintió que se había metido en una trampa y que fuera de las poblaciones y las líneas de comunicación principales, el estado de Morelos seguía bajo el control de las fuerzas de Emiliano Zapata.

A mismo tiempo, se operó una nueva selección en el zapatismo. La perspectiva no era volver a la capital, sino solamente defender las conquistas campesinas, la existencia misma de los pueblos y sus tierras. Las masas siguieron en la lucha que nunca habían dejado. Algunos jefes ya no se sentían tan seguros y no querían regresar a la incertidumbre que creían haber dejado atrás en 1914. Zapata tuvo que condenar en cartas y circulares a los oficiales que no querían combatir sino seguir viviendo de los pueblos y los declaró indignos de encabezar "un movimiento armado que combata por el bien del pueblo y no por la formación de una nueva clase de hombres ociosos e inútiles", así como decretó la expulsión del Ejército Libertador del Sur de todos los "jefes, oficiales y soldados que, en lugar de combatir al enemigo, emplean sus armas en cometer abusos con los vecinos de los pueblos y en arrebatarles sus escasos medios de subsistencia" y de todos aquellos que se retiraron ante el enemigo sin autorización. Lorenzo Vázquez, uno de los jefes que habían acompañado a Zapata desde 1911, fue expulsado a mediados de agosto por no mostrar la necesaria combatividad. Vázquez, junto con Montaño y Pacheco (el exsecretario de Guerra fusilado por Genovevo de la O), habían acusado poco tiempo atrás a la política de Palafox y Soto y Gama de impedir un acuerdo con los constitucionalistas y ser la causante de la situación difícil en que estaba el zapatismo. La inactividad de Vázquez, más que un motivo personal, tenía una causa política. Estos incidentes eran una continuación de la lucha interior en el zapatismo.

En septiembre de 1916, reorganizado en forma de guerrillas, el ejército de Zapata reaparecía por todo el estado de Morelos e infligía constantes golpes a los constitucionalistas. Los campesinos en armas y la resistencia de la población descomponían poco a poco al ejército ocupante.

Las tendencias que mejor reflejaban el estado de ánimo de la base campesina volvían a cobrar fuerza en la dirección zapatista, mientras perdían peso los conciliadores, debilitados por las deserciones y las depuraciones naturales en las duras condiciones en que se reorganizaba la lucha. Pero, con respecto al periodo anterior de 1914-1915, esas tendencias tenían ahora un límite decisivo; ya no las guiaba ni les daba fuerza la esperanza de un triunfo revolucionario en escala nacional que antes parecía clara en el horizonte, sino que acicateaba su energía sólo la tenaz voluntad de resistencia campesina, la encarnizada defensa de las posiciones conquistadas, contra un enemigo superior, mejor armado y que había establecido su poder sobre los centros decisivos del país y la mayor parte de su territorio. Un enemigo, además, que para una parte de la población fuera de la zona zapatista encarnaba todavía promesas de la revolución; y para otra parte representaba la única esperanza seria de abrir el camino a una restauración del orden capitalista. Entretanto, la huelga general de julio-agosto de 1916 en la ciudad de México ya había sido derrotada y el resto, el vasto país que se oponía al carrancismo y resistía como antes había resistido a los federales, no tenía órganos propios de lucha y su única forma de expresión era la simpatía hacia los fulgurantes pero aislados ataques guerrilleros de Pancho Villa en el norte o hacia la resistencia indomable, pero también cercada, de las armas zapatistas del sur.

La expresión política de este resurgimiento local no podía ser la tendencia de izquierda, la que había trazado los grandes planes nacionales de la época de ascenso. El retroceso de esta tendencia era definitivo, aunque todavía tuviera destellos ocasionales. En cambio, fue la tendencia de Antonio Díaz Soto y Gama, representada esta vez por su hermano Conrado, la que trató de conciliar la perspectiva local de los campesinos para reorganizar su administración del estado con el programa aprobado por la Convención en Jojutla meses antes. Se dictó entonces una ley general de libertades municipales dirigidas a garantizar la existencia y la independencia de los pueblos y de su administración comunal dentro de un Estado para el cual no se proponía ya ninguna gran "reforma nacionalizadora" sino simplemente una estructura democrática municipal.

Sin embargo, en el aspecto que más directamente se relacionaba con la vida de los pueblos, el funcionamiento de los municipios, la ley introducía importantes medidas de control popular sobre el gobierno comunal a través de asambleas de vecinos. Otras disposiciones determinaban que los miembros electos del consejo municipal sólo podían ser vecinos de la localidad, que al terminar su mandato de un año no se los podía reelegir sino después de otros dos años, y que las cuestiones más importantes del municipio "como enajenación o adquisición de fincas, aprobación de sueldos y gastos, celebración de contratos sobre alumbrados, pavimentación, captación o conducción de aguas y demás servicios públicos" debían estar sometidas a la aprobación de todos los vecinos.

Además, la ley sancionaba una situación de hecho que estaba en contradicción —como toda la revolución del sur— con la dominación de un poder burgués central: autorizaba a los pueblos a cobrar y utilizar los impuestos nacionales, es decir, les daba los medios económicos para ejecutar obras y gobernar ellos mismos, para ejercer el poder real que quedaba en manos de los municipios.

En ese mismo tiempo, mediados de septiembre de 1916, el general González dictó una nueva disposición contra los pueblos: dispuso que las familias campesinas del estado debían concentrarse en las ciudades principales para ser deportadas. Es decir, revivió la política de las "aldeas estratégicas" de la etapa de Juvencio Robles, con la misma ilusión policial de erradicar al zapatismo.

Pero el terror de González no era signo de que estaba por terminar con la resistencia campesina sino de lo contrario. Los campesinos de Morelos sostenían la contraofensiva zapatista, que volvía a surgir por todo el estado, porque además los estimulaba una situación nacional en que el gobierno de Carranza no lograba afirmar su política reaccionaria frente a la oposición nacional, de la cual se hacía eco la izquierda del constitucionalismo. Por eso Carranza reprimía, como en la huelga general de julio-agosto, pero después tenía que hacer concesiones en los salarios a los obreros, como las hizo en septiembre. Por otro lado, la invasión de la expedición punitiva traía otras dificultades al gobierno en el norte. Finalmente, en Oaxaca el general reaccionario Félix Díaz mantenía la sublevación local contra el gobierno oponiéndose a toda la revolución en bloque. Félix Díaz trató de obtener una alianza con Zapata contra Carranza, pero Zapata no sólo la rechazó sino que envió órdenes a todos los jefes del Ejército Libertador del Sur prohibiendo entablar relaciones con Díaz o reconocerlo de manera alguna.

Fue en estas condiciones que Carranza resolvió convocar al Congreso Constituyente, que debía sesionar durante los meses de diciembre de 1916 y enero de 1917. La convocatoria era una tentativa de ganar estabilidad para el gobierno, llevando a dirimir en el terreno de la labor constituyente las divergencias entre las distintas tendencias del constitucionalismo, cuya lucha interna era tan aguda como amplio era el frente que abarcaban y como fuerte era la presión del descontento popular en el país y de los focos de lucha armada revolucionaria que mantenían en el norte y en el sur villistas y zapatistas.

Entonces, las posibilidades de mantener el terror gonzalista en Morelos se debilitaban. Cada vez era más evidente que las tropas del gobierno sólo ocupaban las poblaciones y el control del campo estaba en poder de los zapatistas, que infligían constantes bajas a las guarniciones locales. Aun así, las deportaciones y las masacres continuaron: el 30 de septiembre, el coronel Jesús Guajardo —el futuro asesino de Zapata— asesinó a 180 habitantes de Tlaltizapán, hombres, mujeres y niños, porque se habían negado a pagar un impuesto, según dijo, y por ser zapatistas.

A partir de octubre la ofensiva de Zapata se intensificó. Por ese entonces se calcula que tenía unos cinco mil hombres sobre las armas, distribuidos por todo el estado bajo el mando de los jefes zapatistas de la vieja guardia. La ofensiva, en vez de lanzarse sobre las guarniciones que ocupaban los pueblos, procuró evitar problemas a éstos y se concentró sobre los ferrocarriles, los ingenios, las fábricas y los alrededores del Distrito Federal, en ataques cada vez más audaces. El 4 de octubre, un destacamento zapatista derrotó a los constitucionalistas y se apoderó de la estación de bombeo de Xochimilco, que proveía de agua a la capital. En noviembre, volaron un tren dentro del Distrito Federal. Las fuerzas de González mostraban su impotencia para garantizar la seguridad aun dentro de los límites de la capital.

Al llegar diciembre, el ejército constitucionalista de treinta mil hombres que en mayo había ocupado Morelos, estaba desmoralizado y en desintegración. Los oficiales, viendo que pronto deberían evacuar el estado, robaban a cuatro manos todo lo que podían. Las tropas estaban diezmadas por el paludismo, la disentería y una epidemia de tifoidea, mientras los medicamentos que en escasa cantidad se les enviaban desde la capital, eran vendidos por los oficiales en el mercado negro.

Pero más que las enfermedades o la corrupción de los oficiales, era otra fuerza la que había descompuesto y derrotado, fuera del campo de batalla, al ejército de ocupación de González: la revolución. Estacionados en Morelos, los soldados constitucionalistas sufrían el asedio político de la población, que los influía, discutía con ellos, buscaba ganarlos para su causa, por miles y miles de canales y de ejemplos les mostraba que sus intereses eran los mismos que los de los campesinos morelenses. Esa fuerza irresistible, porque la revolución estaba viva, fue la que desintegró al ejército de ocupación y determinó su retirada militar.

El 1° de diciembre Zapata, que ya había recuperado Tlaltizapán, lanzó una ofensiva contra las principales poblaciones del estado, que quedaron sitiadas por los zapatistas, con excepción de Jojutla que cayó al primer ataque. A fines de diciembre, las tropas de González comenzaron la evacuación formal de Morelos, en derrota.

En ese mismo momento estaban entablados los combates más agudos en Querétaro entre la tendencia de Carranza y el ala jacobina por los artículos fundamentales de la futura Constitución.

Y, cosa bastante más importante para las operaciones militares, Pancho Villa al mando de cinco mil hombres acababa de tomar la ciudad de Torreón el 22 de diciembre de 1916.

La retirada de las maltrechas tropas de González se efectuó bajo continuo hostigamiento de las fuerzas de Zapata. Éstas recuperaron una tras otra las principales poblaciones. El 10 de enero entraron a Cuautla y poco después habían tomado nuevamente Cuernavaca.

A pesar de las ilusiones que se hizo en ese momento la dirección zapatista, esto no era el comienzo de la victoria, era sólo un respiro. La retirada de González, además de reflejar indirectamente la ofensiva de los jacobinos en las discusiones de Querétaro, quería decir que el aislamiento militar de la revolución del sur no era aún un aislamiento social del clima que persistía en el resto del país; y que las condiciones no estaban maduras para terminar con la resistencia armada de los campesinos de Morelos. El cansancio crecía en las filas de éstos, pero su tenacidad se sobreponía: después de seis años de guerra, la diezmada población continuaba combatiendo.

Pronto los zapatistas sintieron que sus fuerzas militares y sociales no les permitían ir más allá de los límites del estado. Habiendo recuperado Morelos, la revolución del sur seguía cercada. En el norte las tropas estadounidenses se habían retirado a su país. La Constitución de Querétaro, con sus reformas sociales, había ampliado la base social del gobierno y resuelto momentáneamente la lucha de tendencias dentro del carrancismo. El gobierno central había ganado en estabilidad.

La guerra mundial acentuaba, entretanto, el aislamiento regional de la revolución zapatista.

Durante la ofensiva contra los constitucionalistas a fines de 1916, Zapata planteó la necesidad de una forma de organización política de sus fuerzas. La experiencia le había mostrado que la organización militar no era suficiente para mantener la cohesión de la población. Las formas tradicionales de autoridades de los pueblos habían sido conmovidas o desintegradas por las deportaciones, las masacres, las migraciones impuestas por la guerra. Además, esas formas de poder local resultaban insuficientes y limitadas para tareas que desbordaban los marcos de los problemas agrarios de cada pueblo, tareas que eran de carácter propiamente político.

Aunque no le diera ese nombre, lo que de hecho Zapata proponía era la organización de un partido. No estaban claros, fuera del Plan de Ayala, cuáles serían sus principios programáticos. Pero éstos tampoco estaban claros en el pensamiento de la dirección campesina. Sentía la necesidad de un instrumento político, pero no iba más allá.

A fines de noviembre de 1916 se estableció en Tlaltizapán el organismo propuesto, cuyo principal dirigente fue Antonio Díaz Soto y Gama. Se denominó Centro de Consulta para la Propaganda y la Unificación Revolucionaria, y sus miembros fundadores fueron quince, entre otros Soto y Gama, Palafox, Montaño, Gildardo y Rodolfo Magaña.

Sobre la base de los documentos de esa época John Womack describe en detalle la organización del partido zapatista. Lo mejor es citarlo por extenso:[9]

Los deberes de los consultantes eran, en general, los que Zapata les había señalado, para orientar de nuevo a los pueblos. Tenían que dar conferencias en los pueblos acerca de las obligaciones mutuas de las tropas revolucionarias y de los pacíficos; hacer lecturas públicas y dar explicaciones de los manifiestos, decretos y circulares en el cuartel general; mediar en las disputas entre jefes y pueblos, y entre pueblos. Con esta experiencia habrían de aconsejar al cuartel general para la formulación de leyes y reformas. Y lo que era más importante, tendrían que organizar juntas subsidiarias en todos los pueblos, bajo control revolucionario, que serían Asociaciones para la Defensa de los Principios Revolucionarios.

El 12 de diciembre, en Tochimilco, Soto y Gama, Gildardo Magaña y Enrique Bonilla establecieron la primera asociación. En las semanas siguientes, se formaron muchas otras por el suroeste de Puebla y el centro y este de Morelos. Funcionaron allí como ramas locales del partido zapatista, y fueron las primeras organizaciones populares, tanto civiles como seculares, que hubiesen existido jamás en muchos pueblos. Los asociados carecían de autoridad oficial y tenían órdenes estrictas de no intervenir en los asuntos de los gobiernos municipales; pero, en la práctica, dominaban la sociedad local. Nominalmente, cada asociación constaba de cuatro oficiales y seis miembros con derecho a

[9] John Womack, op. cit., pp. 271-73.

voto, elegidos cada cuatro meses mediante sufragio directo en el pueblo. Estaba prohibida la reelección hasta después de un año de haber abandonado un cargo. Los candidatos tenían que ser "revolucionarios, o cuando menos, simpatizar con los principios que defiende la revolución". Otros requisitos eran residir en el lugar, ser mayor de edad, saber leer y escribir y no haber explotado a la gente ya sea desde un cargo público o mediante "influencias [...] con los gobiernos pasados". Pero como sólo unas pocas aldeas contaban todavía con diez hombres de éstos que no se encontrasen en el Ejército Libertador, o menos aún contaban con los cuarenta que se necesitarían para las elecciones de un año, las asociaciones no pasaron de ser simples cuadros políticos. En casi todas ellas, las figuras dominantes eran unos cuantos hermanos o primos que habían conservado el respeto local sin haber ido a la guerra. Juntos, llenaron tal vez la mitad de los puestos, que se intercambiaron a cada nuevo periodo.

Las obligaciones de los asociados eran diversas. Entre ellas figuraba la de participar en "las elecciones de todas clases de autoridades, formulando candidaturas que garanticen los intereses del pueblo, exhortando a los ciudadanos a que cumplan con sus deberes electorales y organizándolos para las elecciones". El resultado fue que los asociados controlaron las elecciones municipales y regulares de Morelos en 1917 y 1918 y probablemente ejercieron influencias secretas, pero no menos reales, en las elecciones regulares de Puebla.

En cuestiones de rutina, los asociados hacían las veces de comisarios. Su tarea principal consistía en vigilar que los militares respetasen a las autoridades civiles. Y practicaron la mediación en muchísimas disputas entre los funcionarios municipales y los jefes de las guarniciones. Comúnmente, los conflictos tenían como causa la disposición del aprovechamiento de los recursos locales de las cosechas, de los pastos, de los animales de tiro, de los terrenos baldíos. Debido a todas las migraciones y repoblaciones, ahora era más difícil establecer quién tenía más derecho a utilizar un determinado campo o una yunta de bueyes. El derecho más firme en un pueblo era la reputación de haber utilizado antes la cosa en cuestión. Sin embargo, las tropas revolucionarias que en el último año sólo habían utilizado un rifle también se merecían el sustento o que se les diesen los medios de sustento; y sus jefes estaban siempre muy dispuestos a defender sus intereses. De manera que entraban en competencia con las autoridades rurales, cada una en nombre de su grupo y ambas, declaradamente, por el bien de la revolución. Para determinar los derechos y obligaciones respectivos de los aldeanos y de los guerrilleros, los asociados de Tochimilco patrocinaron negociaciones entre el consejo municipal y el cuartel general de Fortino Ayaquica. Mencionando un deber especial de cumplir las promesas revolucionarias en materia de tierras obtuvieron un tratado, el 21 de diciembre de 1916, que favorecía evidentemente a los pueblos. El acuerdo se convirtió en un modelo para los demás pueblos de la zona zapatista. Y los asociados sostuvieron una frecuente correspondencia para comunicarse sus actividades. Una cálida camaradería se estableció entre estos comisarios que comenzaron a verse a sí mismos como los verdaderos guardianes de la revolución.

Womack refiere luego la tarea de organización de escuelas en los pueblos por parte de las Asociaciones para la Defensa de los Principios Revolucionarios y calcula que en los primeros meses de 1917 establecieron o restablecieron escuelas primarias en unos quince o veinte pueblos, proeza no realizada por ningún régimen precedente. Sus fines eran, según lo declaraban las Asociaciones, "procurar que la propaganda llegue hasta el seno de las familias y que los jefes de éstas inculquen a sus hijos y demás familiares los buenos principios, hagan que éstos tomen interés por la Revolución y comprendan que del triunfo de ella depende la felicidad de los hombres honrados y trabajadores y el progreso de los mexicanos en el orden de lo material como en el terreno de las libertades y derechos sociales y políticos y en el orden intelectual y moral". En algunos pueblos se fundaron también escuelas nocturnas para adultos. Dice Womack, destacando el carácter político revolucionario de estas escuelas:

> Las lecciones que los alumnos de las escuelas zapatistas aprendían eran rudimentarias, pero valiosas no obstante. Además, para la gente del campo la experiencia de oir al maestro decir que la resistencia que proseguía era por la patria y por la gente pobre y que los zapatistas eran héroes nacionales, tenía un valor inolvidable.

Por otro lado, las Asociaciones de cada pueblo, a medida que se afirmaron y adquirieron una pequeña experiencia, asumieron muchas de las tareas del Centro de Consulta, como leer y explicar a los campesinos las declaraciones del cuartel general, dirimir las diferencias entre vecinos, traer conferenciantes revolucionarios. Funcionaron, en suma, como verdaderos comités campesinos para todos los poblemas políticos y aun cotidianos de la vida del pueblo, cuya línea divisoria es siempre difícil de precisar. La recuperación del estado de Morelos por el Ejército Libertador fue acompañada en esos meses por la formación de esta red de comités, que mientras existieron constituyeron el partido campesino zapatista.

Lo importante de estas Asociaciones no era la política que formulaban —de hecho, no formulaban ninguna y aceptaban la de la dirección de Soto y Gama—, sino su vida en la base, el esfuerzo de los pueblos de Morelos para darse sus propios organismos políticos y para constituir un partido que, en su intención, debía ser un partido de ellos, de los campesinos pobres. A la escala de los poblemas locales de los pueblos, así lo era en efecto.

La organización del gobierno de los pueblos en ese periodo fue el otro aspecto fundamental de la revolución del sur. Fue establecida en decretos emitidos por el cuartel general zapatista de Tlalizapán. Pero éstos no salieron de la cabeza de los secretarios de Zapata, sino de la experiencia de los pueblos. Basándose en las costumbres locales de cooperación y de discusión colectiva de los problemas de la comunidad agraria, los zapatistas establecieron formas de organización y de gobierno similares a las creadas por la primera revolución rusa en 1905, los soviets o consejos, que en ese mismo año, 1917, estaban volviendo a surgir al otro extremo del mundo.

En la ley sobre derechos y obligaciones de los pueblos y de las fuerzas armadas del Ejército Libertador del Sur, de marzo de 1917, se estableció la forma de participación de la población en el gobierno de los pueblos. La ley fijaba un funcionamiento regular de asambleas populares que permitirían la intervención permanente de los habitantes de los pueblos en todos los asuntos políticos, su discusión y su decisión. Los hombres debían reunirse en asamblea en cada pueblo el día 15 de cada mes. Estas asambleas, luego de discutir y tomar acuerdos sobre los problemas en debate, designaban sus delegados. El día 20 debían reunirse estos delegados de todos los pueblos en la cabecera municipal, donde a su vez tomarían decisiones colectivas. Estas asambleas municipales, por su parte, designaban sus delegados a las asambleas distritales que se reunirían el día 1° de mes en la cabecera de distrito para decidir, con la intervención y el voto de los delegados así designados, sobre los asuntos generales de todo el distrito.

Este sistema, opuesto al sistema de elecciones secretas y funcionarios o diputados inamovibles y basado en el funcionamiento de las asambleas populares, expresaba un poder diferente al que había querido simbolizarse en la Convención. Estas disposiciones no hacían más que legalizar y dar forma orgánica a los métodos con los cuales se habían gobernado de hecho los habitantes de Morelos desde que la revolución del sur, varios años antes, se había convertido en el único poder del estado.

Otro decreto establecía los derechos de los pueblos frente a los jefes, oficiales y soldados del Ejército Libertador del Sur y estaba destinado a contener abusos contra los pueblos. Éstos no sólo tenían el derecho de elegir sus gobiernos locales, sino también el de nombrar sus propios tribunales y policías. Las autoridades de los pueblos podían "aprehender, desarmar y remitir al cuartel general" a cualquier jefe, oficial o soldado que no presentase las credenciales que acreditaran la comisión que le estaba asignada. Los militares debían abstenerse de intervenir en la política de los pueblos. No podían exigir de los campesinos ninguna clase de prestaciones personales. Tenían que respetar la distribución de tierras, aguas y árboles hecha por los pueblos y someterse a sus usos y costumbres. Finalmente, no podían, bajo pena de corte marcial, "apoderarse de las tierras de los pueblos o de las que formaron parte de antiguas haciendas, pues cada individuo armado, sea o no jefe, sólo tendrá derecho al lote de terreno que le toque en el reparto".

Otras disposiciones aseguraban la elección popular de los funcionarios municipales y de los presidentes de distrito. Los distritos eran concebidos como "lazos de unión entre los municipios" que los componían. También se estableció la elección por los pueblos de dos funcionarios independientes de las autoridades municipales, que durarían un año, sin percibir salario, y cuya misión era representar y defender a los pueblos "en asuntos de tierras, montes y aguas". Estos funcionarios debían ser vecinos con más de cinco años de residencia en el pueblo, mayores de veinticinco años y nacidos en el lugar. Entre otras funciones, tenían la fundamental de conservar los títulos y planos del ejido, es decir, aquellos papeles que eran la prueba legal de la existencia del pueblo, de la comunidad agraria, como entidad con vida y derechos propios.

A principios de marzo, en una reunión del Centro de Consulta en Tlaltizapán, se acordó no restablecer ninguna ficción de autoridad nacional que sustituyera a la desaparecida Convención, sino dejar el gobierno central del estado a cargo del cuartel general, que quedó dividido en cinco departamentos: Agricultura, Guerra, Educación y Justicia, Hacienda y Gobernación. En realidad, el gobierno efectivo del estado quedó en manos de los municipios, en donde se continuaban resolviendo las obras colectivas, el empleo de los fondos comunales, las relaciones con el ejército zapatista, los aportes al sostenimiento de éste, la educación y las cuestiones de tierras, aguas y bosques, vitales para las comunidades campesinas.

Por debajo de todas las tormentas políticas y militares que habían sacudido a la nación, en Morelos antes el poder lo ejercían las haciendas.

Este poder había sido destruido. En su lugar estaba ahora el poder de los pueblos. Ésa era la transferencia violenta de poder que se había realizado en todo el territorio del estado. Por debajo de las tormentas políticas que aún se sucedían en las alturas, ésa era la sede real del poder zapatista.

"Abajo haciendas y viva pueblos": el grito precursor de Otilio Montaño en 1911 se había hecho realidad.

Pero mientras los zapatistas organizaban así su estado a escala local, la burguesía organizaba el suyo a escala nacional y rodeaba por los cuatro rumbos al estado campesino.

Sobre la Constitución sancionada el 5 de febrero de 1917, se hicieron elecciones el 11 de marzo para el Congreso y para presidente de la república. Estas elecciones se efectuaron en todos los estados, menos en Morelos, donde aún no existía el poder constitucionalista. Fue electo presidente Venustiano Carranza, quien el 1° de mayo asumió también la Secretaría de Guerra, ante la renuncia de Álvaro Obregón, que se retiró transitoriamente de la actividad política pública y rompió sus vínculos con Carranza. Pablo González, impotente para dominar a los zapatistas, se retiró a su vez del mando del ejército encargado de "pacificar" Morelos en julio de 1917, con una licencia temporal.

Lo que no había podido hacer el ejército, sin embargo, comenzaba a hacerlo el aislamiento político. Si esto no se reflejaba directamente en la vida cotidiana de los pueblos, en cambio presionaba cada día con más fuerza en la dirección política del movimiento. La lucha de tendencias se fue agudizando a medida que avanzaba 1917. Zapata mismo dejaba hacer a sus secretarios, buscando salidas ilusorias en cartas a distintas personalidades burguesas que pudieran abrir una esperanza de romper el duro cerco a que estaba sometido el estado y de alcanzar, en última instancia, un acuerdo que permitiera mantener las conquistas campesinas: el poder de los pueblos y las tierras. Pero precisamente de suprimir esas conquistas era de lo que se trataba para la burguesía y su gobierno. Podían hacer otras concesiones: tierras a algunos jefes, amnistías, cargos políticos o militares, pero no dejar en pie el reparto agrario zapatista ni el poder popular que lo defendía.

En esa lucha interior, Palafox perdía terreno en favor de su aliado Soto y Gama. En realidad, mientras en las formas se mantenía la intransigencia de Palafox, todo indicaba que ya en abril de 1917 no sólo estaba en retroceso su autoridad en el equipo zapatista —lejos del cenit que había alcanzado a fines de 1914 y comienzos de 1915 con sus comisiones agrarias y sus tendencias socializantes— sino que él mismo había entrado en una crisis personal de derrumbe de su perspectiva política. La intransigencia no era más que el reflejo invertido de esa creciente inseguridad en sí mismo y en la política que hasta entonces había representado.

En mayo de ese año estalló una rebelión de un destacamento zapatista, encabezada por Lorenzo Vázquez, que intentó negociar con Carranza. La rebelión fue rápidamente aplastada por el Ejército Libertador y su jefe colgado por traición. Los participantes que cayeron prisioneros acusaron a Otilio Montaño de haber sido el inspirador intelectual del motín.

Montaño, distanciado desde hacía un tiempo del cuartel general por las intrigas y las rivalidades con Soto y Gama y Palafox, se declaró inocente. Pero se presentaron testigos en su contra y además había perdido autoridad ante el cuartel general por anteriores actitudes de conciliación, cuando el golpe de Huerta y posteriormente cuando la separación de Vázquez, con quien había mantenido cercanas relaciones. Lo cierto es que la crisis de la dirección zapatista afloró con fuerza en este incidente.

Al parecer, Zapata se resistía a juzgar y condenar a la inevitable pena de muerte —el delito era traición— al exmaestro de escuela, su compañero de la primera hora que con él había redactado el Plan de Ayala. Pero finalmente aceptó que se reuniera el tribunal que los otros secretarios, encabezados por Soto y Gama y Palafox, exigían. Fue Palafox el presidente del tribunal, que se reunió el 15 de mayo de 1917. Zapata se ausentó de Tlaltizapán, evidentemente para no tener nada que ver con el proceso. El 18 de mayo el tribunal condenó a muerte a Montaño, quien insistió en su inocencia y en que era víctima de una intriga. Al mediodía, un pelotón de fusilamiento ejecutó la sentencia.

Otros oficiales zapatistas continuaron aceptando la amnistía. Algunos se separaron del Ejército Libertador y entraron en transacciones comerciales para provecho personal. La crisis llegó hasta el hermano de Zapata, Eufemio. Su afición al alcohol había ido aumentando con el descenso del movimiento revolucionario y su carácter se volvía cada vez más irritable y desconsiderado hacia sus subordinados y compañeros. Un día de junio de 1917, en medio de una borrachera, se enfureció con el padre de Sidronio Camacho, uno de los principales jefes a sus órdenes, y le pegó. Camacho lo buscó, lo encontró en la calle y lo mató a tiros. Junto con sus hombres, Sidronio Camacho se pasó a los carrancistas, aceptando la amnistía del gobierno.

La muerte de Eufemio en una riña callejera, a manos de uno de sus compañeros, apenas un mes después del fusilamiento de Otilio Montaño, marcaba un nuevo punto de descenso en el desmoronamiento de la vieja dirección zapatista. Los pueblos seguían luchando sin tregua. Su lealtad al zapatismo se mantenía íntegra. Los principales jefes campesinos seguían rechazando al enemigo en las fronteras del estado, que continuaba existiendo como un estado revolucionario independiente y gobernado por los campesinos. Pero más que el cerco militar, la falta de salida política exacerbaba día tras día la crisis de la revolución del sur.

El fusilamiento de Montaño fue también el fin para Palafox. Éste no podía ofrecer ninguna política nueva y ni él mismo creía ya en la que había llevado anteriormente. No sólo había sido desplazado por Díaz Soto y Gama sino que éste se alejaba cada vez más de él, lo relegaba y buscaba alianza con Gildardo Magaña. Este último comenzó a multiplicar sus iniciativas de negociación con el gobierno y con las tendencias burguesas de oposición desde mediados de 1917, en busca de una salida para el movimiento del sur. Palafox intentó una última resistencia denunciando la existencia de "espías carrancistas" en Morelos, pero no tuvo éxito. Su influencia era cosa del pasado y era obvio después de la ejecución de Montaño, aunque algunos no lo comprendieran y otros no lo dijeran, que no se podía contener la oscilación hacia la derecha con fusilamientos o medidas represivas contra los "espías" que no harían más que exacerbar el ambiente de intriga generado por la crisis de la dirección política del zapatismo.

La situación se reflejaba en la persona misma de Zapata. Womack cita el testimonio de uno de sus soldados: "Su carácter, de por sí taciturno, se había convertido en hosco, un tanto neurasténico, hasta el grado de que ya los hombres de su escolta le temían cuando los llamaba".

En ese clima fue ascendiendo la influencia de Magaña, quien desde la segunda mitad de 1917 intensificó sus propuestas de negociación desde su centro político en Tochimilco y obtuvo la aprobación de Zapata para sus gestiones. Así comenzaron los contactos con jefes carrancistas y también con antiguos maderistas exiliados en Estados Unidos, como los hermanos Vázquez Gómez.

La línea política de aquellos contactos fue definida en un manifiesto zapatista de comienzos de septiembre de 1917, donde el Plan de Ayala quedaba relegado a último término y se buscaba una "integración" de todos los revolucionarios contra los antiguos latifundistas. Esto, al mismo tiempo, marcaba las distancias con la oposición contrarrevolucionaria que mantenía en Oaxaca el general Félix Díaz en nombre de la Constitución de 1857, con el sostén económico de antiguos porfiristas.

Mientras continuaban las negociaciones, la guerra no se interrumpía. En noviembre de 1917, una nueva ofensiva de Pablo González llevó a sus tropas hasta Cuautla.

En febrero de 1918, Magaña fue más lejos en sus ofertas de negociación. Mientras mantenía los contactos con los generales descontentos que existían en muchos estados del país, envió un memorándum a la Secretaría de Guerra, cuyo verdadero destinatario era Carranza, en el cual proponía en síntesis que si se reconocía la autoridad zapatista en Morelos, los revolucionarios del sur aceptarían reconocer a Carranza como gobierno nacional. Era un intento de mantener viva la base territorial del zapatismo y de preservar la existencia organizada —y armada— del movimiento, pero plegándose a la autoridad nacional de su enemigo. Carranza no respondió al memorándum. Para él, era evidente que el zapatismo continuaba retrocediendo. A diferencia de las oposiciones burguesas, con las cuales podía llegar a transacciones de ese tipo, con la revolución campesina no había acuerdo posible. Era un foco revolucionario que podía convertirse después en un polo de atracción para el descontento en el país, descontento del cual se alimentaba en el norte la lucha guerrillera de Pancho Villa. Aunque la propuesta de Magaña no contenía ninguna demanda revolucionaria y de hecho era un sometimiento al gobierno, lo que preocupaba a Carranza no eran las ambiciones políticas de Magaña o de otros jefes zapatistas, sino acabar definitivamente con la revolución campesina, arrasarla hasta sus últimas bases, borrar toda huella de su existencia. Necesitaba, pues, no un acuerdo, sino una rendición incondicional y la eliminación de la figura de Emiliano Zapata. O en todo caso, una forma de acuerdo con los dirigentes que disfrazara una rendición completa —el desarme de las fuerzas del sur— y permitiera al ejército nacional restablecer la propiedad y el orden en todo el territorio de Morelos. Todavía no era eso lo que ofrecía Magaña y tampoco estaba en su mano ofrecerlo. Carranza no aceptó.

Pero no dejó de entretener la posibilidad de negociaciones y de alimentar por otros canales las esperanzas de Magaña. Buscaba ganar tiempo. Y el tiempo actuaba a su favor y en contra de los zapatistas, mientras el ejército federal preparaba nuevas acciones militares.

Por lo demás, en México, oficialmente, con la Constitución de 1917 había triunfado la revolución. Muchas de las demandas iniciales del zapatismo habían quedado incorporadas al texto legal. Y aunque para los campesinos de Morelos lo que valía no era ese texto sino sus tierras y su autogobierno en los pueblos, para los dirigentes pequeñoburgueses del zapatismo era un llamado permanente a incorporar su movimiento a la revolución oficial, la "revolución hecha gobierno", como se la llamó desde entonces; y a llevar la lucha por sus restantes demandas agrarias —que sólo formalmente eran las mismas que las de los campesinos— dentro de los marcos legales y como parte de ese gobierno.

En esta situación, el tiempo actuaba también en favor de una división del zapatismo a lo largo de la línea de clase, dejando de un lado a los dirigentes pequeñoburgueses y a una pequeña capa de campesinos ricos o en vías de serlo y del otro a la gran masa campesina que era la base esencial del zapatismo revolucionario, con Emiliano Zapata a la cabeza. Esta división no se operaba en forma de una ruptura abierta o de una lucha interior clara, sino de una multiplicación de los contactos y de las iniciativas de conciliación —cartas, entrevistas, manifiestos— de parte de aquellos dirigentes; y de una impotencia de parte de los jefes campesinos para contener esas iniciativas rompiendo por medios militares el aislamiento del estado u ofreciendo una política alternativa.

Carranza jugaba la carta de todo gobierno burgués nacional contra un movimiento revolucionario campesino: el aislamiento. Los medios militares del carrancismo se habían estrellado hasta entonces contra la resistencia de los pueblos en armas o se habían descompuesto en contacto con el campesinado revolucionario. Pero la ofensiva política mantenía su ritmo sostenido y ocasionalmente la apoyaban nuevas acciones de las armas.

En mayo de 1918 se produjo la crisis definitiva de Palafox. Ya sin ninguna autoridad en el equipo dirigente y liquidada la política que había representado en el auge de su carrera unos tres años antes, Palafox estaba relegado a tareas sin importancia y separado de toda intervención en los problemas políticos. Más aún, se le echaba en cara que la intransigencia que él había simbolizado en la etapa anterior, era lo que había aislado al zapatismo de las otras corrientes de la revolución y ahora dificultaba los acuerdos. La verdad es que aquella intransigencia de Palafox había sido un reflejo del ascenso de la revolución campesina, no una cualidad de su persona, así como su crisis actual era un reflejo del descenso de esa misma revolución. Pero mientras los campesinos enfrentaban la adversidad aferrados a sus armas, a su organización en los pueblos y a la tierra, la debilidad de Palafox, que en la etapa de triunfos se expresaba en una conducta arrogante, ahora se manifestaba en un completo derrumbe personal. En medio de ese derrumbe fue acusado de conducta homosexual y la furia de Zapata fue tan grande que estuvo a punto de hacerlo fusilar. Lo contuvo la intervención de Magaña, que temía el escándalo de un incidente semejante después del fusilamiento de Montaño un año antes. Por fin, a principios de mayo de 1918, definitivamente liquidado, Palafox fue separado del cuartel general y enviado a Tochimilco, bajo las órdenes de su adversario Magaña, de donde pocos meses después desertó para pasarse a Veracruz al servicio del general Manuel Peláez, hombre a sueldo de las empresas petroleras imperialistas. Sus cartas llamando a la deserción a otros jefes zapatistas no tuvieron ningún eco y la ruina política de

Manuel Palafox fue tan completa como había sido tiempo antes la caída de la política palafoxista.[10]

Otro síntoma de la crisis de la revolución del sur fue la sucesión de choques de tropas zapatistas, pero sobre todo tropas de aliados eventuales de Zapata, con los campesinos de los pueblos de la región. Éstos, en 1918, se resistían a continuar entregando las contribuciones exigidas por los jefes militares para mantener a sus tropas. En algunos casos hubo jefes que exigieron la entrega de granos por la violencia y aparecieron también partidas de bandidos producto de la desintegración de algunos destacamentos del Ejército Libertador del Sur. Los pueblos, organizados en milicias y apoyados en la experiencia de su gobierno municipal propio y de las Asociaciones para la Defensa de los Principios Revolucionarios, resistieron armas en mano las exacciones y defendieron sus derechos. Esto sucedió por ejemplo con un destacamento de partidarios de Félix Díaz, que fue derrotado y puesto en fuga por las milicias de uno de los pueblos cuya contribución exigía. Zapata tuvo que intervenir como mediador en estos conflictos, y aunque finalmente se inclinó a confirmar el derecho de los pueblos a defenderse con las armas, estos incidentes continuaron minando la solidez del campo zapatista.

[10] "La época revolucionaria desgasta rápidamente a los hombres —decía Trotsky en 1929, en su artículo "Sobre ciertas defecciones"—. [...] Los hombres se gastan, los nervios ya no resisten, la conciencia se embota y se deshilacha. Este hecho se ha comprobado siempre en la lucha política y, en particular, en la lucha revolucionaria." Pero Trotsky se refería a hombres de temple teórico, político y de clase muy superior al de los improvisados políticos del ejército suriano: los teóricos de la socialdemocracia, con Plejanov a la cabeza: los bolcheviques que capitularon ante Stalin o se volvieron apacibles y oscuros burócratas. Para el desplome de Manuel Palafox, de ese "hombrecillo minucioso, sagaz, apasionado", cuya arrogancia encubría una debilidad de carácter que aflora en cambio en sus fotografías junto a los ojos llameantes de Zapata, la memoria acude más bien a la gran retórica con que Herman Melville describió en *Moby Dick* caídas de hombres en el fondo semejantes a éste en su fragilidad ante el embate de fuerzas demasiado violentas para su resistencia:

"Los hombres pueden parecer aborrecibles como sociedades anónimas o naciones; pueden ser bribones, tontos y asesinos: los hombres pueden tener rostros sórdidos y enjutos: pero el hombre, como ideal, es una criatura tan noble y centelleante, tan grande y resplandeciente, que sobre cualquier marcha de ignominia en él todos sus semejantes deben correr a arrojar sus más costosas vestiduras. Esa inmaculada condición humana que sentimos dentro nuestro —tan en lo profundo, que permanece intacta aun cuando todo rasgo exterior parezca haber desaparecido— sangra con la más penetrante angustia ante el espectáculo desnudo de un hombre cuyo valor se ha derrumbado. La piedad misma, frente a visión tan vergonzosa, no puede sofocar completamente sus imprecaciones contra las estrellas que lo permiten."

Trotsky concluía aquel texto llamando a mantener la continuidad revolucionaria en los tiempos en que es preciso nadar contra la corriente: "¡Tenacidad, más tenacidad, y siempre tenacidad! Ésa es la consigna del periodo actual. Y que los muertos entierren a sus muertos". Ése fue el rasgo dominante con que Zapata, a diferencia de sus secretarios, respondió a la adversidad manteniendo hasta el fin la guerra campesina.

En agosto, posiblemente por consejo de Díaz Soto y Gama, Zapata tanteó a Obregón, que estaba en oposición a Carranza. Le envió dos cartas llamándolo a rebelarse para defender las "conquistas de la revolución" contra "la reacción". No tuvo respuesta. En noviembre, escribió a Felipe Ángeles, en Texas (es decir poco antes de que Ángeles volviera a internarse en México para unirse a Villa, en diciembre de 1918). En varias ocasiones, trató de comunicarse con Pancho Villa en el norte. Por otro lado, sus emisarios buscaban apoyo en el exterior entre políticos mexicanos en el exilio y en México entre los disidentes del carrancismo. Esta política de negociaciones tomaba formas más desesperadas e ilusorias a medida que el transcurso del tiempo agravaba el aislamiento. Por otro lado, alejaba cada vez más las preocupaciones de la dirección política del movimiento de las necesidades y los problemas apremiantes de los campesinos de Morelos. Éstos apoyaban a Zapata, pero no tenían participación ni interés en la política de sus secretarios, que Zapata endosaba firmando carta tras carta a los más diversos personajes.

El empantanamiento del zapatismo se ahondaba y, en esa misma medida, el propio Zapata, con su existencia física, se iba transformando en un obstáculo para las transacciones que él autorizaba y sus secretarios continuaban tejiendo incansablemente. En forma inexorable, aunque por caminos todavía imprevisibles, la muerte de Zapata se acercaba, porque se estaba convirtiendo ya en una necesidad. La política del esplendor zapatista había muerto definitivamente en 1918, cuando de las cartas, comunicados y manifiestos desapareció toda referencia al Plan de Ayala. La muerte física de su jefe era sólo cuestión de oportunidad, pues Emiliano Zapata, como símbolo de las conquistas revolucionarias de los campesinos, tenía cerrado el camino de la victoria pero también el de la "pacificación" y la conciliación.

Entre los rasgos que colocan a la revolución del sur muy por encima de un mero movimiento armado campesino y la convierten en la representación concentrada de las aspiraciones de la revolución mexicana, está su voluntad de trascender nacionalmente, de convertirse en poder popular, y al mismo tiempo de buscar apoyo internacional para su lucha. Esta voluntad tuvo su expresión más nítida en la conocida carta de Zapata donde traza un paralelo entre la revolución mexicana y la revolución rusa y plantea la alianza obrera y campesina.

Es significativo del aislamiento de México, de la limitación del socialismo mundial en esta época y de la ausencia de una verdadera Internacional Socialista, el hecho de que ni los socialistas de la Segunda Internacional, ni aun los bolcheviques o los socialistas internacionalistas, se ocuparan de la revolución mexicana. Ésta no aparece en los escritos de Lenin, como aparecen los países de Oriente, por ejemplo, o la rebelión irlandesa de la Pascua de 1916.

Incluso en Estados Unidos, donde radicó el centro de actividad ideológica de Flores Magón, fue escasa la repercusión política de la revolución mexicana en el movimiento obrero. Era la época de auge de las luchas organizadas por los Industrial Workers of the World, los *wobblies* (en 1912 se produjo la gran huelga textil de Lawrence), y aunque los IWW influyeron sobre los Flores Magón y sobre los integrantes de la Casa del Obrero Mundial (el Manifiesto de 1906 del Partido Liberal apareció al año siguiente del congreso de fundación de los IWW), la recíproca no parece haber ocurrido. En 1917, con la entrada de Estados Unidos en la guerra, los IWW, que habían alcanzado entonces los cien mil afiliados, fueron reprimidos y descabezados y declinaron definitivamente.

Fue sobre todo en América Latina donde repercutió la revolución mexicana. Sin duda el idioma y los problemas comunes la hacían mucho más accesible para los pueblos latinoamericanos que para el resto del mundo. Este interés por la revolución mexicana se manifestó en especial allí donde era mayor el desarrollo del movimiento obrero organizado: en Argentina, Uruguay y Chile. Desde el comienzo mismo de la revolución, fue el zapatismo el sector que atrajo la atención y la solidaridad del movimiento obrero y revolucionario fuera de México, particularmente entre los sindicalistas revolucionarios y los anarquistas y en los obreros socialistas.

Por el contrario, la posición de los dirigentes e intelectuales socialistas reformistas fue de reserva, cuando no de crítica, hacia la revolución mexicana, que repugnaba con su violencia de masas a los representantes del evolucionismo social y del socialismo burgués. Esta repugnancia la expresaba muy bien a fines de 1911 el periódico *El Socialista,* del Partido Socialista de Uruguay, que decía que el pueblo mexicano, en su atraso, "carece de una noción clara de la sociedad y de la historia, ignora sus luchas, sus revoluciones económica y políticamente, y no sabe, por tanto, que el capitalismo, en la fase histórica contemporánea, está en un momento culminante de la expansión y predominio del mercado internacional".

Distinta fue la actitud de los anarquistas, más dispuestos por su formación intelectual y sus métodos de lucha a aceptar las formas violentas y turbulentas de la revolución mexicana, y que a través de los hermanos Ricardo y Enrique Flores Magón y su periódico *Regeneración,* editado en California, tenían un puente de acceso ideológico hacia ella. Así, por ejemplo, a fines de 1911 uno de los editores del periódico anarquista de Buenos Aires *La protesta*, el médico argentino Juan Creaghe (que se acercaba entonces a los setenta años de edad) abandonó su consultorio en Luján, Buenos Aires, vendió cuanto tenía para pagarse el viaje y fue a unirse a los Flores Magón, atraído por la resonancia de la revolución mexicana. Desde allí lanzó un manifiesto llamando "a los compañeros de la Argentina, de Uruguay y de todo el mundo" a apoyar sin condiciones a la revolución mexicana y en especial a la causa zapatista.

Esta atracción hacia el zapatismo de los anarquistas y los sindicalistas revolucionarios —corrientes muy arraigadas entre los trabajadores sudeuropeos y latinoamericanos de esos años— la expresó también el grupo de *Regeneración*. En una carta de agosto de 1914 en la que trata de explicar su escasez de recursos, Enrique Flores Magón dice a su corresponsal en Montevideo que los magonistas son una minoría en México y que la única tendencia cercana a sus ideas es la zapatista:

El único grupo afín a los nuestros es el de Zapata y, sin embargo de ser él más fuerte que los nuestros, tampoco puede hacerse de dinero fácilmente. El único medio que tienen los llamados "zapatistas" y los nuestros para hacerse de algún dinero, es atrapando ricos y frailes, y quitando lo poco que puedan. Pero ese dinero les hace falta para hacerse de más armas y sobre todo de municiones, que son tan costosas y tan escasas en México. Lo único que sí pueden expropiar son las cosechas y ganados, a más de lo que haya de existencia en las tiendas, pero dinero en efectivo casi nada, pues lo que no ha sido enviado a los bancos de las grandes y bien guarnecidas ciudades, ha sido remitido al extranjero.

En cuanto a la pobreza de medios económicos del zapatismo, no exageraba: por esa misma época los del sur no disponían de medios ni para costear el viaje de su delegación a la Convención de Aguascalientes.

Las tres facciones principales de la revolución —carrancismo, villismo y zapatismo— tuvieron sus representantes en el exterior. Pero mientras los agentes de las dos primeras se limitaron a dirigirse a los medios de mexicanos en el exilio o a realizar una labor de contacto diplomático con las autoridades estadounidenses o de adquisición de armas y elementos de guerra, fue la tendencia zapatista la única que trató de extender la influencia ideológica de la revolución, porque era la única que, con todas sus limitaciones, disponía de un programa revolucionario como medio de contacto con los trabajadores del resto del mundo y tenía interés en ese contacto.

El centro más importante de difusión de la actividad y las ideas del zapatismo en el exterior lo constituyó el general Jenaro Amezcua, uno de los firmantes de la ley agraria de octubre de 1915, establecido posteriormente como delegado zapatista en La Habana. Desde allí mantuvo nutrida correspondencia con periódicos y militantes obreros del río de la Plata y de Estados Unidos. En Cuba, en 1918, publicó un volumen titulado *México revolucionario. A los pueblos de Europa y América. 1910-1918,* que circuló en América Latina. Allí incluyó el Plan de Ayala, la ley agraria y otra leyes zapatistas, los manifiestos de Zapata, textos de Díaz Soto y Gama y editoriales de *El Sur,* de Morelos, además del manifiesto de Juan Creaghe y otros documentos y uruguayos en apoyo a la revolución mexicana.[11]

Del eco del zapatismo en esos días habla también un singular párrafo de la novela de Víctor Serge, *El nacimiento de nuestra fuerza.*[12] En estas memorias de su participación como obrero tipógrafo en las luchas de los trabajadores de Barcelona en 1917, el año de la revolución rusa, Serge recuerda a sus compañeros de entonces:

Como aquéllos —y como los barcos que veíamos entrar a veces en el puerto— procedíamos nosotros de todos los rincones del mundo. 'El Chorro', más amarillo que un chino, pero de ojos horizontales, sienes lisas y carnosos labios, el silencioso bromista que era 'El Chorro', tal vez fuera en rigor mexicano: al menos solía hablar con familiar admiración de aquel legendario Emiliano Zapata que fundara en la montaña de Morelos, con los labriegos sublevados, descendientes de las arcaicas razas cobrizas, una república social.

—¡La primera de los tiempos modernos! —afirmaba orgullosamente 'El Chorro' con la mano extendida.

Estas líneas fueron escritas por Víctor Serge en Leningrado en 1929 y 1930. Son un testimonio adicional de lo temprano que corrió por México

---

[11] Carlos Rama, en su libro *Historia social latinoamericana,* de donde están tomados los datos que anteceden, cita un artículo de un anarcosindicalista uruguayo, J. Vidal, tomado del libro de Amezcua. Dice Rama: "A su juicio [de J. Vidal], la revolución actual de México representa para el progreso humano un gran paso hacia la verdadera libertad, realizándose un cambio sorprendente de principios en las luchas populares, que nos hace entrever a los libertarios una esperanza próxima a realizarse y una victoria cercana a nuestras aspiraciones comunistas". Vidal encuentra en el movimiento mexicano la alborada de nada menos que la Revolución Socialista Mundial ("el movimiento histórico de la revolución humana ha tomado como punto de partida los hermosos campos de México"), y habla de la próxima liberación de los 'proletarios tropicales' de la América Central, y de las repercusiones en la América del Sur e incluso en Europa. "La señal vendrá de América..."

[12] Víctor Serge, *El nacimiento de nuestra fuerza,* Ediciones Transición, México, 1979.

y por el mundo la idea de que la revolución zapatista había fundado en Morelos una "república social"; en otros términos, una Comuna. Fue a Jenaro Amezcua a quien Zapata dirigió su carta sobre la revolución rusa, que aquél publicó en mayo de 1918 en el diario *El Mundo*, de La Habana. La carta está fechada en el cuartel general del Ejército Libertador, Tlaltizapán, Morelos, el 14 de febrero de 1918. Dice en sus párrafos fundamentales:

Mucho ganaríamos, mucho ganaría la humanidad y la justicia, si todos los pueblos de América y todas las naciones de la vieja Europa comprendiesen que la causa del México Revolucionario y la causa de Rusia son y representan la causa de la humanidad, el interés supremo de todos los pueblos oprimidos [...]

Aquí como allá, hay grandes señores, inhumanos, codiciosos y crueles que de padres a hijos han venido explotando hasta la tortura a grandes masas de campesinos. Y aquí como allá los hombres esclavizados, los hombres de conciencia dormida, empiezan a despertar, a sacudirse, a agitarse, a castigar.

Mr. Wilson, presidente de los Estados Unidos, ha tenido razón al rendir homenaje, en ocasión reciente, a la Revolución Rusa, calificándola de noble esfuerzo por la consecución de libertades, y sólo sería de desear que a este propósito recordase y tuviese muy en cuenta la visible analogía, el marcado paralelismo, la absoluta paridad, mejor dicho, que existe entre ese movimiento y la revolución agraria de México. Uno y otro van dirigidos contra lo que León Tolstoi llamara "el gran crimen", contra la infame usurpación de la tierra, que siendo propiedad de todos, como el agua y como el aire, ha sido monopolizada por unos cuantos poderosos, apoyados por la fuerza de los ejércitos y por la iniquidad de las leyes.

No es de extrañar, por lo mismo, que el proletariado mundial aplauda y admire la Revolución Rusa, del mismo modo que otorgará toda su adhesión, su simpatía y su apoyo a esta Revolución Mexicana, al darse cabal cuenta de sus fines.

[...] Por eso es tan interesante la labor de difusión y de propaganda emprendida por ustedes en pro de la verdad; por eso deberán acudir a todos los centros y agrupaciones obreras del mundo, para hacerles sentir la imperiosa necesidad de acometer a la vez y de realizar juntamente las dos empresas: educar al obrero para la lucha y formar la conciencia del campesino. Es preciso no olvidar que en virtud y por efecto de la solidaridad del proletariado, la emancipación del obrero no puede lograrse si no se realiza a la vez la libertad del campesino.

De no ser así, la burguesía podrá poner estas dos fuerzas la una frente a la otra, y aprovecharse, v. gr., de la ignorancia de los campesinos para combatir y refrenar los justos impulsos de los trabajadores del mismo modo que si el caso se ofrece, podrá utilizar a los obreros poco conscientes y lanzarlos contra sus hermanos del campo.[13]

En cartas y actitudes como ésta, la república zapatista —y a través de ella, la revolución mexicana en su experiencia más radical— trataba de trascender sus propios límites hacia otras revoluciones de esos días. La Comuna morelense, ya en su última resistencia, reflexionaba sobre sus similitudes y sus lazos con la revolución de los obreros y campesinos rusos. Lejana y cercada ella misma por las intervenciones extranjeras, la revolución rusa no tenía modo de relacionarse con la para ellos desconocida revolución de los campesinos de Morelos. Pero esta carta es también una de las innumerables pruebas de la hoy inimaginable influencia que la revolución rusa tuvo sobre todas las tendencias políticas mexicanas en aquellos años, desde Ricardo Flores Magón hasta Manuel Gómez Morín.

De este modo Emiliano Zapata, en uno de sus últimos documentos políticos de importancia, un año antes de su asesinato, buscaba los modos de proyectar hacia el mundo las ideas de un movimiento que había encontrado difícil trascender el horizonte local hacia una perspectiva nacional. Era un salto político singular, sólo imaginable si se supone una firmeza y una trabazón en esas ideas a menudo menospreciadas o ignoradas por cronistas e historiadores tan eruditos como superficiales.

Fue éste tal vez el último resplandor de la Comuna de Morelos y de su jefe, Emiliano Zapata.[14]

A fines de 1918, Pablo González lanzó una nueva ofensiva para controlar

---

[13] Emiliano Zapata, *Cartas,* Ediciones Antorcha, México, 1987.

[14] En uno de sus últimos trabajos teóricos, *Tres concepciones de la revolución rusa,* escrito en México en 1940, Trotsky daba la siguiente apreciación (sin profundizar en el tema, agregaba, pues eso lo llevaría mucho más allá de los límites de dicho texto): "El marxismo nunca dio carácter absoluto e inmutable a su estimación del campesinado como una clase no socialista. Marx dijo hace mucho que el campesino es tan capaz de juicio como de prejuicio. La naturaleza misma del campesinado cambia bajo condiciones cambiantes. El régimen de la dictadura del proletariado descubrió grandísimas posibilidades de influir al campesinado y de reeducarlo. La historia todavía no ha explorado hasta el fondo los límites de estas posibilidades". Todo el artículo es importante como exposición de los orígenes de la teoría de la revolución permanente y de las discusiones previas a 1917 en la socialdemocracia rusa sobre el carácter de la futura revolución, el papel de las diferentes clases y, entre ellas, el papel del campesinado.

el estado de Morelos. A partir de noviembre, la influenza española, que había llegado a México en su recorrido por todo el mundo, hizo estragos en el territorio zapatista. La población, debilitada por la guerra, los desplazamientos, la mala alimentación, las destrucciones, fue diezmada por la enfermedad. Murieron por miles, civiles y soldados zapatistas, en diciembre. Apenas quedaba población en Cuautla y Cuernavaca, y aldeas enteras en el interior fueron abandonadas por sus habitantes quienes, después de enterrar a sus muertos, huyeron hacia climas más templados.

Tras de la influenza, entró en Morelos el ejército de González. Con once mil soldados, ocupó las principales poblaciones a principios de enero y obligó a las dispersas fuerzas de Zapata a refugiarse nuevamente en las montañas. Así tomaron los gonzalistas Jojutla, Cuernavaca, Tlaltizapán y otras poblaciones. A mediados de enero, un periodista que entró en Cuernavaca en diciembre con las fuerzas de González describía el abandono completo en que se encontraba la capital del estado, donde "en la casi totalidad de las casas había cuando menos un cadáver en completa descomposición y en algunas se encontraban hasta familias enteras que habían fallecido del terrible mal de la influenza española".

Desde Cuernavaca, el 13 de diciembre, Pablo González lanzó un llamado a las personas que quisieran trasladarse a Morelos, ofreciéndoles pasajes y fletes gratis para sus muebles. A los comerciantes les ofreció hasta furgones enteros para transportar sus mercancías.

En otras zonas, el avance de las tropas federales provocaba la huida de los campesinos, cuyos sembrados iban ahora a poder de los expropietarios de las tierras, que regresaban. Así informaba por ejemplo el diario *Excélsior* a fines de diciembre sobre la región de Penjamillo, Michoacán, en donde las tropas del gobierno, en su avance, "hallaron muy buenos sembrados, que los rebeldes llevaron a cabo en tierras ajenas que ahora se regresarán a sus propietarios".

Ésta era, dicho sea de paso, la línea en todo el país. El 31 de enero de 1919 el mismo diario *Excélsior* publicaba una información según la cual "a 93 personas se les han entregado sus propiedades en el Distrito Federal, propiedades que estaban intervenidas desde el triunfo del constitucionalismo. En los estados el número de propiedades devueltas ha sido mucho más abundante. La devolución comenzó desde 1916". Luego el diario publicaba una lista de los beneficiarios, entre los cuales figuraban apellidos como los Limantour, León de la Barra, Romero Rubio, García Pimentel, Escandón y otros, que hacían concluir al mismo diario que "todo el porfirismo vuelve al disfrute de sus bienes".[15]

---

[15] La devolución de las haciendas intervenidas a sus expropietarios por parte del carran-

En los primeros meses de 1919 parecía reproducirse la situación de 1916. Todas las ciudades de Morelos estaban ocupadas por las tropas nacionales y Zapata y sus principales jefes estaban refugiados en sus escondites de las montañas y desde allí proseguían su campaña política. Pero el contenido y los objetivos de esta campaña marcaban el cambio de la situación, pues habían mudado fundamentalmente. A principios de febrero, una carta de Zapata a Francisco Vázquez Gómez aceptaba a éste como jefe supremo de la revolución, reconocía a la empresa privada en la industria, el comercio, el petróleo y toda la actividad económica y demandaba tierras para la "pequeña propiedad" en el campo. También dirigió cartas a Villa y a Peláez, instándolos a reconocer como jefe supremo a Vázquez Gómez, y un manifiesto donde proclamaba esa misma jefatura.

Esta correspondencia y estas declaraciones, elaboradas bajo la dirección de Gildardo Magaña, eran en realidad el acta de defunción política del zapatismo. Zapata seguía siendo el dirigente de los campesinos de Morelos, pero la política que endosaba era la de un ala que buscaba un acercamiento con el obregonismo.

Con esa política, Gildardo Magaña, que luego se presentó como el heredero de Zapata, estaba llevando inexorablemente a Emiliano hacia la emboscada donde lo asesinaron. Entretanto, quedaban paralizadas las

cismo fue ininterrumpida y generalizada a partir de 1915. Fue una de las manifestaciones más coherentes de cómo la nueva burguesía en formación a partir del constitucionalismo percibía el inicio del descenso de la revolución y cómo éste le iba dejando las manos libres para restablecer sin cortapisas el derecho de propiedad de los terratenientes, ahora también suyo, y para buscar alianzas desde sus posiciones en el Estado con las antiguas clases poseedoras ahora excluidas del poder político. En *La guerra secreta en México*, Katz anota:

"En sus proclamas Carranza había insistido reiteradamente en la necesidad de una reforma agraria radical, que expropiaría los grandes latifundios de los antiguos hacendados porfirianos; pero, como sucedió con Madero, dio pocos pasos prácticos en esa dirección. En realidad, su verdadera política fue en la dirección opuesta. Desde 1915, ordenó la devolución de las haciendas confiscadas a sus anteriores dueños. En 1917, estaba en condiciones de informar al Congreso Constituyente sobre la exitosa aplicación de esas medidas en la mayoría de las regiones de México bajo su control. Había algunas excepciones notables, como Tlaxcala, donde un antiguo aliado de Zapata, Domingo Arenas, se había sumado a Carranza. En retribución, el Primer Jefe autorizó a algunos de sus partidarios campesinos a conservar las tierras que habían ocupado. En Sonora, algunos generales se convirtieron en dueños de las haciendas que habían confiscado a los terratenientes porfirianos. Desgraciadamente el desarrollo y las causas de esta devolución masiva de tierras, que distingue a la revolución mexicana de otras grandes revoluciones sociales, nunca han sido estudiados. Por lo tanto, no es fácil analizar los modos de acción y las reacciones de quienes fueron afectados por ella y de quienes la llevaron adelante. Las motivaciones personales de Carranza son relativamente fáciles de explicar, dado que sus acciones estaban muy de acuerdo con su ideología conservadora; sin embargo, también influyeron importantes factores económicos y políticos."

acciones de los jefes campesinos zapatistas, desde Genovevo de la O a Francisco Mendoza, que no veían ya objetivo claro para su actividad militar, sino sólo un porvenir incierto y sin esperanzas.

Cuando a Emiliano lo mataron, su Comuna campesina ya estaba destrozada. Es difícil decir en qué momento dejó de existir. Como escribe Womack, "la ruina de la revolución originaria de Morelos no fue un derrumbamiento, sino un confuso, amargo y desgarrador ir cediendo". Pero seguramente en el transcurso de 1918 ya el cambio decisivo se había operado. La desaparición de las menciones al Plan de Ayala en los documentos zapatistas fue, más que una causa, un efecto de esa situación.

La entrada de lleno en la política burguesa, el abandono de la antigua intransigencia simbolizada por el Plan de Ayala, debía ser fatal para Zapata. Basta ver los documentos de principios de 1919, las cartas a Francisco Vázquez Gómez, a Miguel Díaz Lombardo y a otros políticos, para comprender que abrían la puerta a la infiltración de todos los enemigos y a la consumación de todas las traiciones. Más todavía, la aceptación de esa política necesariamente embotaba la natural desconfianza campesina que había protegido hasta entonces a Zapata contra celadas y emboscadas. La lógica de las negociaciones y de las componendas era la misma que llevaba a caer en cualquier trampa más o menos hábilmente tendida. Este fin era inevitable; sólo era cuestión de tiempo.

Hacia marzo de 1919, Magaña y Díaz Soto y Gama llevaron hasta sus últimas consecuencias esta política de componenda. Propusieron a Zapata que por un tiempo cesara la actividad militar y se escondiera, para facilitar la maduración de las negociaciones políticas. Zapata había firmado muchas cartas y manifiestos conciliadores de ambos secretarios en los últimos meses, pero eran papeles, y su base campesina no se guiaba por ellos sino por la actitud de su jefe. Aplicar la conclusión de esos papeles, es decir, suspender la lucha armada mientras no hubiera ningún triunfo a la vista, era más de lo que Magaña podía conseguir. Zapata no aceptó. No sólo estaba él en contra, sino que hacer eso significaba entrar en conflicto con los jefes del Ejército Libertador que veían en él al dirigente de su revolución, y debilitar ante las masas campesinas, que no aceptarían esa actitud, el último centro de autoridad del movimiento: el propio Zapata.

Un hecho notable de todo el último periodo era que aun en medio de los retrocesos, los oficiales y soldados que aceptaban las amnistías del gobierno no se incorporaban a la lucha contra Zapata —salvo raras excepciones— sino que retornaban calladamente a sus pueblos y desde allí, aun sin participar en la lucha armada, daban abrigo, protección e información a las fuerzas zapatistas y continuaban como parte de la inconmovible y profunda base social de Emiliano Zapata. Toda esta etapa final, la más difícil de la acción del jefe campesino, está llena de anécdotas conmovedoras sobre la ayuda del pueblo del campo y de las ciudades y aldeas de Morelos, los alertas, las informaciones sobre los movimientos del enemigo que permitieron a los guerrilleros y a su jefe mantener su existencia y su actividad en medio de un territorio controlado por tropas enemigas.

Esa masa veía en la continuación de la lucha y de la existencia misma de Zapata, un centro unificador al cual mantenerse aferrados para retomar luchas posteriores. Esa conquista —la unificación en la lucha— era la más preciosa, la que defendían a toda costa, porque era la base para mantener lo que quedaba de todas las otras y para superar las etapas difíciles hacia eventuales avances futuros.

Zapata actuaba como el depositario de ese sentimiento y a él debía responder. Por eso, si había podido aceptar las componendas en los problemas lejanos de la política nacional, no podía traducirlas al lenguaje de la lucha local. Ni podía, ni quería, ni su gente lo aceptaría.

Rechazó el consejo de los secretarios. A partir de ese momento, más todavía que en los meses anteriores, la actividad y la existencia de Zapata estorbaban las de los políticos pequeñoburgueses que dirigían su estado mayor político. En ese rechazo, de hecho se había operado una separación entre la línea que llevaba la dirección pequeñoburguesa zapatista y la vida, los intereses y el pensamiento de la base campesina zapatista. Es difícil prever las formas transitorias que hubiera tomado este conflicto de haberse prolongado, porque no tardó en tomar la única forma definitiva posible a esa altura: la eliminación física de Zapata. Su muerte, hacia la cual lo encaminaba su situación sin salida, fue la expresión material de la retirada política definitiva del zapatismo revolucionario, agotadas ya sus posibilidades.

En marzo de 1919 Zapata, resuelto a continuar las acciones militares, supo de los conflictos que se decía existían entre Pablo González y uno de sus subordinados, el coronel de caballería Jesús Guajardo. A pesar de la bien ganada fama de asesino de Guajardo, que había realizado matanzas de campesinos desarmados, Zapata pensó en sacar provecho de ese conflicto e invitó en una carta a Guajardo a defeccionar y a pasarse con sus tropas a las filas zapatistas. Esta carta sirvió a Guajardo y González para sus planes. Éste aconsejó a su subordinado que siguiera el juego de Zapata, fingiendo aceptar su propuesta, para atraparlo en una celada.

La historia es muy conocida. Guajardo informó a Zapata que se pasaría a sus filas. Se encontró con él. Le dio las garantías que pedía, fusilando a desertores zapatistas que formaban parte de sus tropas. Arreglaron un encuentro posterior en la hacienda de Chinameca, el día 10 de abril. A Zapata al parecer le llegaron rumores y advertencias de que iba a caer en una trampa, pero los desechó, al contrario de lo que había hecho en épocas anteriores: su instinto guerrillero estaba embotado por la desesperada búsqueda de aliados, dondequiera que fuese.

El 10 de abril de 1919, cuando Zapata entró con su escolta a Chinameca, lo recibió en el recinto de la hacienda una descarga cerrada de fusilería. Allí mismo murió. Su cadáver fue llevado a Cuautla para que el pueblo lo viese y no quedasen dudas de su muerte.

Miles de campesinos de todos los pueblos vecinos desfilaron ante él. Un periodista de *Excélsior*, allí presente, escribió después que cuando "estas gentes humildes" se detenían y miraban los restos del jefe Zapata, "temblaban de pies a cabeza".[16]

Los campesinos del sur, instintiva pero seguramente, midieron hasta el fondo el acontecimiento: habían perdido su centro político. Allí se interrumpía su revolución. Nuevas fuerzas, nuevos esfuerzos, nuevas luchas y nuevas formas de programa y de organización serían necesarios para reanimarla y recomenzarla en el futuro. Replegadas sobre sí mismas, sobre sus formas y relaciones de vida social, sobre las conquistas incorporadas a su conciencia histórica por diez años de revolución, ellos continuaron ahí mismo la defensa tenaz de las conquistas materiales con los medios a su alcance, se prepararon a pasar unidos en sus pueblos las

---

[16] *Zapata y su leyenda*, como Villa, como todos los héroes campesinos, quedaron en incontables corridos que aún hoy circulan por Morelos como testimonio de la vitalidad de la revolución. De aquella época, tal vez del asesinato de Zapata o de la etapa de la larga y tenaz retirada, vienen corridos como éste: "Mas si acaso mi suerte fuera adversa / o sucumbo en el campo por desgracia / moriré pero exclamando con firmeza / ¡Vivan las huestes del sur! ¡Viva Zapata!" En 1979 Adolfo García Videla y Salvador Rueda Smithers reunieron parecidos e insustituibles testimonios de viejos combatientes surianos en su film documental *Testimonios zapatistas*.

Carlos Fuentes, en un ensayo de 1970, menciona un ejemplo singular de la función revolucionaria permanente de estas leyendas. Cuenta que recorriendo con un escritor norteamericano los pueblos del valle de Morelos "nos detuvimos en una aldea sin nombre, olvidada por los mapas de ruta y por las señales de tránsito. Le preguntamos a un campesino cómo se llamaba el pueblo. Nos contestó: Garduño, en tiempos de paz; Zapata, en tiempos de guerra". Lo que de todos modos Fuentes no registra, es que el campesino daba esa respuesta a dos hombres de la ciudad, desconocidos, uno de ellos con aspecto gringo, y en consecuencia, posiblemente hostiles y seguramente extraños al campesinado. Entonces, sin faltar a la obligación cordial hacia el viajero desconocido, les hizo una advertencia particular, por si eran enemigos — "Zapata, si buscan guerra", fue lo que dijo —, y también un anuncio general, por si resultaban ser amigos: los tiempos de la guerra revolucionaria volverán, y no están lejanos los días en que todos los pueblos de Morelos otra vez se llamarán Zapata. El pensamiento del campesino no era estática añoranza del pasado, sino dinámica preparación del porvenir.

épocas difíciles y pacientemente comenzaron a urdir en su vida cotidiana el tejido social de futuras etapas revolucionarias.

En sus bases sociales y económicas y en sus formas políticas elementales, el poder establecido por los zapatistas en Morelos tuvo un carácter de clase diferente al efímero gobierno de la Convención que villistas y zapatistas instalaron en México en diciembre de 1914. A pesar de que los ejércitos campesinos habían tomado la capital, este gobierno era una continuación del Estado burgués. Dejó intactos su estructura, su aparato, sus leyes. Sólo cambió la parte superior, los hombres que componían el gobierno mismo, el presidente y sus ministros. Cambió también su sustentación armada, el ejército burgués por el ejército campesino. Pero mantuvo la continuidad en el aparato de Estado, sus funcionarios, sus órganos de decisión. Por eso rápidamente, en cuestión de días, los pequeñoburgueses de la Convención pudieron volver ese aparato contra los campesinos.

En Morelos, el aparato del poder burgués fue destruido por los campesinos en armas desde antes de tomar la ciudad de México. Fueron suprimidos el ejército y la policía, los funcionarios y el gobernador. Y posteriormente, cuando la Convención se trasladó a Cuernavaca por unos meses antes de desaparecer, a pesar de que se presentaba como una continuación del gobierno de la Convención que se había formado en México, en realidad era sólo una ficción sobrepuesta a una realidad diferente: el poder de los campesinos zapatistas que gobernaban el estado desde la expulsión del ejército y de los funcionarios de la burguesía, así como de todos los terratenientes de la región.

En México, el gobierno de la Convención se asentaba sobre un aparato de Estado capitalista. Éste le daba su carácter. En Morelos, el gobierno de la Convención no sólo era ya diferente en su composición —Eulalio Gutiérrez y sus ministros habían huido, los representantes del villismo se habían retirado—, sino que no podía asentarse en un aparato capitalista, que ya había sido destruido. En realidad, no se correspondía con su base y estaba como colgado del aire. Puede decirse que reproducía, invertida, la contradicción que había registrado Martín Luis Guzmán en "Los zapatistas en Palacio". La ley agraria de Palafox, así como las sucesivas leyes y decretos revolucionarios dictados a fines de 1915, fueron un intento de adecuar la forma de ese gobierno al contenido de la revolución campesina. Ya se ha visto por cuáles razones no tuvo éxito.

Antes de la revolución, el gobierno real del estado estaba en manos de las haciendas. Los funcionarios, del gobernador abajo, eran hechura de los verdaderos depositarios del poder, los hacendados. Ese poder se asentaba en el Estado capitalista nacional y en la propiedad de tierras e ingenios, respaldada por ese Estado.

La revolución zapatista cortó a Morelos del Estado nacional. Expulsó a sus funcionarios y sus soldados y los rechazó con las armas cuando intentaron volver. Las comisiones agrarias aplicaron el Plan de Ayala hasta el fin. Repartieron en forma legal —bajo la legalidad revolucionaria— todas las tierras del estado, todas las haciendas, entregándolas a los pueblos. Nacionalizaron sin indemnización los ingenios.

Los ingenios nacionalizados fueron colocados bajo la administración de los jefes campesinos revolucionarios. No tenemos datos más precisos sobre su funcionamiento, pero como los antiguos dueños y sus empleados de confianza desaparecieron del estado, es natural que la dirección técnica y material de la explotación de los ingenios haya quedado en manos de los mismos obreros, habitantes de los pueblos del estado. Los campesinos del lugar y los obreros azucareros tomaron a su cargo el funcionamiento de la industria y la zafra de 1915, realizada a pesar de las destrucciones ocasionadas por la guerra; fue la prueba de que se podía continuar produciendo sin los patrones. La única propiedad privada que quedó fue la de los pequeños comerciantes y la de los pequeños campesinos. La ley agraria de Palafox no hizo más que dar expresión jurídica a esta transformación revolucionaria.

Las autoridades de los pueblos, los municipios, fueron elegidas por los mismos habitantes, campesinos, pequeños comerciantes, obreros de los ingenios. Ése fue el gobierno del estado durante todo el periodo zapatista, particularmente desde 1913 hasta 1917. El poder, que estaba en las haciendas, donde residían la propiedad y el poder económico antes de la revolución, pasó a manos de los pueblos organizados en los municipios.

Las disposiciones sobre organización de los municipios, con asambleas periódicas y delegados revocables, dictadas a principios de 1917, querían también ordenar en forma legal una estructura cuyas bases ya estaban dadas por el autogobierno de los pueblos desde el momento en que los terratenientes y sus agentes políticos habían sido expulsados del estado.

Esta reinvención de los consejos por los campesinos de Morelos venía de esas mismas tradiciones campesinas de donde surgieron los soviets en Rusia. Los campesinos buscaron dar a su poder aquellas formas que mejor respondieran a su experiencia histórica y que en consecuencia mejor permitieran la participación y la decisión de todos en los problemas colectivos. Esta estructura del poder zapatista, diferente y opuesta a la estructura del poder burgués que se basa en aparatos destinados a impedir la intervención y la decisión desde abajo, es uno de los rasgos definitorios del carácter anticapitalista de la revolución de Morelos.

El rasgo distintivo de toda revolución "verdaderamente popular" como la revolución rusa de 1905, dice Lenin en *El Estado y la revolución*, es que "la masa del pueblo, la mayoría de éste, las 'más bajas capas' sociales, aplastadas por el yugo y la explotación, levantáronse por propia iniciativa, estamparon en todo el curso de la revolución el sello de sus reivindicaciones, de sus intentos de construir a su modo una nueva sociedad en lugar de la sociedad vieja que había de ser destruida". Este rasgo se expresó en forma concentrada en la revolución zapatista y se concretó en la creación de una nueva estructura de poder basada en los pueblos y en los campesinos en armas. Las disposiciones legales redactadas por los secretarios zapatistas no hicieron más que reflejar esa realidad.

Esto lo confirma la creación —efímera, limitada, pero importante como síntoma— de ese partido zapatista que fue la Asociación para la Defensa de los Principios Revolucionarios. Deformadamente, sin equilibrio entre unos y otros, en formas desproporcionadas, los elementos internos de una revolución socialista se combinaron en la revolución de Morelos. Y se combinaron allí porque estaban presentes, de manera más difusa, en toda la poderosa insurrección de las masas mexicanas a partir de 1910; y de manera más general, en la crisis bélica mundial propicia para el estallido de la primera revolución socialista victoriosa, la revolución rusa de 1917. El capitalismo como realidad mundial en expansión había llegado a uno de sus periódicos puntos de quiebre y, en esos años de la primera guerra mundial, una misma línea profunda: la voluntad de liberarse de la opresión unía a los soviets de 1917 en Rusia con el gobierno de los pueblos en Morelos a partir de 1914.

Por otro lado, el principal instrumento garante de la propiedad privada, el ejército burgués, había sido destruido o expulsado del territorio de Morelos. Quien dominaba todo el estado era el Ejército Libertador del Sur. Su función era garantizar la propiedad de la tierra por los pueblos y por los campesinos, la legalidad revolucionaria y el gobierno de los pueblos por los municipios. Si el Estado es en última instancia, como dice Engels, "destacamentos de hombres armados", también en este aspecto el Estado burgués había desaparecido de Morelos.

En su lugar no estaba el vacío, sino el autogobierno de los pueblos. Y ya desde 1913 y 1914, las disposiciones de la dirección zapatista muestran la preocupación por que el gobierno efectivo residiera en los pueblos y por garantizar los derechos de éstos frente al mismo Ejército Libertador del Sur.

Sobre el autogobierno de los pueblos, el poder central en Morelos no residía en realidad en la ficción jurídica de la Convención. Residía en la dirección zapatista, en su estado mayor militar y político, cuyo dirigente era el propio Zapata. El cuartel general de Tlaltizapán, mientras funcionó, fue la sede efectiva del gobierno del estado.

Evidentemente, Zapata escuchaba al equipo de secretarios.[17] Pero la decisión estaba en sus manos. Y esa decisión no dependía simplemente del consejo de los secretarios o de cuál le parecía más acertado, sino de la relación con los campesinos y con los pueblos a través del ejército zapatista, de los jefes elegidos por los pueblos y los soldados por un procedimiento de selección en el cual pesaba en definitiva la opinión de abajo, y del funcionamiento político de los mismos pueblos en sus municipios, en sus discusiones, en su vida cotidiana.

Las mismas estructuras tradicionales por las cuales Zapata había sido elegido dirigente de Anenecuilco, eran las que funcionaban y le permitían comunicarse con el campesinado de la región. Entonces, la situación real era más bien que el consejo de tal secretario era aceptado cuando se correspondía más con la opinión, la inclinación, el sentimiento de los pueblos, cuando más se aproximaba a expresarlo o a interpretarlo. Eso, no las inclinaciones personales de Zapata, explican que éste diera preponderancia en su equipo a Palafox durante la etapa de ascenso de la revolución, que este último entrara en crisis posteriormente y que, al replegarse la intervención de la base en el reflujo de la revolución, empezara a predominar en el ánimo de Zapata la tendencia conciliadora de Magaña y éste obtuviera autorización y libertad para sus componendas políticas. No eran cambios volubles de Zapata, en quien la determinación y la tenacidad aparecen como constantes de su carácter, sino cambios de la situación objetiva de la revolución y del estado de ánimo de las masas, que se reflejaban en cambios en la relación interior de las tendencias en el equipo de dirección política del zapatismo.

El gobierno zapatista no se constituyó simplemente como una dirección militar, sino que buscó establecerse como gobierno efectivo en el estado en todos los órdenes. En ese sentido, buscó construir a escala del estado —como prefiguración de la escala nacional— un nuevo aparato estatal unido al autogobierno de los pueblos. Dictó y aplicó disposiciones sobre tierras, abastecimientos, educación, finanzas, policía, ejército. Emitió moneda, realizó obras públicas, estableció escuelas, después de haber hecho lo esencial: repartir todas las tierras.

Es un hecho trascendente el que la dirección política efectiva de la revolución del sur estuviera concentrada en Emiliano Zapata. Diversos

---

[17] "Este hombre de cultura muy simple reunía a su alrededor gente competente. Ampliaba sus horizontes y tenía ideas cada vez más claras acerca de los grandes problemas del mundo", anota François Chevalier, art. cit.

historiadores y comentaristas de la revolución han tratado de negarlo, como quiso hacerlo en su tiempo el gobierno carrancista, atribuyendo la dirección real a uno u otro de los secretarios. Es una típica reacción defensiva de clase, que considera inadmisible e intolerable que sea un campesino el principal dirigente de una revolución, y no un pequeñoburgués "culto". Pero en cambio las masas de Morelos nunca se confundieron ni dudaron sobre la jefatura verdadera del movimiento. Zapata, no sus secretarios, era quien la encarnaba. Los campesinos a través de él se veían ellos mismos ejerciendo el poder central, tal como lo ejercían en los pueblos. Y de ahí emanaba la autoridad de Zapata, que no tenía ninguno de sus secretarios, sobre los jefes y las masas campesinas, así como la confianza plena que éstas le concedían.

El papel de Emiliano Zapata en la revolución aparece como la afirmación de la voluntad del campesinado de México de decidir sobre su propia vida y sobre el destino del país. Por eso su figura, al igual que la de Pancho Villa, trascendió los límites de México y se hizo universal, como símbolo de la revolución agraria.

Los campesinos de Morelos le reconocían esa autoridad y esa confianza en los nombres con que alternativamente lo denominaban, según los casos: "el jefe Zapata", o "Miliano" a secas, sin anteponerle nunca el "don" que, si no es la señal del respeto campesino hacia un anciano, significa un tratamiento de desigualdad social, o al menos de relación distante, entre quien lo da y quien lo recibe. En el Morelos revolucionario la regla en el trato era la igualdad y el tuteo fraternal entre todos, conocidos y desconocidos.

Sobre esa base hay que ubicar el papel de las ideas socialistas o socializantes aportadas desde la ciudad, desde el anarquismo inicial de Díaz Soto y Gama hasta los proyectos socializantes más precisos de Manuel Palafox. Pero mientras Soto y Gama era el hablador anarquizante, declamador de grandes frases y vehículo de las ideas liberales, Palafox, en tanto duró su impulso, intentó plasmar una base jurídica elemental que contuviera elementos socialistas.

Ninguna otra tendencia de la revolución mexicana hizo tal cosa ni enunció tales leyes, planes y programas. Por eso los escritores, políticos y comentaristas oficiales han tratado de oscurecerla, borrarla, minimizarla o ignorarla. A esto contribuyó, sin duda, la imprecisión de la misma tendencia, la generalidad de sus "rabiosas ideas socialistas" y la debilidad y fragilidad de su principal exponente visible, Manuel Palafox, quebrado en cuanto debió enfrentar adversidades serias de la revolución.[18]

[18] Influencias socialistas, sindicalistas revolucionarias, populistas y anarquistas de diversa

317

Pero sin Comuna de Morelos, no habría habido seguridad ni agresividad en la tendencia jacobina en el Constituyente de Querétaro, ni hubiera existido la Constitución de 1917 tal cual ella resultó ser en sus disposiciones más avanzadas.

La revolución zapatista no se extendió nacionalmente. Pero se concentró en una revolución social en un estado, una revolución que cambió las bases económicas, políticas, jurídicas, militares y sobre todo sociales del poder en su territorio, y estableció allí una república social, una Comuna basada en el pueblo en armas, en los campesinos pobres y en los obreros agrícolas.[19]

Tampoco esta Comuna vino simplemente de los campesinos. En primer lugar, sin revolución popular en todo el país no hubiera habido Morelos. En segundo lugar, recibió la influencia de las ideas socialistas de la ciudad.

Pero en tercer lugar, y ésta es la esencia de la Comuna de Morelos, la

fuente recibió la revolución del sur, y aun el mismo Zapata. La principal de ellas, sin duda, es la proveniente de raíz magonista, difusa en diversas tendencias de la revolución mexicana. Antonio Díaz Soto y Gama se empeñó más de tres décadas después, en su libro *La revolución agraria del sur y Emiliano Zapata, su caudillo*, en minimizar la incidencia de dichas influencias. Por eso mismo, la principal garantía de veracidad en el relato que sigue reside precisamente en que —como corresponde a la inalterable confusión de ideas de su autor— prueba precisamente lo contrario de la tesis que quiere demostrar:

"Sucedió por el año de 1916 ó 1917 que otro jefe zapatista, el coronel Prudencio R. Casals, hombre de ideas muy avanzadas, proporcionó al general Zapata un libro cuyo título no recuerdo, en que se desarrollaban las teorías anarquistas, y al hacerlo así, rogó al general que lo leyese.

"Zapata ordenó, a nuestra visita, que el jefe de su escolta guardase el libro en la 'cantina' (o bolsa) de la silla de su caballo, a efecto de darse tiempo para leerlo después con toda calma.

"Cuando lo hubo hecho, llamó a Casals y le dijo: 'Me he enterado cuidadosamente del contenido del libro que me prestaste, y con franqueza te diré que si bien no me desagradan del todo las ideas allí expuestas, me doy cuenta, en cambio, de que muchos años han de transcurrir antes que puedan ponerse en práctica. Y en cuanto a que yo modifique o adicione en algo el Plan de Ayala para dar cabida a esas ideas, resueltamente te digo que de ningún modo lo haré, ya que estoy convencido de que lo consignado en ese Plan, si se cumple debidamente, hará la felicidad del pueblo mexicano; por lo que no he de meterme yo en esas honduras que tú me propones'."

Soto y Gama agrega otra versión coincidente del mismo hecho dada por el general Serafín Robles, en una entrevista de septiembre de 1947. Según Robles, secretario de Zapata en esa época, la respuesta de éste fue la siguiente: "He leído con todo detenimiento los libros que me han regalado, y he escuchado con mayor interés las explicaciones que me han hecho sobre el comunismo. Esas ideas me parecen buenas y humanas, pero debo decirles que no nos toca a nosotros llevarlas a la práctica, sino a las nuevas generaciones; y para implantarlas, se necesitarán quién sabe cuántos años. [...] Ésa es mi opinión, y al Plan de Ayala no le agrego ni le quito una coma. Con que se cumpla lo que allí dice, estoy seguro de que hará la felicidad del pueblo".

[19] "República campesina", la denomina François Chevalier, art. cit.

revolución del sur se basó en una combinación original, única, del proletariado agrícola e industrial de los ingenios azucareros con la insurrección campesina basada en la organización social tradicional de los pueblos, proveniente de la antigua comunidad agraria.[20]

En Morelos, al estallar la revolución, había una moderna industria azucarera, con veinticuatro ingenios establecidos. Los capitalistas del estado habían realizado en esos años importantes inversiones tanto en la maquinaria industrial como en obras de riego en las haciendas azucareras. De Morelos provenía la tercera parte de la producción azucarera del país, y al mismo tiempo, el estado era la tercera región en el mundo por la importancia de su producción de azúcar, después de Hawai y Puerto Rico.

Veinticuatro ingenios y cuarenta haciendas en total, en un territorio de 4 911 kilómetros cuadrados con una población total de 180 mil habitantes —son las cifras del censo de 1910 para Morelos— significan una concentración muy grande de proletariado azucarero y de los campesinos en torno a éste. Los ingenios reclutaban su mano de obra, por supuesto, entre los campesinos del lugar, y una buena parte de esa mano de obra, especialmente los trabajadores del surco, eran al mismo tiempo asalariados agrícolas y campesinos sin tierra o con pequeñas parcelas, o que trabajaban en las tierras comunales que aún habían logrado retener los pueblos contra la voracidad de las haciendas.

Éstas además proseguían arrebatando tierras a los pueblos no sólo por las tierras mismas, sino para dejar en libertad mano de obra campesina que así estaba obligada a trasladarse con sus familias a las tierras de la hacienda, en calidad de peones asalariados permanentes. Los salarios —de 65 centavos al día en la estación invernal y de hasta un peso durante la cosecha de primavera— eran más altos que el promedio nacional. Pero al mismo tiempo, al ir perdiendo su independencia los pueblos y al concentrarse la producción del estado en el azúcar, el ron y el arroz, los productos de consumo popular debían ser importados de otras regiones y sus precios eran muy elevados.

Como el proceso de concentración de mano de obra en las haciendas no iba con la rapidez que los hacendados deseaban, también trajeron asalariados de otras partes del país. De ambas maneras se desarrolló en Morelos un proletariado azucarero estrechamente ligado a los pueblos campesinos que fue uno de los elementos decisivos de la revolución. Esto

---

[20] "Para que naciera el Estado soviético fue necesario que coincidieran, se coordinasen y se compenetrasen dos factores de naturaleza histórica completamente distinta: la guerra campesina, movimiento característico de los albores del desarrollo burgués, y el alzamiento proletario, el movimiento que señala el ocaso de la sociedad burguesa", anota León Trotsky en su *Historia de la revolución rusa*.

explica, por ejemplo, que ya desde comienzos de 1912 aparecieran en la actividad de las partidas zapatistas las demandas de aumentos de salarios a los trabajadores de las haciendas y la imposición por las armas de esos aumentos a los hacendados. Cuando la revolución tomó fuerza y se extendió, esas demandas se transformaron directamente en expropiación de tierras e ingenios, como en 1914 y 1915.

Según las cifras del censo de 1910, de los 179 574 habitantes de Morelos, 47 523 eran peones. El mismo censo ubica en la categoría de peones al 95.8% de la población agrícola de Morelos, considerada por cabezas de familia (debe tomarse en cuenta que la mitad de la población total son mujeres, y que el 40% de esa población tenía menos de quince años de edad y sólo el 50% estaba ubicado entre los quince y los cincuenta años de edad).

Por otra parte, tan sólo las nueve haciendas más grandes, de diez mil a 40 mil hectáreas cada una, abarcaban el 80% de la superficie de todas las haciendas del estado. Y la densidad de la población en el pequeño territorio de menos de cinco mil kilómetros cuadrados era una de las más elevadas del país: 36.5 habitantes por kilómetro cuadrado, solamente superada por los estados de Tlaxcala y México, también de influencia zapatista, y el de Guanajuato en la zona central. La comparación de estas cifras da una idea de la concentración de campesinos y asalariados de los ingenios y haciendas azucareras y sus familias, en un tejido social denso e inextricablemente unido por la vida de los pueblos de la región, que fue la fuerza indestructible que permitió a uno de los territorios más pequeños y más explotados de la república convertirse en el foco de la revolución, resistir durante una década las mayores adversidades y organizar esa conquista y esa hazaña que fue la Comuna de Morelos.[21]

[21] Es ilustrativo comparar las cifras del censo de 1910 para el estado de Morelos con las de otros estados de la república, especialmente las de aquellos que como Coahuila, Sonora, Chihuahua y Durango fueron los lugares de origen y las bases de operaciones de las otras tendencias de la revolución —carrancismo, obregonismo y villismo— como Morelos lo fue del zapatismo.

	Superficie	Población	Peones %	Agricultores %	Promedio años de vida	Alfabetismo %
Coahuila	165 219	362 092	72.3	27.6	40.1	30.63
Sonora	198 496	265 383	83.9	18.0	44.7	33.52
Chihuahua	233 214	405 707	73.7	26.2	38.0	28.16
Durango	109 495	483 175	86.8	13.2	37.6	18.29
Morelos	4 911	179 574	95.8	4.2	23.1	23.58
Tlaxcala	3 974	184 171	98.8	1.2	24.7	21.90
Nacional	1 987 201	15 160 377	88.4	11.6	30.1	19.74

El Distrito Federal tenía 720 753 habitantes. Bajo el rubro "Agricultores", el censo incluía en general a pequeños y medianos propietarios acomodados.

En el régimen porfiriano, esos asalariados de los ingenios y de las haciendas no podían, por supuesto, tener sindicatos, ni tipo alguno de organización, y estaban sujetos a la represión de las haciendas —con policías y cárceles privadas y con todo el aparato policial, judicial y del ejército del estado al servicio de los hacendados— y a la explotación de la tienda de raya junto con otras formas de disminución de sus salarios y de despojo.

Pero entonces, la combinación original y única que se dio en la revolución del sur fue que la organización tradicional de los pueblos se convirtió además en vehículo de organización y de expresión de un proletariado azucarero que en muchos de sus integrantes era también campesinado de los pueblos. Esta organización tradicional de producción, de resistencia, de lucha y de relación social, recibió la integración de los obreros azucareros, campesinos recientes o todavía campesinos todos ellos, relacionados por mil lazos familiares y sociales con el campesinado de los pueblos, pero ya con la experiencia del trabajo asalariado y de la moderna organización industrial de los ingenios.

Si en 1910 la organización tradicional de los pueblos ya hubiera sido suprimida por el avance del capitalismo a través de las haciendas, el proletariado azucarero habría tenido que desarrollar necesariamente su organización a través de los sindicatos para emprender luchas revolucionarias. Si no hubiera habido ingenios y proletariado azucarero unido al campesinado en la región zapatista, la organización tradicional no habría podido generar por sí sola formas de centralización de la lucha y sobre todo no habría tenido base social de enlace con las ideas socialistas que se expresaron en las medidas tomadas por la revolución del sur. Al producirse esta combinación, en la coyuntura revolucionaria nacional, el centro de organización de la lucha en Morelos no fueron los ingenios, sino los pueblos, pero pueblos con la influencia del joven proletariado azucarero ya existente en el estado.

Los dos estados cuyos gobernadores se pronunciaron contra Huerta e iniciaron el movimiento armado desde el norte —Coahuila y Sonora—, dando las bases para el ala burguesa de la revolución, figuran entre los más grandes de la república, los que tenían una burguesía local más poderosa y arraigada en la zona (con intereses regionales, que también pesaron luego en la determinación de las disensiones dentro del constitucionalismo), con una buena base de pequeña burguesía rural (los agricultores) y con mejor nivel de vida general, reflejado tanto en el alfabetismo como en el promedio de vida.

Por el contrario, Morelos, junto a la más alta proporción de asalariados y campesinos sin tierra tenía índices mucho mayores de explotación de la fuerza de trabajo, pero también de concentración de fuerzas sociales explosivas. Esas mismas cifras muestran también algunas de las grandes desventajas que debieron arrostrar las masas zapatistas —analfabetismo, falta de recursos elementales— para organizar su estado.

Esa composición se manifestó incluso en el origen de muchos de los jóvenes jefes campesinos morelenses de la primera hora: Genovevo de la O era carbonero del pueblo de Santa María, Felipe Neri era fogonero del ferrocarril de la hacienda de Chinameca, Fortino Ayaquica era obrero textil de Atlixco, Puebla, Amador Salazar era vaquero y peón de hacienda de Yautepec. (Francisco Mendoza, que ya tenía sus cuarenta años de edad al iniciarse la revolución, era en cambio ranchero y abigeo en los límites con Puebla.)

También por esa combinación pudo Morelos condensar en su pequeño territorio el carácter más general de la insurrección de las masas mexicanas entre 1910 y 1920: una guerra campesina por la tierra y el poder. Ésa fue la esencia de la Comuna de Morelos.

Esas masas se sublevaron en pleno ascenso y expansión del capitalismo en el país y también en el mundo. Como poco tenían que ver con los políticos ilustrados y con los socialistas de escritorio, no tomaron en cuenta las opiniones de quienes, como aquel socialista uruguayo, las criticaban por carecer "de una noción clara de la sociedad y de la historia" y no saber que "el capitalismo [...] está en un momento culminante de la expansión y predominio del mercado internacional". Su tendencia, madurada en su experiencia cotidiana bajo el capitalismo porfiriano, no fue depurarlo de sus "rasgos opresivos", "humanizarlo", sino abolirlo por contrario al interés de los mexicanos. Esta orientación, condensada en la zona zapatista, apareció bajo formas más difusas o imprecisas en el resto del país.

Pero fue por eso que la revolución del sur, confiando en sus tradiciones y experiencias y en sus dirigentes campesinos, no creyó en los políticos urbanos y se alzó sucesivamente contra Porfirio Díaz, Francisco I. Madero, Victoriano Huerta y Venustiano Carranza para defender su propia forma de gobierno y su ideal igualitario. Como los comuneros de París, los campesinos de Morelos "se lanzaron a tomar el cielo por asalto". Como no podían traducir ese impulso profundo en programas claros o en términos universales, lo materializaron en la organización de la vida social allí donde establecieron su poder.

Ésa es la diferencia de fondo entre las masas zapatistas y los intelectuales urbanos que se sumaron a ellas. Pero sin esta tenue capa de *inteligentsia* revolucionaria atraída por la revolución campesina, difícilmente hubiera tenido ésta los recursos para articular en leyes y escritos sus aspiraciones y para hacer oír su voz en la nación.

Sin embargo, a diferencia de muchos de esos frágiles aliados, los pueblos de Morelos, que soportaron todo el peso de la guerra civil en sus familias, que fueron deportados y exterminados hasta reducir a la mitad la población del estado, que vieron incendiadas sus casas y robadas sus cosechas, ni se desmoralizaron, ni se quebraron, ni dijeron grandes frases, ni transaron. Siguieron en su empeño, buscando cada vez, ya en los reflujos o en los momentos de ascenso, los medios y los caminos para preservar sus tierras, sus relaciones sociales, lo que quedaba de sus días de victoria. Al término de la revolución después de 1920, y hasta los días de la reforma agraria cardenista, Morelos fue el estado donde mayor proporción de las tierras quedó repartida entre los campesinos. Como bien dice John Womack, los zapatistas heredaron Morelos.

Frente a esta dignidad y firmeza colectivas, aparecen limitados, vanidosos, preocupados por sus posiciones y sus papeles personales en la historia y la política, buena parte de los dirigentes urbanos cuyos nombres cubren después las páginas de las historias oficiales. Por eso es la imagen de Emiliano Zapata la que ha quedado en la memoria colectiva como la encarnación de aquellas cualidades.

En pleno florecimiento del capitalismo porfiriano, en plena era positivista de orden y progreso, el pueblo mexicano, cuyas aspiraciones se condensaron en esos días en los ejércitos revolucionarios del zapatismo y del villismo, no sólo barrió el ejército y el poder estatal de ese capitalismo, sino que mostró la determinación de establecer su propio gobierno, primero en la ocupación de la ciudad de México y la toma del Palacio Nacional, luego al construir la república campesina de Morelos.

La Comuna de Morelos, primer gobierno de los campesinos y los obreros en América Latina, es la tradición más profunda y más hermosa legada por esta interrumpida revolución para la posteridad del pensamiento, la vida y las luchas de los trabajadores y los pobres de México.

IX. 1920

El año 1920 fue el cierre de la revolución. La fecha que lo anunció fue el 10 de abril de 1919, día del asesinato de Emiliano Zapata. El resto de este año y la primera mitad del siguiente fueron un periodo de transición política en el cual, ya sin la amenaza directa de las masas pero impulsado por su persistente resistencia y aprovechando los daños irreparables que habían infligido al régimen carrancista, reagrupó sus fuerzas el obregonismo y preparó y consumó su ascenso al poder, sellando así la interrupción de la revolución y abriendo un periodo de estabilización del poder burgués frente a las masas y en sus relaciones con éstas.

La muerte de Zapata abrió una corta etapa de lucha entre los jefes zapatistas por la dirección del movimiento, ya considerablemente fragmentado. Esa lucha, como podía esperarse dado el curso último del zapatismo, terminó con el triunfo de la tendencia de Gildardo Magaña y con el reconocimiento de éste como "sucesor de Zapata" en una elección entre los jefes zapatistas reunidos en Huautla el 4 de septiembre de 1919. Del jefe campesino intransigente al jefecillo pequeñoburgués conciliador, la sucesión marca el retroceso del zapatismo oficial, al cual la política magañista le abría un camino para negociar e incorporarse al poder estatal, a cambio de concesiones de éste, especialmente para los dirigentes. En cuanto al zapatismo de las masas, ése nunca aceptó ni designó a Magaña ni reconoció otro jefe que el jefe Zapata.

En octubre y noviembre de ese año, se produjo una nueva crisis de las relaciones entre el gobierno de Carranza y Estados Unidos.

El gobierno de Washington, aliviado ya de la gran presión de la guerra y de la situación revolucionaria inmediatamente posterior en Europa, inició una nueva ofensiva diplomática para "proteger los intereses estadounidenses amenazados y atropellados en México". Agudizó la crisis el caso del cónsul Jenkins en Puebla, a quien supuestamente secuestraron enemigos de Carranza para demostrar la incapacidad de éste para garantizar la seguridad de las personas. Una semana más tarde Jenkins reapareció sano y salvo y el gobierno mexicano, luego de acusarlo de autosecuestro, lo detuvo y lo sometió a un interrogatorio para aclarar su situación. Esto exacerbó la crisis y senadores norteamericanos, miembros de un subcomité presidido por el senador Albert B. Fall, exigieron la intervención militar en México para proteger las inversiones estadounidenses.

Con motivo de esta crisis, Magaña consideró llegado el momento propicio para negociar. Pidió la mediación del general Lucio Blanco, recientemente reincorporado al ejército por Carranza supuestamente para contrapesar el prestigio de Obregón entre los militares. La mediación tuvo éxito y Carranza y Magaña se entrevistaron en el despacho de aquél el 28 de noviembre de 1919. Magaña ofreció la rendición de las fuerzas zapatistas al gobierno dada la "grave situación internacional", a cambio de garantías para él y los zapatistas. Carranza accedió.

En el mes de diciembre, se rindieron sucesivamente varios generales zapatistas. Algunos, como Genovevo de la O y Francisco Mendoza, aunque en los partes oficiales se los daba como rendidos, se mantuvieron ocultos en las montañas, pero sin desarrollar ninguna actividad militar. En su conjunto, lo que quedaba del movimiento armado zapatista, a falta de otra perspectiva, tuvo que aceptar el acuerdo de Magaña.

Los antiguos terratenientes iniciaron una ofensiva política para recuperar haciendas e ingenios. Éstos, arrebatados a la efímera administración "nacionalizada" de los zapatistas, estaban bajo la "intervención" de los voraces oficiales del ejército de Pablo González, malos militares, pésimos administradores y excelentes negociantes en provecho propio.

La intervención militar, corrompida y desprestigiada, era un régimen por fuerza transitorio, que podía durar tanto como durara la ocupación de Morelos. Conseguida la rendición del zapatismo, organizado y "pacificado" el estado, había que dar destino definitivo a las haciendas: o los campesinos o los terratenientes. Depuestas las armas campesinas y con la burguesía en el poder, la decisión no era difícil de prever. Ya no había obstáculo que postergara la aplicación en Morelos de la política carrancista de devolución de las propiedades intervenidas a los antiguos propietarios porfirianos. Los militares se retiraron de los ingenios, y en el curso de los meses de diciembre de 1919 y enero de 1920, muchas tierras e ingenios fueron devueltos a sus antiguos dueños. Los más emprendedores entre éstos se trasladaron al estado y volvieron a poner en funcionamiento sus empresas. A pesar de la escasez de mano de obra —la población del estado había bajado a la mitad de la de 1910— los hacendados de Morelos comenzaron la recuperación firme de la industria azucarera privada, en medio de una hosca y profunda hostilidad de la población, que no se resignaba a aceptar el regreso de los terratenientes.

En el norte el villismo, después del retiro de la "expedición punitiva" norteamericana, había continuado su guerra de guerrillas. Perdidas las ciudades, todas bajo el control del ejército y del poder central, Pancho Villa se mantenía en las montañas, reagrupando sus partidas en destacamentos numerosos para tomar ciudades en ataques fulminantes, abastecerse, castigar a sus enemigos y a los agentes del gobierno, distribuir víveres entre el pueblo y retirarse rápidamente, volviendo a dispersar sus guerrilleros en pequeños grupos que se hacían inencontrables.

Esta guerra era posible porque la protegía el profundo descontento social contra el régimen carrancista, pero carecía de objetivos precisos. Batallas, combates, ciudades y pueblos tomados a sangre y fuego, encuentros, largas marchas, dispersión de las tropas a atender sus labores campesinas, reencuentros para nuevas acciones: todo eso ¿para que? "Tumbar a Carranza", decían. Sí, ¿pero cómo? ¿Y para qué? La falta de programa del villismo nunca fue tan dramática como en esa etapa de su retirada guerrillera, cuando hasta el mismo gobierno surgido de la revolución combatía a los restos de la insurrección campesina en nombre de un programa de reformas sociales que no cumplía ni aplicaba, pero que había aprobado solemnemente en Querétaro, declarándolo ley suprema de la nación.

Nellie Campobello, que vivió su infancia en Parral, Chihuahua, en esa época cuando la ciudad minera era uno de los centros de la actividad guerrillera villista ("Parral era la plaza preferida de Villa", muchas veces dijo; "Parral me gusta hasta para morirme", cuenta), escribió un hermoso libro de narraciones breves sobre la lucha de los villistas en esos días, tal como podía verlos y recordarlos una niña de cinco o seis años criada entre los combates, los encuentros, los fusilamientos de la guerra civil: *Cartucho. Relatos de la lucha en el norte de México*. Allí se ve la tenacidad de aquellos guerrilleros populares, el apoyo del pueblo a sus combates, pero también la falta de objetivos de éstos. En otro de sus libros, *Apuntes sobre la vida militar de Francisco Villa*, Nellie Campobello refiere la toma de la ciudad fronteriza de Ojinaga por Villa en los primeros meses de 1917. En pocas líneas, escritas con el cariño villista apasionado de la autora, aparece clara la situación de Villa y sus hombres en aquellos días:

El ataque de Villa a la ciudad de Ojinaga tuvo por objeto el comprar algunas cosas que necesitaba para él y sus muchachos. Al llegar, sus amigos lo vieron triste y pensativo. Según expresó, eran ya muchos los muchachos que se le habían muerto: Candelario Cervantes en Namiquipa, peleando contra los norteamericanos en los últimos meses del año de 1916; Pablito López, el que quemó Columbus, hermano de Martín, fusilado en Chihuahua; José Rodríguez, jefe de su caballería;

Fierro, que era su perro fiel, y otros muchos de sus fieles y valientes guerreros que tanta falta le hacían. Cuando hubo comprado los objetos que necesitaba, platicó con doña Magdalena, y sólo le habló de sus muchachos muertos en Columbus: Ortiz, Castillo, Vargas y otros. "Pero no hay que cejar" — dijo el general Villa —. "¿Pa'qué cejamos? Seguiremos hasta que se caiga del árbol don Venus", y luego dio media vuelta y se alejó arrastrando las espuelas.

Fue en ese año cuando un grupo de políticos mexicanos exiliados en Nueva York — algunos de ellos simpatizantes de Villa, otros no —, entre los cuales estaban el general Felipe Ángeles, el licenciado Miguel Díaz Lombardo y el general Antonio I. Villarreal formaron la Alianza Liberal Mexicana, con el propósito de "agrupar a todos los revolucionarios contrarios al gobierno de Carranza". Aunque en ella figuraban quienes, como el mismo Ángeles, se proclamaban adeptos de un "socialismo evolutivo" y exponían su preocupación por una posible invasión de Estados Unidos a México al terminar la guerra mundial, el programa de la Alianza estaba netamente a la derecha de la Constitución de Querétaro. Su punto central era el restablecimiento de la Constitución de 1857, el derribamiento de Carranza y la prohibición de que un militar ocupara la presidencia de la república. En realidad, se invocaba la Constitución de 1857 para encontrar un punto de unión entre hombres y tendencias encontrados cuyo denominador común era el estar en contra de Carranza y fuera del gobierno. Pero al colocarse al mismo tiempo en contra de la Constitución de 1917 y por un retorno al pasado liberal, se ubicaban a la derecha de Carranza, daban a éste la representación de la revolución y lo unían con el centro obregonista y la izquierda jacobina cuya alianza había impuesto la Constitución de 1917 contra el mismo Carranza. Sobre todo se colocaban contra las conquistas revolucionarias de las masas de México, cuya oposición a Carranza no era para volver a 1857, sino para ir más lejos que el compromiso de Querétaro de 1917 o, en todo caso, para hacer efectivas las conquistas sociales allí sancionadas y negadas en los hechos por el régimen carrancista. El programa regresivo de la Alianza Liberal justificaba ahora plenamente el calificativo de "reaccionarios" en que Obregón había basado su campaña militar de 1915 contra el villismo.

Aquí hizo crisis la falta de objetivos de la dirección campesina villista y de su guerrilla. Pancho Villa aceptó el programa de la Alianza Liberal Mexicana y lo hizo aprobar por sus fuerzas en Río Florido, de donde quedó con el nombre de Plan de Río Florido. Aceptó además que para llevarlo al triunfo era preciso abandonar la táctica guerrillera y organizar un ejército en regla, como proponía Ángeles, con el nombre de Ejército

Reconstructor Nacional. Era la misma concepción político-militar que Ángeles había defendido ante Villa especialmente a partir de la toma de México en diciembre de 1914. Pero un ejército centralizado, única forma posible de existencia de un ejército, necesita basarse en un poder estatal y en una clase social urbana, la burguesía o el proletariado. La División del Norte pudo desarrollarse como ejército mientras se centralizaba, bien o mal, en el constitucionalismo. Como ejército campesino, no podía ir más allá de la forma de destacamentos guerrilleros y de guerra de partidas que adoptó desde Columbus, forma que nunca llegó a superar completamente el Ejército Libertador del Sur. Partir de allí para formar un Ejército Reconstructor Nacional con el programa escrito en Nueva York y denominado Plan de Río Florido, era una pura ilusión de políticos exiliados que, al intentar llevarla a la práctica, inevitablemente iba a chocar con la estructura, la comprensión y las aspiraciones campesinas de Pancho Villa, de sus hombres y de su base social.

El único que intentó llevar a los hechos esa ilusión, y para ello afrontar los riesgos consiguientes, con una mezcla de ingenuidad política y fatalismo, fue Felipe Ángeles. Desde su alejamiento de Villa y su exilio en Estados Unidos, Ángeles se había dedicado al estudio y había llegado a un socialismo moderado y evolucionista, influido no sólo por sus lecturas sino también por la recapitulación de sus experiencias en la guerra civil mexicana. La principal preocupación que manifestó en ese entonces era la de que Estados Unidos, una vez terminada la guerra en Europa, aprovechara la situación de división interna de México y lo que Ángeles consideraba una política de "provocación" de Carranza hacia el país del norte, para invadir nuevamente a México y someterlo. Ángeles proponía una "reconciliación nacional" que, excluyendo a Carranza, permitiera negociar con Estados Unidos el mantenimiento de buenas relaciones.

Luego de establecer contacto con Villa, el general Ángeles atravesó la frontera para incorporarse a sus filas, el 11 de diciembre de 1918. Antes de cruzar, escribió ese mismo día en El Paso a un amigo en Nueva York una carta que refleja su situación, sus propósitos, sus sentimientos y su aislamiento en esos días:

Yo hubiera querido no estar tan solo, hubiera querido ir acompañado de unos veinte patriotas bien conocidos en la República; pero no los encontré; quizá muchos querían, pero no podían por su educación de gentes refinadas, delicadísimas [...] Será una vergüenza para los mexicanos que no agoten sus recursos en la solución de nuestro problema, para evitar la intervención de los Estados Unidos. [...] Sabe usted bien que conozco a todo lo que me expongo. Estoy viejo ya y no podré resistir fácilmente la inclemencia de la vida a campo raso, sin alimentos, sin vestido y sucia en extremo. Voy a andar entre gente que por ignorancia y salvajismo comete crímenes, sin darse cuenta de que lo son; y naturalmente su buen amigo, el piadoso señor X., me llamará bandido. Siendo Villa uno de los factores más importantes en la lucha actual, tendré que esforzarme para convertirlo de elemento de anarquía en elemento de orden y eso seguramente será aprovechado por mis enemigos para desacreditarme ante el gobierno y pueblo americanos. A pesar de todo, voy con fe, porque voy a cumplir un deber y porque confío en que mis buenos amigos me ayudarán a tener éxito o me vindicarán si fracaso.

A principios de enero de 1919 se reunió Ángeles con las fuerzas de Villa en el campamento de Tosesihua, Chihuahua. Allí se puso a la tarea de organizarlas según su idea de que la fuerza guerrillera debía convertirse en núcleo de un ejército regular y funcionar como tal desde un comienzo. La idea había sido aceptada por Villa, junto con el Plan de Río Florido. Pero a medida que se desarrollaban las fases preliminares de la campaña, en que la pequeña tropa encabezada por Villa y Ángeles recorría las sierras de Chihuahua evitando por el momento cualquier encuentro importante con el ejército de la Federación, se acentuaban las divergencias de concepción de la guerra entre ambos jefes. Ángeles proponía una guerra formal, tratando de tomar las ciudades que presentaran una situación ventajosa, mientras Villa insistía en la necesidad de mantener las incursiones guerrilleras con el subsiguiente fraccionamiento de la tropa hasta una nueva acción, con el fin de ganar fuerzas para después pasar a la fase de organización en ejército.

Cuando Ángeles alegaba que con ese método dicha fase no llegaría nunca, Villa respondía que la región estaba agotada en recursos después de tantos años de guerra y que había que cuidar los elementos materiales disponibles porque no se podrían reponer tan fácilmente. Ángeles insistía en que por lo menos durante medio año se hiciera una campaña regular, pues la política de constantes fraccionamientos de la tropa después de cada acción permitía al enemigo rehacerse de los golpes y se perdía el efecto favorable. Un cronista de aquella campaña atribuye a Ángeles estas palabras dirigidas a Villa: "Además, mi general, este andar errante por las montañas me parece muy meritorio para un jefe de guerrillas, pero no para un general en jefe del Ejército Reconstructor Nacional".

Si no fueron ésas las palabras precisas, era ciertamente ése el conflicto entre dos concepciones de la guerra, que provenían de dos concepciones de la política. Reanudaban Villa y Ángeles, al frente de una reducida tropa de proscriptos, la misma polémica que cuando, precisamente cinco años antes, eran los jefes de la División del Norte, el más poderoso ejército del país. La polémica, que no llegó a la disputa pero que condujo poco después a una separación, se agravó porque Ángeles expresaba una y otra vez su admiración por los progresos de la civilización en Estados Unidos y su esperanza de que México avanzara por el mismo camino, hasta que Villa terminó por estallar violentamente diciendo que le aceptaba todo, menos que pretendiera "agringar" a su pueblo.

La otra razón de fondo del conflicto estaba expresada en la carta de despedida de Ángeles al ingresar a México: a una guerrilla campesina, cercada y perseguida por un ejército que no hacía prisioneros, era imposible imponerle el respeto a las llamadas "reglas de la guerra" que formaba parte de la educación militar de Felipe Ángeles. En sus procedimientos de lucha sin cuartel y de fusilamientos en masa de prisioneros, las fuerzas villistas y el ejército carrancista se parecían mucho más entre sí que ambos a la formación militar de Ángeles. En realidad, era un conflicto insoluble: a la crueldad natural de la guerra, Ángeles quería "reglamentarla" según las normas clásicas, mientras los campesinos —de uno y otro bando— la ejercían según su leal saber y entender. Era insoluble, porque no era un conflicto entre "civilización" y "salvajismo" —toda guerra, y su necesidad misma, es salvaje—, entre crueldad o no crueldad —toda guerra es cruel, por necesidad— sino, nuevamente, entre dos políticas y dos concepciones del mundo y de la guerra.

Durante una etapa, sin embargo, hubo un acuerdo entre Villa y Ángeles y en el curso de abril de 1919 llevaron una campaña guerrillera con ocupación transitoria de ciudades. Así el 18 de abril los villistas tomaron nuevamente Parral. Posteriormente abandonaron la ciudad y hacia fines de ese mes se dirigieron a atacar Ciudad Juárez.

La posesión de esta plaza fronteriza posiblemente entraba en los planes de Ángeles como punto de apoyo para iniciar la campaña formal en que pensaba. Lo que no entraba en esos planes era la inevitable e inmediata intervención estadounidense. En efecto: la plaza fue prácticamente tomada por las fuerzas villistas al mando del joven general Martín López —que poco tiempo después moriría en otra acción—, pero cuando las tropas del gobierno estaban cercadas en un punto, tropas de Estados Unidos cruzaron la frontera, apoyadas por los cañones de Fort Bliss, y batieron a los villistas obligándolos a retirarse. Ángeles envió una carta pidiendo una explicación de este hecho al comandante militar de El Paso, Texas, y éste se limitó a responder verbalmente que su gobierno había reconocido a un gobierno en México y en consecuencia no tenía ninguna explicación que dar a particulares. Los estadounidenses podían tener y tenían en esos mismos días muchos roces con el gobierno de Carranza, pero ningún interés en una reanimación de la guerra campesina en México.

Las esperanzas de Ángeles de organizar un ejército aparecían cada vez más remotas. Como al momento de cruzar la frontera, tampoco después de varios meses había logrado atraer ningún partidario de importancia a su causa. Ningún "hombre político" (los "patriotas bien conocidos en la república" que en su carta de despedida confesaba no haber podido encontrar) veía a Ángeles más que como un iluso bien intencionado (en el mejor de los casos) que había unido su suerte a una banda de proscritos campesinos.

El conflicto hizo crisis cuando apenas habían pasado cinco meses del encuentro en Tosesihua. Ángeles planteó a Villa que bajaría al valle con una partida de una docena de hombres, para ver cómo obtener alimentos y recursos para la tropa. Villa aceptó. Aunque el acuerdo era que en poco más de un mes volverían a reunirse en el lugar fijado y la despedida fue cordial y afectuosa, en la mente de ambos generales estaba la idea de que esta vez la separación era definitiva, porque sus diferencias eran insalvables y no había ahora las victorias, como en la gran época de la División del Norte, que pudieran disolverlas o atenuarlas. En efecto, al término del plazo acordado Villa recibió un mensaje de Ángeles diciendo que ya no regresaría y seguiría con su pequeño grupo de hombres.

A partir de allí Ángeles quedó prácticamente solo. Llevó una vida errante, oculto en la sierra. Finalmente, el 15 de noviembre fue aprehendido por fuerzas del gobierno, cuando vivía refugiado en una cueva bajo la protección de un exsoldado villista que lo entregó por la recompensa ofrecida. Cuando lo apresaron, Ángeles estaba solo, sin hombres, sin recursos, separado de Villa, de la oposición burguesa y del gobierno, como cuando había cruzado la frontera once meses antes pero sin ninguna de las esperanzas que entonces lo animaban. Su aislamiento era completo. En la inactividad de su escondite leía un libro que continuó leyendo ya capturado: la *Vida de Jesús*, de Ernest Renan.

El prisionero fue llevado a Chihuahua, donde por orden de Carranza se le formó consejo de guerra. La condena a muerte era segura. El proceso se celebró en el Teatro de los Héroes, colmado de público favorable al acusado. Comenzó el 24 de noviembre a las ocho de la mañana y sesionó ininterrumpidamente hasta el 25 a medianoche. Ángeles, para ganar tiempo y permitir que tuviera efecto la campaña que sus amigos hacían en la capital para salvarle la vida, trató de prolongar lo más posible el proceso, haciendo extensas disertaciones sobre arte militar, historia de los ejércitos europeos, anécdotas de guerra, y sobre sus propias ideas políticas y filosóficas. Pero llegó el término, el Consejo de Guerra pronunció la condena a muerte que había sido dictada desde un comienzo por Carranza, y Ángeles fue fusilado a las pocas horas, precisamente el 26 de noviembre de 1919 a las seis de la mañana.[1]

Se decía entonces que Villa había nombrado presidente provisional de la república a Ángeles. Éste lo negó en el proceso. Lo cierto es que con el fusilamiento de Ángeles quedaban eliminados a la vez un centro potencial para la oposición burguesa y toda perspectiva política nacional para el movimiento guerrillero villista. Carranza no iba, por lo tanto, a dejarlo con vida.

La trayectoria de Ángeles es singular, pero significativa, en la revolución mexicana. Fue el más importante oficial de carrera del antiguo ejército federal que fue ganado por la revolución. Había nacido en 1869, con parte de ascendencia india, y su padre también había sido militar en las guerras de la Reforma. Hizo una carrera destacada en el ejército porfiriano y cuando estalló la revolución se encontraba comisionado en Francia, con el grado de general brigadier. Era considerado ya como uno de los oficiales más prominentes por sus conocimientos de matemáticas, artillería y balística. Fue llamado por el gobierno de Madero, quien lo nombró director del Colegio Militar en enero de 1912. En agosto de ese año, ante el fracaso de la campaña de terror del general Juvencio Robles contra el campesinado de Morelos, fue enviado Ángeles para sustituirlo como co-

[1] La desubicación que parece haber sido el signo de la figura solitaria del general Ángeles, aparece hasta en la ironía de una anécdota de su ejecución. El general era ateo y se negó a recibir a un sacerdote que quiso confesarlo antes de morir. Nellie Campobello escribe en *Cartucho* estos recuerdos de niña sobre el final de Felipe Ángeles, luego de contar cómo ellos, los niños, habían asistido a escondidas al proceso, hasta que la madre los descubrió y se los llevó porque "dicen que Villa puede entrar de un momento a otro hasta el teatro, para liberar a Ángeles y la matazón será terrible":

"Ya lo habían fusilado. Fui con Mamá a verlo, no estaba dentro de la caja, tenía un traje negro y unos algodones en las orejas, los ojos bien cerrados, la cara como cansada de haber estado hablando los días que duró el Consejo de Guerra —creo que fueron tres días—. Pepita Chacón estuvo platicando con Mamá, no le perdí palabra. Estuvo a verlo la noche anterior, estaba cenando pollo, le dio mucho gusto cuando la vio; se conocían de años. Cuando vio el traje negro dejado en una silla, preguntó: '¿Quién mandó esto?' Alguien le dijo: 'La familia Revilla'. 'Para qué se molestan, ellos están muy mal, a mí me pueden enterrar con éste', y lo decía lentamente tomando su café. Que cuando se despidieron, le dijo: 'Oiga, Pepita, ¿y aquella señora que usted me presentó un día en su casa?' 'Se murió, general, está en el cielo, allá me la saluda.' Pepita aseguró a Mamá que Ángeles, con una sonrisa caballerosa, contestó: 'Sí, la saludaré con mucho gusto'."

Del mismo modo, el sentimiento fatalista que acompaña toda la trayectoria de Ángeles desde la carta con que cruza la frontera, quedó registrado involuntariamente en la letra del corrido de su ejecución: "Yo no soy de los cobardes / que le temen a la muerte. / La muerte no mata a nadie, / la matadora es la suerte".

332

mandante militar de la lucha contra el zapatismo. Ángeles no sólo cambió radicalmente la política de su antecesor de terror masivo contra la población, sino que trató de combinar la lucha militar contra los guerrilleros zapatistas con una serie de concesiones al campesinado: la primera, terminar con los fusilamientos en masa y las quemas de pueblos y cosechas. En esa lucha, el propio Ángeles sufrió una transformación: vio de cerca la vida de los campesinos y la tenacidad de su resistencia, vio los atropellos de los terratenientes, los funcionarios y los militares, y fue influido por el campesinado de Morelos. Escribió después, en el destierro, relatos de la campaña contra los zapatistas, en los cuales justificó la lucha de Genovevo de la O, contra quien se habían enfrentado sus tropas, y reconoció las cualidades militares del jefe campesino.

Cuando Ángeles fue como emisario de la Convención de Aguascalientes a invitar a los zapatistas a incorporarse a ella, pudo conocer personalmente a Genovevo de la O en Cuernavaca. Recordaron aquella campaña y Genovevo le contó cómo, emboscado con sus tropas en las alturas, habían visto pasar a Ángeles debajo de ellos y lo habían tenido en la mira de sus rifles. "Lo vimos pasar a usted —le dijo Genovevo de la O— y aunque no hubiéramos podido combatir contra sus tropas, lo habríamos podido matar a usted, ¿pero para qué lo matábamos? Usted había sido bueno con nosotros."

Cuando el golpe de Huerta, Ángeles fue apresado en Palacio Nacional junto con Madero y Pino Suárez, y éstos pasaron con él su última noche vivos. Desde el momento de su apresamiento Ángeles comprendió que los matarían, y así refirió después el embajador cubano Márquez Sterling que el general, ya detenido, le había dicho: "A don Pancho lo truenan". Huerta, que no quería un conflicto con el ejército, se limitó a encarcelar a Ángeles y meses después lo envió a Europa, prácticamente desterrado. De allí regresó Ángeles clandestinamente a incorporarse a la revolución constitucionalista, en noviembre de 1913, y pasó a formar parte del gabinete de Carranza como subsecretario de Guerra, siendo el militar de más alta graduación y mayor experiencia en el constitucionalismo, pues la casi totalidad de los militares de carrera siguieron en el ejército federal, donde habían estado primero con Díaz, después con Madero y finalmente con Huerta. Pronto tuvo los primeros roces con Carranza y Obregón. Particularmente éste le reprochaba su carácter de exoficial federal. Quedó como subsecretario de Guerra, subordinado a Carranza. Villa lo solicitó para su ejército y Ángeles pidió y obtuvo inmediatamente la autorización para incorporarse. Hizo la campaña junto a Francisco Villa como el principal jefe, después de éste, del estado mayor de la División del Norte.

Se inició entonces una de las colaboraciones y de las relaciones más singulares y significativas de la revolución mexicana, entre el jefe guerrillero campesino, antiguo proscrito y perseguido por el ejército, y el jefe militar de carrera, antiguo oficial del ejército de los terratenientes. Desde aquel entonces y hasta hoy, escritores y políticos oficiales han querido presentar a Ángeles como "el cerebro reaccionario" que dirigía a Villa, el "lugarteniente gris de Villa", como lo llama uno de sus detractores. Y habiendo sido Ángeles vencido, la historia la escribieron sus enemigos, y aun sus defensores se han esforzado más por justificarlo ante la interpretación oficial que por comprenderlo.

El afán de presentar a Villa como un juguete en manos de Ángeles viene de todos aquellos, desde Obregón, que quieren negar la personalidad del dirigente campesino —como quieren hacerlo también con Zapata— porque les resulta intolerable que un campesino sea quien dirija a elementos provenientes de las clases llamadas "cultas". Pero lo cierto es que en todos los relatos sobre la colaboración entre ambos jefes se ve, junto a la preeminencia de Villa, una relación de respeto mutuo como no existió entre otros. Surge a la vista que, siendo tan diferentes en educación, hábitos y formación de clase, hay un sentimiento de cariño de Villa hacia Ángeles que no lo demuestra por ningún otro personaje que no fuera de origen campesino; y hay un sentimiento de respeto de Ángeles hacia Villa como no lo siente ningún otro dirigente villista civil o militar de origen pequeñoburgués, todos los cuales oscilan entre el paternalismo y el temor hacia el jefe campesino.

Es que Pancho Villa era un hombre que tenía la característica de que los demás expresaban hacia él, en forma de sentimiento personal, los sentimientos que en realidad sentían hacia el campesinado como clase y hacia la revolución campesina con su violencia elemental. (En una discusión con uno de los generales pequeñoburgueses de la División del Norte que en la época de victorias le reprochaba que permitiera la excesiva crueldad de Rodolfo Fierro al fusilar prisioneros, Villa le respondió: "Sí, pero en cuanto no haya más victorias y empiecen las épocas difíciles, todos ustedes me van a abandonar, Fierro me va a seguir hasta el fin". Y así sucedió.)

En los sentimientos de Ángeles hacia Villa iban expresados también sus sentimientos hacia el campesinado: sí paternalismo, como lo expresa en sus actos y en sus escritos, pero no temor, como los otros, sino respeto a una fuerza social que a sus ojos tenía la justicia y la razón de su parte. El campesinado en revolución había influido la conciencia de aquel jefe militar que, sin abandonar su concepción burguesa, se había puesto a su servicio llevado por un sentimiento de justicia. La mezcla de respeto y de paternalismo expresaba esa contradicción no resuelta y que oscilaba en uno u otro sentido según el rumbo en que fuera la marea revolucionaria.

Esa contradicción preside las relaciones entre Ángeles y Villa, tanto en la etapa de 1913-1915 como en la de 1919. Pero no logra alterar la persistencia de una amistad entre ambos jefes, por debajo de sus diferencias insuperables. Ello explica las formas peculiares de una colaboración entre iguales —en la cual sin embargo es Pancho Villa la figura dominante—, única en esa etapa de la revolución mexicana. Cuando en la toma de Parral en abril de 1919 Ángeles habló ante los habitantes reunidos en la plaza principal, dijo esto: "La historia no dirá una sola palabra acerca de mí, porque no lo merezco; soy un polvo insignificante que el viento de mañana barrerá; pero el general Villa sí tiene derecho a palabras de la historia".

Esta contradicción fue la que gobernó los acercamientos y distanciamientos entre Villa y Ángeles, aunque se manifestara bajo la apariencia de reacciones individuales o de discusiones sobre táctica militar; y la que hizo que Villa finalmente volviera a replegarse sobre la forma guerrillera y defensiva de la guerra campesina, y Ángeles, que no podía ni quería seguirlo en ese camino, se quedara solo y aislado, cortado del campesinado al cual no podía comprender ni imponerle su concepción de lucha, y de la burguesía, que lo veía como un militar renegado que había unido su destino a la guerra tenaz y primitiva de las bandas villistas.

El fondo anticapitalista de la revolución mexicana se expresó también en este caso individual, al impulsar hacia las ideas socialistas a un destacado general del ejército porfiriano. En Estados Unidos, Ángeles estudió obras socialistas y marxistas y publicó algunos artículos donde defendía aquellas ideas. Sostenía en ellos que el socialismo era la meta de la humanidad, pero que se debía llegar a él a través del progreso gradual de la sociedad, de modo tal que si se pretendía aplicar leyes socialistas —como según él eran las del Constituyente de Querétaro— a un país atrasado como México, esto favorecería antes a la reacción que al progreso del país. Este pensamiento, por lo demás, era el corriente en el ala reformista del socialismo ruso y del socialismo europeo en general.

En otro artículo de 1917, Ángeles escribía:

El sistema de la sociedad burguesa (de la libre competencia y de la propiedad privada ilimitada) va pasando rápidamente, gracias a los trabajos de los utopistas de la primera mitad del siglo pasado, del socialismo marxista de la segunda mitad del siglo de las luces y del socialismo evolutivo del amanecer del nuevo siglo [...] Los socialistas regresan de los destierros o salen de las cárceles para figurar en los gobiernos; la legislación cambia rápidamente en cada país, siempre influida por el partido socialista [...] El círculo de las ideas se ensancha de varios modos; por los libros, en la tribuna, en el púlpito, en el periódico; pero lo que impresiona más vivamente las inteligencias de las masas es el ejemplo: *la revolución rusa valdrá lo que una montaña de prensa y propaganda* [...] La guerra europea actual era profetizada por todos los hombres de Estado, desde fines de la primera década del presente siglo; pero los gabinetes europeos no vieron claro que la guerra que iba a nacer de una rivalidad internacional, entregaría las naciones a la acción de la tendencia socialista, que es el anhelo mundial. Y de esa manera la terrible guerra dará los más preciados frutos de libertad y justicia.

Una de las tantas contradicciones de esa etapa de la revolución era que en nombre de estas ideas socialistas, Ángeles iba a México a oponer, aliado con el jefe militar de la guerra campesina, una reforma reaccionaria como era el restablecimiento de la Constitución de 1857, a la Constitución sancionada por hombres que también hablaban ya entonces, en forma vehemente pero similarmente confusa, en nombre del socialismo. En el Teatro de los Héroes, ante el Consejo de Guerra, Ángeles expuso por última vez esas ideas, interrumpido por los aplausos del público:

Quiero manifestar en este momento una evolución de mi mentalidad. En Aguascalientes, yo me sorprendí de que muchos fueran socialistas. El socialismo es un movimiento general en todo el mundo y de respetabilidad, que no podrá ser vencido. El progreso del mundo está de acuerdo con los socialistas. Cuando yo me fui a los Estados Unidos, comencé a estudiar el socialismo, vi que en el fondo es un movimiento de fraternidad y de amor entre los hombres de las distintas partes del universo. La fraternidad será un movimiento, como lo ha sido, que ha impulsado a la sociedad por siglos y siglos hacia el bienestar de las masas; esas masas que se debaten en sus luchas, esas muchedumbres que son muchedumbres en todas partes. El pobre se ve siempre abajo y el rico poco o nada se preocupa por el necesitado: por eso protestan las masas, por esa falta de igualdad de las leyes, es por lo que se lucha. Un comunista austriaco ha probado que si todos los hombres del mundo trabajaran solamente tres horas diarias, habría mucha más riqueza; pero resulta que unos son los que trabajan y otros los que comen bien.[2]

2 El historiador soviético I. Lavretski escribió una pequeña biografía de Pancho Villa.

De todas las figuras de la revolución mexicana, la de Felipe Ángeles es la que siempre aparece en una situación de soledad. Es una figura extraña en ese entonces, la de un militar de alta graduación, educado en un ejército de casta, que es atraído por la revolución campesina y pasados los cuarenta y cinco años de edad —después de la Convención de Aguascalientes— se inclina hacia las ideas del socialismo.

Con sus conocimientos militares puestos al servicio de la División del Norte, contribuyó a destruir el ejército opresor en el cual él se había formado. Atraído a la revolución por un ideal de justicia, posiblemente su mayor mérito, en medio de aquel extraordinario desorden de la revolución mexicana, haya sido su sensibilidad para los campesinos de Morelos primero y del norte después, y su intuición para entender lo que guiaba a Pancho Villa en todas sus acciones, aun las más contradictorias, era un sentimiento de amor a los pobres y de odio a la injusticia. Por eso, aunque no comprendió nunca cabalmente a Villa y a sus hombres, aprendió a respetarlos y a estimarlos, y ellos le correspondieron, como no lo hicieron con ningún otro jefe militar ajeno a su clase. Y también por eso —y no sólo por un falso cálculo político, que también lo hubo— los consejos de todas sus relaciones burguesas de Nueva York no pudieron disuadirlo de su determinación de llevar a los hechos sus palabras, ajustar sus acciones con su conciencia y unir su destino una vez más, a fines de 1918, a la causa perdida de las bandas guerrilleras de Francisco Villa.

Pero esa determinación —¿lo presintió Ángeles?— trascendía la suerte adversa que los esperaba en ese momento a él y al villismo. Aun con sus contradicciones, con su paternalismo hacia los campesinos y su formación burguesa, Felipe Ángeles reafirmó en su última etapa, la que terminó en el Teatro de los Héroes y frente al pelotón de fusilamiento, su transformación de 1912 en la campaña de Morelos, su decisión de 1913 al incorporarse a la División del Norte y su evolución de 1914 en la Convención de Aguascalientes.

Está hecha con cariño, pero contiene inexactitudes de hecho y de interpretación. En ella refiere cómo conoció Villa la palabra *socialismo*. Cuenta que, ya retirado en la hacienda Canutillo, Villa fue visitado por un pintor revolucionario que regresaba de la Unión Soviética. Hablaron de John Reed, y el visitante le informó que había muerto de tifoidea en Moscú y que sus restos estaban en la Plaza Roja, junto a los héroes de la revolución soviética. Le dijo también que Lenin sentía un gran afecto por Reed y que éste había escrito un libro famoso sobre la revolución rusa, *Diez días que conmovieron al mundo*. Villa dijo entonces: "Dicen que Johnny también escribió un libro sobre nuestra revolución, y que habla de mí. Johnny fue un buen hombre, un revolucionario; los hombres humildes de todo el mundo eran sus hermanos. De él oí por primera vez la palabra *socialismo*. Creí que se trataba de un objeto, pero Johnny me explicó que era un régimen en el que no hay terratenientes ni capitalistas; todos los hombres viven como hermanos y trabajan para el bien común".

El actual ejército mexicano surgió del triunfo de la revolución nacionalista y se formó en una tradición dual y contradictoria que expresa la contradicción bonapartista de su creador, el general Obregón: por un lado, la tradición de haber destruido al antiguo ejército de casta de la burguesía y los terratenientes con el triunfo de las armas revolucionarias y haber enfrentado la invasión y los chantajes del imperialismo; por el otro, la de haber combatido y derrotado a los ejércitos campesinos de la revolución en las campañas de Obregón contra Villa y de Pablo González contra Zapata.

El general Ángeles, ignorado por la escuela obregonista, forma parte también de esa tradición, como una tercera corriente que afluye escondida: la de los militares de carrera ganados por la revolución e incorporados al ejército de los campesinos, la División del Norte. Su adhesión al socialismo fue la conclusión natural de su paso del ejército de la burguesía porfiriana al ejército de los campesinos.

A principios de 1920, Carranza ya había asesinado a Zapata, obtenido la rendición de Magaña y fusilado a Felipe Ángeles. Hacía frente a las presiones del imperialismo yanqui, especialmente en la cuestión petrolera. El villismo y sus acciones esporádicas en el norte eran apenas una parte de los últimos sobresaltos de la guerra civil que, un poco por todas partes, se producían aún en el país.

Pero cuando toda oposición ajena al constitucionalismo parecía eliminada, ya la política de Carranza se había vuelto insostenible, porque había dejado de representar una fuerza social en el país. La Constitución de 1917 era un compromiso real, no una invención ni una declaración formal. Carranza no representaba ese compromiso, sino una de sus partes, y además la más débil socialmente aunque se apoyara en la fuerza que da el poder. La política de Carranza era la negación del pacto de 1917, y si había sido aceptada o tolerada por los representantes políticos de la pequeña burguesía revolucionaria como una cruel necesidad para eliminar los resabios de la guerra campesina, ellos no la habían compartido ni acompañado, salvo en un punto que los unía a todos: el enfrentamiento nacionalista contra Estados Unidos.

Esa situación se expresaba en el retiro político del hombre que representaba no a una de las dos tendencias contrapuestas en Querétaro, sino el compromiso alcanzado: Álvaro Obregón. En 1917 éste se había retirado a sus propiedades de Sonora, que a partir de entonces se desarrollaron prósperas. Al parecer no fue ajena a esta prosperidad la protección de Carranza, que deseaba tener contento a su adversario y al mismo tiempo aplicaba la política oficial de la tendencia en el poder: desarrollar una nueva clase burguesa, entrelazada con la antigua, a partir del enriquecimiento, desde el gobierno y por medio de éste, de los militares y políticos vencedores en la revolución. Obregón mismo y su familia llegaron a ser un paradigma de ese enriquecimiento.

Pero después de haber triunfado sobre los núcleos fuertes de la guerra campesina, la política de Carranza sobrepasaba sus propios límites. Se acentuaban más y más sus rasgos restauradores, no del antiguo poder pero sí del viejo orden. En busca de base social para esa política, Carranza tenía que acudir a sus orígenes, a los antiguos propietarios porfirianos.

La resistencia a esta política no se expresaba sólo en el descontento en los campos de Morelos que sostenía en armas —aunque inactivos— a jefes zapatistas como Genovevo de la O y Francisco Mendoza a pesar de la rendición oficial de Magaña; o en la persistencia de las guerrillas de Villa en el norte y de otras bandas rebeldes menores por todos los rumbos del país; o en la multiplicación de las huelgas y conflictos obreros en 1918 y 1919; sino también en la oposición creciente a Carranza, desde 1917, del sector radical de los jóvenes oficiales revolucionarios. Esta oposición se volvió abierta cuando, contra la candidatura de Obregón a la presidencia sostenida por gran parte de la oficialidad del nuevo ejército, Carranza quiso imponer como su sucesor en las elecciones a realizarse en 1920 a un personaje ajeno a la revolución, el ingeniero Ignacio Bonillas.

A mediados de 1919, Álvaro Obregón había lanzado desde Sonora su propia candidatura a la sucesión. Su programa aparecía moderado y se limitaba a plantear críticas al incumplimiento de las normas de la democracia representativa. El diario *Excélsior* lo saludaba editorialmente, diciendo que en él "no había una sola salida de tono", que "no aparece con ninguna de las perturbaciones jacobinas que se le achacaban" y que "ya no descubrimos en él tendencias socialistas de aquellas que, en tiempos, ponían espanto en la mente de las personas que conjeturaban que algún día se pondría en camino de la primera magistratura". Ofrecía garantías a la propiedad privada, al capital y a las inversiones extranjeras. Sin embargo, de lo que se trataba no era de la democracia representativa, sino del incumplimiento de las promesas de la revolución por el régimen de Carranza. Obregón, pese a sus declaraciones, al presentarse como el caudillo del ejército de la revolución aparecía mucho más cercano a esas promesas que el candidato "civilista" del viejo presidente.

La candidatura de Obregón se convirtió en el polo de atracción del descontento contra el régimen carrancista, como se vio en la gira electoral nacional que comenzó en octubre de 1919. A principios de 1920, la presentación del candidato civil de Carranza contribuyó a volcar al ejército a favor de Obregón. En marzo, el ingeniero Bonillas empezó su campaña electoral y la división del constitucionalismo en dos alas ya irreconciliables —carrancismo y obregonismo— tomó carácter nacional.

A principios de abril de 1920, llamado Obregón a la capital para rendir testimonio en un proceso federal, estuvo a punto de ser apresado y posiblemente asesinado por orden de Carranza. Desde marzo, Obregón había hecho una alianza con Magaña que le aseguraba el apoyo de los zapatistas para su lucha contra Carranza. De modo que el 13 de abril, cuando huyó del Distrito Federal, pudo hacerlo en un tren hacia el sur, a través de Morelos, disfrazado de ferrocarrilero y protegido por los zapatistas. Desde Guerrero envió mensajes a sus partidarios en la república y a mediados de abril la rebelión obregonista era un hecho nacional: se pronunciaron desconociendo a Carranza las autoridades civiles y militares de Sonora, Sinaloa, Michoacán, Zacatecas, y detrás siguieron otros.

El 23 de abril de 1920 Obregón lanzó su Plan de Agua Prieta, cuyos puntos eran derribar a Carranza, nombrar presidente provisional al gobernador de Sonora, Adolfo de la Huerta, y realizar luego elecciones para establecer el gobierno legal. Una ola de pronunciamientos volcó prácticamente a todo el ejército en favor de Obregón en la semana siguiente. El aislamiento social del gobierno de Carranza se puso de manifiesto brutal y repentinamente en su aislamiento político y militar. En el sur, donde Obregón había establecido su base de operaciones, los antiguos jefes zapatistas, siguiendo el consejo de Magaña, le dieron su apoyo contra el odiado Carranza a cambio, indudablemente, de promesas privadas de futuros repartos agrarios para los campesinos y de puestos y carreras políticas para los jefes principales. A fines de abril Morelos estaba sublevado en la rebelión obregonista y los hacendados habían huido nuevamente del estado. El 2 de mayo, junto a los principales jefes zapatistas, Obregón habló a la población de Cuernavaca, proclamando el inminente triunfo del alzamiento, a pesar de la resistencia que aún pretendían oponer los carrancistas en el Distrito Federal.

El 7 de mayo Carranza abandonó la capital rumbo a Veracruz, con una reducida escolta de leales y un pesado convoy ferroviario donde pretendía transportar consigo el tesoro nacional. El 9, Obregón entró en triunfo a la ciudad de México, encabezando las fuerzas del sur y con Genovevo de la O cabalgando a su lado. Carranza nunca llegó a Veracruz: perseguido y acosado por diversas partidas enemigas, obregonistas y zapatistas, abandonó el camino del ferrocarril y se internó en las montañas de Puebla. El 21 de mayo de 1920, mientras dormía acampado en Tlaxcalaltongo, fue asesinado por traidores que habían sido miembros de su guardia personal. Quienquiera los haya movido y haya ordenado el asesinato, el episodio muestra la descomposición hasta su misma médula a que había llegado el régimen carrancista. Apenas había pasado poco más de un año desde el asesinato a mansalva de Zapata y sólo seis meses desde el asesinato legal de Felipe Ángeles.

El 24 de mayo de 1920 el Congreso, que apoyaba a Obregón desde antes de la caída de Carranza, eligió presidente provisional a Adolfo de la Huerta. El 2 de junio desfilaron frente a Palacio Nacional veinte mil soldados del nuevo régimen, entre ellos tropas zapatistas. En el balcón, junto al presidente y al general Obregón, contemplaban el desfile figuras tan dispares como el general Pablo González y el general Genovevo de la O, unidos bajo la bandera del obregonismo y dando una muestra anticipada de cuáles serían las bases sociales contradictorias y aun antagónicas en que el obregonismo y sus sucesores asentarían su poder.

El 10 de mayo, apenas caído Carranza, un periodista norteamericano entrevistó a Francisco Villa en Santa Cruz de Rosales, Chihuahua. Le dijo Villa: "No veo claro para resolverme a desbandar a mis hombres en vista de los cambios ocurridos [...] Por supuesto considero que el presente cuartelazo es un paso que se ha dado en buen camino". Luego declaró: "Creo que los obregonistas rompieron definitivamente con Carranza, pero no estoy igualmente seguro de que se encuentran en favor de los verdaderos intereses del pueblo". Dijo que no había aún ninguna negociación, y que desconfiaba, porque se le había querido tender la celada de una supuesta defección similar a aquella en que Zapata había sido asesinado. "A mí nunca me harán caer en un lazo semejante —agregó—. Tengo que ser prudente, ya que soy la última esperanza del pueblo mexicano para mejorar su suerte".

Desde su instalación, el presidente interino de la Huerta buscó la manera de obtener la rendición de Villa. Un emisario suyo logró entrevistarse con el guerrillero a comienzos de julio de 1920, y éste formuló una serie de condiciones para su rendición al nuevo gobierno, entre las cuales figuraba que se le entregara una hacienda en Chihuahua para él y sus hombres, el reconocimiento de su grado y el derecho de mantener una escolta armada para su protección, pagada por el gobierno, así como garantías y paga de licenciamiento para todos los hombres que se rindieran con él. El 9 de julio, el secretario de Guerra y Marina, general Plutarco Elías Calles, declaró que no habría ningún trato ni convenio con Villa y que su rendición debería ser incondicional, "porque no se le considera como un elemento político ni como un problema militar, y porque aceptando sus condiciones se le daría al bandolero del norte un valor y una importancia de las que carece".

Las declaraciones de Calles interrumpieron las negociaciones que se estaban celebrando en Saucillo, Chihuahua. Era lo que buscaba Calles, que hablaba en nombre de la tendencia que se oponía a cualquier convenio con Villa y en la cual estaba el mismo Obregón. Por otro lado, las tratativas habían sido estimuladas por la intervención de Gildardo Magaña, que ya desde junio hacía gestiones y llamados a los allegados de Villa para que éste aceptara negociar con el gobierno, el cual, según Magaña, estaba en "magnífica disposición". Pero al enterarse de las declaraciones del secretario de Guerra, Villa bruscamente levantó campamento y desapareció con sus hombres.

Salieron tropas a perseguirlo hacia diversos rumbos, pero el guerrillero se había hecho humo. Fue entonces cuando Villa consumó su última hazaña militar: en una marcha forzada de cinco días atravesó con sus tropas el Bolsón de Mapimí, extenso desierto que separa a Chihuahua de Coahuila, donde en cientos de kilómetros es imposible hallar una gota de agua. Partiendo de Saucillo, cayó con sus hombres sobre la población de Sabinas, Coahuila, en pleno centro de la región carbonera del estado, y tomó la plaza por sorpresa el 26 de julio de 1920, junto con su guarnición de sesenta federales. Se apoderó además de varios trenes y levantó cincuenta kilómetros de vía hacia el norte y hacia el sur, para evitar contraataques sorpresivos.

Nadie esperaba la presencia de Villa por esas regiones, pues se consideraba imposible que una tropa, así fuera la caballería villista, atravesara el Bolsón de Mapimí en tales condiciones y con semejante rapidez. Tanto, que cuando a las cinco de la mañana de aquel día el presidente de la Huerta recibió una comunicación de Villa, puesta en el telégrafo de Sabinas, anunciando que había tomado la plaza y quería entrar en negociaciones directas con el gobierno, su primera reacción fue no dar crédito a la noticia: Villa no podía estar ahí, si pocos días antes estaba en Saucillo. En cuanto se confirmó, de la Huerta contestó aceptando las tratativas y designó para llevarlas a cabo al jefe de operaciones militares en Coahuila. Pancho Villa había aplicado con éxito, una vez más, su método favorito para entablar negociaciones: primero dar un golpe fulminante para obtener una mejor relación de fuerzas y luego discutir. En una proporción ahora infinitamente menor, era lo que había hecho seis años antes: primero tomar Zacatecas, luego arrancar los pactos de Torreón a Carranza.

El general federal se trasladó con una pequeña escolta a Sabinas y allí se realizaron las discusiones. El convenio por el cual terminó la rebelión villista, firmado en Sabinas, Coahuila, el 28 de julio de 1920, estipulaba lo siguiente:

1º El señor general Villa depone las armas para retirarse a la vida privada. 2º El Ejecutivo de la Unión cederá en propiedad con los requisitos legales, al señor general Villa, la hacienda Canutillo, ubicada en el estado de Durango, haciendo entrega de los títulos traslativos de dominio. 3º En el mencionado lugar tendrá el señor general Villa una escolta formada por cincuenta hombres de su confianza que él mismo designará y que dependerá de la Secretaría de Guerra y Marina, pagándoseles los haberes correspondientes. Dicha escolta no podrá ser removida ni podrá distraérsela de su único objeto, que es el de cuidar la seguridad personal del general Villa. 4º A las demás personas que forman actualmente parte de las fuerzas del general Villa, entendiéndose tanto las presentes en esta plaza como las que en distintos lugares se encuentren cumpliendo comisiones que les ha conferido el señor general Villa, se les dará por el gobierno el importe de un año de haberes, según el grado que ostenten a la fecha. Además, se les darán tierras en propiedad en el lugar que indiquen los interesados, para que en ellas se dediquen a trabajar. 5º A las personas que deseen continuar en la carrera de las armas, se les incorporará en el Ejército Nacional.

Quien firmaba este acuerdo con el gobierno federal no era "el bandolero del norte", como lo había llamado el secretario de Guerra y Marina de ese gobierno, Plutarco Elías Calles, sino "el señor general Villa", como dice el texto del convenio.

Desde Sabinas hasta Tlahualillo, punto acordado para entregar las armas al cual llegó con mil hombres bien montados y armados, Francisco Villa hizo un extenso recorrido a caballo en el cual pasó por diversos pueblos del norte donde la población pobre se volcó a recibirlo y a despedirlo. Hacer el viaje a caballo —el gobierno le ofreció trenes— fue una medida militar, para evitar los riesgos de una emboscada en el recorrido por tren, pero también una medida política, para mostrar el apoyo popular que su figura seguía atrayendo en el norte.

Villa pasó tres años trabajando su hacienda en Canutillo con su guardia de dorados. Aun en su retiro, seguía siendo un centro potencial para un nuevo movimiento campesino, pues el prestigio de sus años de guerra no había disminuido. Debía además muchas cuentas a la burguesía en el poder. Aunque no intervenía en política, tampoco se había convertido en un apoyo para el gobierno de Obregón, como lo eran los exzapatistas Gildardo Magaña y Antonio Díaz Soto y Gama. Su rendición negociada era reconocer su derrota. Pero una derrota con condiciones, que dejaba libre y en pie la amenaza principal para el régimen: la persona misma de Pancho Villa. Emiliano Zapata, en cambio, estaba bien muerto, lo mismo que Carranza y Ángeles, todos asesinados de una forma o de otra.

Villa iba frecuentemente a Parral desde Canutillo. El 20 de julio de 1923 fue por última vez, en su automóvil, con cinco de sus hombres. Un grupo de emboscados lo recibió a balazos en una calle de la ciudad: más de cien disparos terminaron con la vida de Francisco Villa y de sus acompañantes, que no tuvieron ni tiempo de utilizar sus armas.

Casi exactamente cinco años después, a mediados de julio de 1928, cuando acababa de ser electo para un segundo periodo presidencial era muerto también a balazos —como antes Madero, Zapata, Carranza y Villa— el último de los cinco grandes caudillos de la revolución, Álvaro Obregón.

La rebelión del Plan de Agua Prieta fue el instrumento a través del cual se expresó una necesidad política impuesta desde abajo. Fue la continuidad y la permanencia nacional de las luchas populares en su contra lo que aisló, descompuso, acorraló al régimen carrancista y determinó en definitiva su caída, impidiendo que Carranza aplastara a la revolución.

Fue una victoria en la retirada, que si no produjo y no podía producir una nueva ofensiva —hacía falta una nueva acumulación de fuerzas y experiencias para ella—, contuvo y quebró la ofensiva restauradora carrancista, evitó que el repliegue fuera empujado al desbande, impidió a la nueva burguesía recoger todos los frutos de las derrotas infligidas a los ejércitos campesinos en los años precedentes y determinó que la conclusión de ese ciclo de la revolución —1910-1920— fuera una situación de dominio inestable, apoyado en bases sociales ajenas, del sector burgués y pequeñoburgués que arrebató el poder a Carranza.

Una expresión más de la potencia perdurable de la revolución mexicana es el hecho de que, aun en descenso en esta etapa, tumbara con Carranza al tercer intento de liquidarla y clausurarla dentro de los marcos burgueses clásicos, el tercer intento de encerrar los alcances sociales de la revolución en un simple cambio del personal y de las fórmulas políticas de dominación de la burguesía.

La primera tentativa habían sido los acuerdos de Ciudad Juárez y el régimen de Madero, incapaz después de suprimir la guerra campesina y acabar con el zapatismo.

La segunda tentativa fue el régimen de Victoriano Huerta que intentó hacer por la represión pura lo que el maderismo había querido conseguir combinando conciliación y represión: terminar con la etapa revolucionaria y estabilizar el régimen burgués sucesor del porfiriato sin grandes conmociones sociales ni transformaciones económicas. Esta vez no fue la lucha en las cumbres, sino la insurrección nacional lo que aplastó el intento.

La tercera tentativa, debilitada por los años de ascenso revolucionario y por la caída violenta del huertismo, pero fortalecida porque, a diferencia de las anteriores, se movía aprovechando el descenso de la revolución y cubriéndose con el programa de Querétaro, terminó como la de Madero, por un golpe surgido de su mismo aparato, pero desde el extremo opuesto, desde su izquierda. No para contener a las masas con la represión, como buscó Huerta, sino para contenerlas con la conciliación y las concesiones parciales, porque ahora ya esta política era posible sin poner en peligro la existencia del régimen de propiedad.

Como contra Madero, pero en condiciones mucho más difíciles porque era ya el reflujo, los zapatistas de Morelos en 1916, 1917 y 1918 mantuvieron la continuidad de la revolución y su independencia frente al poder burgués nacional. Su actividad descompuso al ejército carrancista y estimuló la reanimación del movimiento obrero después de la derrota de la huelga general de 1916. De este modo, la resistencia zapatista no sólo defendió la persistencia de sus conquistas, sino que socavó las intenciones restauradoras del carrancismo. Cuando asesinaron a Zapata en 1919, ya el movimiento obrero había empezado a tomar el relevo.

A partir de 1918, y en particular durante 1919 y 1920, el movimiento sindical conoció una intensa reanimación, a la cual no era ajena la influencia de la revolución rusa de 1917 y de los movimientos revolucionarios que siguieron a la Primera Guerra Mundial. Las huelgas y luchas reivindicativas fueron en constante aumento en ferrocarriles, en petróleos, en textiles, en electricistas, en portuarios de Tampico y Veracruz, en una serie de gremios que exigían aumentos de salarios, conquistas sociales, aplicación de las conquistas sancionadas en la Constitución y, sobre todo, derecho a la organización sindical. En mayo de 1918 se realizó el congreso obrero nacional de Saltillo, donde se constituyó la Confederación Regional Obrera Mexicana (CROM), primera central obrera nacional del país. Esta ola de movilizaciones cobró más intensidad con la caída de Carranza y durante el interinato de Adolfo de la Huerta.

Con la renovada intervención del movimiento obrero, que se sumaba a la persistencia de los restos activos de la guerra campesina y se apoyaba en la influencia de la revolución rusa en esos días,[3] era una convergencia

---

[3] Europa era sacudida por el "bienio rojo" (1919-1920), que conmovió a Alemania y

obrera y campesina de hecho, sin programa, sin organización unificada, pero como no había habido en etapas anteriores, la que se oponía al carrancismo y su gobierno.

A pesar de sus choques con la política nacionalista de Carranza y de su permanente presión sobre éste para obtener concesiones aprovechando sus dificultades, el gobierno de Estados Unidos no se engañaba sobre el fondo de la situación en México. En 1915 había dado el reconocimiento a Carranza como el mal menor, y éste aparecía como el partido del orden y de la terminación de la revolución, al cual estaba dispuesto a respaldar contra toda tendencia a reanimar la revolución o a izquierdizar el régimen. Por eso, a pesar de la moderación de la campaña electoral de Obregón, no vio con simpatía el ascenso del obregonismo.

Los militares nacionalistas revolucionarios veían el incumplimiento de las promesas de Querétaro, resistían las medidas de restauración de los antiguos propietarios, condenaban la rapacidad del sector arribista y enriquecido de la oficialidad carrancista, habían visto con repugnancia la represión militar y el asesinato de Emiliano Zapata,[4] pero eran contenidos por la política nacionalista con que Carranza enfrentaba las exigencias de Washington. Por eso, el intento de imponer a Bonillas no carecía

Hungría y culminó con la ocupación de las fábricas en Italia en 1920, mientras en Argentina estallaba la huelga general y la insurrección de enero de 1919.

[4] Cuenta Womack en su libro la reacción de esos oficiales ante la noticia del asesinato a traición de Zapata por Guajardo:

"En privado, el asunto molestó a muchos revolucionarios que ya habían hecho carrera. Los oficiales del ejército, oficialmente, vieron con malos ojos los ascensos concedidos a Guajardo y a los que lo acompañaron en la conjura. Algunos llegaron a quejarse inclusive al presidente e hicieron saber a la prensa su resentimiento. Otros revolucionarios, más generosos, se sumieron en el humor sombrío del que se siente vacilar en su fidelidad. Un joven asistente de la Oficina de Intendencia General del Gobierno, Jesús Romero Flores, rememoró más tarde la mañana en que leyó los informes. Él y su superior, el general Francisco Múgica, se consideraban 'de extrema izquierda'. En su calidad de delegados ante el Congreso Constituyente de 1916-17, ambos habían abogado por reformas radicales en materia de tierras, trabajo y educación; Múgica había sido la figura clave del comité, clave para conseguir la votación, a favor de la incorporación de las reformas en la Carta Magna. Aunque en los primeros días de 1911 Múgica se había ofrecido a luchar contra Zapata, al paso de los años había llegado a admirar su larga y constante lucha. Además, no podía negar su amistad de la infancia con los hermanos Magaña, cuyo padre lo había ayudado a estudiar en el seminario de Zamora y, más tarde, como periodista de la oposición. Romero Flores simpatizaba con los agraristas surianos y también él, que era de Michoacán, conocía a los Magaña. Al enterarse del asesinato, consideró que los tiempos eran 'negros'. Él y Múgica se pasaron la mañana del viernes en su despacho profundamente conmovidos, casi sin hablar Esta nueva muerte les recordó la terrible epidemia de influenza del invierno que acababa de pasar, cuando 'una sensación de tristeza y de pavor parecía envolverlo todo'. Cuando leyó cómo se vanagloriaba el gobierno de la traición, su depresión estalló en indignación contra la 'turba de acomodaticios' que estaba en el poder".

de toda base ni era una mera torpeza de Carranza. Era la búsqueda de una vía para estabilizar el régimen político, restableciendo en una república parlamentaria la alianza con el sector todavía más sólido de las clases poseedoras: la oligarquía porfiriana. De ahí su rechazo al "militarismo" —es decir, al ejército formado en la revolución— y su apelación al "civilismo" de su candidato. Muchos oficiales de ese ejército veían a esa candidatura como una amenaza al papel político conquistado por las fuerzas armadas y también a los poderes y privilegios adquiridos por ellos en su función militar.

La candidatura de Bonillas era, al mismo tiempo, el intento de liquidar desde arriba los frutos de la revolución. Era convertir los diez años de revolución en un simple cambio de personal político, en una "modernización" del Antiguo Régimen.

Esa empresa murió con Carranza en Tlaxcalaltongo. En esos diez años las energías populares habían sufrido un desgaste enorme. Pero, como decía Pancho Villa, esas masas "no cejaron". Alcanzaron a enlazar su tenacidad con la resistencia de los oficiales constitucionalistas a la imposición de Carranza y, esos militares mediante, se sacaron de encima a Carranza y a su grupo político conservador. Fue la derrota de la última tentativa, en aquellos años, de establecer un régimen político que no tuviera que depender del apoyo de las masas. Por eso Venustiano Carranza, surgido del porfirismo, y no Álvaro Obregón, proveniente de la pequeña burguesía de provincia, ocupa un lugar más elevado en los altares de la burguesía mexicana.

La rendición de las armas por Pancho Villa a fines de julio de 1920 no obedecía tan sólo al cansancio acumulado en su gente o a la falta de perspectivas. Sin demasiada claridad, los villistas veían que el objetivo alcanzable se había logrado: el carrancismo había caído. Y aun sin confianza en los nuevos vencedores ("me parece que es el mismo toro, nada más que revolcado", comentó Villa al periodista de Estados Unidos), sentían que era el último triunfo que podían obtener. Para ir más allá se requerían fuerzas superiores que ellos ya no tenían.

La decisión de Villa fue diferente a la de Gildardo Magaña, que se integró como político del nuevo régimen. Tampoco fue comparable a las dos veces en que Felipe Ángeles se separó de la lucha junto a Villa, casi un símbolo de una conclusión del campesinado del norte: "Hasta aquí llegamos, más no se puede". Antes que una decisión personal, Villa expresaba en su actitud una situación social. "No hay que cejar", había dicho en Ojinaga tres años antes. "¿Pa'qué cejamos? Seguiremos hasta que se caiga del árbol don Venus." Don Venus se había caído y con él su política; y como la tenacidad campesina de Villa no era terquedad ni obstinación; como los recursos materiales y humanos del villismo para seguir la guerra estaban casi exhaustos ("Chihuahua ya no sirve para hacer revoluciones", le había dicho Villa a Ángeles un año antes para explicar ese agotamiento, pero más que el de los recursos materiales de los cuales hablaba, estaba diciendo el agotamiento de las masas campesinas); y como además, fuera de tumbar a Carranza, ni él ni su gente veían otra perspectiva inmediata, la conclusión era clara: interrumpir la lucha en ese punto.

La rendición de las armas por Pancho Villa después de que su gran enemigo había caído fue uno de los símbolos, no de la derrota o de la conclusión, sino de la interrupción de una revolución.

Obregón entró a fundar el poder sobre nuevas bases y alianzas políticas. Siguiendo la continuidad de su anterior trayectoria, su objetivo era desarrollar una nueva burguesía dirigente cuyo embrión estaba en los rancheros del norte a quienes él y los suyos encarnaban y representaban. Comprendió desde un principio que para lograrlo debía evitar un choque abierto con las masas. Su política fue contenerlas con concesiones, controlándolas desde el poder pero al mismo tiempo apoyándose en ellas, a través de los dirigentes de sus organizaciones, para enfrentar a la presión de Estados Unidos por un lado y a las tendencias restauradoras por el otro; y, sobre todo, a una eventual y posible alianza entre ambas fuerzas.

Quedaron excluidos del poder los antiguos terratenientes, aunque sus propiedades en su mayoría no hubieran sido expropiadas —quince años después, en un nuevo ascenso de la revolución, el cardenismo acometería más a fondo esta tarea— y fueran todavía el sector económicamente más fuerte de la burguesía. Por su parte, la burguesía industrial era entonces débil, atenazada entre el monto de la inversión extranjera y el de la propiedad estatal y superada por ambos; fuera de que, en el plano político, aparecía ligada al viejo régimen prerrevolucionario.

De ahí el carácter peculiar del bonapartismo de Obregón, cuyo instrumento político es el ejército y cuya base social se apoya en las masas a través del control de sus organizaciones sindicales mediante una burocracia ligada al aparato estatal. Reunía rasgos del bonapartismo clásico posrevolucionario y del bonapartismo *sui generis* de la burguesía de los países atrasados.[5]

En agosto de 1919, al comienzo de su campaña electoral, Obregón

___

[5] En 1932, Trotsky definía así el bonapartismo posrevolucionario:
"El régimen bonapartista sólo puede adquirir un carácter relativamente estable y dura-

firmó una alianza con la Confederación Regional Obrera Mexicana y con su jefe, Luis N. Morones, que luego sería uno de los sostenes más firmes de su régimen y el fundador y prototipo de la escuela de burócratas sindicales carreristas, enriquecidos y miembros del personal político de la burguesía, cuyo poder en los sindicatos terminó asentado en bandas de pistoleros que reprimían despiadadamente todo intento de organizar la oposición de la base. En diciembre, la CROM y Morones fundaron el Partido Laborista y apoyaron la candidatura de Obregón. A comienzos de 1920 se concretó el pacto entre éste y los jefes pequeñoburgueses zapatistas, Magaña y Díaz Soto y Gama. Antonio Díaz Soto y Gama fundó

dero en caso de que cierre una época revolucionaria; cuando la relación ya ha sido probada en luchas; cuando las clases revolucionarias ya se han desgastado, pero las clases poseedoras todavía no están liberadas del temor: ¿el mañana no traerá nuevas convulsiones? Sin esta condición fundamental, es decir, sin agotamiento previo de la energía de las masas en lucha, el régimen bonapartista es incapaz de desarrollarse" ("El único camino" en León Trotsky, *La lucha contra el fascismo*, Editorial Fontamara, México, 1980).

En 1938, y basándose precisamente en la experiencia de México, define así el bonapartismo *sui generis* de los países atrasados:

"En los países industrialmente atrasados, el capital extranjero juega un papel decisivo. De ahí la debilidad relativa de la burguesía nacional respecto del proletariado nacional. Esto da origen a condiciones especiales del poder estatal. El gobierno oscila entre la débil burguesía nacional y el proletariado relativamente poderoso. Se eleva, por decirlo así, por encima de las clases. En realidad, puede gobernar, ya convirtiéndose en instrumento del capital extranjero y aherrojando al proletariado con las cadenas de la dictadura policial, o bien maniobrando con el proletariado, llegando incluso a hacerle concesiones y obteniendo así la posibilidad de cierta independencia frente a los capitalistas extranjeros. La política actual del gobierno mexicano está en la segunda etapa: sus más grandes conquistas son las expropiaciones de los ferrocarriles y de la industria petrolera.

"Estas medidas permanecen enteramente dentro del dominio del capitalismo de Estado. Sin embargo, en un país semicolonial el capitalismo de Estado se halla bajo la fuerte presión del capital extranjero privado y de sus gobiernos y no puede mantenerse sin el apoyo activo de los obreros. Por eso intenta, sin dejar que el poder real escape de sus manos, colocar sobre las organizaciones obreras una parte considerable de la responsabilidad por la marcha de la producción en las ramas nacionalizadas de la industria" ("La administración obrera en la industria nacionalizada", en León Trotsky, *Sobre la liberación nacional*, Editorial Pluma, Bogotá, 1980).

En 1940 agregaba:

"Los gobiernos de países atrasados, es decir coloniales y semicoloniales, asumen en todas partes un carácter bonapartista o semibonapartista. Difieren entre sí en lo siguiente: mientras unos tratan de orientarse en un sentido democrático, buscando apoyo en los obreros y campesinos, otros instauran una forma de gobierno cercana a la dictadura policiaco-militar. Esto determina asimismo el destino de los sindicatos: están bajo el patrocinio del Estado o sometidos a cruel persecución. La tutela del Estado está dictada por dos tareas que éste tiene que realizar: 1] atraer a la clase obrera, ganando así un apoyo para su resistencia contra las pretensiones excesivas de parte del imperialismo; y 2] al mismo tiempo, regimentar a los trabajadores, poniéndolos bajo el control de una burocracia". ("Los sindicatos en la época del imperialismo" en León Trotsky, *Sobre la liberación nacional*, Editorial Pluma, Bogotá, 1980).

después el Partido Nacional Agrarista, que junto a la CROM sería otro de los pilares políticos del régimen obregonista.

Con ambos pactos y con el apoyo del ejército, Obregón tenía completas las bases de su golpe de estado y de su gobierno. Con la supresión de los aspectos más odiosos del carrancismo y haciendo concesiones a su izquierda, canalizaba a su favor mediante la dirección sindical y la dirección zapatista la resistencia nacional obrera y campesina contra la política de Carranza; y mediante esas mismas direcciones, asociándolas al usufructo del aparato estatal, controlaba a las masas. Al mismo tiempo, sobre esas mismas bases controlaba a las facciones militares, mientras también se apoyaba en el ejército como fuerza política y en el sentimiento nacionalista de éste y de la población para enfrentar al gobierno de Washington y negociar con él.

Este complicado juego de equilibrios era la única base política y social posible para asentar el nuevo poder sin chocar en forma frontal con trabajadores y campesinos en cuya conciencia seguía viva la revolución, como le había sucedido a Carranza, y sin abdicar ante la alianza de hecho entre la vieja oligarquía y las potencias imperiales.

Esta nueva burguesía surgida de la revolución y de la rapiña inescrupulosa del aparato estatal permitió y favoreció la participación económica de la antigua, pero manteniéndola subordinada a ella y negándole toda representación política. La pérdida del poder político y de la esperanza de recuperarlo, por parte de la vieja oligarquía, fue definitiva. Por eso, tampoco permitieron Obregón ni sus sucesores la existencia de ningún partido político tradicional oligárquico o burgués que saliera a poner en cuestión la legitimidad del triunfo de la revolución y del régimen surgido de ella. Así condenaron al Congreso mexicano al estado de muerte civil en que ha vivido desde entonces.

Cuando, por la fuerza de las cosas, la Iglesia se vio empujada a llenar ese vacío y a actuar en los hechos como partido de la reacción, Obregón y su sucesor Calles movilizaron contra ella la fuerza acumulada de la tradición liberal y anticlerical de las revoluciones mexicanas y la derrotaron en la guerra cristera (1926-1929) y con la persecución religiosa. Del mismo modo, Obregón y luego Calles eliminaron implacablemente todo conato de oposición militar, inevitable dadas la función política del ejército fundador y dirigente del nuevo Estado, y la inestabilidad del régimen. Así cayeron ante el pelotón de fusilamiento o asesinados entre 1920 y 1928 (año del asesinato de Obregón) decenas de los jefes militares que habían combatido en el ejército constitucionalista, comenzando por los colaboradores inmediatos de Obregón en las campañas contra Huerta y contra Villa.

De este modo, el régimen burgués se apoyó en obreros y campesinos, a través de las burocracias sindicales, para estabilizarse y desarrollarse. Y lo hizo hablando en nombre de la revolución. Pero quedó prisionero de ese apoyo social y de la revolución misma: su debilidad de origen le impidió desarrollar una base de clase propia e independiente, cosa que sólo habría podido lograr en alianza con los representantes del viejo régimen, la alianza que Carranza había escogido y que lo había llevado a Tlaxcalaltongo. Por lo mismo, el parlamentarismo, y el juego de partidos parlamentarios propio de la democracia capitalista, desapareció en México y el parlamento, aunque subsistió de nombre, no desempeñó función alguna en la política nacional. La extrema concentración del poder presidencialista no expresa tanto la fuerza del sistema, cuanto la situación de un régimen que no puede soportar las luchas legales y parlamentarias entre los sectores y partidos burgueses, sino que debe poner su destino en manos de un árbitro supremo, el presidente. Es la esencia misma de la forma de poderes bonapartista, heredera en este caso de una vieja tradición presidencialista y centralista.

Estados Unidos no se engañó sobre la inestabilidad de los sucesores de Carranza. En 1915 había reconocido a éste para fortalecerlo frente a las demás tendencias de la revolución. En 1920, cuando ya la revolución no era un peligro, necesitaba presionar al régimen en el poder para obtener concesiones y mantener lejos de sus propiedades las amenazas que podían venir de la aplicación de la Constitución de 1917, especialmente de su artículo 27. Veía además que el régimen obregonista dependía de una base social ajena, aunque ahora la controlaran las burocracias sindicales. Y que sobre esa base, por moderadas que fueran las declaraciones de Obregón, no se podía evitar una política nacionalista, opuesta al imperialismo, de parte del Estado mexicano, ni se podía garantizar que la revolución, contenida por ese régimen pero no suprimida sino latente, no volviese a irrumpir a primer plano ante nuevos estímulos. En consecuencia, negó a de la Huerta el reconocimiento que había dado a Carranza y también lo negó a Obregón. Ese reconocimiento diplomático sólo fue concedido en julio de 1923, pocos días después del asesinato de Pancho Villa, cuando el gobierno mexicano firmó los tratados de Bucareli por los cuales se comprometía a respetar los derechos de propiedad de los ciudadanos estadounidenses en el país. Siguiendo también aquí su política de equilibrio bonapartista, al año siguiente Obregón reconoció a la Unión Soviética y México fue el primer país del continente americano que tuvo relaciones diplomáticas con la URSS.

Los oficiales del ejército carrancista se habían enriquecido apoderándose a vil precio de parte de las mejores tierras de la oligarquía porfiriana, mientras el reparto agrario por el cual habían luchado los campesinos apenas pasaba del articulado de la Constitución. En el obregonismo, este sistema de formación de la nueva burguesía a través del saqueo adquirió proporciones escandalosas. La rapiña del aparato del Estado mediante las concesiones, las "mordidas", los contratos de obras o de explotación y formas aún más directas y descaradas de saqueo en gran escala a los fondos públicos, tomaron el carácter de institución nacional. Con este sistema peculiar de acumulación originaria (ya probado por la burguesía europea siglos antes) se desarrolló la burguesía posrevolucionaria, que luego invirtió los dineros robados en empresas bancarias, industriales o comerciales y continuó enriqueciéndose por la vía normal de la acumulación capitalista, mientras nuevos recién llegados al aparato político-estatal se dedicaban a aprovechar su turno y volverse a su vez capitalistas mediante el saqueo de los fondos del Estado. Obregón había previsto mucho antes este porvenir cuando en 1914, aún combatiendo contra Huerta, se había burlado de los que se preocupaban por el reparto agrario en una conversación con Lucio Blanco y había dicho a éste con sonriente cinismo: "Nosotros seremos los científicos de mañana".[6]

Ese sistema, por otra parte, era una necesidad para mantener el control de los sindicatos, asociando a la burocracia sindical a las ganancias provenientes de la utilización privada del aparato estatal. Finalmente, éste también era el medio —junto con el pelotón de fusilamiento o el pistoletazo— para mantener el control sobre las facciones militares que, dados el papel preponderante del ejército en la instauración y el mantenimiento del régimen y la inestabilidad y falta de tradición propia de éste, se veían

---

[6] Carranza había paralizado toda entrega de tierras a los campesinos, dejando en letra muerta el artículo 27 de la Constitución y su propia ley de enero de 1915. Las cifras muestran cómo Obregón vino a hacer concesiones también en ese terreno, y al mismo tiempo la notable limitación de esas concesiones. Desde 1915 hasta 1919, periodo de Carranza, sólo 148 pueblos recibieron ejidos. De éstos, 66 fueron entregados en el último año, 1919. En el año de transición, 1920, se entregaron ejidos a 95 pueblos. Ya en 1921, el primer año de Obregón, recibieron ejidos 396 pueblos. Entre 1921 y 1924, los recibieron 1 981 pueblos.
Pero al mismo tiempo, en 1923 las propiedades mayores de cinco mil has. representan el 50.1% del área rural de México y pertenecen a 2 682 propietarios, menos del 1% de todos los propietarios rurales. Y 114 latifundistas con más de 100 mil has. cada uno, poseen cerca de la cuarta parte (el 22.9%) de todas las tierras de propiedad privada del país. En 1926, apenas el 4.3% de toda la población campesina había recibido en propiedad ejidal el 2.64% del área total de la República. La limitación del reparto resalta aún más si se toman en cuenta las diferencias regionales. En Morelos, la zona zapatista, más del 25% de la población recibió cerca del 33% del área total del estado. En Yucatán, el 22% de la población rural recibió tierras, y en Campeche, el 14%. En Puebla y San Luis Potosí, entre el 9 y el 10% del área total de cada estado pasó a pertenecer a los pueblos. En el resto del país, las cifras fueron ínfimas. (Datos de Frank Tannenbaum, *The Mexican Agrarian Revolution*, 1929).

constantemente incitadas a nuevas conspiraciones. Obregón lo resumió en un dicho célebre: "No hay general que resista un cañonazo de cincuenta mil pesos". Los métodos de enriquecimiento y de razonamiento no se quedaban atrás de los de Napoleón III, aunque las bases sociales y las razones de existencia del obregonismo y sus sucesores fueran muy diferentes.

La vieja norma de *la transformación del poder en propiedad* se constituyó en la regla de oro de los gobernantes posrevolucionarios.

El obregonismo fue el modelo al cual quedaron atados los posteriores gobiernos de la burguesía mexicana. Subordinaron a las masas al aparato estatal, pero nunca pudieron aplastarlas o desorganizarlas. Debieron permitir su organización para poder controlarlas, pero al mismo tiempo tuvieron que depender de ese apoyo. Nunca pudieron desprenderse del todo de la revolución. Tuvieron que seguir hablando en nombre de ella como la fuente primigenia de la legitimidad de su Estado y de sus sucesivos gobiernos.

Las elecciones presidenciales del 5 de septiembre fueron la confirmación formal de lo que ya estaba por vía extraelectoral. El 1º de diciembre de 1920 Álvaro Obregón tomó posesión de la presidencia de la república.

La revolución terminada en 1920 se convirtió desde entonces en la propaganda oficial, en una revolución ininterrumpida bajo la dirección del Estado mexicano; y en los hechos prácticos, en una revolución estrangulada por ese mismo Estado.

Su historia auténtica, sus hazañas, sus tragedias y su experiencia siguieron viviendo en las múltiples formas de la conciencia y de la memoria del pueblo mexicano, nutriendo desde los años veinte y hasta hoy sus luchas contra los poderosos y los ricos posrevolucionarios, sus servidores y sus gobiernos, e iluminando su anhelo secular de un mundo de justicia, igualdad y libertad.

Para contribuir, así sea desde la sencillez de la palabra escrita, a recrear verazmente esa memoria y a confirmar las raíces y razones de esos sueños, fue escrito este libro.

Tal vez no exista en el siglo XX un acontecimiento singular que haya tenido tanta influencia como la revolución mexicana en el imaginario y las ideas de revolución en los pueblos de América.

Pero es seguro que en la aventura multisecular que es la formación del carácter y la conciencia nacionales de los mexicanos, esta revolución con su secuela última, el cardenismo de los años treinta, es la que dará a su siglo nombre, sustancia y signo.

x. Epílogo
La tierra, la sangre y el poder
(1920-1940)

"Cuando Obregón entró en la capital con su ejército revolucionario, pregunté a un rudo zapatista, apenas llegado de las montañas, qué quería su pueblo. Su respuesta restalló como un látigo, grabada sin duda en su ánimo por diez años de lucha guerrillera: 'Tierra, agua y escuelas'." Esto escribía en 1923 Carleton Beals, periodista y escritor estadounidense que, habiendo recorrido México entre 1918 y 1920, pudo presenciar la entrada triunfal del vencedor de Agua Prieta a la capital de la república.[1] Para derrotar a Carranza, Obregón había tenido la protección y el apoyo de los zapatistas, primero a través de Gildardo Magaña, luego de Genovevo de la O y de Antonio Díaz Soto y Gama.

Es ocioso, y hasta diría impropio, para un historiador preguntarse qué habría hecho Zapata si no hubiera sido asesinado el 10 de abril de 1919. Es en cambio pertinente recordar qué hicieron sus lugartenientes inmediatos: pactar con Obregón para salvar lo salvable después de la muerte del jefe y el repliegue profundo de su revolución. Más pertinente todavía es no olvidar que Antonio Díaz Soto y Gama, político mexicano de larga trayectoria desde sus orígenes en el PLM, formó en los años veinte el Partido Nacional Agrarista, uno de los puntales de Obregón, llegó a ser influyente diputado (cargo poco afín con las ideas del anarquismo que se persiste en atribuirle) y fue ferviente obregonista, es decir, partidario leal y persistente del fundador por definición del nuevo Estado mexicano, el general Álvaro Obregón Salido.[2]

Si un historiador, por capricho político o por juego literario, hace las preguntas ociosas y deja de lado los hechos pertinentes, corre el riesgo de remplazar la historia de bronce por la historia de hule, ajustable a las modas intelectuales y acomodable a las necesidades políticas del momento.

La alianza inestable y desigual (y por lo tanto forzada) entre Obregón y los jefes zapatistas sintetizaba los dos grandes problemas que la revolución había dejado en pie: *de quién es la tierra, quién detenta el poder*. Los

[1] Carleton Beals, *Mexico: An Interpretation*, B. H. Huebsch, Nueva York, 1923.
[2] Enrique Krauze, Jean Meyer y Cayetano Reyes, *Historia de la Revolución Mexicana. 1924-1928. La reconstrucción económica*, vol. 10, El Colegio de México, México, 1977.

zapatistas en particular, y los campesinos mexicanos en general, no podían ya aspirar a disputar el poder a los nuevos vencedores, los rancheros vestidos de generales y con mando de tropas, como se lo habían disputado a Madero, a Huerta y a Carranza en los días de gloria de la revolución del sur y de su "república social", entre 1912 y 1917. Pero sí podían disputar hasta el final, porque habían obtenido la promesa formal del artículo 27, la posesión y la propiedad de la tierra.

Los campesinos y sus jefes sabían, además, que la tierra no basta. La tenencia de la tierra no es la propiedad personal de una olla o de un sombrero. Es una relación social (como lo es también el capital), a través de la cual se define una relación con el poder, con la sociedad, con su economía, su política y su cultura. Lo sabía el zapatista que respondió a Carleton Beals: "Tierra, agua, escuelas".

En términos diversos, los yaquis no pedían tierra sino río. "Dios nos dio a todos los yaquis el Río, no un pedazo de río a cada uno", decían. Imaginar a yaquis individualistas, como suelen hacer los nuevos historiadores oficiales, es una contorsión impermisible del espíritu. La tierra era agua, relación con el cosmos, vida de la comunidad o de la tribu.[3] Diferentes sus visiones del mundo, zapatistas y yaquis tenían algo en común frente a los rancheros individualistas del norte: la comunidad, el actor colectivo, las sociabilidades agrarias tradicionales, como las llama François-Xavier Guerra.[4]

"Reparto agrario, educación, riego, créditos rurales, conservación de los bosques y proyectos de desarrollo: bien pensado, el problema agrario de México no es un problema sencillo, y sin embargo es el problema más importante. De su adecuada solución depende la prosperidad y la paz de México", agregaba en aquel entonces Carleton Beals, quien estaba convencido de que Obregón era el realizador del gran proyecto. No estaba mal la síntesis del periodista estadounidense: posiblemente todos los bandos de la revolución habrían estado de acuerdo con ella. Sin embargo, la incógnita no despejada en esa fórmula era si ese proyecto se iba a realizar a través de los pequeños propietarios individuales o a través de los actores colectivos, los pueblos.

El ejido estaba en la Constitución. Pero dos corrientes de pensamiento, con múltiples matices cada una, se disputaban su verdadero significado.

Una, en la cual descuella Luis Cabrera desde 1912 hasta los años

---

[3] Héctor Aguilar Camín, "Los jefes sonorenses de la Revolución Mexicana", en *Saldos de la revolución*, Editorial Nueva Imagen, México, 1982.
[4] François-Xavier Guerra, *Le Mexique, de l'Ancien Régime à la Révolution*, Éditions L'Harmattan, París, 1985.

cuarenta,[5] sostenía que el ejido es una forma de tenencia de la tierra, *transitoria* en cuanto va capacitando al campesino para la propiedad individual, que es la meta, y *subsidiaria* en cuanto alimenta y equilibra la oferta de fuerza de trabajo para la agricultura capitalista moderna con la cual debe coexistir y en la cual finalmente se disolverá. La versión radical de esta corriente, pero sin las preocupaciones civiles y democráticas de Luis Cabrera, era la propuesta de Plutarco Elías Calles en 1929[6] de reconocer a los ejidos existentes y dar por terminado en un plazo fijo el reparto agrario, consolidando así las grandes propiedades rapiñadas por los nuevos latifundistas, los generales revolucionarios y sus familias.

La otra corriente, una de cuyas expresiones más claras la sintetiza en 1933 Frank Tannenbaum en su libro clásico sobre México: *Peace by Revolution*[7] (*La paz mediante la revolución*, título definitorio como pocos), imaginaba un desarrollo industrial urbano basado en los ejidos de los pueblos y en un México múltiple de pequeñas comunidades educadas y modernas, equilibradas entre el poder central, la naturaleza y el autogobierno de sus propios asuntos.

Quien haya podido estudiar las leyes y resoluciones zapatistas[8] —un cuerpo legislativo rico y denso, donde se prueba que Zapata y su grupo dirigente querían edificar un Estado y un gobierno nacionales, ideal mucho más cercano al liberalismo radical mexicano y al populismo ruso del siglo XIX que a las ideas anarquistas—, habrá visto que esta segunda corriente tiene resonancias de las concepciones zapatistas, aunque sería abusivo decir que es su continuación directa.

Zapata era un revolucionario campesino y un político práctico de tendencias radicales heredadas de las tradiciones mexicanas. En respuesta a uno de sus capitanes que había cerrado su carta con el lema "Tierra y Libertad", Zapata le recordaba, en 1914, que el lema del movimiento no era ése, sino "Reforma, Libertad, Justicia y Ley", cuatro palabras ancladas en la doble y contradictoria historia de los campesinos y los liberales mexicanos. Construir un Zapata hundido en los tiempos míticos, anarquista natural y buena gente, como se ha vuelto a intentar en tiempos

---

[5] Eugenia Meyer, *Luis Cabrera: teórico y crítico de la revolución*, Fondo de Cultura Económica, SEP/80, México, 1982.

[6] Plutarco Elías Calles, *Pensamiento político y social. Antología (1913-1936)*, prólogo, selección y notas de Carlos Macías, Fondo de Cultura Económica, México, 1988.

[7] Frank Tannenbaum, *Peace by Revolution (An Interpretation of Mexico)*, Columbia University Press, Nueva York, 1933.

[8] Una notable colección de estas leyes se encuentra en el archivo del general Jenaro Amezcua, Centro de Estudios de Historia de México (Condumex), Chimalistac, México, D.F.

recientes,[9] es una de las varias formas de deshacerse de su sombra disolviéndolo en el mito civilizado del "buen salvaje".

Las dos propuestas sobre la estructura y el destino del ejido implicaban beneficiarios diferentes. Dado un punto de partida común, el poder nacional y local en manos de los generales rancheros y de su ejército, tomar uno u otro camino dependía de dos posibles alianzas diferentes de los detentadores del poder.

Por un lado, una alianza con los líderes obreros de la CROM, los industriales y los terratenientes —los antiguos hacendados sin poder pero aún con tierras y los nuevos latifundistas con tierras y poder— *contra* los pueblos campesinos y sus proyectos.

Por el otro, una alianza con los pueblos campesinos y un nuevo movimiento obrero, con la neutralidad benévola de los industriales, a quienes se les ofrecía —y se les cumplió— respeto a sus inversiones y ganancias y un mercado en ampliación, *contra* los terratenientes antiguos y nuevos.

En torno a estos polos giraba el confuso conflicto posrevolucionario entre militares, políticos y dirigentes del Estado, después simplificado con las etiquetas de "veteranos" y "agraristas".

Lo que está en disputa entre ambos proyectos y alianzas no es la ganancia empresarial capitalista, que ambos reconocen, sino *la propiedad y la disposición de la renta de la tierra*. Y los que cambian de lugar en ambas alianzas, porque nunca pueden estar del mismo lado, son terratenientes y pueblos campesinos, los dos extremos irreductibles e irreconciliables del drama histórico mexicano, tantas veces resuelto en tragedia.

Alrededor de la renta de la tierra han girado todas las revoluciones mexicanas, con sus sangrientas luchas por el poder político. Quien detenta este poder decide en definitiva quién posee y usufructúa la tierra y el agua, lo cual a su vez afirma y consolida al poder existente. La raíz y la razón de la tragedia son la existencia y el destino del pueblo mexicano; su tema recurrente, su leitmotiv, la tierra y el poder.

Las revueltas agrarias mexicanas del siglo XIX demandaban una y otra vez, en sus planes y programas, la abolición de la renta de la tierra. Todas ellas hundían sus raíces en un pasado inmemorial, cuando el tributo regulaba las relaciones y los equilibrios entre el poder, el trabajo, la sociedad y la naturaleza. Por eso bien pudo decir François Chevalier en

---

[9] Enrique Krauze, *Emiliano Zapata: el amor a la tierra*, n. 3 de su serie *Biografía del poder*, Fondo de Cultura Económica, 1987, es un ejemplo de esta visión.

su famoso ensayo de 1960,[10] germen del libro de John Womack,[11] que la revolución zapatista, antes que un simple hecho regional, aparecía como la culminación y el desenlace de una historia de siglos de los pueblos campesinos mexicanos.

La revolución mexicana planteó, pero no resolvió, las cuestiones gemelas de la tierra y el poder. La antigua clase dominante perdió para siempre el poder y, en los términos precursores y audaces del artículo 27, el derecho primigenio a la renta de la tierra. Al devolver la propiedad originaria de la tierra a la nación, conforme a la concepción patrimonialista heredada de la Corona, estaba transfiriendo su renta (su disposición y usufructo) al Estado mexicano y arrebatándosela a los terratenientes.

En este sentido, la tierra dejaba —en derecho, no en los hechos— de ser una propiedad y recuperaba su carácter originario de *patrimonio* colectivo de los mexicanos.

La gran cuestión no resuelta en los años veinte era si, y cómo, la nación transfería su *usufructo* a los *pueblos y comunidades* como depositarios y actores colectivos (entre los cuales podía haber parcelas individuales pero no derecho de venta de esas parcelas en el mercado); o su *propiedad* a los *individuos* como pequeños propietarios o nuevos terratenientes con derecho de vender o arrendar.

No se trataba de resolver la simplista disyuntiva de si iba a haber o no mercado, discusión absurda para quien sabe de la existencia del mercado de Oaxaca desde tiempos inmemoriales. Se trataba de decidir si la tierra misma, patrimonio de la nación entera, iba a estar en el mercado, si iba a ser objeto de transacciones comerciales privadas y, en consecuencia, *si la renta de la tierra iba a dejar de ser en los hechos un patrimonio de la nación para convertirse en la propiedad individual de algunas personas.*

La discusión, entonces, no era sobre la existencia o la supresión del mercado, disputa introducida antes y ahora por las ignorancias gemelas, antagónicas y complementarias de los sectarios comunistas y anticomunistas. Se trataba de determinar, en lo que toca a la tierra mexicana, hasta dónde se extienden los dominios de *lo público*, responsabilidad y bien de la comunidad nacional o local, y los dominios de *lo privado*, responsabilidad y bien de los individuos.

Las relaciones económicas en el ámbito de lo privado, vastas como

[10] François Chevalier, "Un factor decisivo de la revolución agraria de México: El levantamiento de Zapata (1911-1919)", *Cuadernos Americanos* n. 6, año XIX, vol. CXIII, Editorial Cultura, México, 1960, pp. 160-87.

[11] John Womack, *Zapata y la revolución mexicana*, Siglo XXI, México, 1969.

ellas son en la vida social, se regulan esencialmente por el mercado. Esas mismas relaciones en el dominio de lo público son reguladas por los intereses del conjunto de la nación o de la comunidad. Quedan fuera del mercado en sentido estricto, aunque por supuesto no pueden ignorar su existencia y sus intercambios.

Bajo cuál de ambos dominios —el público o el privado— se regirán salud, educación, atención a los niños, los viejos, los discapacitados, regulación del trabajo, protección de la naturaleza, tenencia de la tierra, obras públicas, usufructo del petróleo y otros bienes nacionales e, incluso, defensa nacional, es materia de las discusiones y enfrentamientos políticos de estos amargos tiempos en que los neoconservadores y neoliberales quieren eliminar hasta la idea misma de un dominio de lo público para que el mercado, y no la comunidad, decida ciegamente quién come y quién no come, quién se educa y quién no se educa, quién se cura y quién nomás se muere. Y cuando se dice que el mercado decida, quien decide finalmente es quien es fuerte en ese mercado, los dueños del dinero y los dueños del poder.

Los nuevos asaltos contra el artículo 27 responden a esa controversia de fondo. Tienen ilustres antecedentes históricos en la clase dirigente mexicana, desde Venustiano Carranza y Plutarco Elías Calles hasta Miguel Alemán.

Durante todo el transcurso de los años veinte la cuestión de la tierra —es decir, de la interpretación y la aplicación del artículo 27— fue el eje de las luchas políticas nacionales y de los sucesivos baños de sangre en que se resolvían, tanto en el campo entre agraristas, veteranos y cristeros, como en el ejército entre militares nacionalistas y generales ansiosos de poder y propiedades.[12] Mientras esa cuestión no tuviera una solución definitiva, cada general aspirante a presidente podía contar, potencialmente, con movilizar una parte del descontento campesino contra el gobernante de turno para derribarlo y ponerse en su lugar.

Es sabido que en 1929 el presidente Emilio Portes Gil, viendo venir la rebelión escobarista, impuso al general Calles un mayor reparto de tierras en ese momento para cortar posibles apoyos campesinos a los inminentes generales rebeldes.[13] Del mismo modo, Obregón había tenido que acep-

---

[12] Jean Meyer y Enrique Krauze, *Historia de la revolución mexicana. 1924-1928. Estado y sociedad con Calles*, vol. 11, El Colegio de México, México, 1979.
[13] Lorenzo Meyer, *Historia de la revolución mexicana. 1928-1934. El conflicto social y los gobiernos del maximato*, vol. 13, El Colegio de México, México, 1978.

tar en 1923 los repartos tejedistas en Veracruz a cambio del apoyo de Adalberto Tejeda para derrotar la rebelión delahuertista.[14]

La tierra, la sangre y el poder forman el triángulo trágico dentro del cual se mueve, en aquellos años, la vida política mexicana. Los conspicuos dirigentes de la nueva clase gobernante se alían, se traicionan y se matan entre sí, desde los asesinatos de Lucio Blanco y de Field Jurado bajo Obregón hasta la matanza de Huitzilac en 1927, el asesinato de Obregón en 1928 o el atentado apenas fallido contra Ortiz Rubio en 1930, sin contar los interminables crímenes de caciques locales y jefes políticos y militares contra sus adversarios.[15] El poder se ha "rancherizado", y así como el aristocrático perfil de José Yves Limantour llegó a simbolizar a los gobernantes de la depurada oligarquía porfiriana, el rostro y el gesto caciquil de Gonzalo N. Santos encarnan los modos, las costumbres y las relaciones de la "familia revolucionaria" de esos años.[16]

La fundación del Partido Nacional Revolucionario en 1929 fue la tentativa institucional de Calles para poner fin a este juego infernal entre la clase gobernante y dentro de su partido y sede real del poder al mismo tiempo, el ejército surgido de la revolución. Pero era una tentativa al nivel del aparato estatal, no de las realidades sociales, y el propio Calles terminó por falsear el mecanismo con su presencia dominante.[17]

La aguda inteligencia de Lázaro Cárdenas reconoció, mediante la experiencia y la reflexión, la raíz del problema: *en este país no habrá paz y no dejará la sangre de correr mientras no se resuelva la cuestión de la tierra*, la gran promesa incumplida de la revolución inscrita en el artículo 27. Y así lo fue anunciando desde 1934 en su campaña electoral. Los críticos tardíos o anacrónicos dirán lo que quieran, pero si en México hubo estabilidad y se terminaron en los años treinta los golpes militares —excepción en toda América Latina— no fue porque Calles creó el partido de Estado (lo hubo en otros países y no impidió los golpes), sino ante todo porque

---

[14] Romana Falcón y Soledad García, *La semilla en el surco*, El Colegio de México, México, 1986.

[15] Entre las muchas narraciones de esta saga sangrienta, puede consultarse John W. F. Dulles, *Ayer en México. Una crónica de la Revolución (1919-1936)*, Fondo de Cultura Económica, México, 1977.

[16] El retrato insustituible, incluso en sus fabulaciones y por ellas, en Gonzalo N. Santos, *Memorias*, Editorial Grijalbo, México, 1986. Una "vida paralela" regional es la de Saturnino Cedillo, en Romana Falcón, *Revolución y caciquismo en San Luis Potosí (1910-1938)*, El Colegio de México, México, 1984. Sobre esta temática ver también D. A. Brading (comp.), *Caudillos y campesinos en la revolución mexicana*, Fondo de Cultura Económica, México, 1985.

[17] El libro clásico sobre el tema, Luis Javier Garrido, *El partido de la revolución institucionalizada*, Siglo XXI, México, 1982. Sobre cacicazgos políticos regionales y grupos de poder en el ejército desde Calles hasta Cárdenas, Alicia Hernández Chávez, *Historia de la revolución mexicana. 1934-1940. La mecánica cardenista*, vol. 16, El Colegio de México, México, 1979.

el reparto agrario cardenista rompió en México el mecanismo de la alianza recurrente entre militares, terratenientes e Iglesia, componentes básicos (no únicos, ciertamente) de las dictaduras militares latinoamericanas.

No había otra manera de hacer un reparto agrario de la magnitud del realizado en el sexenio cardenista que haciéndolo rápido, para impedir un reagrupamiento violento de los enemigos del reparto. No había manera de hacerlo rápido sin cometer errores. Tampoco había manera de llevarlo a cabo, y la experiencia por desgracia lo mostró, sin contar con los seres humanos y los funcionarios disponibles, ellos mismos con intereses privados, egoísmos personales y tradiciones seculares de patrimonialismo y corrupción. No se podía primero purificar a los funcionarios y educar a los campesinos, para después hacer el reparto. Había que obrar y el presidente y quienes lo acompañaron en su gobierno lo hicieron.

Aun así, es bien sabido que el reparto se hizo a través de una guerra civil larvada, con jefes de zonas militares apoyando a los terratenientes en algunas regiones, con guardias blancas asesinando campesinos o desorejando maestros en otras, con campesinos defendiendo sus tierras violentamente en muchas partes, y más de una vez con pueblos en disputa entre ellos, con abusos individuales en el reparto, con corrupción en instituciones estatales en muchos casos y con caciques en uno y otro bando.

Todo esto se realizó mientras se mantenía, con Eduardo Suárez en la Secretaría de Hacienda, la perseverante y sorprendente continuidad de una política económica que permitió aprovechar la recuperación temprana y sostenida de la economía mexicana (a partir del segundo semestre de 1932), utilizar con mesura los instrumentos monetarios y crediticios para estimular el crecimiento y contrarrestar eficazmente, como sucedió, alarmismos y desconfianzas. La política del Secretario de Hacienda fue la prenda del pacto de no agresión con los industriales, cuyos términos estaban nítidos en los catorce puntos de Monterrey en febrero de 1936.[18]

Los neofetichistas del mercado, metidos a historiadores, ahora al menos parecen reconocerle a Cárdenas que "no abolió el mercado". No tienen ninguna seriedad. La verdad es más bien la contraria: jamás pensó en abolir el mercado, sino precisamente en ampliarlo.

La reforma liberal juarista había lanzado las tierras al mercado para romper trabas al desarrollo capitalista, quebrar el poder feudal y supra-

[18] Luis González, *Historia de la revolución mexicana. 1934-1940. Los días del presidente Cárdenas*, vol. 15, sigue siendo una de las síntesis mejores sobre la presidencia del general Cárdenas.

nacional de la Iglesia e incorporar al mercado la fuerza de trabajo agraria. En otro tiempo y otro México el presidente Cárdenas, ferviente admirador de Juárez, buscaba ampliar el mercado nacional por otros medios. Al sacar de ese mercado una parte de las tierras, el reparto ejidal eliminaba la parasitaria apropiación privada de la renta de la tierra, obligaba a capitales y capacidades inmovilizadas en las haciendas a invertirse en la industria y el comercio (como efectivamente ocurrió, y el auge posterior de Torreón es una de las muestras) y permitía que los campesinos, ahora ejidatarios, se incorporaran al mercado como consumidores individuales y como comunidades ejidales.

En el México de los años treinta, sacar del mercado las tierras del reparto ejidal ampliaba el mercado para los productos de la industria y para el comercio que era su intermediario. Es lo que siempre le reprocharon a Cárdenas los izquierdistas, tan fetichistas del plan y sus dogmas como otros lo son del mercado y los suyos.

En esos años treinta, y no en los cuarenta como quieren la historia oficial y la historia izquierdista, se reinició el crecimiento de la industria mexicana.[19] La imagen de un presidente bueno pero incauto, astuto pero doctrinario, que quiere hacer el bien y provoca desastres, es una invención propagandística que los hechos históricos no avalan y cualquier estudio serio desvanece.

El reparto agrario cardenista —finalmente limitado, como lo reconoció el mismo Cárdenas en su último informe de gobierno— era una cuestión de paz y de justicia.[20] Era también una cuestión de democracia, pues en el México de entonces el reparto ejidal significó un real desplazamiento de poderes de decisión desde las cúspides hasta las bases de la sociedad. Es preciso decirlo claro: el poder quedó en el gobierno y aun se consolidó. Y el paternalismo estatal sobre el campesinado se acrecentó, en la misma medida en que creció la confianza o el apoyo de los campesinos al gobierno. Pero muchas decisiones cotidianas sobre la vida de los campesi-

---

[19] Ver, al respecto, en especial Enrique Cárdenas, *La industrialización mexicana durante la Gran Depresión*, El Colegio de México, México, 1987; y Stephen Haber, *Industry and Underdevelopment. The Industrialization of Mexico, 1890-1940*, Stanford University Press, Stanford, California, 1989.
[20] Durante el sexenio 1934-1940 se distribuyeron 20 136 935 hectáreas a 775 845 campesinos y se constituyeron 10 651 ejidos. Sumados a los repartos de gobiernos anteriores, para 1940 se habían repartido 31 158 332 hectáreas a 1 723 371 campesinos con un total de 13 091 ejidos. Según Carlos Tello, *La tenencia de la tierra en México*, UNAM, México, 1968, en 1940 todavía existían 308 latifundios con más de 100 mil hectáreas cada uno y 1 179 entre 10 mil y 40 mil hectáreas, con un total de más de 54 millones de hectáreas.

nos pasaron de los terratenientes, los generales y los caciques a manos de los mismos campesinos y de sus organismos locales.

El hecho de que nuevos caciques hayan aparecido en esos organismos no podrá jamás anular la realidad de que, sin el reparto agrario de la segunda mitad de los años treinta, la desposesión, la desesperanza y la exasperación de los campesinos habrían sobrepasado toda frontera conocida. El reparto se hizo *en medio de los caciques, contra los caciques y pactando con los caciques* (la inafectabilidad ganadera por veinticinco años fue uno de esos pactos); con campesinos que no podían tener los conocimientos de administración ejidal suficientes; con muchos funcionarios herederos de tradiciones rapaces (pero no había de otros...), y con impreparación de los propios gobernantes, empezando por el presidente de la república, para una empresa que antes nadie había osado y en la cual estaban obligados a experimentar y a corregirse, cuando se podía, por el viejo sistema de la prueba y el error. Todo había que hacerlo, además, en la turbulencia de aquellos años donde subía el fascismo, venía la guerra mundial y la república española era desgarrada y destruida. Y si no se hacía eso, otros harían lo contrario. Tal vez se podía actuar mejor y evitar este o aquel error. Sí ¿pero quién lo iba a hacer y con quiénes?

Si todo esto parece complicado, es porque la realidad lo era. Pero la alternativa era no hacer nada, dejar el país a la alianza de los viejos y nuevos terratenientes con los militares callistas y con las empresas petroleras y entrar en un nuevo ciclo de revueltas, golpes de estado, represión y sangre. ¡Como si los fetichistas del mercado no supieran que el caciquismo y la violencia, en países agrarios, se nutren del mismo mercado de tierras que ellos sacralizan!

El reparto ejidal cardenista, como todos sabemos, fue la base de una alianza entre los sucesivos gobiernos y los campesinos, de la cual se beneficiaron muchos más aquéllos que éstos. Pero fue la base también de un pacto nacional cuya inmediata expresión en ese entonces fue la expropiación petrolera. Sin previa movilización obrera, Cárdenas no habría podido imponerse en 1935 sobre el ala callista y sus aliados militares y políticos y, en consecuencia, abordar el reparto agrario desde 1936. Y sin previo reparto agrario en 1936 y 1937, no hubiera tenido la base de apoyo y de estabilidad interior para abordar en 1938 la expropiación del petróleo enfrentando a Gran Bretaña y a Estados Unidos.

El reparto agrario fue el desenlace histórico de una larguísima disputa de siglos por la tierra y el resultado inmediato de las movilizaciones de las clases subalternas: trabajadores urbanos, campesinos, indígenas, maestros, todo el inmenso ejército de los pobres de México; de múltiples luchas y presiones en el seno de la nueva clase gobernante, y de los enfrentamientos y las negociaciones entre unos y otros en la sociedad y el Estado posrevolucionarios.

La iniciativa y la personalidad del general Lázaro Cárdenas tuvieron un papel determinante en aquel desenlace. Pero considerarlo producto de la pura obra de un dirigente iluminado, o de la decisión bienintencionada, aunque errónea, de un hombre bueno y limitado, me parecen los dos extremos de una misma superficialidad abrumadora. No son pocos los autores que en ellos se ubican.

El subtítulo original de la primera edición (1971) de *La revolución interrumpida* era: "México 1910-1920: una guerra campesina por la tierra y el poder". Desde título y subtítulo, el autor quiso diferenciarse de otras visiones de la historia en esos años y mostrar, con la narración veraz y probada de los hechos y con la imaginación histórica indispensable para establecer las necesarias conexiones,[21] por qué ése fue el contenido más profundo —aunque no el único ni finalmente el dominante— de la revolución mexicana.

En los diez años de movimiento armado se destruyó un Estado y tomó forma, en las conciencias antes que en la Constitución, otro nuevo, sucesor del precedente pero diverso. En otras palabras, se conformó en México una nueva relación entre dominados y dominadores, entre gobernantes y gobernados, una diferente forma mexicana de tratar con el poder estatal y de organizarse para hacerlo, heredera de antiquísimas mentalidades y modos de dominación/subordinación, dependencia personal y deferencia, remodeladas por tres revoluciones: en el siglo XIX, primero en los moldes republicanos del México independiente y después en los moldes jurídicos del liberalismo juarista, y, en el siglo XX, en los moldes sociales producto de la imborrable experiencia nacional de 1910-1920.

Con toda su complejidad, sus ambigüedades y sus contradicciones, la

[21] "La imaginación es la facultad que descubre las relaciones ocultas entre las cosas. No importa que en el caso del poeta se trate de fenómenos que pertenecen al mundo de la sensibilidad, en el del hombre de ciencia de hechos y procesos naturales y en el del historiador de acontecimientos y personajes de las sociedades del pasado. En los tres el descubrimiento de las afinidades y repulsiones secretas vuelve visible lo invisible. Poetas, científicos e historiadores nos muestran el otro lado de las cosas, la faz escondida del lenguaje, la naturaleza o el pasado", escribe Octavio Paz en su prólogo a Jacques Lafaye, *Quetzalcóatl y Guadalupe*, Fondo de Cultura Económica, México, 1977. En la larga polémica sobre investigación e imaginación en el oficio del historiador, ver en especial un pequeño ensayo de Edmundo O'Gorman, "Fantasmas historiográficos", *Nexos* n. 175, México, julio de 1992.

sustancia jurídica de esta relación quedó plasmada en la arquitectura y en el texto del artículo 27 de la Constitución. El gobierno de Lázaro Cárdenas se propuso, entre 1934 y 1940, simplemente llevarlo a la realidad cotidiana de la vida nacional.[22]

El ejido o su promesa, por extraño que parezca en un país donde la miseria campesina llega a extremos inenarrables y la violencia en el campo sigue proliferando como siempre, ha sido hasta ahora la prenda de un pacto nacional sobre el cual se basaron todos los demás, así como en él se sustentó el equilibrio de la nación frente a los poderes extranjeros. En el curso de los años, ese pacto fue repetidamente burlado por los gobernantes y los latifundistas encubiertos. Pero no había sido negado.

A finales del siglo de la revolución mexicana, ese artículo 27 —ese pacto— ha sido cuestionado y en buena parte modificado desde el poder por la primera dirección política-estatal íntegra y refinadamente capitalista parida por la clase dirigente mexicana para sustituir a la ya obsoleta conducción de la vieja burocracia capitalista de Estado. Las bases de esa dirección están ahora en el capital (financiero ante todo), no ya en el aparato estatal, y quieren librar a aquél de la tutela de éste y del viejo pacto con sus imprecisiones y sus ambigüedades sobre el derecho de propiedad y sobre lo público· y lo privado.

La gran apuesta contra el artículo 27 es una novedad. Es la negación del principio de la tierra y el ejido como patrimonio inalienable de la nación, por más disfraces verbales con que se encubra. Es la apertura ilimitada del mercado de la tierra. Es la ruptura de la prenda de la alianza que, en México, sustenta la empresa histórica nacional codificada en la Constitución de 1917.

Se trata de recuperar para el capital (no para los viejos hacendados ya extinguidos, como una vez quiso Carranza, sino para quienes ahora ocu-

---

[22] "Mientras este artículo gobierne el derecho de propiedad, toda propiedad está sujeta a los cambios y modalidades que el poder legislativo, conforme a los tiempos, considere necesario establecer. La propiedad como dominio absoluto, en lo que a México toca, simplemente ha dejado de existir en la ley, aunque puede existir y existe en los hechos, en la medida en que los poderes legislativos fijan las condiciones especiales bajo las cuales ese control puede ejercerse. Éste es el resultado jurídico más significativo de la revolución mexicana, que ya ha tenido, y está destinada a tener en el futuro, una gran influencia". (Frank Tannenbaum, op. cit., pp. 169-70). El reparto agrario y la expropiación petrolera entre 1936 y 1938 confirmarían con creces esta apreciación de Tannembaum en 1933. Desde su sanción fue irreductible la oposición —a veces declarada, a veces silenciosa— de los sucesivos gobiernos de Estados Unidos al contenido del artículo 27. Una historia de esta oposición en Lorenzo Meyer, *México y los Estados Unidos en el conflicto petrolero*, El Colegio de México, México, 1972. Un documentado estudio interpretativo sobre las relaciones entre ambos países entre 1910 y 1940, en Alan Knight, *US-Mexican Relations. 1910-1940: An Interpretation*, Center for US-Mexican Studies, University of California, San Diego, 1987.

pan su lugar en el proceso de acumulación) toda la renta del suelo, y también la del subsuelo. Se trata de "liberar" del ejido a la fuerza de trabajo campesina y de *separar* nación, tierra y campesinos para *unir* capital, tierra y trabajo asalariado (y desempleado, para mantener bajos los salarios) bajo la égida indisputada del capital, tanto en los hechos como en la ley.

No faltará quien diga que, a esta altura de los tiempos, los campesinos son una minoría muy lejana de cuanto eran en 1910 y que esa minoría, por añadidura, quiere vender sus parcelas para pagar sus deudas. Quienes así razonan, aparte de ignorar lo que en realidad piensan los campesinos y los mexicanos, no tienen idea de que el artículo 27 no tiene que ver simplemente con los campesinos y los ejidatarios, sino con los equilibrios históricos entre dominados y dominadores, entre propiedad y trabajo y entre lo privado y lo público alcanzados por la nación después de la revolución mexicana.

En la realidad social esos equilibrios, medio siglo después, no son los mismos que en los tiempos en que se cerró la segunda y última fase de la revolución mexicana, hacia 1940. El vaciamiento del artículo 27 va dirigido a ajustar el texto jurídico a esa realidad que ha ido creciendo desde los tiempos de Miguel Alemán. Pero, pese a todo y como la historia mexicana recuerda una y otra vez, ese deslizamiento es resistido secreta y tercamente en las conciencias, cuyos ciclos de conformación y sedimentación son mucho más largos y profundos que los de la realidad inmediata visible en los acontecimientos.

El equilibrio posterior a 1920 no sólo fue resultado de la gran conmoción de la revolución, sino de su ajuste y correspondencia con aquellos ciclos largos y profundos en los cuales se han ido construyendo el carácter y la conciencia nacional de los mexicanos.[23] Un nuevo equilibrio no puede surgir de los solos cambios jurídicos decididos desde lo alto a partir de determinada relación de fuerzas políticas en las instancias del aparato estatal. Algo mucho más hondo y cercano a los ciclos largos de la historia se requiere.

Sólo un gran sobresalto de la nación, una movilización de todas sus fuerzas materiales y espirituales (y no otra cosa fue la revolución mexicana), le puede asegurar un nuevo equilibrio duradero. Como en la precedente gran conmoción de la conciencia nacional entre 1910 y 1940, ese proceso podría cubrir no años sino décadas, con rasgos inéditos y muy diversos a cuanto se haya conocido en el pasado, tanto como diverso es

[23] Jacques Lafaye, *Quetzalcóatl y Guadalupe*, cit; Jacques Lafaye, *Mesías, cruzadas, utopías*, Fondo de Cultura Económica, México, 1984.

el mundo de cuyo dinamismo y turbulencia México forma parte inextricable.

Si esto fuera así, las memorias de esos treinta años de la vieja revolución volverían a inspirar, mezclando como siempre las nuevas cuestiones con los antiguos mitos, el imaginario político de los mexicanos.

San Andrés Totoltepec, D.F., 29 de diciembre de 1993.

El mundo de esta modernidad y tal ofrecía México forjar para si esta a-
cuela.

Si con tantas mejoras... crecimiento año tras año tras...
ción a la aspiración... apo tiempo la más a un mejor
con... comunes, el ninguna... política de los mexicanos.

Jean André, Tiempo EPF, 2300 diciembre de 1994.

Índice onomástico

La revolución interrumpida
se terminó de imprimir el 17 de junio de 2016
en Litográfica Ingramex, S.A. de C.V.
Centeno 162-1, 09810 Ciudad de México